漢字語料庫分析叢書

數據庫古文字
研究論稿

劉志基／著

上海古籍出版社

圖書在版編目(CIP)數據

數據庫古文字研究論稿／劉志基著. —上海：上海古籍出版社，2019.5
（漢字語料庫分析叢書）
ISBN 978-7-5325-9207-4

Ⅰ.①數…　Ⅱ.①劉…　Ⅲ.①數據庫—應用—漢字—古文字學—文集　Ⅳ.①H121-39

中國版本圖書館CIP數據核字(2019)第069869號

漢字語料庫分析叢書
數據庫古文字研究論稿
劉志基　著
上海古籍出版社出版、發行
（上海瑞金二路272號　郵政編碼200020）
（1）網址：www.guji.com.cn
（2）E-mail：guji1@guji.com.cn
（3）易文網網址：www.ewen.co
常熟文化印刷有限公司印刷
開本635×965　1/16　印張26.5　插頁3　字數368,000
2019年5月第1版　2019年5月第1次印刷
印數：1—1,050
ISBN 978-7-5325-9207-4
H·206　定價：98.00元
如有質量問題，請與承印公司聯繫

漢字語料庫分析叢書

學術委員會
主任： 王寧
委員： 阿辻哲次（日本）
　　　　大形徹（日本）
　　　　河永三（韓國）
　　　　李圭甲（韓國）
　　　　朴興洙（韓國）
　　　　阮俊強（越南）
　　　　王元鹿
　　　　董蓮池

編纂委員會
主編： 劉志基
編委： 白於藍
　　　　潘玉坤
　　　　姚美玲
　　　　郭　瑞
　　　　劉　凌
　　　　張再興
　　　　鄭邵琳
　　　　張旭東
　　　　臧克和

教育部人文社會科學重點研究基地重大項目

"系列古文字專題數據庫建設"

(項目號:18JJD740004)

華東師範大學共用交叉基金(人文社會科學)專案

"AI 和 VR 技術介入的漢字應用體系建設"

(項目號:2019ECNU-GXJC001)

出 版 説 明

西方標音文字體系語言學之所以成爲衆多領域的領先學科，其中一個重要原因就是從十九世紀到二十世紀初大規模資料庫建設，使舊有的語言學成熟爲語料庫語言學。在中國乃至整個表意文字區域，這種情況則相對落後。當二十一世紀已過去十幾年，資料庫的建構及使用，仍是部分學科領域中少數專家的事。中國語言文學專業的教員，直到現在仍然有許多人不太明白電腦裏 word 文本跟數據庫結構有何區别。部分標音文字譯介能力健者，能作無間之郵：從西方語言學那裏浮光掠影一二"方法"，回到東方表意文字語境中努力尋覓二三用例以"匹配"，領異標新三五年。説到底是添了些連自己都不敢相信的混亂。兩種現象有同樣的結果，即導致漢語言文字學進一步滯後與不成體系。

漢字語料庫的建設必須邁出沉重的步伐了，二十世紀九十年代末期，經過多方聯繫，我們籌措了百萬元經費，用於包括創刊出版《中國文字研究》、召開首屆國際漢字學術研討會、購買國際品牌硬件系統所構成的一流工作平臺、研發古文字信息系統等。

至今猶記，一九九八年元旦前後，有很多天我們是在廈門、廣州、海口或南寧的國際機場度過的。那是一段艱難的時光，雖然是學校漢語言文字學科帶頭人，但上述所有經費支出包括差旅費，都是在這個過程裏自己去争取的,没有院系的任何資助。我不會忘記當時富有遠見卓識給予慷慨支持的出版家,像廣西教育出版社李人凡總編等。在這套叢書的第一本付梓之際,重提這些淵源,是爲了記住學科建設的那個艱難的起點,這些都直接奠定了後來華東師範大學中國文字研究與應用中心進入教育部高校人文社會科學重點研究基地行列的基礎。日月如梭,這些舊事如今已變得陌生而又疏遠,基地的一切,對於一些年輕人來説,似乎都是天然的存在。這時候,我們要記住,無論世事如何變遷,道德恩義是永遠不能忘記的。

基地建成伊始,就有明確的規劃:以出土文字大資料挖掘爲基礎,發展語料庫文字學,建成以漢字爲核心的表意文字數字化學科體系。

基於如上定位,基地落實"十五"、"十一五"、"十二五"及"十三五"規劃,先後研發了"魏晉南北朝石刻文獻語料庫"、"隋唐五代石刻文獻語料庫"、"出土古文字語料庫"、"今文字實物用字語料庫",并在此基礎上,完成了"中國文字發展史"、"漢字斷代調查及漢字發展史"、"表意文字系統調研"等一系列重大項目。與此同時,基地歷屆博士研究生攻讀學位論文選題,也大多依託基地出土文字語料庫平臺,進行專題調查統計分析,可以説,在一定程度上呈現出基地固有的學科特色。

根據上述學科建設、研究模式以及所形成的資源特色,基地學術委員會和叢書編委會將每年篩選出當年度相對優秀書目一種(特别集中的年份,會適當考慮增加,但最多不超過兩種),推薦給專業出版社付梓。考慮到出土文字語料庫完全是一個開放系統,書目不追求體系完備,只要或在某個專題上有新意、有價值,或在語言文字的某個類型上有系統、有建樹,甚至是一束有新解、有實証資料的論文集合,都在推選範圍之内。所望博雅君子、專業同好,大家都來參與建設,共同發展吧!

教育部人文社科重點研究基地
華東師範大學中國文字研究與應用中心
漢字語料庫分析叢書編委會
二〇一六年元日

目　録

前言 ／ 1
凡例 ／ 1

一、理論方法篇 ／ 1
　　數據庫文字學芻議 ／ 3
　　數字化與古文字研究新材料 ／ 18
　　簡說古文字數據庫的改善
　　　　——以新版"文字網"古文字數據庫爲例 ／ 42
　　古文字數據庫的集外字問題 ／ 61

二、字體研究篇 ／ 85
　　微族同文器字體研究 ／ 87
　　同銘重見字異寫與金文字體研究 ／ 168
　　西周金文"貝"之字體再研究
　　　　——兼論斷代分期視角的青銅器銘文字體研究的"字體"界定問題 ／ 190

三、偏旁分析篇 ／ 209
　　古文字偏旁數字平臺與數字化環境下的古文字偏旁分析法 ／ 211
　　《包山簡文偏旁類纂》簡說 ／ 229
　　説楚簡文字中的"夕"及其相關字 ／ 241
　　也説"甌"字兼論"冂"式飾筆之來由 ／ 255

1

四、異形探索篇 / 285

 殷商文字朝向不定與同辭同字鏡像式避複異寫 / 287

 楚簡文字缺邊現象芻議 / 317

 上古文字填實構形成分的表敬意義

  ——以"王"字的分析爲中心 / 328

 楚簡文字"心"字符的寫法分類與同篇異寫研究 / 370

引書簡稱 / 411

主要參考文獻 / 412

前　　言

　　二十世紀90年代後期,由於承擔《古文字詁林》排印過程中古文字集外字檢索任務,不得不做起了數據庫。這一段故事,我在前一本拙著《中國文字發展史·商周文字卷》"後記"中有過敘述,這裏不贅。後來又由於多個科研項目前後相繼的結項壓力,近20年的生涯,幾乎就淹没在不斷製作各類古文字數據庫的繁忙中。雖然寫論文已經被擠壓到業餘愛好的位置,但生活在當下高校的考核體制下,每年忙裏偷閑地寫三兩篇論文模樣的東西又是不能不幹的事。客觀而言,把寫論文降格到應付差事的位置,並不能完全歸結於做數據庫的繁忙,畢竟並没有誰在拿著槍逼著你,捫心自問,之所以做這樣的選擇,是自己內心深處的一種學術評估:做成一個有意義的數據庫,比寫一篇論文更重要。至少,對我而言是這樣。當然,這種覺悟,並不是一開始就有的。

　　當年《古文字詁林》編纂最終不得不靠數據庫來"救命",如今回想起來,這樣一個具體個案,實在具有某種劃時代的象徵意義:由於時代發展帶來了文字處理方式的進步,以數字化方式來研究古文字必然被提上議事日程,而固守昔日的傳統研究模式,至少在有些時候和有些事情上難免被不斷湧動的時代浪潮拍倒在沙灘上。而依靠數據庫把一盤死棋走活的親歷體驗,則讓我看到了彼時不得不去製作的數據庫,長遠來看,確實有

1

著不能不去開發研製的理由,因爲它是支持古文字研究模式數字化轉型的基礎平臺。由是又逐步形成這樣一種理念:我寫的古文字研究文章,總應是在我製作的古文字數據庫支持下完成的;而我製作的古文字數據庫,總是應該具有支持古文字研究的功能和價值。如此一來,做數據庫自然也就成爲主業,或者説常態工作;而寫文章,某種意義上則是依附於數據庫研製的,或者説是數據庫價值的某種體現。

本書所彙集的文章,就是這樣一種基於古文字數據庫而形成的研究文字。因此,放在"數據庫古文字研究論稿"這個題目下,或許是比較合適的。按照內容大類,分爲四篇:其一曰"理論方法",大抵討論數據庫建設基礎上的古文字研究理念、思路乃至操作方式;其二曰"字體研究",主要彙集基於數據庫的古文字字體研究方面的若干專題文章;三曰"偏旁分析",收錄數據庫建設基礎上的偏旁分析方面的實踐性專論;四曰"異形探索",主要依據數據庫的定量數據來發現古文字構形中某些特異現象乃至其認識價值。

然而,本書似乎並不能定義爲一種彙集舊作的論文集。

既然積累了一些數據庫,在指導研究生撰寫古文字論文的過程中,自然會利用數據庫建設積累的資源,爲學生們營建一個數字化研究的小環境。在這個小環境裏,同學撰寫學位論文,可以根據不同的選題,程度不等地獲得古文字材料數字平臺和古文字考釋研究數字平臺的支持。這樣做的初衷,是試圖取得一石二鳥之功效:既爲同學的學位論文撰寫提供一個較高的起點,又爲同學的釋讀積累提供查找檢索的方便。而實際的結果則是有喜有憂:可喜者自然是這樣做確實可以提高同學論文撰寫的效率,甚至有助於提升選題的學術內涵;可憂者則是有的同學有了數據庫,便自以爲材料都在數據庫裏了,於是就覺得不再有深入解讀的必要,而一旦放棄了這種努力,便失去了發現問題的敏感,不知道如何用數據庫裏貯存的大把材料去解決真正有學術意義的問題,於是寫出的論文便往往是滿紙數據卻不知所云,導致學術認識的平庸化。

然而,這類問題,似乎並不僅僅出現在學生們身上。近年來閱讀一些

前　言

從事古文字數字化研究同行的論文，有時也會發現對研究對象釋讀瞭解不够的問題。比如最近讀到一位同行關於古文字字庫開發研究的論文，文章提出了一種古文字字庫建設的思路：通過建立不同的古文字子字庫的方法，來實現一個古文字的不同字形共用一個碼位的目的。這一方案的初衷，是希望能够像輸入常用的現代漢字那樣，借助常用輸入法即可在文字處理系統如 Word 中準確、高效地輸入和調用古文字字形，也就是借鑒現行的通用電腦字體技術，如一個字可以轉換宋體、黑體、仿宋一般，來解决古文字的一字多形問題，願望不可謂不美好。然而，這一看似美好的方案，顯然是在很不熟悉方案涉及材料的複雜性的情況下提出的。以一手材料爲對象進行整理分析，就會發現，即便以古文字研究最一般的不同字形認定標準，一種特定斷代和特定類型的古文字所分析出的一字多形者，數量多的都可以達到成百上千。比如本書《字體研究篇》中所析出的西周金文"寳"的構形，即達 1 060 個，難道做一個西周金文的原形字字庫，就要做 1 060 個子字庫嗎？如果累加各個斷代和各個類型的古文字，這種數量更會變成天文數字。

此種現實，令我反思一個問題：基於數據庫的古文字數字化研究，固然是一種順應時代潮流的古文字研究模式，相對傳統研究方式，顯然有其長處。但是我們還是應該正視這樣一個事實：前數字化時代的古文字研究模式，是歷經千年積累，不斷優化，逐步形成的，因此具有積澱的優勢。與之相對，新的研究模式，只有爲時不長的小範圍實驗，因此，雖然有著順應時代發展的合理性，但缺陷的存在、問題的出現也是難免的。就現實情況來看，數字化在帶來數據查詢檢索方便的同時，又具有誘導人們降低深入解讀可能。而在另一方面，數據庫通常會將更多的材料納入人們的視野，而基於數據庫的古文字數字化研究，又是以挖掘大範圍材料的大數據進行定量研究爲特徵的，這相對傳統研究方式，往往會要求增加材料釋讀的數量，進而導致材料釋讀力不從心的狀況。

平心而論，此種問題，對我而言，同樣是一道坎。看得見看不見是一回事，邁得過邁不過又是一回事。因此，借此機緣，對既有之作加以重新審視，也是理所當然之事。於是，收入本書各篇，雖多爲舊作，但有的重寫，有的大改，至少也做小修。而所有修改，無不基於所涉材料的進一步釋讀、整理、分析而做出。當然，即便如此，這本小書，依然會存在各種各樣的問題，誠摯期待同行方家不吝賜教。

凡　　例

一、本書撰寫所依託的數據庫，主要是作者所主持國家社科重大項目"出土古文獻語料庫建設研究"之結題數據庫。書中所言及"數據庫"，如無特別說明者，皆係該數據庫。該數據庫的具體情況，可參見本書《理論方法篇》之《簡説古文字數據庫的改善——以新版"文字網"古文字數據庫爲例》。

二、本書中所出現古文字原形字，有兩種給出方式，一是直接切割古文字材料拓片或照片而成的圖像字形，另一種是據拓片或照片的字形圖像掃描造字生成字體，進而以字體呈現的字形。前者因爲完全保真，主要用於需要嚴格呈現特定材料字形原貌的場合。後者具有提高清晰度和節省篇幅的優點，但一般是經整理歸納而形成的同種文字類型的同種寫法、風格的典型字形，故用於字形寫法、風格具有一般保真要求的場合。至於其保真程度，可通過《理論方法篇》之《簡説古文字數據庫的改善——以新版"文字網"古文字數據庫爲例》一文中所涉字形整理歸納個案以見其詳。

三、本書需要量化數據來支持論證，爲了保證正文的可讀性，篇幅較大的量化數據材料以附録的形式附於相關篇目之末。

四、爲保證量化數據的可驗證性，本書對所有支持論證的材料皆給出具體出處。給出的方式一般依次爲著録名、著録編號、篇名、字序號等，因各種文字類型的不同而給出方式略有差異，具體可參各篇相關説明。

　　五、本書對字形分類，一般依據"寫法"。所謂"寫法"，是指特定寫手對於特定文字所持有的書寫方式。一般來講，每個人都有比較固定的寫法，而如果寫手想改變一下自己寫出的字形，那他就需要通過另换一種寫法來實現這種意圖。改變"寫法"的方式大致有：改變字形朝向、以團塊與線條別異、增減構字成分、改變主筆姿態、改變筆劃連接方式、改變偏旁寫法、改變偏旁的方位佈局及構件增減等。

　　六、本文對古文字字形的斷代分期，主要依據著録者的分期標注，少數參考近年來在期刊、論文集上發表的各家相關研究，在綜合評估後作出認定。

一、理論方法篇

數據庫文字學芻議

隨著信息技術的發展,中國文字學這一具有千年傳統的古老學科也正在逐漸融入數字化的時代潮流。據2015年9月版的《漢語古籍電子文獻知見録》[1]的調查統計,海内外向社會公開的文字類數據庫已達數十種,各種機構或學者個人開發的僅供内部使用的文字研究數據庫更是難以計數。可以説,至少在一部分文字學研究者的書桌上,數據庫已經替代了"卡片箱"。與之相應,利用數據庫資源來進行的文字學研究越來越多。這類研究成果,有的會在論著題目上標明"基於某某數據庫(或資料庫、語料庫等)的某某研究"字樣,而更多的則是並没有這種題目上的標注,有的甚至論著内容中也未做相關的説明。雖然對這種研究成果實際數量的準確統計有一定困難,但這樣一個事實是無可否認的,基於數據庫的文字學研究不僅已經是不可忽略的客觀存在,而且有著日益興盛的發展趨勢。相關實踐的存在,應當有與之相對應的理論建構的出現。令人遺憾的是,迄今爲止,我們尚未見到這種理論的系統闡釋。爲此,本文嘗試以"數據庫文字學"爲名就此提出初步構想,以期抛磚引玉,引起進一步的討論。

---

[1] 張三夕、毛建軍主編《漢語古籍電子文獻知見録》,世界圖書出版公司,2015年。

一、"數據庫文字學"的界定

根據新的研究實踐的性質和學術發展趨向,"數據庫文字學"的概念只能做這樣的界定:以貯存的文字資料數據庫爲基礎,運用數字化文字處理的手段進行文字學研究。它包含互爲依存的兩個方面:一是按照文字研究的要求建設數據庫,二是依據數據庫資源展開文字研究。

試舉一例以見其詳。《西周金文文字系統論》[1]之《緒論》對其研究方式作了這樣的表述:"要保證上述方法(筆者按:即"窮盡的定量統計、全方位的系統論證、全過程的歷史比較"的方法)在西周金文系統研究中的成功運用,達到預期的研究目標,傳統的手工工作方式無疑顯得有些力不從心。因此,在技術手段上,計算器信息技術的全面介入成爲其中的關鍵。對西周金文文字系統的各個方面進行窮盡的定量統計,并將統計結果放到歷史的發展中進行系統的比較,沒有計算器信息技術的充分運用可以說是難以辦到的。爲了這一研究的順利進行,筆者陸續參與或獨立開發了多種古文字字庫、古文字數據庫和語言文字應用電腦程式。"上述引文所謂"古文字數據庫",即"金文資料庫"[2],作爲該書研究第一手材料的商周金文資料均爲該數據庫所貯存,可由"器銘、單字、構字符素三個層次"提供"金文本體"的檢索,"各個層次中的每一項屬性都可以作爲檢索統計的單元,并組合使用。而且各個層次之間互相關聯,形成一個有機的整體"。而引文所謂"古文字字庫",即爲補缺通用字符集的盲區而開發的支持"金文資料庫"順利運行的金文字體。引文所謂"語言文字應用電腦程式",是基於"金文資料庫"收字的結構分析標注而開發的兩種程式,一是"漢字結構統計分析系統","該系統是以數據庫爲基礎資料庫的應用軟件系統,可以分別就成字和構字符素兩個方面分別對文字結構的各種屬性進行統計";二是"字頻斷代統計分析系統","該系統用於自動

---

[1] 張再興:《西周金文文字系統論》,華東師範大學出版社,2004年。
[2] 《商周金文數字化處理系統》光盤,廣西金海灣電子音像出版社、廣西教育出版社,2003年。

统计金文單字的各種異體在各個時代的頻率分佈情況"。

《西周金文文字系統論》的材料對象主要出自"金文資料庫";而"金文資料庫"又是根據《西周金文文字系統論》撰寫要求開發了資料標注和應用程式。因此,該項研究成果符合前文的界定,可以認定爲"數據庫文字學"的一種實踐。

準此,如下類型的文字研究雖然已關涉數據庫,但還不能視爲嚴格的"數據庫文字學"之屬:其一,僅僅利用數據庫查找部分研究所需要的資料的文字研究;其二,將數據庫降格爲卡片箱,僅僅視其爲材料來源,而並未按研究目標的規定對數據庫進行有效加工處理的文字研究;其三,僅僅運用數據庫資源解決研究計畫中個別問題的文字研究。

二、"數據庫文字學"與"語料庫語言學"

前文對"數據庫文字學"的界定,很容易令我們想到"語料庫語言學"。丁信善在評估幾種重要的"語料庫語言學"基礎上對"語料庫語言學"作了一個新的定義:"語料庫語言學不是研究語言自身某個方面,而是一種以語料庫爲基礎的語言研究方法。它實際上包括兩個方面:一是對自然語料進行標注,二是對已經標注的語料的研究和利用的方法。"[1]很顯然,就基本內容而言,上述"數據庫文字學"界定與丁氏的"語料庫語言學"定義頗爲相像,差別只是前者的關鍵字爲"文字",後者的關鍵字是"語言"和"語料"。由此,人們很容易產生這樣的疑惑,文字乃是語言的書面符號,廣義上可歸屬語言的範疇,那麼,既有"語料庫語言學",爲什麼要新創"數據庫文字學"? 這個問題,需要從理論和實踐兩個角度進行說明。

理論上說,就語言與文字的關係而論,漢語與漢字和英語與英文等其他表音文字國家民族的語言與文字有所不同。前者最主要的個性就是作

---

[1] 丁信善:《語料庫語言學的發展及研究現狀》,《當代語言學》(試刊)1998年第1期,4—12頁。

爲語言載體的文字體系高度複雜,因此需要形成一門獨立的學科來加以研究,這也就是"文字學"只是中國有而西方没有的原因所在。與此相應,中國"文字學"的研究對象也並不附屬於語言學。唐蘭曰:"文字的形體的研究,是應該成爲獨立的學科的。"[1]又説:"我的文字學研究對象,只限於形體。"[2]唐氏的這一表述,把文字學的研究任務獨立於一般語言研究的範疇之外,並得到學界的廣泛認同。正是因爲"文字學"在中國具有並不附屬於語言研究的獨立地位,產生於西方語言研究實踐的"語料庫語言學"是無法照搬到中國的文字學研究領域的。

從實踐來看,作爲一種比較成熟的理論方法模式,"語料庫語言學"已經引進中國進而在語言學研究前沿中佔據一席之地,目前在"中國知網"上用"語料庫語言學"這一關鍵字進行搜索,搜得的以漢語爲對象的研究論文已達 2 000 多篇。而所有這些論文,均不屬於嚴格意義上的"文字學"研究範疇。這也證明了"語料庫語言學"無法自然移植到中國文字學研究領域是客觀事實。

綜上,"語料庫語言學"雖然在以數據庫爲基礎平臺這一基本研究模式上與前文所界定的"數據庫文字學"類同,但由於研究對象的性質差異,前者並不能替代後者應用於中國文字學的研究。當然,由於基本研究模式的類同,後者可以,也應該以適當的方式繼承前者的理論財富。從這個意義上説,"數據庫文字學"與"語料庫語言學"是具有密切聯繫的理論方法體系。由於後者具有一定的先導性,在諸多問題上可以爲前者的發展提供借鑒與參照。

三、"數據庫文字學"的可行性

"數據庫文字學"是否適合中國文字的研究?這確實是一個需要論證的問題,因爲有兩個因素會對"數據庫文字學"的實施構成障礙,一個來自

---

[1] 唐蘭:《古文字學導論》,齊魯書社 1981 年,135 頁。
[2] 唐蘭:《中國文字學》,上海古籍出版社 1979 年,5 頁。

技術方面，一個來自學術方面。

　　對"數據庫文字學"造成負面影響的技術因素，主要是字符集的缺位。以具有三千年歷史的文字爲研究對象的中國文字學，第一手的研究資料的主體只能是歷代文字的真實本體。"數據庫文字學"成立的前提就是將這種主體資料轉化爲數據庫資源。然而，中文信息化處理雖然已經取得很大成績，但富於歷史層次差異的漢字，目前真正被通用電腦字符集所覆蓋的主要只是現代語言交際層面的用字，各不同斷代的歷史漢字資料都不同程度存在字符集的盲點。字符集是文字資料數字化的基礎平臺，這個基礎平臺既然殘破不堪，文字數據庫就似乎遭遇了"皮之不存毛將焉附"的尷尬。事實上，確實有不少文字數據庫存在因字符集的缺位而產生了釋文"開天窗"、集外字不能查、全文檢索無法實現等問題。然而，這種尷尬雖然會造成很大的負面影響，卻並非無法解決。目前比較可行的方法是：利用已有字符集裏文字數據庫用不到的字的碼位來容納這些集外字，利用字體技術生成能夠支持文字數據庫運行的字符集。2003年，華東師範大學中國文字研究與應用中心研製的光盤版古文字數據庫《商周金文數字化處理系統》[1]和《戰國楚文字數字化處理系統》[2]正是運用這樣的技術，實現商周金文和戰國楚文字資料的全文檢索。當然，這個問題的解決是要以精細的文字整理和大量的造字爲代價的，具體情況詳見後文。

　　除了技術的障礙，"數據庫文字學"也會遭遇學術因素造成的問題。"數據庫文字學"講究的是窮盡材料定量研究，而文字學的研究材料卻往往有著釋讀的障礙，對於早期的文字材料而言，此種情況尤其突出。比如甲骨文，目前被確認所用到的字有四千多，但是學界公認的可識字只有一千多。於是人們很自然會產生這樣的疑問：既然有如此多釋讀盲區，我們如何能夠合理地窮盡和定量？這一問題看似給"數據庫文字學"造成了難以逾越的障礙，實則不然。

───────────

　　[1]《商周金文數字化處理系統》，廣西金海灣電子音像出版社、廣西西教育出版社，2003年。

　　[2]《戰國楚文字數字化處理系統》，上海教育出版社，2003年。

釋讀障礙是不是足以否定窮盡量化的研究模式,要取決於釋讀障礙的數量狀況。因爲在海量數據的環境中,少量數據的缺失並不會影響整個數據呈現其本質信息,這就是大數據的意義所在。在文字考釋研究已取得重大成績的今天,凡面世已有一定時間長度的歷史文字材料,都不會存在影響量化研究可行性的大面積釋讀障礙。這種判斷的依據主要有以下兩點:

其一,存在釋讀障礙的字詞在歷史文字資料的具體使用中總是屬於罕見者,這也是它們不能被順利釋讀的最重要原因。而已釋字詞,相對而言,總是文字資料具體使用中的常見者,越是常見,語境越清晰,也就越容易被釋讀。因此,在量化研究的頻率觀察的視角裏,可釋讀字詞較之釋讀障礙字詞的數量優勢,相對不重複計數的字詞單位層次的同口徑數據總是會被極度放大的,而正是這種被放大的數據才是第一手的文字資料的真實數據,在窮盡統計定量分析的研究模式中才是有效的。仍然以甲骨文爲例,我們的研究表明,真實的甲骨卜辭用字存在兩端集中的分佈規律,所謂兩端集中,就是"少數高頻字佔總字量的高比重和在總字量中佔極低比重的低頻字佔單字總數的極高比重",這裏的"總字量"指重複計算頻次的文獻用字總數,而"單字總數"指不重複計數的文字單位數。而"兩端集中"規律的揭示,可以解釋只有1千多字可釋而總字數達4 000多的甲骨文爲什麼也可以成爲量化研究的對象:6%的不重複甲骨文字,在實際卜辭用字總量中已佔到79.23%,幾近四分之三;而只出現過一次的卜辭用字在甲骨文不重複單字總量中則佔到37.18%,也就是已經超過三分之一。[1] 也就是説,前文言及的似乎數量很大的甲骨文未識字,其實都屬於"在總字量中佔極低比重的低頻字",因其真實數量很少,所以並不足以否定"數據庫文字學"的定量研究模式在甲骨文研究中的可行性。釋讀障礙程度一般是與材料距今時間的長度成正比的,時代最早的甲骨文尚且可以被納入量化研究的範圍,其他後世時段的文字學研究材料更是

───────────

〔1〕 劉志基:《簡論甲骨文字頻的兩端集中現象》,《語言研究》2010年第4期。

如此。

其二，文字材料釋讀障礙的内容，大約可以分爲三個層次：字的歸屬不明、詞的歸屬不明和用法不明。對於特定文獻用字而言，三個層次的釋讀障礙可以不同數量地疊加，也可以只歸屬其中之一。這也就意味著，有些用字，雖然不能明其爲何字，卻不難確定其所記爲何詞，歷史文字材料中大量通假字屬於此類；有的不但難以確定其爲何字，甚至也不能確定其所記爲何詞，但卻不難知曉其大致用法，如出土文獻中某些人名、地名、國族名用字等。然而，對於不同角度的文字學研究而言，不是所有的釋讀障礙都構成研究的障礙，如涉及通假的研究一定程度上可以容忍字的未識，涉及用法的研究一定程度上可以容忍字、詞的未識。因此，在特定的視角的具體研究中，能够真正影響"數據庫文字學"可行性的文字材料釋讀障礙，只是一般意義釋讀障礙中的一小部分。這樣，原本就是小比重的釋讀障礙，在實際研究中真正構成負面影響的只是其中一部分。

無可否認，雖然上述的技術和學術的障礙因素並非無法解決，但卻提高了"數據庫文字學"實踐難度和進入門檻。關於這一點，後文將有具體討論。

四、"數據庫文字學"與傳統文字學

作爲順應時代進步發展而產生的新事物，"數據庫文字學"之所以會出現，自然是因爲它具有前所未有的存在價值，對於傳統文字學研究具有補缺意義。需要說明的是，這裏所謂"補缺"的表述，並不含有將"數據庫文字學"與傳統文字學進行優劣比較的意思。作爲一門具有悠久歷史的學科，中國文字學不但有著優良的研究傳統，在理論方法上有著深厚的積淀和寶貴的經驗，而且有著與時俱進的傳統。因此，在數字化時代到來，文字處理的方式得到了根本改變的背景下，中國文字學在繼承優良傳統的基礎上豐富自己的理論方法體系是符合規律的一種自身發展。從這個意義上，"數據庫文字學"可以視爲傳統中國文字學在數字化時代順應新的研究環境、條件和手段而發展出來的一個分支。而將"數據庫文字學"

與傳統文字學進行對比討論，只是爲了便於揭示前者作爲一種新的研究模式的特點。

從某種意義上説，數據庫文字學研究與傳統文字學研究的最大差異，就在於研究材料的存在形式：傳統文字學研究的第一手資料是以印刷、墨拓或抄寫、刻寫等手段形成的紙張等自然物載體形式，數據庫文字學研究的資料是數字化形式的數據庫資源。雖然就内容而言，兩者可以是毫無差異的。但由於存在形式的不同卻帶來兩者間如下兩個方面的巨大反差。

一是資料獲取難易程度上的反差。自然物載體形式的資料是散亂分佈的，有的還散落於一些難以查找的犄角旮旯，於是資料的獲取便往往成爲難題，常常是"爲尋一書走遍天下，爲查一字翻遍全書"；而數字化載體的資料雖然來自然物質載體的資料，但數字化轉化的過程即是一個資料總集成的過程。在數據庫中的統一貯存，再加上數字化處理手段在資料查找中的運用，將大大緩解文字研究中資料查找的困難。

二是資料可利用度上的反差。從查詢檢索的角度看，自然物載體形式的一手資料是以無次序、無條理狀態存在的，因此出於特定研究目的，一般都需要人工目驗查找、編輯整理。而人工查檢手段一旦遭遇大量資料，便會出現力不從心的困窘，進而導致資料的深度利用障礙；而數字化載體的資料則是以被有序編碼的狀態存在的，只要數字轉化過程是規範到位的，每一個具體的材料單位都會領到一個唯一編碼的身份證，獲得被"GPS定位"的資格，於是出於特定研究目的的材料處理就可以讓電腦來代替人工，進而獲得無可比擬的效率提升。材料還是那種材料，但遭遇了更有效的處理手段，它的作用是可以升級的。從這個意義上説，數字化提升了傳統材料的有用性，使之轉化成一種新材料。

基於上述分析，"數據庫文字學"的本來意義就是利用新的研究條件以補缺傳統文字學的歷史局限，去完成一些傳統文字學模式下不易做到的事。在這一點上，"語料庫語言學"更早呈現了類似效應："語料庫語言學依據的是大數量數據，研究報告和論文呈現的也是大數量數據，與傳統思辨研究依賴的例舉(exemplification)以及微量數據形成鮮明對比。現在人們熱衷於談論大數據,事實上語料庫語言學是最早開始大數據研究的。語料庫語言學數據由自動或半自動計算技術處理,準確度高。語料庫語言學數據可計量,揭示了概率信息。"[1]這雖然是人們對"語料庫語言學"區別于傳統語言學的特徵的描述,卻也基本適用於"數據庫文字學"區別于傳統文字學的特徵表述。很顯然,大數據的論證依據的出現,正是數字化字處理手段提升的必然結果,而注重大數據的研究模式,則是傳統文字學限於歷史條件而難以問津的。很顯然,"數據庫文字學"的大數據模式長於規律發現、理論歸納,因而是比較適合用於宏觀理論研究的。而宏觀理論研究,正是傳統文字學研究相對薄弱的環節。

長期以來,傳統文字學一方面以解經爲主旨,故重微觀字詞考釋而輕宏觀理論建設,另一方面又囿于《説文》的框架,忽略對真實斷代文字資料的系統整理分析歸納,因此其理論建設成績之不足是人們經常談及的話題。

姚孝遂曰:"傳統的中國文字學是以研究文字形體的發生、發展、演化爲主導,而同時又非常緊密地聯繫到音韻學、訓詁學、詞彙學等各個方面,形成爲一個完整的漢語語言學研究體系。然而,在目前的漢語史研究工作中,漢語文字學史的研究卻成爲一個非常薄弱的環節,這種狀況應該改變。"[2]

唐蘭曰:"古文字研究本是文字學裏最重要的一部分,但過去的文字學者對古文字無深切的研究,研究古文字的人又多不懂得文字學,結果,文字學和古文字研究是分開的。文字學既因語言音韻學的獨立而奄奄待盡,古文字的研究,也因沒有理論和方法,是非漫無標準,而不能進步。"[3]

---

〔1〕 衛乃興:《衛乃興談語料庫語言學的本體與方法》,《語料庫語言學》2014年第1卷第2期,27—34頁。
〔2〕 姚孝遂:《漢語文字學史研究之我見》,《江淮論壇》1990年第2期。
〔3〕 唐蘭:《古文字學導論》,齊魯書社,1981年,7頁。

应當承認,近幾十年來,傳統文字學理論建設薄弱的狀況已有一定程度的改觀,但微觀考釋研究强於宏觀理論研究的基本格局並未得到根本改變,而"數據庫文字學"顯然在這個方面有著很大的用武空間,應該擔負起補缺文字學研究理論建設不足的歷史職責。

當然,長於宏觀並不意味著短於微觀,事實上,"數據庫文字學"的精確量化研究方式,資料的數字化貯存性質和使用特點,會極大提高的研究結果可驗證程度,大大拉近材料和觀點、不同層次論據之間的邏輯關係,這對於微觀研究而言同樣具有無可替代的價值。從這個意義上説,"數據庫文字學"對於提升文字研究的嚴密性科學性所具有的積極作用,對於文字研究的各個方面都是全覆蓋的。

五、"數據庫文字學"的數據庫建設

"數據庫文字學"成立的基礎就是能够支持相關文字研究的數據庫(以下簡稱"文字數據庫"),因此,關於如何建設文字數據庫不能不成爲"數據庫文字學"的關鍵問題。需要説明的是,文字數據庫的建設內容是跨學科的,有學術層面的,也有技術層面的。本文的討論,主要限於前者。

一般來説,無論哪種類型的數據庫,收入的資料都是以"字"作爲基本載體的。從這個意義上説,建設文字數據庫和建設語料庫一樣,形式上都是向數據庫裏輸入"字"。因此,與界定"數據庫文字學"需要區別它和"語料庫語言學"的不同特點一樣,説明文字數據庫的建設要點,也應該是將其與一般語料庫,特别是收錄歷史文獻語言的語料庫建設的區別性交代清楚。

有學者將文字數據庫稱爲"字料庫"以區別於"語料庫",並對"字料庫"的建設提出一些意見:"字料庫要能真實地再現各時期漢字使用的狀況,又能充分地展現出漢字在不同時期發生的變異,即在共時字料庫的基礎上組成歷時字料庫,體現字料的時代性。在字料選取中,既要採用隨機抽樣方法解决材料在數量上的不均衡問題,又要兼顧主流字體與個人書寫風格的取材。字料庫建設的目的就是要利用實際中的事實對文字變化現象進行研究,因此,合理設計字料庫的存儲格式,科學標注字料中的各種有用信息是字料庫建設中一項重要工作。"[1]基於這些意見,我們再就文字數據庫建設相對一般語料庫建設有所不同的幾個重要問題作一些補充討論。

首先,文字數據庫建設必須收入歷代文字資料的真實本體。文字學數據庫究竟應收入什麼樣的材料,這決定於文字學的研究對象。既然文字學主要研究的是字形,而字的形態並不像它所記錄的文獻語言那樣即使經過後世轉寫(只要不抄錯內容)依然可以保真,因此文字數據庫就不能像語料庫那樣只收入以後世通用文字記錄的歷史文字資料,而必須收入歷代文字資料的真實本體。由於漢字具有三千多年歷史,歷代真實本體材料浩瀚無垠,文字數據庫的材料收入任務之重,絕不是語料庫可以相提並論的。

其次,文字數據庫建設必須解決巨大的材料釋讀困難。目前面向語言研究的各種語料庫,一般在語料收入中是沒有語料釋讀的任務的。而文字數據庫則不然,由於必須收入各個不同斷代文字材料的本體,而真實文字形態又是最容易發生歷時變化進而導致釋讀障礙的,這就決定了文字數據庫的建設必須要由具備較高文字材料釋讀能力的文字研究者直接參與,而不能像某些語料庫建設可以雇傭一些非專業的打工者來完成。更困難的是,有些釋讀問題,在專業內也並沒有達成一致的認識,導致歧釋紛繁,更需要較高的專業知識和能力來鑒別判斷。從這個意義上來說,文字數據庫的建設實際也是歷代文字資料的系統釋讀整理工程。

再次,文字學數據庫建設必須解決電腦字符集缺口的問題。由於中文信息化尚有局限,不但歷史漢字材料中的很多用字在目前通用電腦字符集中不存在,而且大量已在字符集中編碼漢字並不被目前通用數據庫軟件所支持。迄今爲止,進入國際標準字符集中的漢字數量貌似比較可

---

[1] 李國英、周曉文:《字料庫建設的必要性與可行性》,《北京師範大學學報》(社會科學版)2009年第5期,48—53頁。

觀，到 2006 年，ISO/IEC10646－2003 中已編碼的漢字共有 70 195 個，包括 GBK 的 20 902 字、CJK 擴展 A 集 6 582 字和 CJK 擴展 B 集 42 711 字。此後又有擴展 C 擴展 D 的漢字被添加進字符集，編碼漢字增加到 8 萬以上。然而，編碼是一回事，能不能用又是另一回事。目前的現狀是，各種數據庫真正能夠支持的漢字僅僅是 GBK 範圍的 20 902 個漢字，而其他絕大部分已編碼字在數據庫中並不能實現檢索、查詢、統計等各種處理。由此導致的字符集盲區的存在程度，可以由我們所建金文數據庫爲例而見一斑。該數據庫所有不重複銘文用字約 7 000 個，其中只有 2 300 多個屬於集內字。字符集的缺口不解決，文字數據庫的建設就是一句空話。而這一問題的解決方案無非是兩種，一是將文字數據庫需要的所有字全部納入通用電腦字符集，二是利用已有字符集中文字數據庫用不到字的碼位來容納這些文字數據庫必須用到的集外字。由於前一種方案在未來相當一段時期內難以期待[1]，解決問題的唯一可行辦法只能是第二方案。具體來說需要採用字體技術，完成所有所需集外字的造字，然後填入通用字符集中文字數據庫用不到的空閑碼位，以"雀佔鳩巢"的方式，來構建一個對應文字數據庫所有用字的新字符集。當然，這種字體方式存在一定的缺陷，比如可以利用的碼位會因材料新出或釋讀的修訂而逐步減少，或者導致本已被佔用碼位的集內字成爲數據庫需用字而形成碼位衝突，當這種情況的發生時，就需要對字符集進行重新調整。很顯然，這是一件非常麻煩的事，但這卻是目前文字數據庫建設中不能不承受的負擔。

六、數據庫文字學研究的學術品質追求

怎樣才算好的數據庫文字學研究？對於一個缺乏成功經驗以資借鑒

---

[1] 早在本世紀初，在中國政府相關部門的推動下，中國大陸就組建了電腦字符集的古漢字編碼專家參與 IRG 的表意文字工作組的定期會議，意在實現漢字古文字原形字在國際標準字符集中的編碼。然而，時間已經過去了十餘年，此事並無實質性進展。其主要原因是，在 IRG 及其上級單位某些握有確定權的成員並不認同漢字古文字編碼的必要性。於是，這件事目前只能停留在學術研討的層面上，無法實現真正的社會應用。

的新出研究方式來説,這無疑是一個非常重要的問題。限於實踐經驗的有限和理論水準的不足,僅就此給出兩點初步想法。

1. 以"問題"主導數據

對於時下的語料庫語言學的研究,學界已有如下批評:"需要指出的是,部分年輕學者的研究顯示了另一種傾向,即一味熱衷於統計信息的展示,而忽視語言學問題的討論。一些文章展示了大量各式各樣的統計信息圖表,卻鮮見具體語境下形式與意義的詳盡分析。這是一種'見林不見樹'或'見量不見質'的傾向:語言不見了,文本意義不見了,只留下乾巴巴的數學信息!"[1]很顯然,上述批評雖然針對的是"語料庫語言學",但對於"數據庫文字學"同樣適用。僅就管見所及,"見量不見質"的確是當前數據庫文字學研究的通病,特别在"漢語文字學"的學位論文中,此種情況更加多見。因此,我們需要追究導致這一問題的原因。

由於獲得材料與手段的途徑不同,"數據庫文字學"研究除了與傳統文字學研究一樣,需要一個完成論著的勞動過程外,還需要爲達到研究目的去謀取符合研究需求的數據庫。而似乎是多出來的這件事又並非是可以輕鬆解決的,親自動手做數據庫付出的勞動一般會大大超過完成論著付出的勞動。由於習慣於傳統研究模式的定式,人們一般不會樂意去付出這種"額外"的勞動,於是最常見的"對策"便是僅僅是利用現成的數據庫資源而並不去參與它的建設。殊不知,這樣一來,"數據庫文字學"的内在邏輯聯繫就被割裂了,因而很容易滑向這樣的誤區:僅僅是被動消極地利用數據庫的資源,而並不注重針對研究的需要而將數據庫建設到位。由此我們可以得到這樣一種認識:成功的數據庫文字學的研究不僅應該是基於數據庫資源來進行文字研究的,而且必須是根據研究需要來建設數據庫的。換句話説,在"數據庫文字學"研究的全過程,包括數據庫建設的環節,都必須有問題意識的引領,如此才能保證數據庫文字學研究的海

---

[1] 衛乃興《衛乃興談語料庫語言學的本體與方法》,《語料庫語言學》2014年第1卷第2期,31頁。

量數據都是具有實實在在的學術意義的。

2. 以數據庫孵化新思維

只是一種研究方法,還是一種新的學科?這種爭議存在於學界對"語料庫語言學"的屬性認定中:"'語料庫語言學'英文叫 corpus linguistics,這個術語其實有兩層含義。一是利用語料庫對語言的某個方面進行研究,也就是説"語料庫語言學"不是一個新學科的名稱,而僅僅反映了一個新的研究手段。二是依據語料庫所反映出來的語言事實對現行語言學理論進行批判,提出新的觀點或理論。只有在這個意義上'語料庫語言學'才是一個新學科的名稱。從現有的文獻來看,屬於後一類的研究還是極個别(如 Halliday 1991;Leech 1992;Robert de Beaugrande 1996)。所以,嚴格地説,我們現在不能把語料庫語言學跟社會語言學、心理語言學、語用學等相提並論。"[1]鑒於數據庫文字學與語料庫語言學的密切聯繫,我們有理由相信,後者的待遇也會落到前者的頭上。

對於這種爭議,我們無意給出是非判斷,只是想表明這樣一個認識:數據庫文字學對於文字學研究而言,不只可以帶來新手段,還會帶來新思維。而文字學研究新思維,才是數據庫文字學帶給文字學研究的更重要的財富。

數據庫爲什麽能够帶來新思維,這實際上是一個存在決定意識的問題。就中國文字研究而言,傳統文字學研究所立足的主要是紙筆操作這樣一種文字處理手段的客觀條件,而傳統的文字研究思維方式,便不能不受此種客觀條件而有所局限。按照同樣的邏輯,當數據庫爲文字研究帶來全新的文字處理方式的客觀基礎後,文字學研究謀求思維創新是理所當然的事。事實上,基於數據庫激發的新思維,我們在拓展文字學研究的方面和層次方面已經完成了一些研究[2]。很顯然,文字數據庫的建設得

---

[1] 顧曰國:《語料庫與語言研究》,《語料庫語言學》2014 年第 1 卷第 2 期,1—3 頁。
[2] 詳見《字頻視角的古文字"四書"分佈發展研究》,《古漢語研究》2009 年第 4 期;《偏旁視角的先秦形聲字發展定量研究》,《語言科學》2012 年第 1 期;《先秦出土文獻語料類型分析芻議——以包山楚簡與郭店楚簡爲例》,《語文研究》2015 年第 4 期;《基於語料特點判斷的上古出土文獻某字存否研究——以"信"字爲例》,《華東師範大學學報》(哲社版) 2015 年第 5 期等。

到問題意識的引領，將可以提供林林總總類文字系統底層數據，而這個新的客觀存在的豐富性，無疑爲相關研究的新思維新意識的激發提供了無限可能性。從這個意義上説，文字數據庫完全有可能成爲文字學研究新思維的孵化器。

　　毫無疑問，"數據庫文字學"系統論述是個大題目，不是一篇短文所能完成的。還有一些重要問題是我們未及討論的，如：數據庫文字學雖然不屬於關於文字自身某一方面研究的研究，但對不同的文字學問題，數據庫文字學還是應有不同研究方略的，那麼這些針對性方略應該是怎樣的？再比如："數據庫文字學"研究模式的優越性是建立在相應的數據庫這一物質基礎上的，而這同時又構成了它的局限性。凡研究一個問題，都需要有相應的數據庫來支持，這將大大增加研究的工作量成本。要求每個研究者爲自己的每一項研究都先期建設一個數據庫顯然並不現實，那麼數據庫文字學是不是有一個適用面問題？又比如：目前尚未出現嚴格意義上的"文字學公共數據庫"，而公共數據庫對"數據庫文字學"的意義至關重大，那麼，我們又當如何創建"文字學公共數據庫"？諸如此類，留待以後進一步研究。

數字化與古文字研究新材料

一、引　言

　　中國的古文字研究，因研究對象的時間性所限，材料的新獲一般只能拜考古發掘所賜。研究材料相對研究需求的短缺，成爲古文字研究長期以來必須面對的困局。這種狀況在另一面的表現，則是每一次新材料的發現，總會帶來既有相關學術史的重新認識，這在古文字研究領域，已是被一再證明的事實。面對材料短缺的困境，古文字研究者始終在作一種努力，就是通過對一手材料的整理，來謀求其研究價值的提升。近年來，有的學者甚至試圖通過特定整理性工作來獲得新材料："甲骨學新材料的來源有兩條途徑：一是源於甲骨出土，二是源於甲骨綴合。"[1]這種認識，源自黄先生的研究實踐，無疑是很有見地的。然而陳寅恪則有更爲宏觀性的論説："一時代之學術，必有其新材料與新問題，用此新材料，以研求問題，則爲此時代學術之新潮流。治學之士，得預於此潮流者，謂之預流（借用佛教初果之名）。其未得預者，謂之未入流。此古今學術史之通

---

〔1〕　黄天樹：《甲骨拼合集序》，《甲骨拼合集》，學苑出版社2010年，1頁。

義,非彼閉門造車之徒,所能同喻者也。"[1]陳先生將新材料的出現與時代的發展聯繫在一起,可謂遠見卓識。在數字化進程不斷推進的今天,古文字材料是不是有著因時代進步發展而帶來的新的來源？答案是肯定的。筆者曾表達過這樣的意見：

> 傳統文字學研究的第一手資料是以印刷、墨拓或抄寫、刻寫等手段形成的紙張等自然物載體形式,資料庫文字學研究的資料是數字化形式的資料庫資源。……從查詢檢索的角度看,自然物載體形式的一手資料是以無次序、無條理狀態存在的,因此出於特定研究目的處理,一般都需要人工目驗查找、編輯整理。而人工查檢手段一旦遭遇大量資料,便會出現力不從心的困窘,進而導致資料的深度利用障礙；而數字化載體的資料則是以被有序編碼的狀態存在的,只要數字轉化過程是規範到位的,每一個具體的材料單位都會領到一個唯一編碼的身份證,獲得被"GPS定位"的資格,於是出於特定研究目的的材料處理就可以讓電腦來代替人工,進而獲得無可比擬的效率提升。材料還是那種材料,但遭遇了更有效的處理手段,它的作用是可以升級的。從這個意義上說,數字化提升了傳統材料的有用性,使之轉化成一種新材料。[2]

上文所謂"資料庫資源",即本文所説的經數字化整理的古文字材料。很顯然,雖然新材料的來源不止一途,但真正屬於陳先生所謂"一時代之學術"必有之新材料只能是來源於數字化整理的新材料。由於時代發展帶來了文字處理方式的進步,以數字化整理提升材料研究價值的工作必然被提上古文字研究的議事日程。這可以當今社會流行的"大數據"現象

---

〔1〕 陳寅恪:《陳垣〈敦煌劫餘錄〉序》,《海潮音》1932年第1期,38頁。

〔2〕 Zhi-Ji Liu. 2017. An introduction to database grammatology. Journal of Chinese Writing Systems. 1(1): 11–18.

作比。在前數字化時代，構成所謂"大數據"的信息資源客觀上也是同樣存在的，只是因爲没有"雲計算"之類技術，人們無從認識和把握其内涵的信息。而隨著數字化手段的出現，"大數據"才能撥雲見日，在當今社會各領域發揮重要作用。很顯然，前數字化時代古文字材料的潛在"大數據"，隨著數字化時代的到來，也同樣有著浮出水面的物質依據。而這種由潛在大數據到現實大數據的轉化，對於古文字材料而言，又具有尤爲特殊的意義。

作爲一種文字資源，古文字材料從來就存在巨大傳輸障礙。由於歷史的悠久，在古文字作爲社會通用文字的年代，文字的傳播手段只有最原始的手抄一法。而進入印刷文明之際，則古文字早已成爲一種"古董"，這就造成了古文字的傳播與查找等各個處理環節卻長期處於非常低能的狀態。印刷術雖然是中國人的四大發明之一，但這種發明卻並未惠及古文字。從活字印刷開始，直到迄今的電腦排版印刷技術，古文字就從未被主導的書籍印刷複製系統所接納，因此古文字資料的傳播長期以來只能依靠手抄這種低效複製形式，進而導致"爲找一書，尋遍天下"的境地。另一方面，古文字也不具備如同隸楷漢字那樣成熟有效的檢索手段，這又造成了原本就有限的古文字資料的查找障礙，"爲查一字，翻遍全書"的尷尬司空見慣。這種狀況，無疑給資料的利用帶來了負效應，大大加劇了古文字研究資料不足的危機。當然，這種危機，並非只存在於數字化時代，而是一筆歷時舊賬，它給中國文化傳承帶來的負面影響是怎麽估計也不爲過的。從這個意義上說，以數字化整理來提升古文字資料價值，也是一項解決歷史遺留老大難問題的文化建設工程。

然而，對於古文字研究而言，以數字化整理的方式來提升研究資料的認識價值和材料作用，是一個全新的課題，與此相關有諸多基本問題，都缺乏研究，有待于學界達成共識。本文嘗試就此作初步討論，爲進一步研究拋磚引玉。

二、傳統古文字材料整理成績之檢討

古文字資料的整理，也是前數字化時代傳統古文字研究非常重要的一個方面。相傳最早的字書《史籀篇》是周宣王時太史籀所作,雖然其說真實與否尚有爭議,但戰國時代已有字書則是可以確定的。本世紀初馬承源先生在主持《上海博物館藏楚竹書》整理工作時,曾經聯繫過筆者所在的華東師範大學中國文字研究與應用中心,說起上博簡中有一部戰國時代的字書,希望文字中心配合解決排印中的文字問題。由於種種原因,此事後來並未落實,雖然上博簡目前已出到第九輯,也尚未見這部戰國字書公佈,但馬先生當年所說當非虛言。如此,我們可以確認,至遲在戰國時代,已經出現嚴格意義上的古文字材料整理成果。而秦始皇時代的《倉頡篇》《爰歷篇》《博學篇》則為確定無疑的秦代識字課本。至於《說文解字》以降的整個古代社會古文字材料整理工作式微,那是有原因的:由於古文字退出社會語言交際的主流語境,古文字材料的整理也淡出文字研究者的視野。清代末年,由於甲骨文的發現等因素,古文字研究又開始得到學界的重視,一個世紀發展下來,古文字材料整理的成績也達到了前數字化時代的巔峰。為明確古文字資料數字化整理的方向,有必要對迄今為止的前數字化時代古文字資料整理成果的得失作一點審視和評估。當然,基於本文題旨,這種審視評估需要立足於數字化字處理的高度來進行。

傳統的古文字材料整理成果按功用可以分出如下各類型。字典類:以《說文解字》為代表,其作用主要是解說字的形音義。此類工具書在上世紀有專類化發展趨向,比如僅限於甲骨的《甲骨文字典》[1],僅限於青銅器銘文的《金文大字典》[2]等。近年來,此類工具書除了釋字,更發展出試圖揭示文字單位間發展演變關係的形式,如《古文字譜系疏證》[3],以聲符繫聯的方式建構字群,以體現字際孳乳派生關係。字編類:逐字彙集古文字原形,兼收各類古文字和專收一類古文字材料的均有,前者如

---

[1] 徐中舒:《甲骨文字典》,四川辭書出版社 1989 年。
[2] 戴家祥:《金文大字典》,學林出版社 1999 年。
[3] 黃德寬:《古文字譜系疏證》,商務印書館 2007 年。

《漢語古文字字形表》[1]，後者如《甲骨文編》[2]《金文編》[3]等。近年來，此類工具書有"全編"的發展趨勢，即字形不是選擇性收錄了，而是有一個收一個，如《商代金文全編》[4]《包山楚簡文字全編》[5]。引得類：逐字呈現其所出所有文句，旨在提供全文檢索之便，如《殷墟卜辭綜類》[6]《殷墟甲骨刻辭類纂》[7]等。與之類型近似的還有"逐字索引"，如《秦簡逐字索引》[8]。著錄類：以古文字文獻實物載體的影像或拓本爲編纂對象，以方便人們查找第一手材料，如《甲骨文合集》[9]《殷周金文集成》[10]。詁林類：以字爲目彙集各家古文字考釋論著，以方便查找釋字信息。所收材料，有專類兼類之別，前者的如《甲骨文字詁林》[11]《金文詁林》[12]後者如《古文字詁林》[13]；收錄方式，有節錄和提要之分，節錄者如前舉各書，提要者如《甲骨文字釋綜覽》[14]。

上述古文字材料整理成果，雖然以各自不同的功用支持了古文字研究，其歷史功績不可抹煞，但其局限性也是顯而易見的。最主要的問題可歸納爲兩個方面。首先，古文字材料本身是成系統多層面複合型存在的，而古文字研究對資料把握的要求，正是這種多層面綜合的存在形式。但傳統整理手段限於文字處理方式的平面性，只能將這種多層面綜合的材料平面化分割呈現，進而降低了材料的認識價值。比如文字編，只能孤立

---

[1] 徐中舒：《漢語古文字字形表》，四川辭書出版社，1988年。
[2] 孫海波：《甲骨文編》，燕京大學哈佛燕京學社石印出版社，1934年。
[3] 容庚：《金文編》，中華書局，1985年。
[4] 畢秀潔：《商代金文全編》，作家出版社，2012年。
[5] 李守奎：《包山楚簡文字全編》，上海古籍出版社，2012年。
[6] 島邦男：《殷墟卜辭綜類》，東京汲古書院出版，1967年。
[7] 姚孝遂、肖丁：《殷墟甲骨刻辭類纂》，中華書局，1989年。
[8] 張顯成：《秦簡逐字索引》，四川大學出版社，2010年。
[9] 郭沫若：《甲骨文合集》，中華書局，1978—1982年。
[10] 中國社會科學院考古研究所：《殷周金文集成》，中華書局，1986年。
[11] 于省吾：《甲骨文字詁林》，中華書局，1989年。
[12] 周法高：《金文詁林》，香港中文大學，1974年。
[13] 李圃：《古文字詁林》，上海教育出版社，2004年。
[14] 松丸道雄、高嶋謙一：《甲骨文字釋綜覽》，東京大學出版會，1994年。

的呈現字形,卻無法同時呈現其篇章書寫環境;再如字典,儘管有可能準確清晰的解說文字,卻難以呈現被釋文字的文獻用量。而這種缺失,無疑會局限研究者的觀察視野。雖然理論上説,人們可以將這些平面型的工具書配合使用,但這實際上卻變成了讓個體研究者以手工去承擔不時之需的繁重資料整理工作,因此並無實際可行性。

其次,凡包含較大信息量的資料整理成果往往不能完整實現編纂初衷。如古文字引得類工具書,以單字爲綱類聚辭條的體例,本來就是爲了逐字真實呈現其文獻語境,而有的引得成果卻因壓縮篇幅之需,將一些高頻文獻語言單位作舉例節錄處理,如甲骨文中常見的卜辭套語"往來無災"、"旬無囚"、"其雨"、"不雨"以及常見的虚詞"於"、"惟"、"在"、"其"、"勿"、"弗"、"不"、"弜"等等,在《殷墟甲骨刻辭類纂》中都不是窮盡收録辭例的。對此編者表達了這樣的遺憾:"對研究古代語言,尤其是研究古代語法的人來説,無疑是會感到遺憾……没有其他好辦法,只能做出這樣痛苦的選擇。"[1]較之不能真正窮盡語境,不能呈現真實古文字原形或許是個更嚴重的問題。古文獻用字的原始形態,保存了古文字最重要的第一手信息;原形字的認識價值不是釋文用字,即將其轉寫成對應後世通行楷體的文字所能替代的。而作爲"字"的引得,缺失了原形,可謂丢失了最重要的基本信息。而以傳統方法編纂的古文字文獻引得類成果,均不能避免此種損失。或只有轉寫成對應後世通行楷體的文字的"引得"内容,如《殷周金文集成引得》《秦簡逐字索引》。或給出並不保真的原形,如《殷墟卜辭綜類》和《殷墟甲骨刻辭類纂》,雖然將楷字文例與其原形對照呈現,但其原形字,實際只是出自抄書者的手筆,並不顧及反映特定卜辭用字的原始形態的要求,因而並不能真實反映古文字原貌,姑且名之爲"二手原形"。最近出版的《商周金文辭類纂》[2],雖然給出的是以特定器銘摹寫對象的"摹寫原形",雖然"摹寫原形"不能説全無保真功

---

〔1〕 姚孝遂、肖丁:《殷墟甲骨刻辭類纂》,中華書局,1989年,《序》4頁。

〔2〕 張桂光、秦曉華:《商周金文辭類纂》,中華書局,2014年。

能,但卻無法滿足某些深層次研究的需要。比如關於字體的研究,在古文字研究中已經成爲一個極重要的前沿研究方向,理論上説,引得類的卜辭研究工具書,以最完備的方式完成了卜辭用字的分佈整理,是最能爲甲骨文字體研究提供方便的,但迄今所有的字體研究都沒有利用《殷墟卜辭綜類》或《殷墟甲骨刻辭類纂》來進行,研究者只能在各自重新對一手卜辭原形進行調查整理的基礎上開展相關的字體研究。"二手原形"的局限,由此可見一斑。與之相類,在迄今金文字體研究的字形材料中,同樣沒有"摹寫原形"的一席之地。

　　詁林類工具書,旨在方便人們查找各個古文字的考釋信息,但其目前檢索字目的確定難題卻影響這一編纂初衷的實現。既有詁林類工具書檢索字目有兩種確定方式,一種是以編者的釋讀意見來定被釋古文字的字目歸屬,另一種則是以所收考釋論著的釋讀意見來定被釋古文字的字目歸屬。字目的確定,主要是爲了實現高效檢索,但這兩種字目確定的方式就高效檢索而言都有著各自不同的缺陷。以編者意見定字目,實際是要求詁林的使用者在古文字釋讀上與編者保持一致,以此爲前提,才能有效檢索需要查找的特定古文字的各家釋讀意見。而這個前提條件的設定,無疑是缺乏合理性的:首先,這實際是要求詁林使用者達到詁林編者的釋字水準,大大增加了檢索的難度;其次,大概編者自己都不能保證自己的釋字都是對的,因此這種編纂體例會有誤導使用者的危險。以考釋者意見定字目,似乎減少了檢索難度,但可以達到的檢索效果只是能夠較爲有效地查到被釋爲某字的特定古文字都有哪些,但人們一般真正需要查找的則是某個特定的古文字都有哪些釋讀意見。客觀而言,限於傳統的編纂手段,詁林編者並沒有可能在這兩種編纂方式外找到更好方法,甚至在這兩種編纂方式中也並不能做到自由的選擇。專類詁林,由於涉及文字種類單一,以編者釋字定字目相對具有一定可行性,故既有此類專書多用此檢字之法;而兼類詁林,涉及文字種類林林總總,而不同種類文字的字符集就有很大不同,不同斷代的字際關係更錯綜複雜,以編者釋字定字目的可行性便極大降低,故以考釋者意見定字目也可以視爲相對可行的一種選擇。值得注意的是，對於以編者意見定字目和以釋者意見定字目，有些古文字學者或許認爲前者優於後者，其實這種看法有片面性。若單純看實際檢索效率，兩種體例各有其不足，非要作優劣比較，則或因使用者的相關知識素養的不同因人而異，總體上實難分出高下。故以前者非難後者或者反過來，都有五十步笑百步之嫌。

再如譜系類字書，旨在梳理出古文字文字單位間的孳乳發展軌跡，這本來是一種很好的古文字材料整理的思路，但其聲符（聲首）繫聯的編纂體例，其實只能揭示古文字字際演變關係的一個路徑，並不能完整實現這一編纂思路。全編類字編，編纂意圖是窮盡呈現相關材料的真實字形。理論上説，這種編纂形式涉及材料越豐富越有意義，但目前的成果只限定於字形數量較少的特定古文字材料，比如殷商金文、包山楚簡等，其局限性也是顯而易見的。

很顯然，這種作爲"公器"的以工具書面貌出現的古文字材料整理成果既然不能全面支持古文字研究實踐，研究者個人便只能以一己之力製作"私器"來填漏補缺。毋庸諱言，這種"私器"製作，實際是每個古文字研究者都不得不承受的重負。黃天樹曾談及老師裘錫圭先生的材料整理工作：

> 我看到裘先生不少藏書的書頁空白處都寫有蠅頭小字的批注。批注漸漸積累得多了，再加以整理，便成了論文。先生的有些論文就是根據這些眉批整理出來的，例如《評殷虛卜辭綜述》等。裘先生十分强調"好記性不如爛筆頭"。他平日讀書，碰到有用的材料，順手抄在單紙片上。爲了長期保存，又把這些大小不同的單紙片分門别類剪貼或謄寫到硬皮筆記本上。我們在先生家裏談某個問題的時候，他經常拿出這些陳舊的筆記本，裏面記滿翔實的古文字資料。這些資料對研究工作非常有用，如果缺少"厚積"這一環節，就不會"薄發"，研究本身是無從深入的。[1]

---

〔1〕 黃天樹：《回憶在北京大學讀書的二三事》，載《我們的學友》，北京大學出版社，2010年。

当然,由於只是個人行爲,這種"私器"製作實際是千人千面各不相同的,裘先生的"硬皮筆記本"法未必是一種標準的資料整理法。與之相應,"私器"最終也只能爲特定研究者個人所用,即使作爲製作人的學者願意拿出來與人共用,也很難再整合爲共用平臺中的組成部分。這樣一來,一個古文字研究者畢其一生資料整理的心血最終只能專人專用,斯人不在,成果也就煙消雲散,失去傳承光大的可能。對古文字研究而言,這又是何等巨大的損失!

三、既有古文字資料數字化整理成績的評估

除了傳統手段的古文字材料整理成果外,迄今也已有若干數字化形式的古文字材料整理成果。據學者最近的系統調查統計,海內外向社會公開的文字類資料庫已達數十種,而其中大部分屬於或涉及古文字[1]。由於直接屬於本文所討論的科研內容,自然更有必要就其現狀作一番得失評估,以爲今後努力之鑒。

已正式向社會公開的古文字數字化整理成果在形式上大致可分兩類,其一是光盤載體的單機版形式,其二是網路檢索引擎形式的。先說前者。

《漢達古籍資料庫·出土竹簡帛書文獻(第1輯)》[2],是目前所見最早的一種光盤載體成果。所收文獻種類包括:《馬王堆漢墓帛書》一、三、四;《銀雀山漢墓竹簡》一;《居延漢簡釋文合校》;《散見簡牘合輯》;《武威漢簡》;《武威漢代醫簡》;《睡虎地秦墓竹簡》。所收文獻的釋文,以文物出版社所出版相關書籍爲基礎,再依據其他出土文獻、傳世文獻重新校勘。檢索對象限於單字、字串及句式,檢索成功後可同時顯示簡帛圖片和對照釋文。選擇特定的圖片部分時,系統會自動將相關釋文對應顯示。

很顯然,《漢達古籍資料庫·出土竹簡帛書文獻(第1輯)》所收只是

---

[1] 張三夕、毛建軍:《漢語古籍電子文獻知見錄》,世界圖書出版公司,2015年。
[2] 香港中文大學中國文化研究所:《漢達古籍資料庫·出土竹簡帛書文獻(第1輯)》,香港中文大學出版社,1998年。

秦漢材料,而真正最早面世的先秦古文字數字化整理的光盤載體成果當推《商周金文數字化處理系統》[1]和《戰國楚文字數字化處理系統》[2]。

《商周金文數字化處理系統》,包含"金文字庫""金文輸入法""金楷對應轉換程式""金文資料庫"四大部分。"金文字庫"收字完整,對應所收青銅器銘文,並按數字化處理要求進行了嚴格整理。包括楷體字(集外隸定字)6 194個、金文原形字14 249個和金文偏旁539個。"金文輸入法"採用了"三級字符全拼輸入檢索系統"[3]的編碼原則進行編碼,既適用于金文輸入,又方便使用者掌握,可以分類調用金文楷體字、金文原形字、金文未識字和金文偏旁。"金楷對應轉換程式"可以在 Microsoft 的 Word 程式中實現現代通用繁體字和金文原形字的雙向對應轉換,爲金文原形字的使用創造了很大方便。作爲該系統的主體,"金文資料庫"收錄了當時已發表的青銅器銘文,可以字、圖(單字銘文拓片及全銘拓片)對應的方式進行全文檢索。此外,銘文内容還可按器名、時代、國别、字數、出土,流傳、現藏等實現多種路徑檢索。

《戰國楚文字數字化處理系統》包括"戰國楚文獻檢索系統""戰國楚文字字庫""楚文字輸入法""楚楷對應轉換程式"四大部分。"戰國楚文獻檢索系統"收錄了截止其出版時已發表的戰國楚系簡帛文、銅器銘文、璽印文、貨幣文文獻等相關實物材料2 267件,其中以簡帛文爲主體。該系統不但具有任意字、句的全文檢索,任意字的頻率數據檢索,文獻附著材料的各種屬性檢索,著錄檢索等必要的數字化處理功能,並且還具備逐字顯示對應原始實物文字影像的功能。"戰國楚文字字庫""楚文字輸入法""楚楷對應轉換程式"的研發狀況和功能與《商周金文數字化處理系統》"金文字庫""金文輸入法""金楷對應轉換程式"

---

〔1〕 華東師範大學中國文字研究與應用中心:《商周金文數字化處理系統》,廣西金海灣電子音像出版社、廣西教育出版社,2003年。

〔2〕 華東師範大學中國文字研究與應用中心:《戰國楚文字字位化處理系統》,上海教育出版社,2003年。

〔3〕 該檢索系統由筆者研發,詳見劉志基《簡説"古文字三級字符全拼碼檢字系統"》(載《辭書研究》2002年第3期)

相仿。

《商周金文資料通鑒》[1]，2008年起見於市場銷售。該系統收錄截止於2007年12月公佈的商周青銅器銘18 000多件，器物圖像9 000多幅，隨器附有相關的簡介文字（包括器物名稱、出土時間、出土地點、收藏單位、尺寸重量、花紋描述等）。其檢索功能與《商周金文數字化處理系統》相仿，但因面世在後，收錄了更多青銅器銘文材料，而彙集器物圖像是其特點。

相對單機版成果，網路版的出土古文獻檢索系統數量和形式要多一些。有以文獻拓本為主要檢索對象的，如臺灣成功大學"甲骨文全文影像數據庫"，將《甲骨文合集》所有拓片、摹片掃描輸入，分期分類，再依《殷墟甲骨刻辭摹釋總集》《殷墟甲骨刻辭類纂》建立指引片、摹片及關鍵字，依次建立文件檢索路徑為：筆次、拓片編號、指引片、摹片、數據來源、期別、釋文、關鍵字及分類。未釋出的"字頭"，依據《殷墟甲骨刻辭摹釋總集》《殷墟甲骨刻辭類纂》《甲骨文字詁林》諸書序號編碼，檢索時，可用"部首檢索""筆劃檢索"及"拼音檢索"方式。

有以字詞為主要檢索對象者，如臺灣史語所"搜文解字古文字資料庫"，該資料庫分甲骨文、金文、周文字三部分，選擇偏旁字形總表，可進入相應的資料庫，資料庫內容包括字頭、字形、析形、詞性、詞義、辭例、出處、語義和說明，部分辭例可鏈接拓片圖像。同類者還有武漢大學簡帛研究中心的"簡帛網"2007年11月起開通的"簡帛字形辭例檢索"（http://www.bsm-whu.org/），其後臺是一個"中國古代簡帛字形、辭例數據庫"，據該網站介紹，該檢索視窗是"簡帛研究中心與香港大學中文系合作開發的大型數據檢索系統，收錄全部已公佈楚簡的7萬多個單字和辭例，可在瞬間完成檢索和比對"。而檢得的辭例中的集外字無法顯示，均以"〇"代之。

當然，也有以文獻本體，或者說以已出版的出土古文獻整理類圖書為

---

[1] 陝西省考古研究所：《商周金文資料通鑒》，西安大東國際資料有限公司，2008年。

主要檢索對象者,如臺灣史語所"簡帛金石資料庫",收錄了《睡虎地秦墓竹簡》《居延新簡》等40餘種出土文獻整理專書,其中少量屬戰國,大部分屬於秦漢。資料庫採用臺灣GAIS搜索引擎,分全文和書目兩部分,使用臺灣BIG5內碼,可進行複合檢索,輸出方式包括釋文、編號、所在圖書頁碼等。單類的則有香港中文大學圖書館與香港中文大學中國語言及文學系張光裕教授共同製作的網路形式的"郭店楚簡數據庫"（http://bamboo.lib.cuhk.edu.hk/）可按竹簡編號、篇目名稱或有關字詞檢索郭店簡十六篇的簡文內容,並可檢索郭店楚簡主要參考論著目錄。該網路檢索系統對於郭店簡的數據檢索可稱較爲便利,但集外字尚只能以圖片形式顯示,不能不說是一種局限。

除了以上所列舉者,其他同類網路資源還有不少,限於篇幅,不再一一介紹。

相對傳統編纂方式形成的古文字材料整理成果,同類的數字化整理成果無疑具有天然的優勢。目前的成績主要表現在兩個方面:一是特定文獻用字的全文檢索的實現,二是材料的多面（釋文與實物文獻影像等）組合呈現。然而,客觀而言,這方面的研發尚處於剛起步的初級階段,不盡如人意之處很多,如收錄材料完備性不夠,字符集支持存在盲點,檢索效率較低、數據的學術內涵有待提升等。特別是缺乏研究深入而又能滿足實際需求的古文字材料整理成果,現有成果對古文字研究的支持並不盡如人意。如下一個事實可以充分證明這一點:即使在最近若干年發表的古文字研究論著中,也極難見到數字化整理的數據性參考文獻。比如最近三輯的《古文字研究》（29、30、31輯）收錄的論文的參考文獻中,沒有出現數字化整理成果。

這種狀況的出現其實並不奇怪,就中國的數字化文獻語言檢索工具的發展進程來看,首先出現的成果是支持現代語言研究的語料庫,繼而出現的是上世紀末開始風靡一時的《四庫全書》《四部叢刊》《國學寶典》之類傳世文獻語料檢索光盤。現代漢語文獻,書面載體爲現代通用字,字形層面並無研究視角值得關注的信息；傳世文獻的文字載體,由於歷代傳抄的原因,情況也與現代漢語文獻相仿。因此相關的數字化檢索系統的全文檢索型的功能,是與材料特點相匹配的,大致可以滿足相關研究的需要。而對於古文字文獻而言,簡單的全文檢索功能,作用就實在有限了。然而,在古文字資料數字化研發起步階段,沿襲現代漢語和傳世文獻語料庫建設的既有模式也是很自然的。當然,這正說明了這樣一個事實:古文字材料的數字化工具研發,還有很長的路要走。

四、古文字資料數字化整理的方向選擇

數字化賦予了人們有效處理海量材料的能力,而海量材料遭遇數字化手段後,又提供了處理方向及方式上的無限可能。什麼都做,雖有可能,卻未必都有必要,信息爆炸之際,尤須注重信息資源的篩選,有所不爲才能有所爲。因此,古文字材料的數字化整理如何作爲,需有"海裏撈針"的審慎選擇態度。前文的討論表明,雖然數字化能夠爲古文字研究作出的貢獻林林總總,但至關重要的一點就是有可能爲古文字研究提供與時代發展進步相匹配的新材料,而正是這一點,規定了古文字材料數字化最重要的一個方向。當然,在這個方向的指向下,具體作爲亦不可限量,僅就筆者目前想到的幾個問題作一點討論。

1. 補缺傳統古文字研究工具系列

前文言及,由於前數字化編纂整理手段的局限,傳統古文字工具類成果相對古文字研究的工具需求存在很大的缺口。因此,這一方面的"補缺",理所應當成爲古文字資料數字化整理的一項重要任務。僅舉一例。

"偏旁分析法"可謂古文字研究最重要的方法之一。對於偏旁分析法的運用,唐蘭曾有經典的論述:"把已認識的古文字分析做若干單體——就是偏旁,再把每一個單體的各種不同的形式集合起來,看他們的變化;等到遇見大眾所不認識的字,也只要把來分析做若干單體,再合起來認識那個字。"[1]根據這一論說,不難領悟偏旁分析法科學運用的兩個關鍵

---

〔1〕 唐蘭:《古文字學導論》,齊魯書社,1981年,179頁。

點:"窮盡"和"精確"。所謂"窮盡",是指視野必須覆蓋所有偏旁及其所有出現,這樣才能"把每一個單體的各種不同的形式集合起來";所謂"精確",主要是必須能够細緻分辨各個偏旁的各種形體和功能,如此方能"看他們的變化"。顯然,對偏旁的掌控要達到這一境界,對於任何個體研究者,都是一個難題,靠一己之力去完成整理工作,有著具體操作的可行性和整理結果的可靠性問題。張德劭依據《甲骨文字詁林》的姚孝遂"按語",對該書所彙集考釋中運用偏旁分析法的部分進行"可信度"定量分析,結果表明,其中近半數釋讀意見並未得出正確的結論。[1] 這也就是說,對於同一個文字的釋讀,都是運用同樣的偏旁分析法,得出的結論卻可以大相徑庭。究其原因,無非就是不同的研究者在對相關偏旁材料掌握的"窮盡"和"精確"程度上有差距。理論上説,對應偏旁分析法的要求,早該有一種集成性古文字偏旁的工具書服務於古文字研究了,這就如同人們使用文字總離不開字典一樣。但令人遺憾的是,迄今爲止,我們尚未見到這樣一種工具面世。

爲彌補這一缺憾,我們有過一次試驗性努力。《包山楚簡偏旁類纂》作爲《中國出土簡帛文獻引得綜録·包山楚簡卷》[2]的附録之一於2015年問世。對於這一成果的編製,該書《前言》作過如下説明:"由於一個多世紀以來古文字材料不斷出土,再加原有的傳世積累,目前古文字材料已經堪稱海量。加之古文字材料類型較多,且各具特點,古文字偏旁工具書的編纂似當分階段實現:首先當依不同古文字類型分別進行偏旁類纂。其次,對各種材料的古文字偏旁類纂進行整合,形成覆蓋各種古文字材料的古文字偏旁工具書。有鑒於上述種種,我們決定在本書中增加一個包山簡文字'偏旁類纂'的內容,以期爲古文字偏旁工具書的編纂做出嘗試和準備。"[3]顯然,這種分段整理編纂最終系統整合的發展思路,同時也

---

〔1〕 張德劭:《甲骨文考釋研究》,世界圖書出版公司,2012年,26頁。

〔2〕 劉志基:《中國出土簡帛文獻引得綜録·包山楚簡卷》,上海人民出版社,2015年。

〔3〕 劉志基:《中國出土簡帛文獻引得綜録·包山楚簡卷》,上海人民出版社,2015年,《前言》3頁。

説明了這種古文字研究工具的編纂具有巨大發展空間。

2. 瞄準潛在的學術史發展點

對學術研究而言,材料條件是最基本的。如果基本條件不具備,相關的研究便無法開展,所形成的學術史認識便只能止步於某一特定層面;相反,如果基本條件改變了,學術史認識便可以有新的發展。因而這種學術史問題,可以視爲潛在的學術史發展點。然而,限於資料條件,人們往往會習慣於現有的學術認識,而忽略其潛在的發展性。因此古文字數字化整理,應該對此有高度的敏感,瞄準這種潛在發展點,爲古文字研究整合加工出具有新的認識價值的新材料。理論上說,古文字材料的這種"大數據"對於古文字創新研究的支持是全方位的,限於篇幅,僅以筆者曾經論及的古文字形聲字早期發展"標類""標聲"主次關係問題爲例作簡要討論。

形聲是一種後起的並逐漸佔據主導地位的漢字結構類型。關於形聲字的發展過程的研究,一直是漢字研究的一個熱點。裘錫圭有一種在學界極有影響的意見:"最早的形聲字不是直接用義符和音符組成,而是通過在假借字上加注意符或在表意字上加注音符而產生的。就是在形聲字大量出現之後,直接用意符和音符組成形聲字……仍然是不多見的。"[1]值得注意的是,上述意見的提出只是基於舉例性論證,也無細緻的斷代分析的支持,因而難免顯得籠統模糊,無法回答進一步的追問,如"在假借字上加注意符"和"在表意字上加注音符"的兩種形聲字發展途徑究竟孰主孰次? 當然,在傳統古文字數據平臺提供的必要條件來看,要求回答進一步的追問,顯然是一種苛求。這個問題之所以迄今未有明確答案不是沒有原因的。從理論上說,似乎可以通過如下方式的計算來回答這個問題:箕(其)之初文作丙,故其形聲結構成之於標聲,凡此共有幾何;徒(徒)之初文作土(土),故其形聲結構成之於標類,凡此共有幾何……但回到實際中來,我們會發現選擇這條路徑並無可行性,原因很簡單,迄今爲止並

---

[1] 裘錫圭:《文字學概要》(增訂版),商務印書館,2012年,148頁。

無這樣的材料整理成果來支持人們將這種思路付諸實踐。問題癥結的發現,實際上也是關於形聲字發展研究學術史的一個潛在發展點的發現。根據這一發現,我們擬定了一個針對性的數據整理思路,對殷商甲骨文、西周金文、戰國楚簡以及秦簡的形聲字的聲符和義符進行了窮盡性定量整理分析,進而通過這些不同斷代文字材料的聲符、義符比例及其演變狀況的分析得出如下結論:"在標類和標聲這兩種形聲字發展途徑中,前者自始至終佔據了主導地位;同時,因爲這種主導性的存在,文字系統對義符的選擇性相對聲符而言又呈現隨時間推移而逐漸增強的趨勢。"[1]

3. 破解瓶頸性學術難題

古文字研究中不乏長期以來未能得到很好解決的老大難問題。追究這種"瓶頸"的成因,不難發現問題往往還是出在材料上。茲以甲骨文"字體"研究爲例作一點討論。

平心而論,甲骨文的字體研究,已經有了相當豐富的學術積累,後續取得的成績,也是令人矚目的。但是,我們還是可以發現,當前的甲骨文字體研究,存在"理論在具體實踐中如何落實"的問題。

甲骨學字體研究理論,有個發展完善的過程。字體研究,本出於甲骨斷代分期的需要。董作賓提出的五期分類法,是以商王世系、先祖稱謂、貞人名、出土坑位、方國、人物、占卜事類、文法、字形、書體這十個屬性爲基準,把殷墟甲骨文分爲五個時期的[2]。其中"字體"(字形、書體)在分期斷代中所能起到的特殊作用並未得到精準的揭示。陳夢家發展了董作賓的甲骨文斷代分期理論,主要表現在依據貞人的同版關係繫聯的"貞人組"來將甲骨文更加細分作賓組、午組、子組、師組、出組、何組等組別,並參照稱謂系統確定甲骨刻辭的歸屬王世。[3] 而對字體本質作用的認識,

---

[1] 劉志基:《偏旁視角的先秦形聲字發展定量研究》,《語言科學》2012年第1期,98頁。

[2] 董作賓:《甲骨文斷代研究例》,《中研院歷史語言研究所集刊外編——慶祝蔡元培先生65歲論文集》,中研院歷史語言研究所出版,1933年。

[3] 陳夢家:《殷墟卜辭綜述》,中華書局,1956年。

也未有本質的進步。首先取得這種進步的是李學勤的論述：

> 卜辭的分類與斷代是兩個不同的步驟，我們應先根據字體、字形等特徵分卜辭爲若干類，然後分別判定各類所屬時代。同一王世不見得只有一類卜辭，同一類卜辭也不見得屬於一個王世。[1]

在此"先（依據字體）分類後斷代"觀點的基礎上，林沄就甲骨文字體研究的具體操作提出了多方面的重要意見，如以字體爲甲骨分類唯一依據的觀點：

> 無論是有卜人名卜辭還是無卜人名的卜辭，科學的標準是字體，表明任何情況下分類都要基於字體來進行研究。[2]

再如字體研究實質爲筆跡學研究的意見：

> ……字體的不同其實是代表不同刻手（包括同一刻手在不同時期）的個人特徵，因而字體分類研究實質是一種筆跡學研究，這和過去許多學者把每一期的字體特徵當作同一時代許多刻手共同具有的特點，是有很大不同的。因而這種分類必須在注重字形的細微差異方面下工夫，而且最好應就原骨考察用刀的具體情況，才能看出更多的確鑿的個人特點，更加深化這種研究……[3]

客觀來講，雖然對於上述李、林的字體研究理論並非没有質疑之聲，

---

〔1〕 李學勤：《評陳夢家殷墟卜辭綜述》，《考古學報》1957 年第 3 期，124 頁。

〔2〕 林沄：《無名組卜辭中父丁稱謂的研究》，《古文字研究》13 輯，中華書局，1986 年，30 頁。

〔3〕 林沄：《關於前辭有"貞"的無名組卜辭》，《紀念殷墟甲骨文發現 100 周年國際學術研討會論文集》，社會科學文獻出版社，2003 年，329 頁。

但就總體而言,這種認識還是被學界普遍認同了。最好的證明就是,近年來相關的具體研究實踐,基本上就是以上述理論爲指導來進行的。然而,這種理論在實踐指導的具體應用中,卻遭遇了困難。不妨以目前在甲骨文字體研究方面成績得到公認的黃天樹先生的研究爲例來作一點分析。黃天樹無疑是讚成林澐的字體分類意見的:

> 以字體爲標準來分類,從理論講是不受任何局限的,也是完全可行的。現代筆跡學研究的成果告訴我們:一個人在不同時期留下的筆跡雖有差異,但基本特徵是不會變的,仍保持自身的書寫習慣,這種書寫習慣具有以固有的書寫方式重複再現的特點。它對於書寫人的主觀意念有著相對的獨立性,必然會在筆跡中頑强地流露出來。筆跡絕不是書寫人隨心所欲的產物。因此,從筆跡學的角度來說,依據字體對甲骨刻辭進行分類是切實可行的。[1]

然而,黃文又明確表示,自己在具體研究實踐中並沒有完全貫徹上述那些完全正確的甲骨文分類的理論原則:

> 綜上所述,同一個貞人所卜之辭在字體上有時可能分別屬於不同的類;另一方面,不同組的貞人所卜之辭有時字體又同屬於一個類。因此如果同時用貞人和字體兩個標準來劃分甲骨就會陷入顧此失彼的窘境。從這個意義上講,爲甲骨分類只能使用一個標準。就是說分類應僅僅以字體爲標準來分類,不要受貞人的干擾;分組應僅僅以貞人爲標準來分組,不要受字體的干擾。……上面我們是從分類的原則上來講的,實際上,由於種種原因,我們對全部殷墟王卜辭的分類沒能全部這樣去做。有些類是直接採用其他學者的分類成果,有些類雖然是我們自己劃分出來的,但是仍或多或少地受到"組"

---

〔1〕 黃天樹:《殷墟王卜辭的分類與斷代》,科學出版社,2007年,3頁。

系統的干擾,加之時間比較倉促,來不及一一修正,違背上述分類原則之處一定很多,希冀甲骨學者指正。[1]

同時,對於導致其"對全部殷墟王卜辭的分類没能全部這樣去做"的"種種原因",他又作了這樣的説明:

理想的分類本來應該按甲骨本身字體的特點來分類,使分出的類盡可能恢復其原貌。但是,字體並非一成不變,情况錯綜複雜。對同一種客觀現象,由於各人觀察上有出入,有時會作出不同的分析,因此,所分出的類與實際情况就不一定相合,這是甲骨分類難以掌握之處。補救的辦法就是要不斷地對"類"進行調整、修正,以期使分出的類盡可能符合實際。另外,類的劃分可大可小。現在大家一般是採用先分出大類,再細分成小類。按理説,分類應盡可能先細分成小類,然後把字體等特徵比較相近的小類再逐次歸併爲大類。這裏又涉及把類的範圍大小的界線劃在哪兒比較合理的問題。我們認爲:分類時應盡可能細分成小類,這是完全必要的。但在研究討論時,如果全面鋪開,對殷墟王卜辭的每個小類都要一一進行細緻的描述,這實際上是難以做到的。因此,爲了方便,應該允許把字體等方面有相近之處的小類進一步歸併爲大類。"[2]

字體是唯一可以將分類具體落實到每片每條甲骨刻辭的分類標準,不能嚴格堅持這一標準很自然會導致分類無法窮盡相關材料的結果。於是,黄天樹的甲骨文王卜辭分類斷代研究成果受到如下批評:

儘管採用了本來能夠實現逐片分類的以字體屬性爲基礎的分類

---

[1] 黄天樹:《殷墟王卜辭的分類與斷代》,科學出版社,2007年,6頁。
[2] 同上。

研究,可黃先生實際上並沒有做到逐片分類,而只是列舉了一些極其典型的例子,大致地描述了一個大概的分類框架。因此,除了少數舉例片以外,其他大多數甲骨片對於研究者來説,都不得不按照黃先生的定義各自判斷其分類。比如,拿賓組的例子來説,《合集》中收録了約二萬片,但黃先生自己提出分類判斷的片子僅僅只有不到三百片,餘下的一萬九千餘片只好參照黃先生的所舉的例子由我們來分類。如果黃先生提出的分類標準嚴密明晰,不管是誰根據他的理論都可以一目了然地判斷甲骨的類型的話,那就不會存在任何問題。可是,按黃先生的標準嘗試做分類研究的人都會知道,現實中依據黃先生所提出的標準會有大量判定不明、判別不清的情況出現,所以按照他的標準來進行逐片分類還是有相當困難的。[1]

其實,就上引黃天樹的相關論述來看,對於上述批評,黃先生預先已經準備了應答之辭,之所以明明有更合理的"逐片分類"法卻並不貫徹到底,是因爲"實際上是難以做到的"。而就黃先生所分析的這種難以做到之事的具體内容來看,實際就是筆跡分析中遇到待分析樣本太多的困難。按照先分類後斷代,分類以字體爲唯一標準的理論原則,字體分類是應該窮盡甲骨材料來進行的,非如此就不能保證分出的"類"能準確概括所有的刻辭材料。然而,這樣的字體調查分析,要面對海量的刻辭材料,而寫(刻)手之間,往往有著師承關係,這很容易導致分析者將不同寫手視爲同一寫手;同一寫手的字跡,也會因時間的推移發生某些變化,這又容易人們將同一人的字跡視爲不同寫手的筆跡。黃先生所謂"情況錯綜複雜",絶非虛言。而他將這種標準的甲骨分類視爲"實際上是難以做到的",我們認爲也是符合事實的一種判斷,黃先生立足於他所能把握的相關材料整理平臺,即目前學界的甲骨文字跡整理水準的條件,完全可以説這樣的話。當然,關於這個問題,有必要進一步表述我們的看法。

---

[1] 崎川隆:《賓組甲骨文字體分類研究》,2009年吉林大學博士論文,6頁。

首先,科學研究是需要必要的支持條件的。對於筆跡標準的甲骨文的字體研究而言,由於待分析對象的數量之大和分析要求的難度之高,它需要一種經科學分析(即嚴格按照上述已經爲學界認同的字跡分析方法對所有第一手刻辭用字完成整理分類)而達到精准整理水準,並得到學界多數學者認同的甲骨刻辭字跡分類數據平臺的支持,而在缺乏這一條件的情況下展開的甲骨文字體研究,那就要求研究者必須憑個人一己之力來構建這個平臺,這確實缺乏可行性。然而,由於難以做到,就在研究實踐中實施妥協的方法,即正確方法的"不完全"使用,受到批評似乎也在情理之中。值得注意的是,與之相關的一些更深層的問題,有必要作進一步討論。

　　在筆跡學字體標準的甲骨文分類研究中,檢驗字體分類結果正確與否,只能是第一手甲骨刻辭之字跡調查所證實的事實。如果把這種標準的唯一性取消了,字體研究就可以變成這樣:材料範圍內某一部分的字體分類是可以用自己能夠掌握的局部性實踐調查來確定的,那麼就用字體調查實踐來確定其字體類型;而關涉另一部分材料的字體分類實踐調查是自己難以做到的,那就用既有分類意見來確定這部分材料的字體類型。這種辦法方便是方便了,但面臨這樣一個問題:正確的分類,應該是可以合理概括全部對象的,但如果分類實踐只是調查部分材料,如何才能得到這種正確分類?

　　其次,如果一種理論方法是科學合理的,它就應該具備實踐的指導性,即憑藉它可以解決相關實踐中的種種問題。因此,一面認爲方法是合理的,一面又認爲使用這種方法是"實際上是難以做到的",至少在理論上是說不通的。那麼,窮盡性的字體分類是不是真的就做不到呢?從實際情況來看,近年來有不少甲骨文字體分類研究成果正是這樣做的,這給"難以做到"說提供了反證。當然,就實際情況看,大部分窮盡性的字體分類成果的材料僅限於某一類卜辭,覆蓋甲骨刻辭材料範圍相對有限,因而窮盡分析的可行性也較大。另外,就方法論的合理性而言,以特定分類的甲骨刻辭爲對象做窮盡性字體調查是容易與字體唯一標準分類原則發生矛盾的：既然以字體爲唯一分類標準，那麽，圈定特定分類的卜辭，理論上也需要先在所有甲骨刻辭的範圍内進行一番實際字體調查才能做到的。然而，有些專類甲骨刻辭的字體研究未必有過這種先期付出，那麼他們的對特定類的材料圈定，也跟黄先生一樣，是"直接採用其他學者的分類成果"的。

再次，就一般情況而言，窮盡性逐片調查的分類與舉例性選片調查的分類，結果有所不同是必然的，完全相同是偶然的。由此，我們會發現現實甲骨文字體研究的另一種尷尬：雖然被學界普遍認同甲骨文字體研究方法要求的是窮盡性逐片調查，而真正有影響的傳統的字體分類認識多得之於選片調查；選片調查的分類意見既然可以被視爲分類的依據和標準，則逐片調查結果只要與之相矛盾就難免遭到質疑。一般的情況是，後者的分類往往會相較前者的分類發現更多差異，於是我們又看到這樣的批評："近來的甲骨卜辭分類有過於求異的趨向，越來越重視發現各甲骨卜辭字體間的不同之處，並進而將其劃分爲多種類型，導致甲骨卜辭類型越來越多。從理論上講，没有兩片甲骨卜辭字體是完全没有區別之處的，如果只要發現不同之處就進行劃分，簡直可以説有多少甲骨就能劃分多少類型了。"[1] 這種批評是否符合事實，在未作實際驗證的條件下我們没有資格加以評判，但批評者自述其甲骨字體研究的"分類體系與前人的分類體系具有很大的一致性和繼承性，……無論是分類標準和類型特徵都借鑒了很多前人的論述"，[2] 據此我們有理由認爲，這種批評至少在一定程度上是依據了前人的舉例性甲骨文字體分類研究結論而提出的。無論實際結果如何，這在學理邏輯上是存在問題的。

綜上，我們可以這樣來概括目前甲骨文字體研究遇到的問題：雖然學界已經建立了科學的甲骨文字體研究理論體系，但受限於資料平臺的支持不力，這種理論在實踐中的落實受阻；理論方法上的妥協雖然便於實

---

[1] 莫伯峰：《殷墟甲骨卜辭字體分類研究》，2011年首都師範大學博士學位論文，10頁。

[2] 同上書，40頁。

際操作,但又會帶來諸多深層次的消極影響。由此,我們需要找到問題的關鍵所在,以落實相應的對策。綜合前文的分析,不難發現,甲骨文字體研究所推崇的筆跡鑒定,本身是一件難度極高的專業性工作。一般字跡鑒定的培養專業是諸如中國刑事警察學院的文檢專業。截止於 2011 年,該學院培養的文件檢驗專業碩士研究生也只有 36 人。而目前有資格進行一般筆跡鑒定的專業機構也只是歸屬公安、司法部門,數量相當有限。從事甲骨文的字體研究的學者,一方面未必都有過"文檢專業"的專業訓練,另一方面筆跡鑒別的對象又是三千多年前的海量甲骨刻辭,因此要求他們都能憑藉一己之力把甲骨文的筆跡鑒定做得很專業是不現實的,於是黃天樹先生所說甲骨字體分析中"對同一種客觀現象,由於各人觀察上有出入,有時會作出不同的分析,因此,所分出的類與實際情況就不一定相合"的現象在目前的甲骨文字體研究狀態下幾乎是無法避免的。而其他一切甲骨文字體研究中發生的問題,其實無不根源於此。針對問題的關鍵所在,最具有可行性的對策是,首先全力打造一個足以支持科學的甲骨文字體研究理論方法付諸實施的資料平臺,該平臺的建設不是直接去進行字體分類,而是應全面認定作為字體分類依據的相關諸要素,然後窮盡既有甲骨刻辭材料逐片逐條對這些作為字體分類依據的要素作定量的調查和歸納。在這種調查歸納的結果能夠為學界認同的情況下,它就能為甲骨文字體研究提供詳實的基礎數據,進而為這種研究提供強大的材料支撐。值得一提的是,此類研究,已不僅僅是個單純的設想。最近,陳健以甲骨卜辭最多出現,且形體變化空間較大的"庚""戍""酉"三個干支字為調查對象,窮盡調查了它們在迄今公佈甲骨刻辭中的所有形體,完成了它們的寫法分類,並以此為基礎討論了若干甲骨文字體研究的具體問題[1]。這一研究,並不以提出新的甲骨文字體分類意見為目標,而僅僅關注"庚""戍""酉"三個卜辭關鍵字的"寫法",進而將調查目標化繁為

---

[1] 陳健:《殷商甲骨文"庚""戍""酉"字體窮盡分類及相關問題研究》,2016 年華東師範大學博士論文。

簡,因而具有很大的可操作性,而在操作方式上,陳健正是採用數字化處理的高效手段以應對海量材料的重壓。可以認爲,陳健的研究,正是落實上述對策的一次實驗,他的研究成果的面世,證明這種對策具有可行性。可以預期,更多類似的研究成果的出現,將有助於甲骨文的字體研究的進一步發展。

簡説古文字數據庫的改善

——以新版"文字網"古文字數據庫爲例

迄今爲止,古文字數據庫雖然已有若干開發建設成績,但總體上尚未發揮其應有作用。這一判斷的依據是:在目前可以寓目的古文字研究論著中,我們没有發現來自古文字數據庫的數據徵引,也未見有將數據庫列爲參考文獻者。這與數字化時代語言文字研究之資料系統及方法手段的發展大勢不相匹配。客觀來説,這一現狀的成因並不單純,但主要還是古文字數據庫研發的本身没有做好,因此要改變現狀,古文字數據庫的開發建設應有新的策略。

已持續建設近 20 年的"文字網"古文字數據庫最近將推出新版。[1] 爲能更好服務學界,新版"文字網"古文字數據庫對原版數據庫進行了若干方面的完善。在這些完善的努力中,自然反映了作爲建設者的筆者關於改善古文字數據庫的思考,而以這些具體完善的內容爲實例,可以更直觀具體地表達我們的想法。

基於對海內外古文字數據庫開發研究現狀的評估,以及未來相當時

---

〔1〕 "文字網"古文字數據庫爲華東師範大學中國文字研究與應用中心網站"數字化資源"(http://www.wenzi.cn/web/content.aspx? moduleid=21&parentid=20)之一。

期内信息技術能够提供開發空間的預判,新版"文字網"古文字數據庫著重於如下幾個方面的改進。

一、窮盡已有資料,覆蓋字符集盲區

專業數據庫能否真正投入實際應用,很大程度上取決於其彙集資料的完備程度如何。特別是對於古文字研究而言,如果數據庫只能提供部分材料,很多研究目標的實現將得不到有效支持。

對於古文字文獻而言,數據庫的"窮盡"與"覆蓋"具有兩個層面的含義:其一,現已經公佈的所有的古文字文獻都要包含其中;其二,古文字文獻的每一個文獻用字都能被檢索、查詢、顯示。關於前者,因爲情況簡單並無進一步討論的必要,而後者則需要進一步加以說明。

目前國際標準電腦字符集中已經編碼的漢字,或者説通用字符集中已有的漢字,相對已被發現的漢字發展史上既有的漢字,有著巨大的覆蓋盲區,而絕大部分處於盲區的漢字,都集中於古文字文獻。這種現狀,不能不導致古文字文獻的大量用字無法在輸入數據庫,勉强輸入數據庫的古文字文獻只能以千瘡百孔的大量缺字面貌示人。而這本來就很糟的局面又因大量已編碼漢字並不被目前通用數據庫軟件所支持而雪上加霜。

迄今爲止,進入國際標準字符集中的漢字數量貌似比較可觀,到2006年,ISO/IEC 10646-2003 中已編碼的漢字共有 70 195 個,包括 CJK 核心部分 20 902 字、CJK 擴展 A 集 6 582 字和 CJK 擴展 B 集 42 711 字。此後又有擴展 C 擴展 D 的漢字被添加進字符集,編碼漢字增加到 8 萬以上。然而,編碼是一回事,能不能用又是另一回事。目前的現狀是,各種數據庫真正能够支持的漢字僅僅是 GBK 範圍的 20 902 個漢字,而其他絕大部分已編碼字在數據庫中並不能實現檢索、查詢、統計等各種處理。

理論上説,這個問題應該是可以隨著電腦技術和標準的完善得到解決的,但問題在於等待這一天的到來不知要到猴年馬月。事實上,改變這種狀況,非但不在古文字研究界的能力範圍之内,甚至也不在中國國家的能力範圍內。這首先是因爲,電腦技術是一種受國際標準嚴格制約的技術,而主導這種技術的乃是微軟等少數國際技術壟斷企業。新的字符集標準雖然已經出臺,但這些企業卻能在很大程度上決定這個世界上各個電腦終端是不是採用這種標準。對企業而言,是不是採用一種新的技術標準,決定因素就是能不能取得更大的利潤。採用這種對少數人纔有用的新標準,一般會增加電腦軟硬體的投入,而這種投入卻很難換來銷售的利益。利益上划不來,企業一定不會去做這件事。這就是目前數據庫不支持佔編碼漢字絕大部分的擴展字的根本原因。

　　問題的嚴重性在於,非但已有的電腦字符集國際標準並不能付諸實施,就連支持古文字數據庫創建所需要的相關國際標準也尚有巨大缺口,而這種缺口的彌補的希望也非常渺茫。

　　早在二十一世紀初,在中國政府相關部門的推動下,組織了由古漢字編碼專家參與的 IRG 表意文字工作組的定期會議,意在實現古文原形字在國際標準字符集中的編碼。然而,時間已經過去了十餘年,此事並無實質性進展。筆者曾多次作爲古漢字編碼專家組成員親歷了 IRG 的表意文字工作組會議,對於個中因由有著直觀的瞭解:在某些有投票權的國際成員單位看來,漢字古文字編碼與已無關,因而在對關涉中國古文字的相關編碼提案投票時不投贊成票,此其一;更不利的情況是,在 IRG 的表意文字工作組的上層 WG2 那裏,有相關決定權的人似乎更不支持漢字古文字的編碼。因此即便表意文字工作組忙活半天報上了編碼提案,最終也難以進入下一個運作程式。於是,古文字在國際標準字符集中編碼之事,只能停留在學術研討的層面上,無法實現真正的社會應用。

　　綜上,由於通用電腦字符集對漢字古文字的支持在未來相當一段時期內難以期待,解決古文字文獻集外字數字化的唯一方法就只有採用字體技術。字體技術的要點,就是利用通用電腦字符集中古文字文獻用不到的字符之碼位,來填入該字符集本不包含的古文字文獻的集外用字,以"鳩佔鵲巢"的方式,來構建一個對應古文字文獻用字的新字符集。雖然這種字體方式存在一定的缺陷,比如可以利用的碼位會因材料新出而逐步減少,因而帶來字符集的重新調整等,但這卻是古文字數據庫建設中不能不承受的負擔。

最近,有學者對古文字字庫建設提出一種方案,"一個字符對應一個碼位,但它可以有不同的字形,在不考慮爲同一個古文字的每一個字形獨立編碼的前提下,該古文字的所有字形共用同一個碼位。而在同一個字庫中一個碼位只能被一個字符佔用,因此要實現一個古文字的不同字形共用一個碼位,必須建立不同的古文字子字庫"。[1] 這一方案,實際是試圖以現行的通用電腦字體技術,即一個字可以轉換宋體、黑體、仿宋等來解決古文字的一字多形問題。然而,如果以一手材料爲對象進行整理分析,就會發現,即便以古文字研究最一般的不同字形認定標準,一種特定斷代和特定類型的古文字所分析出的一字多形者,數量多的都可以達到成百上千。如果累加各個斷代和各個類型的古文字,這種數量更會變成天文數字。因此,用現代通用的字體技術來應對古文字字體建設中一字多形的困難,並無可行性。

"文字網"之古文字數據庫,在"窮盡"與"覆蓋"兩個層面上都做了力所能及的努力。在材料收録上以窮盡目前已公佈古文字資料爲原則,目前已上網的爲甲骨文、金文、戰國楚簡帛、秦簡四大古文字主要種類。

甲骨文包括:(1) 甲骨文合集,(2) 甲骨文合集補編,(3) 小屯南地甲骨,(4) 花園莊東地甲骨,(5) 殷墟小屯村中村南甲骨,(6) 英國所藏甲骨集,(7) 懷特氏等所藏甲骨文集,(8) 蘇德美日所見甲骨集,(9) 天理大學附屬天理參考館藏甲骨文字,(10) 東京大學東洋文化研究所藏甲骨文字,(11) 旅順博物館藏殷墟甲骨。刻辭總字數1 100 000以上。

商周金文包括《殷周金文集成》《近出金文集録》《商周青銅器銘文暨圖像集成》《新收殷周青銅器銘文暨器影彙編》,以及在各種書刊上又陸續發表爲此前兩書所未著録的器銘,共計16 800余件銅器銘文,銘文用字總數180 000以上。

---

[1] 劉根輝、張曉霞:《古文字字形整理與通用古文字字庫開發研究》,《古漢語研究》2016年第3期,54頁。

戰國楚系簡帛文獻包括：（1）包山楚簡，（2）長沙子彈庫戰國楚帛書，（3）郭店楚墓竹簡，（4）九店楚簡，（5）上海博物館藏戰國楚竹書（1—9册），（6）曾侯乙墓竹簡，（7）新蔡竹簡，（8）望山楚墓竹簡，（9）長沙五裏牌楚墓竹簡，（10）信陽長台關，（11）楊家灣楚墓竹簡，（12）仰天湖楚墓竹簡，（13）清華簡（1—5册）。文獻總字數 93 000 以上。

秦簡包括：睡虎地秦簡牘、龍崗秦簡、里耶秦簡、嶽麓秦簡、周家臺秦簡、放馬灘秦簡、秦代散簡。文獻總字數 110 000 以上。

就管見所及，"文字網"古文字數據庫在資料收集的完備程度上較之目前已有的同類成果已經有了明顯超越。據最近的相關調查，目前中國大陸以及臺灣、香港地區的古文字數據庫計有十二種[1]，而這些數據庫收集古文字資料雖然各有特點，但總體而言，其完備程度均明顯低於新版"文字網"古文字數據庫[2]。然而，"文字網"古文字數據庫也還需要做若干增補才能滿足"窮盡"的要求，首先是古陶、古璽、古幣、石玉等其他古文字材料需要完成數字化處理，收入數據庫中，另外秦簡還有新出的"北大簡"等有待增補。

字體方面，"文字網"古文字數據庫爲甲骨、金文、楚簡、秦簡數據庫分別配備專門字體以供使用者下載，對於全球所有電腦終端來說，只要下載這些字體，數據庫的使用就可以得到完全的支持。爲保證集外字的輸入，"文字網"古文字數據庫設有"集外字檢索"程式。輸入集外字的具體方法爲：點擊相關檢索路徑所帶的"集外字檢索"鍵，進入集外字檢索界面，在該界面中選擇集外字筆劃數和集外字所含的某一個偏旁，界面即可呈現符合上述條件的被檢字（見圖1）。

---

[1] 張三夕、毛建軍主編：《漢語古籍電子文獻知見録》，世界圖書出版公司，2015 年。
[2] 詳見《漢語古籍電子文獻知見録》關於"'甲骨世界'資源庫"（4 頁）、"商周金文檢索系統"（73 頁）、"戰國楚文字檢索系統"（75 頁）、"花園莊東地甲骨檢索系統"（76 頁）、"金文字形庫及金文數據全文檢索系統"（80 頁）、"青銅器拓片數據庫"（187 頁）、"甲骨文拓片數據庫"（188 頁）、"先秦甲骨金文簡牘詞彙數據庫"（195 頁）、"殷周金文暨青銅器數據庫"（196 頁）、"漢代簡牘數據庫"（197 頁）、"郭店楚簡數據庫"（232 頁）、"長沙走馬樓三國吳簡數據庫"（232 頁）的介紹。

圖1

選擇其中悉字，即可實現該字的全文檢索。以下是選擇第2字的檢索結果(見圖2)。

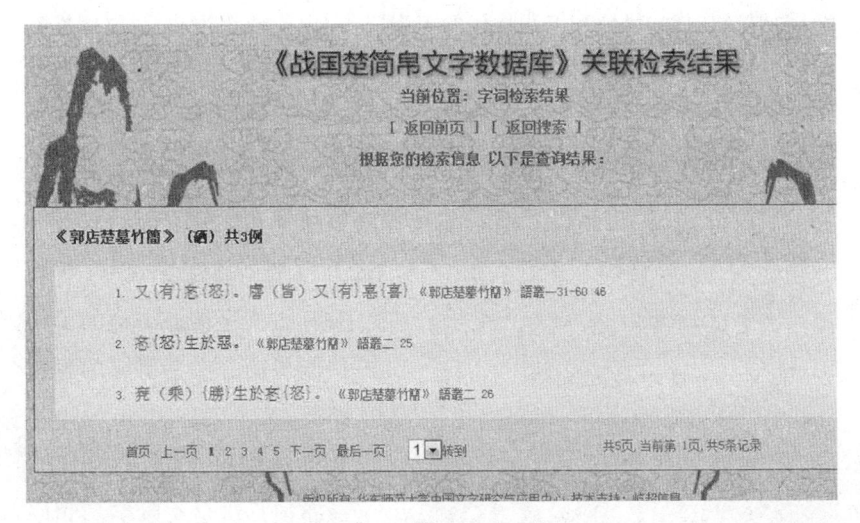

圖2

當然，這些古文字字體會因材料的更新而產生調整，所以使用者需要在字體更新後重新下載字體，才能保證數據庫的使用。

"窮盡"與"覆蓋"，是古文字數據庫建設的第一要義，如果這一點做不到，增添再多功能也沒有多少意義。但這也是古文字數據庫建設的最大難點，原因主要在於，古文字資料的數字化轉換不但會遇到數字技術處理的種種難題，而且有著解決釋讀障礙的巨大負擔。而這種困難，又要求從業者需要同時具備一定的數字技術和古文字釋讀的能力，從而限制了建設隊伍的規模。因此，跟蹤古文字資料的公佈和古文字考釋研究的進展，與時俱進地不斷實現古文字數據庫的"窮盡"與"覆蓋"，將始終是未來古文字數據庫建設的首要任務。

二、全方位多層次滿足專業研究需要

古文字數據庫的建設目標不應局限於一般意義的出土古文獻知識傳播，而服務於出土文獻專業研究，推動這一具有極其悠久歷史的研究門類與時俱進地獲得數字化的研究利器，亦是數據庫建設本應完成的歷史使命。隨著電腦技術的發展與普及，語料庫在語言文字研究中的地位被形象地比喻爲"農業時代的耕地和工業時代的工廠"。在現代漢語領域，語料庫推動科學研究的作用已得到充分證明，而在出土古文獻研究領域，基於語料庫的研究還非常薄弱，因而數理統計、電腦自動分析等現代研究手段尚無用武之地，這對於出土古文獻研究而言，無疑是一種巨大缺失。很顯然，現有的古文字數據庫在這個方面尚有很大的提升空間。爲改變現狀，新版"文字網"古文字數據庫增加了如下一些服務於古文字研究的專題檢索路徑。

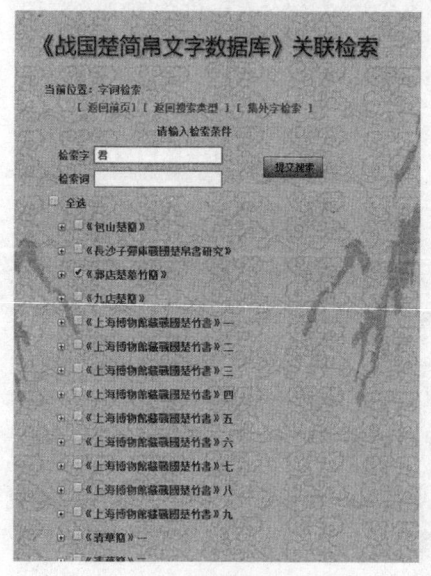

1. 字詞檢索

該路徑爲滿足文獻字詞頻率信息而設。檢索分"字"、"詞"兩個路徑實現。"字檢索"同時滿足隸定字及其對應的通用字檢索。如在"檢索字"中限定爲郭店簡輸入"君"（見圖3）。

圖3

即呈現如下檢索結果（見圖4）。

簡説古文字數據庫的改善

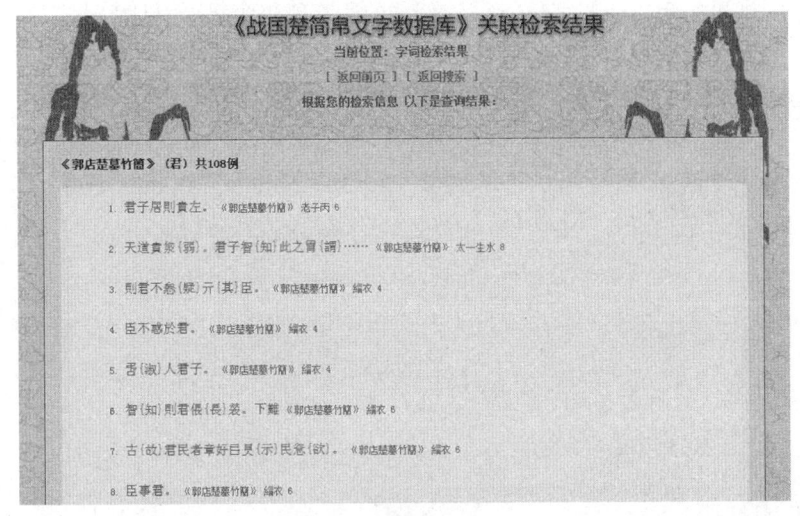

圖 4

"詞檢索",限定爲以假借字記詞的簡文檢索。如在檢索詞欄限定爲郭店簡輸入"德"(見圖5)。

圖 5

即可呈現以通假字記"德"這個詞的所有郭店簡記錄(見圖6)。

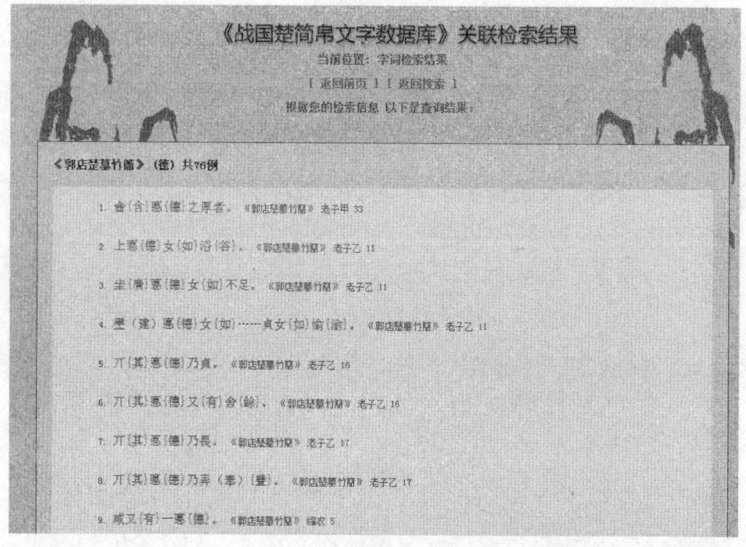

圖 6

2. 字際關係檢索

本檢索路徑爲查檢楚簡文字之同字異形和假借用字而設。檢索可分"異體檢索"和"通假檢索"兩個路徑實現。"異體檢索"和"通假檢索"下設的檢索均分兩個層次完成：第一層次檢得唯一字，第二層次完成該字的全文檢索。

"異體檢索"下設"查隸古定"和"查通用字"兩個路徑。前者輸入通用字可檢得其對應簡文隸古定；後者輸入簡文隸古定可檢的對應通用字。如在"查通用字"條件下限定郭店簡輸入"道"(見圖7)。

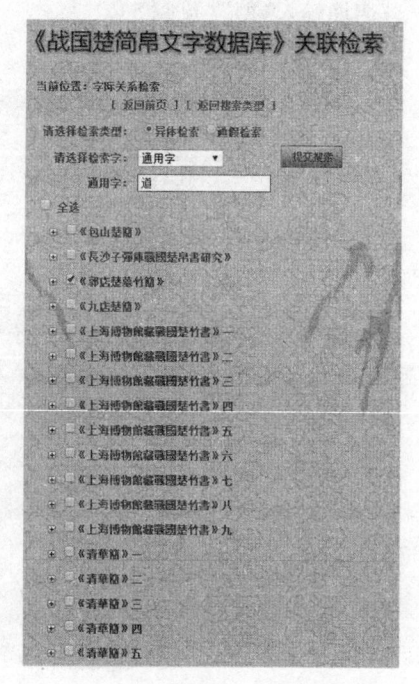

圖 7

即可檢索到郭店簡"道"字的兩個楚簡字形(見圖8)。

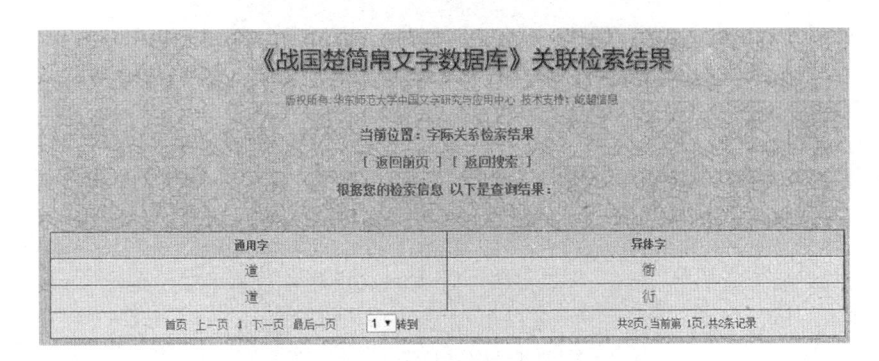

圖 8

點擊第一個楚簡字形(標注爲"異體字"),即可呈現該字形的文例和出處(見圖9)。

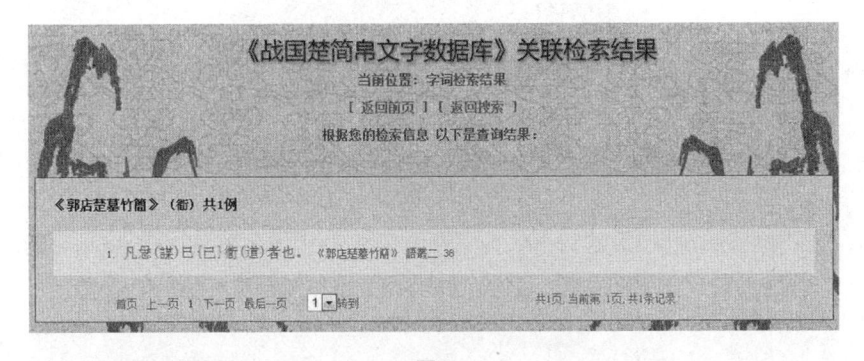

圖 9

"通假檢索"下設"查本字"和"查假字"兩個路徑。前者輸入本字可檢得其對應之假字,後者輸入假借字可檢得其對應之本字。如在查"假字"條件下限定郭店簡輸入"忠"字(見圖10)。

即可呈現如下檢索結果(見圖11)。

點擊上圖"本字"之"中",即可呈現"中"通假爲"忠"的簡文文例(見圖12)。

圖 10

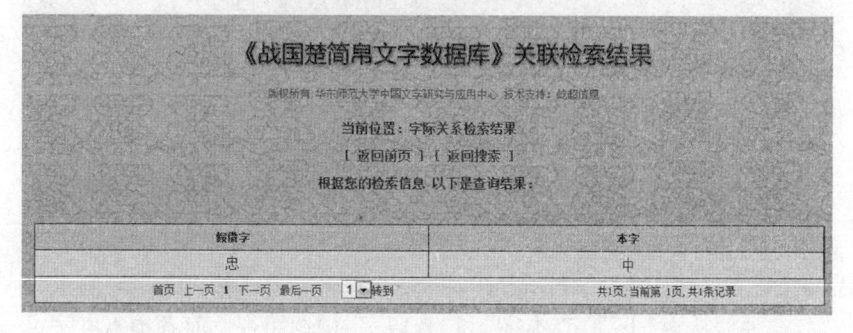

圖 11

3. 偏旁檢索

該檢索路徑主要爲服務"偏旁分析法"而設。對應"偏旁分析法"的要求,本檢索之"偏旁"屬於寬容認定的"偏旁",即可以充當偏旁的構形單位。它既包含嚴格意義上的"偏旁",即對合體字進行第一次切

簡説古文字數據庫的改善

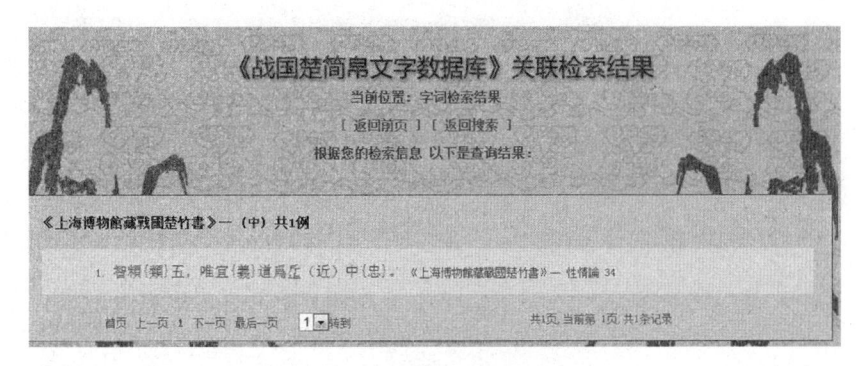

圖 12

分後得到的兩個部分，如會意字的會意部件，形聲字的聲符、義符；也包含充當嚴格意義上"偏旁"的特定字符在非嚴格"偏旁"限定場合的存在，即這種字符作爲獨體象形、指事字，以及嚴格意義的偏旁之偏旁，諸如形聲字聲符之聲符、義符之義符，會意字的會意部件之部件的存在形式。

在"偏旁分析法"的視野中，值得重點關注的偏旁需要兼具較高出現頻率、較大文獻覆蓋面、較多書寫變異等條件。因此，本檢索之"偏旁"目前重點鎖定具有上述屬性的 100 個，按筆劃數列表呈現，點擊某偏旁，即可以檢索其各類形體，及其各次出現的具體信息。

由於正處於建設過程中，目前可以實現的偏旁檢索只限定于《包山楚簡》，以後檢索範圍將逐步擴展。

進入"偏旁檢索"的界面，可檢索偏旁按筆劃數類聚（如見圖 13）。

點擊其中任意一個偏旁，即顯示該偏旁的所有形體。如點擊"馬"，則有如下"馬"的形體及其出現頻率數呈現（見圖 14）。

點擊其中任何一個形體，即可呈現該形體偏旁所出的文例（見圖 15）。

古文字數據庫在這個方面的發展趨向，應是瞄準古文字研究的重大需求來形成專題數據庫：如偏旁數據庫、集釋數據庫、字跡數據庫、義類數據庫等。這些專題庫的建設有待今後的努力。

```
《战国楚简帛文字数据库》关联检索结果
       当前位置：构件检索结果
       【返回前页】【返回搜索】
       根据您的检索信息 以下是查询结果：

3畫
女 山
4畫
夫 旡 斤 毛 欠 犬 幺 它 屯 心 中
5畫
旦 夕 弗 甲 令 皿 皮 平 申 石 四 用 玉 占 左
6畫
臣 此 而 耳 缶 共 卢 西 衣 至 舟 朱
7畫
皀 辰 豆 甫 告 角 求 卲 豕 我 辛 言 酉
```

圖 13

隸定偏旁	偏旁變體	構字頻率
馬		1
馬		4
馬		8
馬		35
馬		8
馬		7
馬		8
馬		1
馬		2
馬		1
馬		2
馬		3
馬		1

圖 14

圖15

三、深度釋讀整理，推動資源普及利用

對於非古文字專業的社會大眾來說，古文字資料有巨大的釋讀障礙。因此，古文字數據庫需要對所貯存的文獻資源加以必要的釋讀，才能很好地服務於各個不同的專業研究門類並滿足社會的各種需要。"文字網"古文字數據庫爲此也增加了一些檢索路徑，以下主要介紹"考釋檢索"和"分類檢索"。

1. 考釋檢索

本檢索路徑爲查詢楚簡文字考釋信息而設。分"被釋字檢索""考釋論著檢索"兩個檢索路徑。

(1)"被釋字檢索"，可查詢各

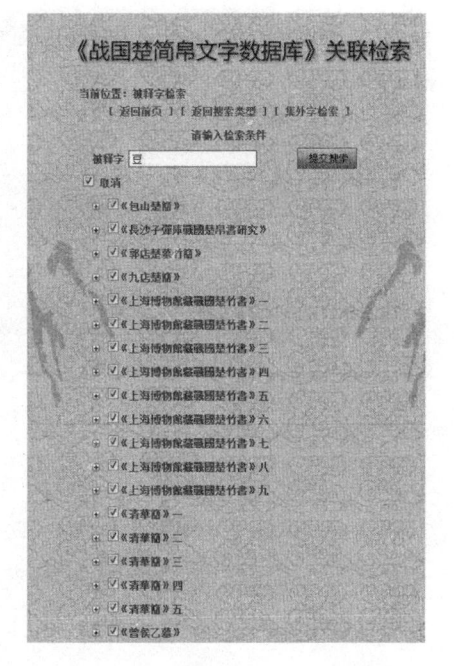

圖16

字在不同文獻範圍内的考釋信息。如輸入"豆"字(見圖16)。

即可檢得如下關於郭店簡老子甲第2簡之"豆"字考釋意見(見圖17)。

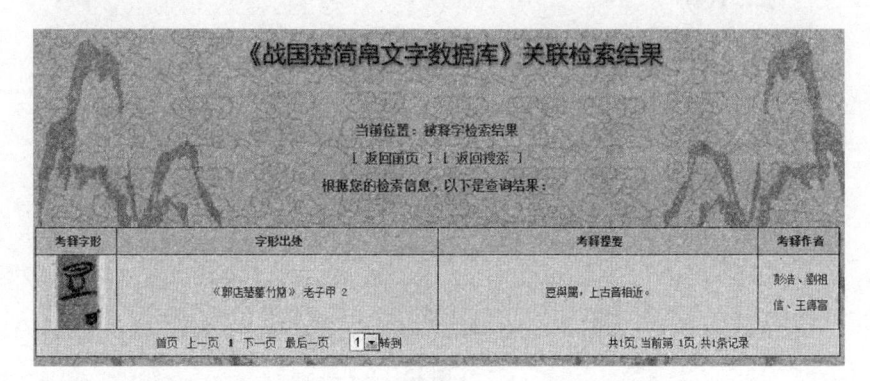

圖17

點擊"考釋作者",彈出表單顯示考釋文獻信息(見圖18)。

圖18

(2)"考釋論著檢索",可按考釋者、考釋論著名、考釋論著出處、考釋論著發表時間檢索考釋信息。如查找"裘錫圭"(見圖19)。

即可檢得裘錫圭先生的楚簡考釋目錄(見圖20)。

點擊上述目錄中"查看詳情"列,即可呈現這篇考釋文章中楚文字字形的考釋提要(見圖21)。

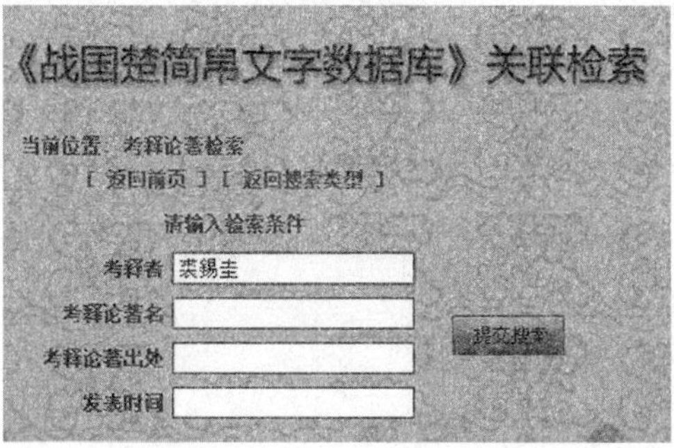

圖 19

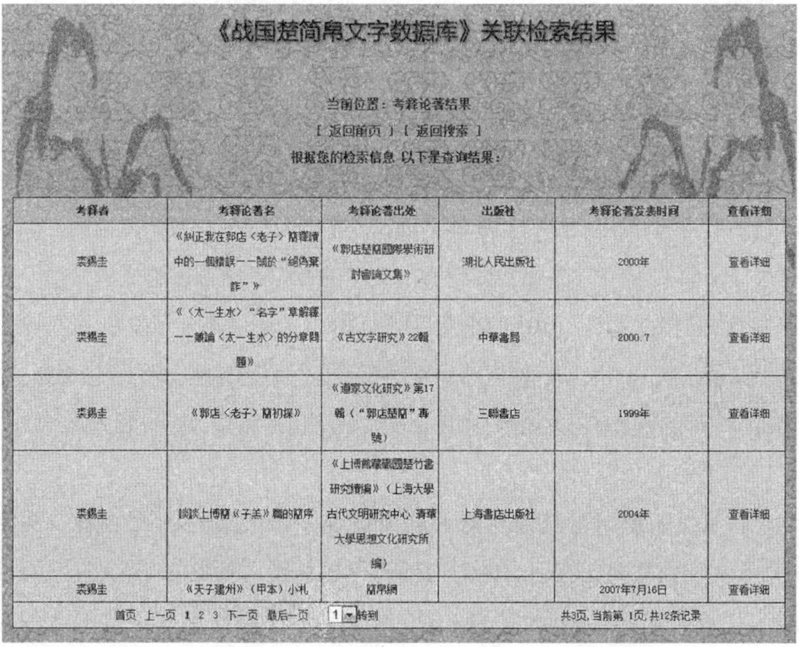

考释者	考释论著名	考释论著出处	出版社	考释论著发表时间	查看详细
裘錫圭	《糾正我在郭店〈老子〉簡釋讀中的一個錯誤——關於"絶僞棄詐"》	《郭店楚簡國際學術研討會論文集》	湖北人民出版社	2000年	查看详细
裘錫圭	《〈太一生水〉"名字"章解釋——兼論〈太一生水〉的分章問題》	《古文字研究》22輯	中華書局	2000.7	查看详细
裘錫圭	《郭店〈老子〉簡初探》	《道家文化研究》第17輯（"郭店楚簡"專號）	三聯書店	1999年	查看详细
裘錫圭	談談上博簡《子羔》篇的簡序	《上博館藏戰國楚竹書研究續編》（上海大學古代文明研究中心 清華大學思想文化研究所編）	上海書店出版社	2004年	查看详细
裘錫圭	《天子建州》（甲本）小札	簡帛網		2007年7月16日	查看详细

首页 上一页 1 2 3 下一页 最后一页 1 转到 共3页，当前第 1页，共12条记录

圖 20

2. 分類檢索

該檢索路徑可以實現楚簡帛用字意義的分類頻率查詢。這種檢索既可方便不同專業研究對楚簡帛文獻材料的利用，也有助於人們對楚簡帛文獻内容特點、話題熱點的系統把握。

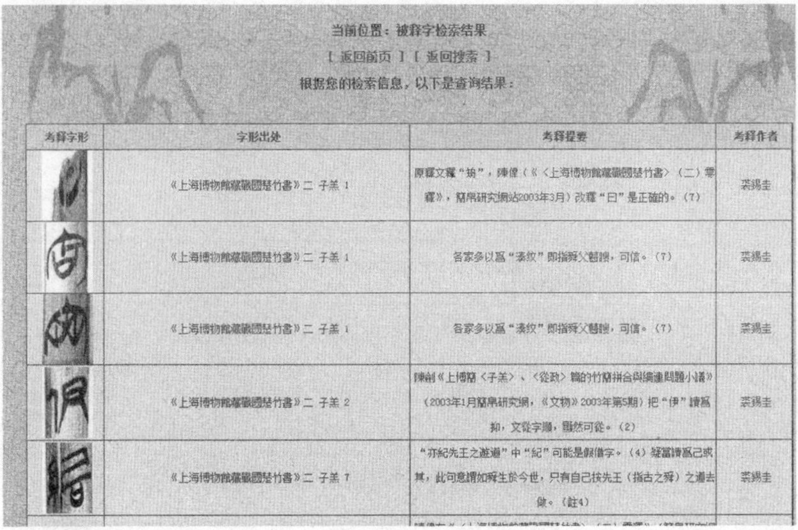

圖 21

　　特殊是需要一般來襯托才能顯現的。因此，爲便於凸顯文獻内容特點和話題熱點，我們採用的是一個能夠全面反映語言交際内容各個方面的一般性意義分類框架，而並非是僅根據楚簡帛文獻的實際嚴格歸納形成的分類[1]。這個分類框架具體分了 105 個小類，某些小類之上歸併爲若干中類，某些中類之上又歸併爲若干大類。檢索時類別選擇需自上而下直至小類，僅僅檢索"生物行爲"大類不會有檢索結果，需再選擇其最下位的諸類，如（見圖 22）。

　　結果顯示爲（見圖 23）。

　　古文字數據庫普及性功能的開發有進一步發展的巨大空間，"文字網"古文字數據庫正在研發的還有通過鼠標移動而實現的"釋文逐字釋義顯示""原拓逐字意義顯示"等功能，進一步的開發需求一定會隨著數據庫上網後的社會響應而層出不窮。普及功能雖然主要面對非古文字專業的使用者，而其成功開發卻需要以對古文字材料的深度專業加工爲基礎，同樣絶非易事，有待於我們付出巨大努力。

---

　　[1]　關於文獻内容特點和話題熱點，以及相關的意義分類框架的具體説明，詳見拙文《先秦出土文獻語料類型分析芻議》（載《語文研究》2015 年第 4 期，19—25 頁）。

簡說古文字數據庫的改善

圖 22

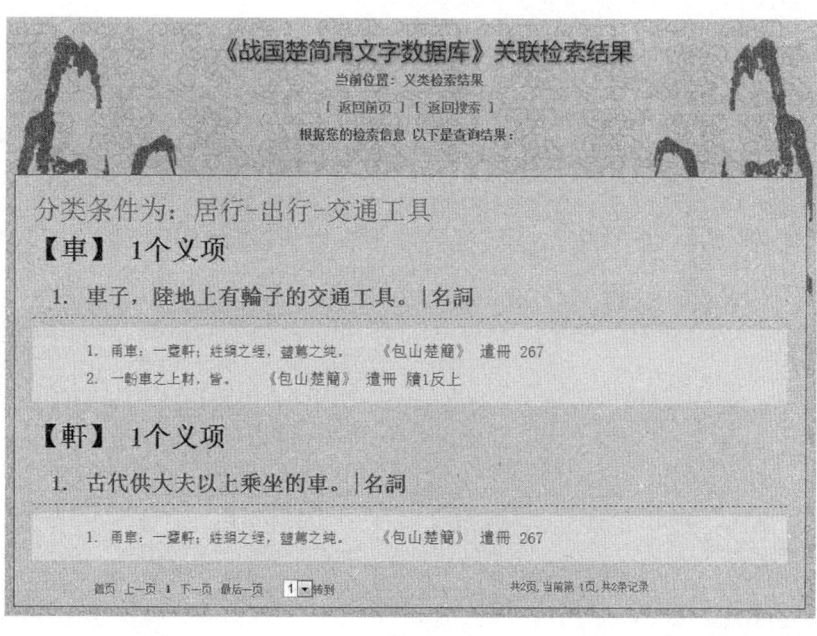

圖 23

平心而論,古文字數據庫建設目前尚處於初級階段,而高級階段的到來,則需以真正意義上的"公共數據庫"的出現爲標誌。古文字公共數據庫的形成,並非僅僅依賴前文所論及的數據庫硬體建設方面的成績,還需要古文字界的共同維護,真正形成資源分享、平臺共建的學術環境。

古文字數據庫的集外字問題

相對現代漢語語料庫，古籍文獻數據庫的建設成績相形見絀；相對傳世古籍文獻資料庫，出土古文字文獻數據庫建設成績相形見絀。究其原因，或許很多，但其中最重要的一點，乃是數據庫建設中的集外字困擾。現代漢語語料庫建設，一般没有集外字障礙；傳世文獻數據庫建設，雖然難免遭遇集外字困難，但相對古文字數據庫建設，所受集外字困擾只是小巫見大巫。由此可見，如何解決集外字問題，乃是古文字數據庫建設中的關鍵任務。既往關於這個問題的討論，僅限於如何選擇碼位生成字體之類[1]，需要進一步研討的方面尚多。以下結合古文字數據庫建設實踐的經驗教訓，補説其他方面的幾個問題。

一、古文字數據庫之集外字的認定

理論上説，所謂集外字，就是未在通用電腦字符集中編碼的字。故集外字認定，本來不應該是個問題。然而，對古文字數據庫建設而言，實際

---

[1] 劉志基：《古文字信息化處理基礎平臺建設的幾點思考》，《語言研究》2002年第3期。

情況卻遠沒有那樣簡單。目前在通用電腦字符集中已編碼漢字的總數已達 74,588[1]，但是除了核心部分 GBK 的 20,902 字外，CJK 擴展集的 5 萬多字在數據庫中並不能用，無法實現檢索、查詢、統計等各種處理。然而，對古文字數據庫而言，擴展集的字又多屬於很需要用到的，僅從擴展 B 集的 42,711 個字的來源來看，其中包括在《漢語大字典》中出現的 28,914 個字，在《康熙字典》中出現的 18,486 個字，《漢語大詞典》中出現的 553 個字，《四庫全書》中出現的 522 個字，1989 年版的《辭海》中出現的 247 個字，《中國大百科全書》中出現的 86 個字，《辭源》中出現的 66 個字。這些來源表明，擴展字多屬於漢字字集中歷時層面的成員。或者可以這樣說，電腦字符集之所以需要擴展，主要是因爲 GBK 基本集（即數據庫可以處理的那部分）是偏重于滿足漢字現實使用需要的。然而，古文字數據庫更需要用到擴展集中的那些歷時層面的字，進入數據庫後的結果卻令人大跌眼鏡：雖然這些字往往可以在數據庫裏顯示，但檢索、查詢、統計等各種處理均不能實現。比如在數據庫中查找擴展 A 中的任意一字，而查找的結果卻會是屬於擴展 A 的所有字，在數據庫查找中，擴展 A 的 6,582 個字會被視同爲同一個編碼的字。不但作爲直接對象的擴展字本身不能被處理，而且還會導致其他處於基本字集的文字單位的處理障礙。關於這一點，凡是有過相關實踐者都會有體驗，不必贅述。

　　理論上說，這個問題應該是可以通過電腦技術和標準的完善得到解決的，但在目前情況下，能够解決這種技術問題乃是微軟等少數國際技術

---

〔1〕　目前漢字的編碼工作，主要是由國際標準化組織"ISO/IEC10646 表意文字工作組"（該組織於 1991 年由中國與統一碼聯盟的提議而成立）負責，1993 年 5 月，該組織中日韓聯合研究小組正式制訂了最初的中日韓統一表意文字，位於 U+4E00－U+9FFF 這個區域，共 20,902 個字。1999 年，依據 ISO/IEC10646 的第 17 個修正案（Amendment17）訂定了擴充區 A，於 U+3400－U+4DFF，加入了 6,582 個字。2001 年，依據 ISO/IEC10646－2，新增了擴充區 B，有 42,711 字，位於 U+20000－U+2A6FF。2005 年，依據 ISO/IEC10646：2003 的第 1 個修正案（Amendment1），基本多文種平面增加了從 U+9FA6 到 U+9FBB 的 22 個漢字。2009 年，統一碼 5.2 擴充區 C 增加了 U+2A700－U+2B734 和 U+9FC4～U+9FCB，共收錄 4,149 個漢字。2010 年，統一碼 6.0 擴充區 D 增加了 U+2B740－U+2B81F，共 222 個新漢字。

壟斷企業,而我們似乎很難説服他們根據古文字研究這種非常小衆的需要來解决這些問題。因此,對於古文字數據庫的用字而言,"集外"這個概念,不應是國際通用電腦字符集中已編碼漢字之外,而應是 GBK 的 20902 個編碼漢字以外的字。也就是説,古文字數據庫中需要用到的字,即使已經編碼,電腦中已經調得出,但是只要它不在 GBK 的 4E00－9FFF 這個編碼區域内,依然要視同一般意義的集外字,爲它造字,並安排一個 4E00－9FFF 範圍之内的碼位來安置它。

以上所言集外字,僅僅是涉及到楷寫字的層次,而古文字數據庫只要發展到一定的層次,必然要用到原形字。把古文字原形字送入電腦字符集内,並非是剛剛才被想到的問題,早在本世紀初,在中國政府相關部門的推動下,組建了電腦字符集的古漢字編碼專家參與 IRG 的表意文字工作組的定期會議,意在實現漢字古文字原形字在國際標準字符集中的編碼。然而,時間已經過去了十餘年,此事並無實質性進展。鑒於楷體集外字編碼和電腦實際應用的現狀,數量更大、問題更加複雜的古文字原形字進入通用電腦字符集的事情在不久的將來得到實現的可能性不大。而就目前情况來看,古文字數據庫中需要用到的原形字有一個算一個,都屬於集外字。

二、集外字在古文字數據庫中的功能

這裏所討論的"字"的"功能",是就數據庫的字處理而言的,而並非傳統意義上的文字記録語言單位,實現其超時空傳輸之類的文字功能。數據庫中的"字"與傳統紙質文本中的"字",功能不盡相同,兩者間有著包孕與被包孕的關係:前者除了必須保有後者的全部功能外,還需要具備數字化的字處理功能,當然這種功能是需要經過嚴格的數字化整理才有可能獲得的,關於這一點,將在後文詳説,這裏只討論古文字數據庫中的集外字的字處理功能。

前文言及,古文字數據庫中的集外字,都是要被賦予 GBK 的 4E00－9FFF 這個編碼區域内的某個碼位的,因此它就會獲得與集内字一樣的由編碼定位所帶來的字處理功能,即能够被電腦精確高效地檢索、查詢、統計等等。或者説,它的職能就是要使電腦的字處理功能由有限數量的集内字符,擴展到難以限量的集外字符。具體來説,此類功能有如下幾種。

1. 保證古文字文獻用字的全文檢索。

文獻語言内容的全文檢索,是古文字數據庫一個最基本的任務。但是,由於文獻用字中存在大量集外字,這個任務的完成,很大程度上需要借助於集外字。如甲骨文黄組卜辭中有一地名用字,具體構形相類卻並不完全相同,寫作:

根據字形和用法,學界公認這些用字爲同一文字單位。然而,此字無論哪種構形,都没有集内字符與之對應,因此需要新造一個字形來表達這個文字單位。而所造這個字形如果可以覆蓋這個字在卜辭中的每一次出現,那麽電腦就可以通過它所佔據的碼位,實現該字在卜辭中的全文檢索。以下就是該字在數據庫中的檢索結果:

壬寅王卜,貞田瑨往[來]亡災。王固曰:[吉]。丝㕣。隻忒囗,鹿一,麇一。(37364_1)

囗囗卜,貞王田瑨往來[亡災]。王固曰:吉。丝㕣。隻……一,麇二,雉二。(37455_1)

囗午[卜],[才]瑨,貞[王田]衣逐[亡災]。(37554_1)

囗囗卜,才瑨,貞[王田]衣逐[亡災]。(37555_1)

壬辰卜,貞王田于瑨往來亡災。(37660_5)

囗子王卜,[貞]田瑨往來亡災。王[固]曰:吉。丝[㕣]。(37738_2)

囗囗卜,貞[王田]瑨往[來亡]災。丝[㕣]。隻……(37739_2)

2. 保證古文字各類字形的數字化處理。

古文字的一大特點就是一字多形，因而字形的檢索具有重要意義。如果說在古文字文獻字的檢索中集外字的作用只是個配角的話，那麼，在古文字字形的檢索中集外字的作用就絕對是主角。

古文字的一字多形有多個層次的區分，對楷寫字而言有一般所謂異體字，對於原形字而言除了異體字外還有字形的寫法、字跡等差異。嚴格意義之古文字異體字，一般可以用隸定字來表達，雖然與之相對的正體（通用字）每每是集内字，但這些異體字本身通常是集外字。就文字學研究而言，這種異體是非常需要獲得被數字化處理的資格的，而其實現的唯一方式，就是一個唯一編碼的集外字在相應文獻用字範圍内與之窮盡對應。這樣，輸入一個集外字，就可以實現某字的某一異體的全文檢索。如在數據庫裏檢索金文"寶"，可檢索得如下異體：

實䆥䪴琂䫂䵻䆱嶺䫄墅寁廤䫮裦賓䋫嵦寕龘嶺嶍害宲璽寠賓庭䫯寶䵷宼韻實嘉賨寠嵞賓㝛䩞寣窋寯矗嶺寋䢀害牢寶龘窨宝

其中除了最末一字構形同今日簡化字"宝"者外，皆爲集外字，通過其中任何一個進行數據庫查找，都可以實現該字形的全文檢索。如檢索上列第一個"實"則有其全文檢索結果如下 4 例：

殷周金文集成（實）共 3 例

1、子孫永實（寶）殷周金文集成 集成05 子子百車鼎 集成05·02603
2、子孫永實（寶）殷周金文集成 集成05 子子百車鼎 集成05·02604
3、甘（其）子子孫永實（寶）用 殷周金文集成 集成09 鄂从盨 集成09·04466

共 2 条记录，1/2 页 [首页] [上一页] 1 2 [下一页] [末页]

新收殷周青銅器銘文暨器影彙編（實）共 1 例

1、㠯父乍（作）寊（寶）异（尊）彝 新收殷周青銅器銘文暨器影彙編 新收1-1000 㠯父卣 新收0596

共 2 条记录，2/2 页 [首页] [上一页] 1 2 [下一页] [末页]

前文言及，原形字之字形全部得由集外字來呈現。然而，由於原形字的構形差異分類有更複雜的學術要求，這類集外字的數字化處理功能的實現也有相應的更大難度。僅以描述一個筆跡學意義上的楚簡字體分類的集外字對應過程爲例。

筆跡學之字體整理必須達到這樣一個標準：一個寫手在一個字的書寫中所形成的有區別意義的字形在整個字符集中也是唯一的。一個文字書寫者，特別是書寫能力較強而有資格成爲簡文寫手者[1]，當然是可以保持穩定一致的書寫風格的，但因爲種種主客觀因素的影響，任何人都難以保證在有一定長度的書寫過程中使每個字都能典型地保持其書寫風格，把字寫走了樣、變了形的時候往往難以避免。如此看來，真正要做到寫手書寫風格特點的保真最好要做一點文字整理的工作，即將一個寫手的不能典型表現其書寫風格的字篩選出來加以剔除。而這種整理的意義，又不限於寫手風格的保真，因爲它與數字化處理的要求相一致。

然而，出自同一寫手的同一個字的諸多字形也可能是具有區別意義的，這是因爲一個成熟的寫手對於同一個字，往往可以掌握一種以上的寫法，而在同一書寫過程中，他們又往往會運用不同寫法營構的同一字的有差異的字形來達到某種目的，比如說楚簡文字中多見的避複[2]。毫無疑問，這種一字而能寫出多形的現象，同樣是特定寫手書寫風格的一種表現，由此產生的字形差異，至少在文字學的視域中，具有多方面的研究價值，因此在字符集整理的層面，亦即寫手書寫風格典型整理的層面，承認這種差異的區別性意義是理所當然的。而具體整理方式是：凡一個寫手在同一個字的書寫中出於刻意營造差異的目的而採用的多種寫法所產生的典型字形，均應確定它們在字符集中的獨立地位；而寫手在實際書寫中，由於種種原因而以手不從心的狀態寫出的有所變形的字形，則取消它

---

〔1〕 近年來學者提出郭店簡簡文出自專門的抄手的意見，詳參邢文編譯《郭店老子——東西方學者的對話》(學苑出版社，2003 年，127 頁引1)、夏含夷《〈重寫中國古代文獻〉結論》(《簡帛》第 2 輯，上海古籍出版社，2007 年，512 頁)。

〔2〕 劉志基《楚簡"用字避複"芻議》，《古文字研究》29 輯，中華書局，2012 年。

們在字符集中的地位，以相應的典型字形加以取代。這種整理的基本要求，可以簡單地作這樣的歸納：對各個寫手的每個字的每種寫法，在字符集中均只保留唯一一個位置。試舉一例，以明其詳。《語叢（一）》有7個讀爲"由"的"遜"字，下表爲其原形字整理的相關信息：

序號	原字圖片	所出語句	簡號	經整理確定的原形字
1		或遜〔由〕中出	19簡	
2		或遜〔由〕外内〔入〕	19、20簡	
3		遜〔由〕中出者悥（仁）、忠、訐（信）	21簡	
4		遜〔由〕外入者□、□、□。	21簡	
5		遜〔由〕樂智〔知〕型〔刑〕	24、25簡	
6		寺遜〔由〕敬乍〔作〕	95簡	
7		凡勿〔物〕遜〔由〕望〔亡〕生	104簡	

上表最後一列爲原形字整理結果，不難發現，7個簡文用字經整理後歸納爲4個能夠體現寫手典型書風的字形，亦即電腦字體中的4個字符。而整理過程大致如次：首先需要確定這樣一個前提，《語叢（一）》的簡文出自同一個寫手的手筆[1]。接下來需要判斷的是，哪些字形出自這位寫手刻意求變的一種寫法，而哪些字形間的差異出自書寫中的無意失控，屬

---

〔1〕 對郭店簡字體差異問題發表過意見的學者如李零、周鳳五、李孟濤等，對《語叢一》字跡的統一性向無異議。李松儒通過專題研究認爲："通過以上對這類字跡的比較分析，我們認爲《語叢一》與《語叢二》具備同一字跡的特徵。從竹簡的形制上看，《語叢一》抄寫在長17.2~17.4的竹簡上，除第59號簡容9字外，每簡容字均爲8字；《語叢二》抄寫在長15.1~15.2的竹簡上，除第45號簡容9字外，每簡容字均爲8字。也就是説這兩篇文獻是抄寫在形制相差不多的竹簡上，我們有理由判定這兩篇文獻是有同一位抄手抄寫完成。"（吉林大學2005年碩士論文《郭店楚簡文字研究》，60頁）

於前者的確定其字體中的獨立字符地位，屬於後者的則取消其獨立的字符地位而加以歸併。不難發現，1、2、5 與 3、4 屬於後一種情況的，故可由 ▩ 和 ▩ 分別加以歸併而爲其典型代表字形。而 ▩、▩ 作爲《語叢（一）》簡文寫手的兩種寫法，從語境看也有著明確的避複動機：它們分別出現在一個具有完整意義的語段中的前後兩個意義層次的語句中，故前兩個"由（▩）"從"辵"，後兩個"由（▩）"從"止"，從而實現了前後互異的效果。6（▩）、7（▩）分別爲《語叢（一）》寫手"遞"的另外兩個寫法之所以能夠成立，則是因爲它們分別在"▩"和"▩"上又實實在在地添加了"口"旁。

以上所述表明，此類集外字在數據庫中的落實，絕不僅僅是單純的技術性工作，而它們一旦能夠發揮應有作用，則將大大提升數據庫貯存資源的學術含量。

3. 保證古文字偏旁以及偏旁構形的數字化處理。

"偏旁"是就合體字而言的，然而大體上來說，合體字的偏旁同時又是一個獨體字，因此，既然古文字的文獻用字中有集外字，古文字的偏旁同樣也有不少是通用電腦字符集中沒有字符對應的。因此，數據庫要系統把握偏旁，集外字的支持也是無法或缺的。

古文字數據庫中的偏旁字符，同樣需要分楷體字和原形字兩類。前者的主要功能，是把材料範圍內所有該偏旁認同爲一個通用電腦字符集編碼，進而實現其全文檢索。如"䂂"，是一個被認爲是"台""司"雙聲符合成的偏旁，戰國楚文字中多見，而後世文字中消失，而造一個唯一編碼的集外字並標注數據庫中相關文獻用字中含有該偏旁者，即可實現"䂂"旁字（含"䂂"整字）的全文檢索。在我們數據庫中查找"䂂"，即可得如下 137 個檢索結果：

▩ 包山|文書 141－22　　▩ 包山|遣册 278 反－9　　▩ 郭店|《老子》甲 26－4

▩ 郭店|《老子》乙 1－1　　▩ 郭店|《窮達以時》3－15　　▩ 郭店|《五行》18－8

古文字數據庫的集外字問題

[字]郭店|《成之聞之》24－18 [字]郭店|《性自命出》3－5 [字]郭店|《性自命出》3－12 [字]郭店|《性自命出》15－20 [字]郭店|《性自命出》27－7 [字]郭店|《性自命出》58－21 [字]郭店|《性自命出》59－6 [字]郭店|《六德》33－2 [字]郭店|《六德》33－9 [字]郭店|《六德》42－4 [字]郭店|《語叢一》50－8 [字]郭店|《語叢一》51－4 [字]郭店|《語叢一》51－8 [字]郭店|《語叢一》52－4 [字]郭店|《語叢一》52－8 [字]郭店|《語叢一》53－4 [字]郭店|《語叢一》53－7 [字]郭店|《語叢三》28－7 [字]郭店|《語叢三》30－2 [字]郭店|《語叢三》31－2 [字]郭店|《語叢四》1－3 [字]上博一|《孔子詩論》23－5 [字]上博一|《性情論》2－9 [字]上博一|《性情論》2－15 [字]上博一|《性情論》8－27 [字]上博一|《性情論》16－18 [字]上博二|子羔1－38 [字]上博二|從政乙篇1－32 [字]上博二|容成氏8－4 [字]上博二|容成氏19－32 [字]上博二|容成氏20－11 [字]上博二|容成氏21－16 [字]上博二|容成氏22－31 [字]上博二|容成氏22－37 [字]上博二|容成氏25－10 [字]上博二|容成氏25－29 [字]上博二|容成氏26－7 [字]上博二|容成氏26－29 [字]上博二|容成氏27－9 [字]上博二|容成氏27－28 [字]上博二|容成氏29－15 [字]上博二|容成氏32－9 [字]上博二|容成氏36－7 [字]上博二|容成氏36－38 [字]上博二|容成氏37－10 [字]上博二|容成氏43－5 [字]上博二|容成氏43－16 [字]上博三|周易55－4 [字]上博三|中弓8－4 [字]上博三|中弓26－3 [字]上博三|中弓26－12 [字]上博四|逸詩—交交鳴鵻3－12 [字]上博四|逸詩—交交鳴鵻4－22 [字]上博四|昭王毀室—昭王與龔之脽2－3 [字]上博四|柬大王泊旱12－2

上博四|柬大王泊旱 14－14　　[字]　上博四|柬大王泊旱 19－12　　[字]　上博四|相邦之道 1－23　[字]　上博四|曹沫之陳 33－1　[字]　上博四|曹沫之陳 36－18　[字]　上博四|曹沫之陳 36－26　[字]　上博四|曹沫之陳 41－7　[字]　上博四|曹沫之陳 45－29　[字]　上博四|曹沫之陳 52－2　[字]　上博四|曹沫之陳 55－23　[字]　新蔡|乙四：53588－4　[字]　上博五|季庚子問於孔子 1－25　[字]　上博五|姑成家父 1－51　[字]　上博五|姑成家父 3－48　[字]　上博五|姑成家父 4－4　[字]　上博五|姑成家父 4－42　[字]　上博五|君子爲禮 11－24　[字]　上博五|君子爲禮 11－31　[字]　上博五|君子爲禮 15－10　[字]　上博五|君子爲禮 16－2　[字]　上博五|弟子問 11－17　[字]　上博五|三德 2－5　[字]　上博六|孔子見季桓子 3－17　[字]　上博六|天子建州（甲本）5－22　[字]　上博六|天子建州（乙本）5－1　[字]　上博七|武王踐阼 3－35　上博七|武王踐阼 4－7　[字]　上博七|武王踐阼 7－21　[字]　上博七|武王踐阼 14－19　[字]　上博七|武王踐阼 14－22　[字]　上博七|凡物流形（甲本）9－13　[字]　上博七|凡物流形（甲本）9－25　[字]　上博七|凡物流形（甲本）10－21　[字]　上博七|凡物流形（甲本）25－17　[字]　上博七|凡物流形（乙本）3－11　[字]　上博七|凡物流形（乙本）7－28　[字]　上博七|凡物流形（乙本）8－27　[字]　上博七|凡物流形（乙本）18－17　[字]　《清華簡》一|皇門 8－27　[字]　《清華簡》一|皇門 8－33　[字]　《清華簡》一|楚居 7－36　[字]　上博八|顏淵問於孔子 10－28　[字]　上博八|命 6－11　[字]　上博八|命 6－17　[字]　清華二|第一章 4－3　[字]　清華二|第二章 8－26　[字]　清華二|第二章 9－28　[字]　清華二|第二章 12－15　[字]　清華二|第三章 16－17　[字]　清華二|第六章 39－10

古文字數據庫的集外字問題

[圖] 清華二|第八章 49-1　[圖] 清華二|第十五章 79-19　[圖] 清華二|第二十章 108-18　[圖] 清華二|第二十章 112-8　[圖] 清華三|周公之琴舞 13-6　[圖] 清華三|芮良夫毖 1-23　[圖] 清華三|赤鵠之集湯之屋 15-4　[圖] 上博九|舉治王天下・文王訪之於尚父舉治 4-7　[圖] 清華五|命訓 15-34　[圖] 清華五|湯處於湯丘 9-7　[圖] 清華五|湯處於湯丘 9-13　[圖] 清華五|湯在啻門 6-29　[圖] 清華五|湯在啻門 8-18　[圖] 清華六|鄭武夫人規孺子 14-32　[圖] 清華六|管仲 19-17　[圖] 清華六|子儀 18-31　[圖] 清華六|子產 17-4　[圖] 清華七|趙簡子 3-11　[圖] 清華七|趙簡子 3-24　[圖] 清華七|趙簡子 9-1　[圖] 清華七|越公其事第二章 13-24　[圖] 清華七|越公其事第三章 20-16　[圖] 清華七|越公其事第四章 29-14　[圖] 清華七|越公其事第七章 45-30　[圖] 清華七|越公其事第十章 60-25　[圖] 清華七|越公其事第十一章 74-14

偏旁字符的原形分類之所以需要在古文字數據庫中出現，主要是爲了實現數據庫對"偏旁分析法"的支持。"偏旁分析法"，對古文字研究的重要意義不言而喻。而"偏旁分析法"科學運用的前提是研究者必須能夠系統把握相關古文字材料中的"偏旁"。理論上説，對應"偏旁分析法"的要求，早該有一種窮盡式檢索的古文字偏旁的工具書以服務於古文字研究了。但現實令人遺憾，迄今爲止，我們尚未見到這樣一種工具書面世。涉及古文字材料的部首字典，雖然對"偏旁分析法"的運用不無幫助，但其局限是顯而易見的：雖然有可能幫助人們找到一些古文字偏旁部首，但卻只是舉例性地材料搜集，並不能提供窮盡而系統的信息。顯然，缺乏一種能夠窮盡資料、方便查找的偏旁檢索資源系統的支撐，"偏旁分析法"研究成績的科學性將受到極大局限,因爲在這種環境下,研究者不得不囿于各自的資料掌握,只能舉例性地羅列一些偏旁來進行"偏旁分析"。由此可見,在窮盡彙集相關材料的古文字數據庫中,完成各個偏旁的構形分類整理,就有可能造就這樣一種完全支持"偏旁分析法"的資源檢索。然而,對於古文字偏旁的構形分類而言,楷體字符完全没有意義,能够發揮作用的只是原形字,亦即集外字。也就是説,在古文字數據庫的偏旁構形分類的系統整理中,完全要靠集外字來實現各單位的繫聯認同。2015 年出版的《包山楚簡偏旁類纂》[1]的編纂方式,就是在數據庫中對包山簡所有簡文原形進行偏旁分析標注,在此基礎上讀出窮盡性的包山簡文原形之偏旁表,進而以偏旁爲單位進行構形分類的集外字標注,最後數據庫依據這種集外字標注導出《包山楚簡偏旁類纂》全稿。以下就是"皀"旁下,通過五個集外字構形標注實現的該偏旁構形類纂[2]:

皀 1

毀 1451_204/

皀 3

毀 1604_221/ 毀 1602_221/ 毀 1623_223/

皀 8

毀 589_128 反/ 毀 1577_218/ 毀 586_128 反/ 毀 637_137/ 毀 787_155 反/ 毀 568_125 反/ 毀 302_69/ 毀 670_137 反/

皀 18

毀 515_117/ 毀 842_163/ 毀 356_80/ 毀 1594_220/ 毀 1437_203/ 毀

---

〔1〕 該類纂爲《中國出土簡帛文獻引得綜録 包山楚簡卷》(上海人民出版社,2015 年)附録之一。

〔2〕 呈現方式爲:偏旁形體排序以先罕見後常見爲原則,以其在簡文中的出現頻率數的昇序排列;各偏旁類型之後分别給出其在簡文用字中的出現頻率數(直接以小號數字附於偏旁形體後),並换行給出各出現頻次的出處,出處包含如下信息:偏旁所出簡文原形、該文字所出的《引得包山楚簡卷》之句號和《包山楚簡》原簡號。

1502_210/ ▨ 1276_189/ ▨ 1652_227/ ▨ 388_85 反/ ▨ 1614_222/ ▨ 1327_191/ ▨ 1181_167/ ▨ 1856_249/ ▨ 1046_176/ ▨ 1187_167/ ▨ 1016_174/ ▨ 891_184/ ▨ 852_164/

▨ 73

▨ 1407_200/ ▨ 1893_255/ ▨ 1815_245/ ▨ 1776_242/ ▨ 1912_257/ ▨ 1605_221/ ▨ 615_134/ ▨ 1910_256/ ▨ 262_61/ ▨ 1410_200/ ▨ 263_61/ ▨ 1777_242/ ▨ 554_122/ ▨ 1494_210/ ▨ 1507_211/ ▨ 1446_204/ ▨ 1452_202 反/ ▨ 741_151/ ▨ 1453_202 反/ ▨ 1814_245/ ▨ 1458_205/ ▨ 1460_205/ ▨ 1464_206/ ▨ 1466_206/ ▨ 1472_207/ ▨ 749_152/ ▨ 1893_255/ ▨ 1539_214/ ▨ 597_130/ ▨ 1430_202/ ▨ 1431_202/ ▨ 1553_215/ ▨ 1793_243/ ▨ 1790_243/ ▨ 1441_203/ ▨ 1536_214/ ▨ 1435_203/ ▨ 771_154/ ▨ 1424_202/ ▨ 1749_239/ ▨ 1766_241/ ▨ 562_123/ ▨ 725_147/ ▨ 1833_247/ ▨ 557_123/ ▨ 1750_239/ ▨ 1674_229/ ▨ 1723_236/ ▨ 549_122/ ▨ 463_99/ ▨ 1725_236/ ▨ 36_16/ ▨ 1724_236/ ▨ 544_122/ ▨ 1748_239/ ▨ 1849_248/ ▨ 482_102 反/ ▨ 1708_233/ ▨ 1656_227/ ▨ 1834_247/ ▨ 1625_223/ ▨ 1920_257/ ▨ 1919_257/ ▨ 2045_266/ ▨ 1626_223/ ▨ 1775_242/ ▨ 1633_224/ ▨ 1635_224/ ▨ 1864_250/ ▨ 1480_208/ ▨ 1832_247/ ▨ 1813_245/ ▨ 1641_225/

　　以上討論的集外字,都是必須具備完全的被數字化處理資格的。但古文字數據庫的集外字卻未必只能是這種類型,在古文字數據庫中,也需要只具備單純的顯示字形的功能的集外字。也就是說,雖然這類集外字也不能不佔用一個電腦字符集的碼位,但這個碼位卻只是一次性地服務於這個字符的顯示,不必發揮其繫聯認同作用。之所以要用集外字來承擔圖片職責而不直接使用圖片,是因爲數據庫同一字段中不容許字圖共存,而字圖共存的字段古文字數據庫或不可免。如古文字考釋，是古文字數據庫需要貯存的重要信息之一，而考釋論著内容，由於説解文字的需要，多會列舉相關古文字字形、偏旁甚至點線，毫無疑問，這些字符，都只能靠集外字來支持顯示，然而，這種集外字的編碼定位繫聯的必要性卻是大可以討論的。這類字符中不僅有古文字材料中實際存在者，也有僅是實際存在文字的某一個部分（圖1），甚至可以是考釋者推想中的存在者。很顯然，後者的碼位繫聯需要是絲毫不存在的，而前者的這種需求也是極其弱化的，一是因爲考釋字段本來就設定爲檢索結果字段，同記錄中可以另設關聯字段；二是因爲考釋字段字數太多，其中某一字符是否具有編碼關聯功能意義不是很大。

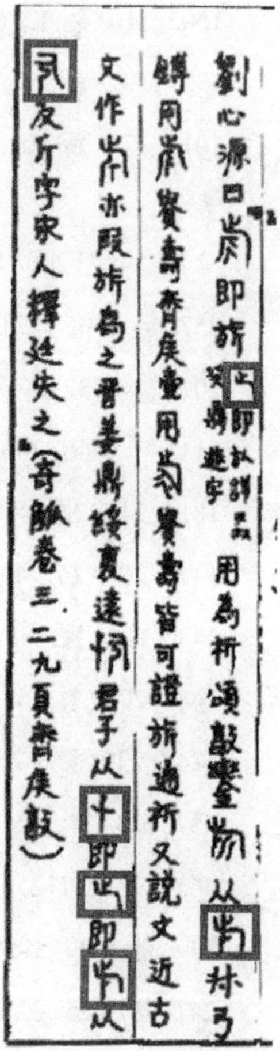

三、集外字的整理

對數字化字處理而言，一個字，更確切地説是字符集中一個有區別意義的字符，是否做到只對應一個唯一編碼是決定成敗的關鍵。古文字

圖1 《金文詁林》137頁

數據庫中的集外字，均無既有的輸入源，必須在文獻輸入中發現缺字時隨機造字。而古文字文獻林林總總，文獻輸入時間各異，然而其中的集外字卻是一個相對固定的字群，因此不同的輸入者在不同的輸入時空，遇到相同的需要填補的集外字的概率是非常高的，然而這個集外字在這些不同的輸入場合都能被填入到同一個碼位中去的難度可想而知。如果不能做到這一點，情況將會如何呢？我們可以根據集内字中一字多碼對古籍數據庫的影響來作一點推論。

現在通用字符集（是指數據庫可以完全實現字處理功能的 GBK 字符

集,不是泛指所有編碼字)中就有不少文字單位與碼位不唯一對應的情況,當然,如果是嚴格意義上的異體字、繁簡字,處理成不同碼位倒還問題不大,比如"铺(内碼 8216)"與"舖(内碼 8217)","汇(5F59)"與"彙(5F5A)",因爲構形上的明顯差異有助於數據庫輸入時將它們區分開來,但是頗有一些數量的同字多碼者卻是很不容易彼此區分的。很顯然,在數據庫材料輸入過程中,有一字多碼的輸入源,就有可能導致同字卻使用不同內碼字來輸入的結果,而數據庫內同字異碼,最終只能是數據失准,信息錯誤。《文淵閣四庫全書》(Complete Library in Four Branches of Literature),是一個非常注重認同異體字的古籍電子檢索系統,但也不免因同字多碼而導致全文檢索的失誤。如"彝(5F5D)",另有三個不同編碼而同字者:彝(5F5B)彝(5F5C)彝(5F5E)。如果全文檢索"彝(5F5D)",匹配的結果是 32 041 個(圖 2):

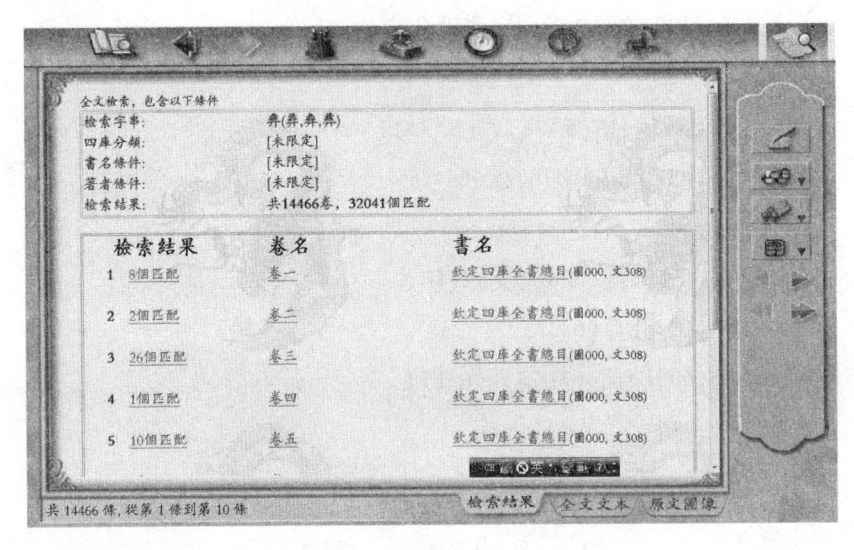

圖 2

但是用另外三個字形彝(5F5B)彝(5F5C)彝(5F5E)去全文檢索,匹配項卻只有 22 054(圖 3),也就是文獻檢索範圍内另有 9 987 個"彝"的文例失檢:

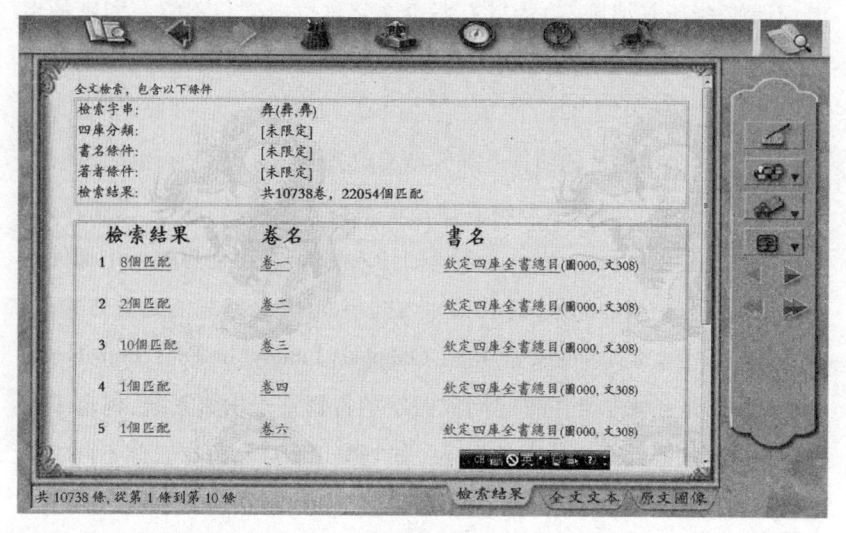

圖3

現在的 GBK 中類似的同字多碼者甚多,3 碼者如:

娛(5A1B)娛(5A2F)娛(5A31)

搖(63FA)搖(6416)搖(6447)

吳(5433)吳(5434)吳(5449)

奬(5968)奬(596C)奬(734E)

戶(6236)戶(6237)戶(6238)

插(633F)插(63D2)插(63F7)

一字二碼的數量更爲可觀:

捏(634F)捏(63D1);尚(5C19)尚(5C1A);尒(5C13)尒(5C14);尫(5C2A)尫(5C2B);搜(635C)搜(641C);尶(5C36)尷(5C37);寧(5BDC)寧(5BE7);帶(5E2F)帶(5E36);揭(63B2)揭(63ED);宮(5BAB)宮(5BAE);孳(5B73)孳(5B76);嬤(5B24)嬤

（5B37）；媞（5B0E）媞（5B14）；媯（5AAF）嬀（5B00）；媪（5AAA）媼（5ABC）；悳（60B3）悳（60EA）；悮（609E）悮（60AE）；愼（613C）慎（614E）；戩（6229）戩（622C）；悦（6085）悦（60A6）；惠（6075）惠（60E0）；徵（5FB4）徵（5FB5）；德（5FB3）德（5FB7）；彦（5F65）彥（5F66）；巓（5DD3）巔（5DD4）；抛（629B）抛（62CB）；屛（5C4F）屏（5C5B）；強（5F37）强（5F3A）；弑（5F11）弒（5F12）；拔（629C）拔（62D4）；厩（5EC4）廄（5ECF）；挩（6329）挩（635D）；并（5E76）幷（5E77）；愠（6120）愠（614D）；帡（5E21）帲（5E32）；弾（5F39）弾（5F3E）；峥（5CE5）崢（5D22）；戾（623B）戾（623E）；充（5156）兗（5157）；勺（52FB）勻（5300）；劍（5292）劒（5294）；剥（525D）剥（5265）；剏（524F）刱（5259）；刹（5239）刹（524E）；券（5238）券（52B5）；別（5225）别（522B）；删（5220）删（522A）；刊（520A）刋（520B）；刃（5203）刄（5204）；几（51E2）几（51E3）；复（5910）复（657B）；册（518A）册（518C）；卷（5377）卷（5DFB）；兎（514E）兎（5154）；兌（514C）兑（5151）；僞（507D）僞（50DE）；偷（5077）偸（5078）；値（5024）値（503C）；俱（4FF1）俱（5036）；俞（4FDE）兪（516A）；俣（4FC1）俣（4FE3）；侶（4FA3）侣（4FB6）；仞（4EDE）仭（4EED）；争（4E89）爭（722D）；净（51C0）淨（51C8）；圈（5708）圈（570F）；姫（59EB）姬（59EC）；姗（59CD）姗（59D7）；妍（598D）妍（59F8）；奥（5965）奥（5967）；本（5932）本（672C）；搵（63FE）搵（6435）；壽（58FD）夀（5900）；栅（67F5）栅（6805）；增（5897）增（589E）；塡（5861）填（586B）；墜（5848）墜（588D）；单（5355）单（5358）；至（5759）至（5DE0）；即（5373）卽（537D）；国（56EF）国（56FD）；嚇（568F）嚇（5694）；嘘（5618）嘘（5653）；喻（55A9）喻（55BB）；唧（5527）唧（559E）；吿（543F）告（544A）；呐（5436）呐（5450）；吞（541E）吞（5451）；呂（5415）呂（5442）；参（53C3）叁（53C4）；叁（53C1）参（53C2）；婕（5A55）婕（5AAB）；垾（57D2）垾（57D3）；蒥（83D1）蒥（8458）；粤（7CA4）粵（7CB5）；說（說）説（说）；

訐（8A2E）訐（8A7D）；衮（886E）衮（889E）；衛（885B）衛（885E）；蛻（86FB）蛻（8715）；虛（865A）虛（865B）；蘊（85F4）蘊（蘊）；薰（85AB）薰（85B0）；薀（8570）薀（8580）；蔿（848D）蔿（853F）；豻（8C5C）豻（8C63）；萇（8480）萇（8495）；走（8D70）赱（8D71）；舍（820D）舍（820E）；舃（8203）舃（8204）；腽（817D）腽（8183）；脱（812B）脱（8131）；胼（80FC）胼（8141）；翶（7FF6）翶（7FFA）；羹（7FAE）羹（7FB9）；繖（7E48）禭（7E66）；緼（7DFC）緼（7E15）；緣（7DE3）緣（7E01）；綠（7DA0）綠（綠）；枴（67B4）枴（67FA）；陧（9667）陧（9689）；黃（9EC3）黃（9EC4）；麼（9EBC）麼（9EBD）；麨（9EAA）麨（9EAB）；鵖（9DC6）鵖（9DCF）；鯛（9C1B）鯛（9C2E）；高（9AD8）高（9AD9）；飢（9AA9）飢（9AAB）；駢（99E2）駢（9A08）；餅（9905）餅（9920）；顛（985A）顛（985B）；顏（984F）顏（9854）；頽（9839）頽（983D）；謠（8B20）謠（8B21）；青（9751）青（9752）；纂（7BE1）纂（7C12）；閖（95B1）閖（95B2）；鎮（93AD）鎮（93AE）；銳（92B3）銳（92ED）；醬（91A4）醬（91AC）；醖（9196）醖（919E）；郎（90CE）郎（90DE）；邢（90A2）邢（90C9）；遙（9059）遙（9065）；迸（8FF8）迸（902C）；达（8FBE）达（8FD6）；輻（8F3C）輻（8F40）；軿（8EFF）軿（8F27）；静（9759）靜（975C）；概（6982）概（69EA）；絕（7D55）絕（7D76）；污（6C5A）污（6C61）；氳（6C32）氳（6C33）；每（6BCE）每（6BCF）；毀（6BC0）毀（6BC1）；殼（6BBB）殼（6BBC）；歿（6B7F）歿（6B81）；步（6B65）步（6B69）；橫（6A2A）橫（6A6B）；樣（69D8）樣（6A23）；槇（69C7）槇（69D9）；净（6D44）净（6DE8）；榲（6985）榲（69B2）；涉（6D89）涉（6E09）；榆（6961）榆（6986）；梲（68B2）梲（68C1）；黑（9ED1）黑（9ED2）；查（67E5）查（67FB）；丢（4E1F）丢（4E22）；曾（66FD）曾（66FE）；暨（66A8）暨（66C1）；晚（665A）晚（6669）；昂（6602）昂（663B）；既（65E2）既（65E3）；敆（6553）敆（655A）；教（654E）教（6559）；椴（699D）椴（6A27）；算（7BB3）算（7C08）；笋（7B5D）笋（7B8F）；穗（7A42）穗（7A57）；稅（78）

（7A05）稅（7A0E）；禿（79BF）禿（79C3）；禄（797F）禄（7984）；研（7814）研（784F）；真（771E）真（771F）；睥（76A1）睥（76A5）；瘦（75E9）瘦（7626）；產（7522）産（7523）；沒（6C92）没（6CA1）；瑤（7464）瑶（7476）；擊（6483）擊（64CA）；熅（7174）熅（7185）；熙（7155）熙（7199）；桊（712D）荧（7162）；為（70BA）爲（7232）；潛（6F5B）潛（6FF3）；滾（6EDA）滚（6EFE）；溉（6E89）溉（6F11）；潙（6E88）潙（6F59）；温（6E29）溫（6EAB）；渴（6E07）渴（6E34）；淥（6DE5）渌（6E0C）；涗（6D97）涗（6D9A）；瓶（74F6）瓶（7501）；彔（5F54）录（5F55）

不難推想，用這樣一個字符集去做數據庫，類似於上述《四庫全書》那樣的錯誤是很容易發生的。然而，相對集內字輸入的一字一碼控制，古文字數據庫文獻釋文輸入中集外字隨機造字的一字一碼控制難度要大得多，這實際是要求每一次輸入過程，輸入者都能準確把握每一個作爲輸入對象的集外字在數據庫所用字體中的存在狀況：是已經有了還是還沒有？如果是有了，又被安置在哪個碼位？GBK 的碼位有 20 902 個，這就決定了這件事不是輕易能夠精確把控的。而古文字的集外字數以千計，字符單位的唯一認同並非單一層次：原形、隸古定、通用字形、偏旁構形分類都必須實現唯一性的精確整理，因此必須實現全過程的一字一碼即時監控，而實現這種監控的基本途徑，就是下文要討論的集外字檢索。

四、集外字的檢索

造字容易找字難，這是每個與集外字打過交道者都會有的切身感受。一個集外字一旦造成貼入有著兩萬多碼位的字體中，就好比一根繡花針丟入大海，把它再次撈出來的難度可想而知。爲解決這個問題，我們曾經開發過一種"三級字符全拼輸入法"[1]，即設計一種構件全拼組合輸入

---

〔1〕 劉志基：《簡說"古文字三級字符全拼編碼檢字系統"》，《辭書研究》2002 年第1期。

碼的編製方式,來實現集外字的檢索。然而,就檢索的精確度而言,構件全拼輸入檢索碼還是有局限的,因爲音碼對應字符,通常總是一對多的。爲此我們設計了檢索精度更高的"構件分析標注法"。

構件分析標注必須兼顧文字學結構層次和平面結構層次,從直接構字成分開始,一直分析到最底層的獨體構件,如對金文"瀞"的原形字:

可描述爲"靜〈青〈生丹〉爭〈爪力〉〉水",文字學結構層次用〈 〉表示:每一〈 〉表示前一構件的下位構件。構件的結構層次數通過〈 〉的嵌套數來表示;平面結構層次用構件前後位元序——先上後下,先左後右、先外後裏等來表示。

按照這樣的規則,通過構件輸入來檢索相關字形,無疑可以大大提高精準度,而在數據庫裏完成這種檢索操作,又可以使用逐個偏旁層層限定查詢的方法,進而保證檢索的效率。

然而,"構件分析標注法"檢索精度的提高,只是相對構件全拼輸入檢索而言的,對於古文字原形字形的描述來說,它也是存在模糊性的,這是因爲這種方法只能精準地描述古文字字形的構件單位構成,卻無法精準地描述古文字字形的構件單位是以何種形體構成的。於是,"構件分析標注法"便有了升級版,這便是"構件原形分類分析標注法"。僅以金文"寶"字原形爲例,作簡單的操作說明。

首先,篩選數據庫中所有"寶"字,作爲逐字構形分類的對象。分類落實到最下位的構件,包括構件的形體分類和構件方位佈局的分類。分類通過標注分類符號來實現,從方便操作的角度出發,分類符最好是能直接準確呈現構形特徵的字符。構件分類符,即反映構件形體特徵的構件原形字;構件方位佈局的分類符,即反映"寶"字各構件方位結構

的隸定字。這樣,逐字標注具體可圖示(圖4)[1]如下:

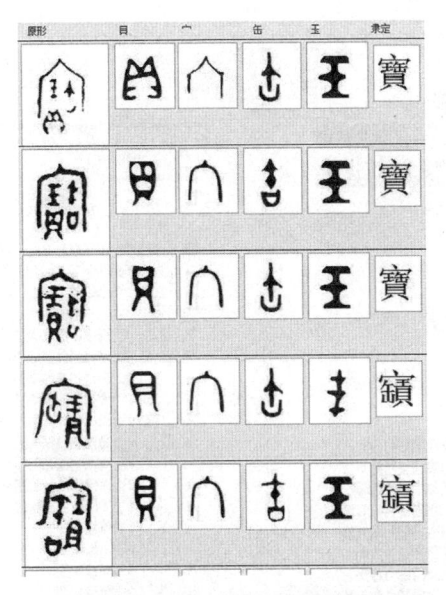

图4 "寶"字構形分類之構件標注示例

所有標注符均通過字體技術賦予其通用電腦字符集唯一編碼以確保其唯一性,標注的方法則採用單字表關聯標注符唯一表在其中任選構形匹配者的方法。這樣,每個"寶"字構形的分類便分解爲幾個數秒間便可完成的簡單標注動作。所有字形標注完成後,同一標注符組合群便可精確繫聯同類構形之"寶"字,數據庫即可據此導出分類結果。而其檢索方式,原則上與"構件分析標注檢索法"相同,只是需要把基本檢索符從構件單位下移到構件的分類構形下。

很顯然,爲精確檢索提供基礎的標注方式總是相對繁瑣的,而基於這種標注的檢索則可採用模糊檢索的方式來提高操作效率。比如我們的古文字數據庫網路版,爲方便集外字的網路檢索,作了如下設計:點擊相關檢索路徑所帶的"集外字檢索"鍵,進入集外字檢索界面,在該界面的"集

[1] 此圖表中首列爲"寶"字銘文原形,第二至五列分別爲"寶"之構件"貝"、"宀"、"缶"、"玉"的分類標注符,第六列爲"寶"字的構件方位布局的分類符。

外字偏旁"檢索框中輸入需要查找集外字所含的某一個偏旁,如"心",然後點擊"檢索"鍵:

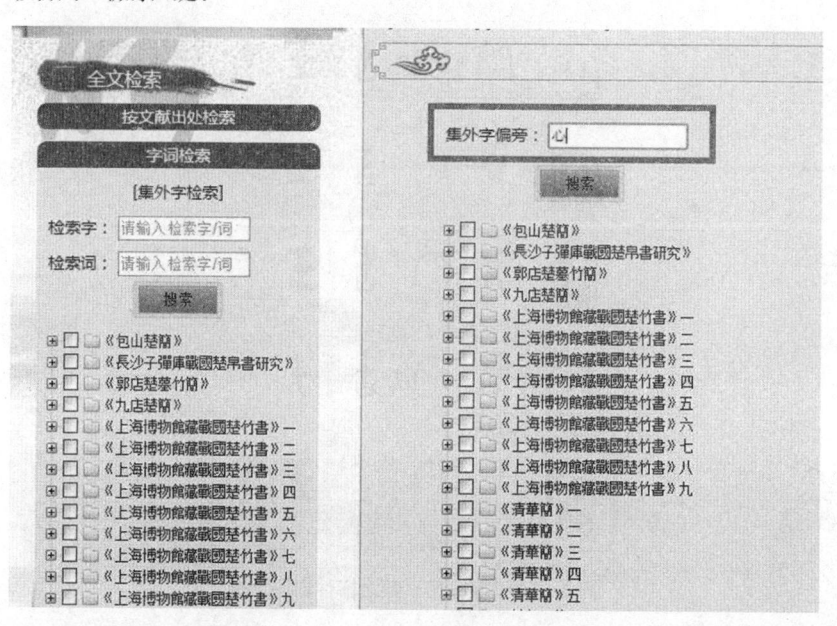

界面即可按筆劃數的從少到多呈現含"心"的集外字,以便使用者在其中選擇所需檢索者(如下圖):

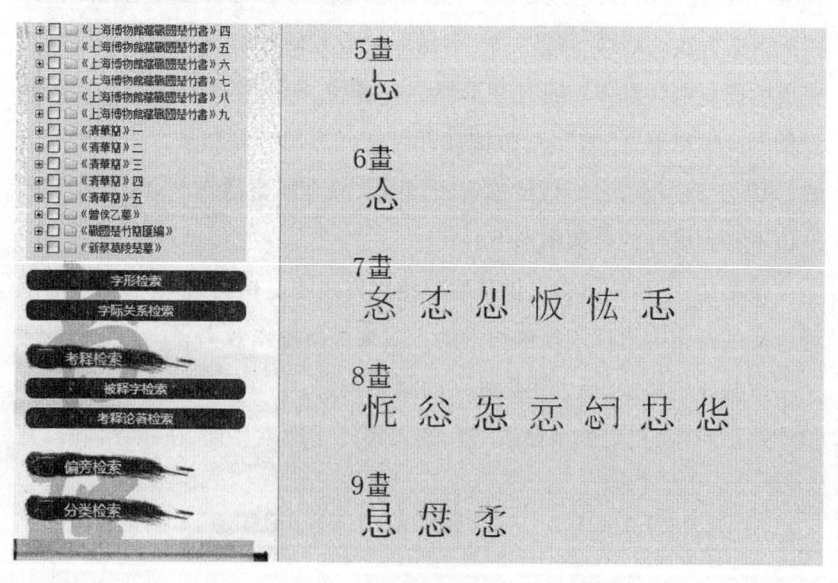

點擊其中某字,如忞,即可實現該字的全文檢索:

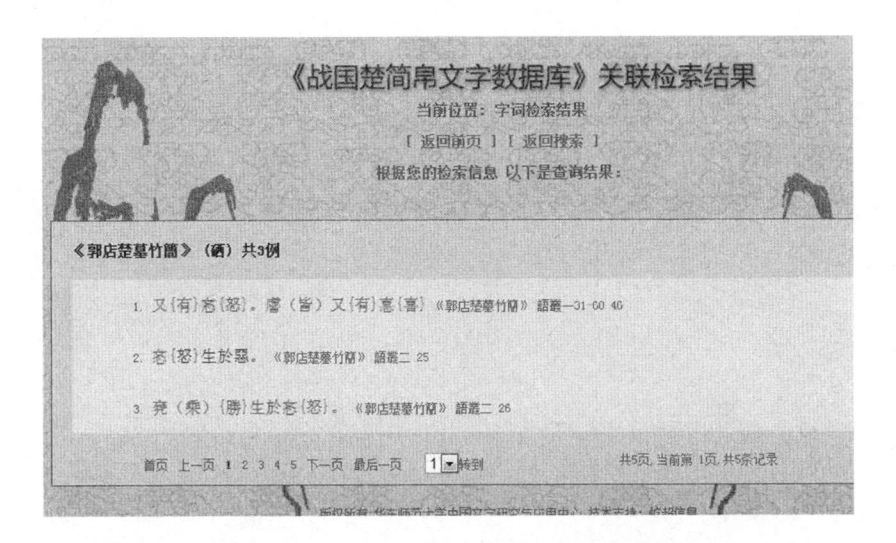

獨體集外字檢索方法:在檢索框中輸入"1",各獨體集外字亦可按筆劃順序呈現。原形字檢索方法:在檢索框中輸入"%",即可呈現少量無法隸定楚簡用字,點擊各字,即可實現其全文檢索。

二、字體研究篇

微族同文器字體研究

一、引　言

關於金文字體,有些學者持有這樣的觀念:同一作器者之銘文,字體就應該是相同的。因此,一旦發現有違此種觀念的現實情況,便會對字體的斷代分期作用產生懷疑困惑:"斷代法實際應用起來,卻不那麼容易。……即同一瘋器而論,瘋盠銘文的字體,與十三年瘋壺的字體也不相同。所以強調花紋、形制、字體,也可能發生錯誤。"[1]對此種現象,有的學者試圖以"列器"概念加以解釋:"西周中期以後,列器制度盛行,如大夫五鼎四簋之類。在社會動蕩不安之際,列鼎或列簋中某件被遺失,按制度嚴格規定要後補……器形可仿造,而銘文卻每每暴露出其時代特徵之不同。"[2]列器之中某器偶爾遺失因而後補,或許難免,但要認定爲尋常現象就難以令人信服了。最近有"同人同銘金文字形差異"的專文討論,但可惜並沒有追究導致這種情況發生的原因,而只是提出了應對意見:"不要孤立地看某一個字,哪怕這個字具有典型意義;不要只看一份拓片,

---

〔1〕　伍仕謙:《微氏家族銅器群年代初探》,《古文字研究》第5輯,中華書局,1981年,99頁。

〔2〕　劉華夏:《金文字體與銅器斷代》,《考古學報》2010年第1期。

要看器身的銘文,還要看器蓋的銘文;不要只看一件器物,凡是同人同銘之器,都要仔細審查,然後做出綜合判斷。"[1]很顯然,對於一種成因不明的現象提出的應對之策,難免隔靴搔癢。值得注意的是,對西周金文字體斷代分期作用的懷疑論還有另一角度的表述:"相比殷墟甲骨文,我們對西周青銅器的鑄造流轉制度、器銘的鑄刻方式以及工坊技匠集團均不很瞭解,因此西周金文字形書體的斷代功能值得懷疑。"[2]不難發現,同人器銘字體不同,與"器銘的鑄刻方式以及工坊技匠集團"的狀況,當具有內在聯繫,弄清楚同人同文銘字體差異的原因,實際上可以從一個特定的角度去揭示青銅器銘文的具體書寫境況。因此,本文的討論不僅關涉到那些數量有限的同人同文銘的字體研究,其實也關係到對金文字體斷代分期認識價值的基本評估。

二、研究策略

1. 研究材料的選擇

根據研究目標的指向,本文擬以微族銅器同文銘爲研究材料。之所以作此選擇,是因爲這種材料把諸多不同西周分期的同文銘彙集於同一個貴族家族,因而比較方便實現針對書寫個體的共時與歷時比較研究。

目前可以寓目的微族銅器,絕大多數是於 1976 年 12 月出土於陝西扶風縣法門公社莊白大隊,屬於同一窖藏。當年藏器的原因,據郭沫若推測:在周幽王十一年犬戎入侵時,貴族們倉皇出逃,重器無法攜帶,只好草率埋入土中,所以這一族重器才能在兩千多年後被集中發現,難能可貴。再加上諸銘中諸多人名族屬信息,這都是它們同屬微族器的鐵證。此次出土的銅器,多達 103 件,其中有銘者也多至 70 餘。字數多達 484 字的史牆盤,銘文主要內容是器主牆自述其現代世系,以及各先祖與各代周

---

[1] 張懋鎔:《同人同銘金文字形書體的差异性研究》,《古文字研究》第 31 輯,中華書局,2016 年,100 頁。

[2] 王帥:《西周金文字形書體與銅器斷代研究》,《學術探索》2015 年第 1 期,73—74 頁。

王的關係,這就可以通過人物稱謂的關係,繫聯整個器群中各器的時代先後,並認定其王世所屬,由此得到的結果是,整個器群的時間跨度足以覆蓋西周早、中、晚三期。出自同一家族分佈於西周各個時段的諸多同文銘,可以將同文銘字體差異研究納入到一個特定貴族家族的範圍內,並保證各個同文銘系列相互之間的直接傳承關係,這對於揭示同文銘字體差異的因由,都是具有積極意義的。

2. 筆跡學的字體比對標準

同一貴族家族的同文銘,實際上把涉及字體比較的寫手人群限定在一個沒有時空差異的很小範圍內,這就爲筆跡學方法的運用創造了很好的條件。相對甲骨文的字體研究,殷周金文的字體研究相形見絀,原因或許是多方面的,但其中非常重要的一點,就是金文的字體研究難以像甲骨文那樣,運用筆跡學的研究方法來細緻觀察寫手關係。運用筆跡學方法來進行甲骨文字體分類研究,已經爲甲骨學界廣泛接受。[1] 而甲骨文字體研究之所以適合筆跡學方法的運用,是因爲"我們現在看到的殷墟甲骨刻辭,只是少數的專司卜辭刻寫者所遺留的字跡"。[2] 從空間上來看,殷商甲骨文主要是河南安陽小屯村這個點上發現的佔卜文字,佔卜主體只是殷王及少數"子",因此較少數量的寫(刻)手也就足夠滿足需要。因爲寫(刻)手數量少,寫(刻)手字跡與斷代特徵的對應性就比較強,寫(刻)手字跡就有了較多的分期斷代意義。而西周金文的情況則大不相同,銘

---

[1] 林澐曰:"……字體的不同其實是代表不同刻手(包括同一刻手在不同時期)的個人特徵,因而字體分類研究實質是一種筆跡學研究,這和過去許多學者把每一期的字體特徵當作同一時代許多刻手共同具有的特點,是有很大不同的。"(《無名組卜辭中父丁稱謂的研究》,《古文字研究》13 輯,26、27 頁)黃天樹曰:"現代筆跡學研究的成果告訴我們:一個人在不同時期留下的筆跡雖有差异,但基本特徵是不會變的,仍保持自身的書寫習慣,這種書寫習慣具有以固有的書寫方式重復再現的特點。它對於書寫人的主觀意念有着相對的獨立性,必然會在筆跡中頑強地流露出來。筆跡絕不是書寫人隨心所欲的產物。因此,從筆跡學的角度來說,依據字體對甲骨刻辭進行分類是切實可行的。"(黃天樹:《殷墟王卜辭的分類與斷代》,科學出版社,2007 年,3 頁)

[2] 林澐:《殷墟卜辭字迹研究序》,載張世超《殷墟卜辭字迹研究》,東北師範大學出版社,2002 年,3 頁。

文地域分佈大大擴展,作器者除了周王還有眾多諸侯貴族。因爲每個作器者一般都會擁有自己的寫字人乃至書寫團隊,這勢必導致西周金文的寫手數量較之甲骨刻手大大增多,於是具體寫手的筆跡與特定斷代的對應性也會大大弱化。在這種條件下,通過筆跡來把握字形書寫特徵的斷代意義就會陷於只見樹木不見森林的境地。當然,筆跡難以直接標誌斷代,並不意味著筆跡研究對西周金文毫無意義。而要將筆跡學方法運用到西周金文字體研究中去,就需要限定寫手人群,在西周金文中尋覓一個類似于殷商甲骨文的書寫活動環境。顯然,微族同文銘這樣的限定,正符合這樣一種環境。在這個範圍內,金文筆跡的觀察,對於瞭解西周銘文的寫手狀況,銘文書寫制度以及被認爲"均不很瞭解"的種種銘文形成問題不無幫助。

3. 精細化的關鍵字研究方法

選擇用字出現率高、構形富於變化的少數關鍵字進行金文字體調查分析,已是當今金文字體研究的通行做法。微族同文銘字體研究,當然同樣須從關鍵字入手。然而,數字時代的金文字體關鍵字研究,有必要立足於已有成績朝精細化方向發展。[1] 本著這一理念,下文的關鍵字字體調查方法有別於以往,有必要就相關問題略作說明。

爲保證關鍵字調查的有效性,本文實施關鍵字遞進字體調查法。即先將涉及的關鍵字按其關鍵性分級(分級的原則、方法詳後),具體字體調查則按關鍵字的級別從高到低遞進展開,也就是以上一級關鍵字的調查結果爲基礎,再進行相鄰的下一級關鍵字調查,如果下級關鍵字調查的結論與上級關鍵字的調查相一致,則表明這種結論得到驗證而較可靠,反之則表明上級關鍵字的調查的結論不可靠。投入遞進調查的關鍵字級數越多,上述驗證作用的可靠性越強。這種做法之所以必要,是因爲同一寫手的字跡應該是所有字符的寫法一般都相同,因而遞進調查將使得各字的調查或形成同字體驗證的合力,或揭示相似字體之間的隱蔽的字跡差異。

──────────

[1] 詳見前文《試論西周金文字體研究之關鍵字問題》。

當然，在判定不同銘文字跡是否可以認同爲同一寫手的過程中，所依據的文字單位越多，判定的結論越可能符合事實。反之，如果缺失了遞進性原則，即使所用關鍵字很多，也無以形成驗證的合力，難以實現正確的字體認同別異。

在遞進原則實施中，如何確定關鍵字及其級別乃是一個關鍵問題。合理的處理，是根據調查材料範圍內具體銘文用字狀況進行綜合考量。微族銅器，包含零星流傳者（刮鼎-集成 05·02742），微族器共得有銘者 71 器，器銘用字共計 2 228 字，不重複計算爲 365 字。在這些備選者中篩選關鍵字，首要的入選條件是對能夠造成不同字體的各種因素的覆蓋程度，覆蓋越多，越有利於字體的認同與別異，因而也就越適合成爲關鍵字。而所謂能夠造成不同字體的因素至少有以下幾個層次：一是西周銘文的早、中、晚各分期；二是微族器中可以判定的各個王世；三是各作器者所作的器群；四是微族器的各篇銘文。當然，決定覆蓋面的前提是字頻數，爲此我們選擇其中相對高頻字作爲關鍵字候選者。前 20 高頻字如下：

癲 83　乍 67　王 66　寶 58　用 57　其 48　且 43　大 40　子 38　考 36　永 36　年 35　易 30　萬 29　神 28　父 26　文 24　先 23　尊 23　孫 23

調查統計表明，上述候選字對於分期 3（西周早、中、晚）、王世 5（康王、昭王、穆王、共王、西周晚期偏早）作器者 7（商、豐、旂、陵、牆、癲、伯先）覆蓋情況如下表：

字	西周分期數	王 世 數	作 器 者 數
乍	3	5	7
寶	3	5	7
用	3	5	6
尊	3	5	6
父	3	4	6

（續　表）

字	西周分期數	王　世　數	作器者數
子	3	4	4
永	3	4	4
王	2	3	4
其	3	4	4
孫	2	3	3
易	2	3	3
大	2	2	3
文	2	3	3
考	1	2	2
年	1	2	2
且	1	2	2
萬	1	2	2
先	2	2	2
瘨	1	1	1
神	1	1	1

綜合各種覆蓋數據，排在入選順位第一的是西周分期、王世、作器者全覆蓋的"乍""寶"二字，排在第二順位的是僅差一個作器者就全覆蓋的"用""尊"二字，以下則暫可不論。值得注意的是，"瘨"字雖然頻率最高，但卻只見於瘨器，在上表的覆蓋位序中排在最末。與之同理，上表中的高覆蓋率，也並不是關鍵字篩選的唯一標準，因爲還有一個因素也是決定其字體研究中關鍵性的，這就是字形的變異性強弱。

字集中各字符，決定於各自的構形特點，投入實際書寫，有的容易發生因人而異之變，有的則較能固守既有構形格局而千人一面。很顯然，只有前者較能反映不同寫手或寫手流派的字體特徵，而後者則缺失這種認識價值。因此，關鍵字入選的另一道門檻，就是字形變異性較強。於是，就需要在上述高覆蓋候選字中再作易變性評估。系統調查分析表明，在上述覆蓋率評估中第一順位入選的"乍"和第二順位入選的"用"，字形卻缺乏變化空間，即使不同寫手書寫，也不太容易寫出構形差異，故此並不適合視爲首選關鍵字。因此，微族器銘字體研究的關鍵字篩選結果，首選之字無疑是"寶"，其次則是"尊"字。當然，這只是就微族銘文總體的字體調查而言，落實到各下位層次的調查，則有必要根據實際再增加若干下級的關鍵字。如瘋器範圍内的字體調查，可以增補各銘均見的"瘋"爲關鍵字。對關鍵字作如此確定後，所謂關鍵字遞進調查法，就是首先窮盡調查材料範圍内的第一順位關鍵字"寶"，對各器銘中該字字體進行認同別異，得出初步結論後，再在相同材料範圍内對第二順位關鍵字"尊"進行同口徑調查，看"尊"的調查結論是否與"寶"的調查結論一致。如果一致，字體認同結論可以肯定，如果不一致，則字體認同則得不到支持。"寶""尊"之外的後順位關鍵字，則按排序先後對它們作相同於上述方式的字體調查和驗證評估工作。

對於合體字而言，關鍵字遞進調查法還有另一層次的遞進調查内容。合體字包含若干獨體字符，這種獨體字符因其從屬於合體關鍵字，本身就具有足夠的出現率與覆蓋面。換個角度説，合體關鍵字的字體差異，一般就是由這些獨體字符的變異造成的。因此，合體關鍵字的字體調查，實際上需要分解爲它所包含的若干獨體字符的分別字體調查，而這種多字符字體調查，也應該按前文言及的分級、遞進原則實施。如"寶"的字體調查，實際操作過程中需要分解爲它所包含的幾個獨體字符的字體調查來組合進行，根據分級遞進原則，這些字符當排序爲"貝""宀""缶""玉"等，進行遞進式字體調查。

三、商器字體調查

西周微族器中時代最早當推"商尊""商卣"，又名"庚嬴尊""庚嬴卣"。關於器主"庚姬"的身份，伍仕謙認爲是"微氏之婦，自稱爲商，可能即乙祖（筆者按：即牆之曾祖）之配"。這兩個器的具體作器時間，發掘者認爲："器物作風具有商末周初銅器的特徵，是這批銅器中時代最早的，當

在西周初期。"[1]伍仕謙先生認爲屬於牆之曾祖"乙祖"時,即康王時代之器。[2] 兩器同文:

佳(唯)五月辰才(在)丁亥。帝(禘)司(祠)。商(賞)庚㢭(姬)貝卅(卅朋)。䢔丝(兹)廿孚(锊)。商用乍(作)文辟日丁寶隣(尊)彝。冀。

商尊　　　　　　　　商卣

按照前文所述之研究策略,兩器字體比較,當從關鍵字符"貝"入手。兩器共見"貝"6次,2次爲單字,4次爲偏旁。具體詳下:

商尊:　　　　　;商卣:

---

〔1〕 陝西周原考古隊:《陝西扶風莊白一號西周青銅器窖藏發覺簡報》,《文物》1978年第3期。
〔2〕 伍仕謙:《微氏家族銅器群年代初探》,《古文字研究》第5輯,中華書局,1978年,104頁。

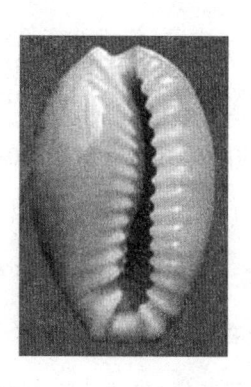

此兩器之"貝"可概括爲三種構形：👁、👁、👁，構形雖然稍有差異，但總的造字意圖無別。"貝"之構形，通常被解釋爲"象貝之形"。而所謂貝，卻有著諸多種類。就金文中最早出現也最爲象形的構形，如 👁 👁 👁 👁 等來看，漢字"貝"乃是"腹足綱寶螺科"貝類的貝腹部俯視形象的描摹，構形中間部分丰形，爲貝腹殼口唇部有細齒之形象。

很顯然,商器的 👁、👁，不同程度保留了"貝"的"腹殼口唇部有細齒"這種構形特徵，而卣，雖然這種特徵已經模糊，但其與 👁、👁 的演變關係卻是顯而易見的。

諸多情況表明，商尊、商卣當爲同時所作兩器。兩者不但銘文相同，紋飾也相類，商尊"腹飾餐拱紋，頸飾夔龍紋，口沿下飾蕉葉紋，圈足花紋與腹部相同"，商卣"腹和蓋頂飾餐移紋，蓋沿、領和圈足飾夔紋"。兩者甚至連窖藏位置也相同，"卣、尊放在窖穴南部"。[1] 以常情推測，微氏家族同時所作兩器，銘文似當出自同一寫手筆下。然而，兩器"貝"之字跡，卻並不支持這種推測。商尊之"貝"無論整字還是偏旁，均無構形變異作 👁，其構形特徵爲：描摹貝腹殼口唇部有細齒之鉦形之豎筆上下貫通。而商卣之"貝"，則有兩種形體，其兩見之 👁，相較於 👁，特徵爲描摹貝腹殼口唇部有細齒之丰形之豎筆下部並不貫通。👁、👁 兩種構形的這種差

---

[1] 陝西周原考古隊：《陝西扶風莊白一號西周青銅器窖藏發覺簡報》，《文物》1978年第3期,1頁。

異，看似很微小，但實際上卻有一定的斷代區別度。爲了論述的方便，我們將前者簡稱爲"下部貫通"型，後者簡稱爲"下部不貫通"型。"下部貫通"類構形在殷商金文中有著很高的出現頻度，如：

❀貝隹易父乙爵-集成 14·09050_1/ ❀貝隹易父乙爵-集成 14·09051_1/ ❀小臣缶方鼎-集成 05·02653_6/ ❀小子射鼎器-集成 05·02648_19/ ❀宰㮀角-集成 14·09105_12/ ❀作父日庚壺-金文通鑒 12348_5/ ❀戍䍙鼎-集成 05·02708_7/ ❀宰甫卣-集成 10·05395_17/ ❀四祀𠨘其卣-集成 10·05413_33/ ❀子啓尊-集成 11·05965_7/ ❀得父乙觚-集成 12·07086_1/ ❀得觚-集成 12·06634_1/ ❀得父癸方鼎-近出 0240_1/ ❀（得鼎-集成 03·01067）❀亞魚鼎-近出 0339_9/ ❀買車觚-集成 12·07048_1/ ❀貯冑-集成 18·11885_1/ ❀小子䍙簋-集成 08·04138_8/ ❀亞䣙父乙簋-集成 07·03990_15/ ❀貯冑-集成 18·11886_1/ ❀買車斝-集成 15·09196_1/ ❀買車卣-集成 10·04874_1/ ❀小子夫貝尊-集成 11·05967_5/ ❀小子𩰤簋-集成 07·03904_9/ ❀（賣甲罍-集成 15·09773）/ ❀（羊則車觚-集成 12·07201）/

而殷商金文多見的"下部貫通"類構形在西周階段已經罕見。如❀1見：

❀（州子卣-近出 0604_20）

❀1見：

❀（鄂侯鼎-金文通鑒 02339_4）

96

[字] 1 見：

[字]（作寶尊彝-卣集成 10・05130_2）

[字] 1 見：

[字]（具父乙鼎-集成 04・01549_1）

[字],除微器 3 見外者亦僅 1 見：

[字]（庚嬴卣蓋-集成 10・05426_23）

另外還有一見爲早中晚分期未明者：

[字]（得爵-總集 05・3333_1）

相對絕對值而言，比重的數據更能說明下部貫通類"貝"構形的早期斷代屬性：此類構形在殷商 108 次"貝"的出現中佔據了 25 次，比重達 23%以上；而在西周早期金文 1 129 次"貝"的出現中，只有 8 次出現，比重只有 0.7%。

而下部未貫通類"貝"構形[字]則殷商僅一見：

[字]（小子射鼎器-集成 05・02648_19）

而至西周凡 39 見，34 見於西周早期，7 見爲整字，27 見爲偏旁：

[字]易貝作母辛鼎-集成 04・02327_2/ [字]叔卣-新出金文 9 頁圖二：4_98/ [字]飙父丁簋-集成 07・03905_7/ [字]蔡尊-集成 11・05974_

6/㊙商卣-集成10·05404_13/㊙庚嬴卣器-集成10·05426_23/㊙岡劫卣-集成10·05383_7/㊙耳尊-集成11·06007_34/㊙伯穌鼎-集成04·02407_8/㊙力伯卣-集成10·05235_4/㊙羊作父乙卣-集成10·05267_5/㊙伯龠卣-集成10·05326_6/㊙對作父乙卣-集成10·05328_5/㊙高卣-集成10·05431_38/㊙梓作父癸鼎-集成04·02323_5/㊙耳尊-集成11·06007_41/㊙小臣謎簋器-集成08·04239_62/㊙奐尊-集成11·05979_14/㊙舌仲作父丁觶-集成12·06494_6/㊙恆父簋-近出0418_4/㊙亞作父乙觚-集成12·07291_4/㊙呂仲僕爵-集成14·09095_7/㊙徍父庚爵-集成14·09058_5/㊙歸妖壺-集成15·09595_7/㊙龕作寶彝壺-集成15·09531_3/㊙吏從盤-集成16·10061_4/㊙甚父戊觶-集成12·06497_9/㊙冀卣-金文通鑒13327_5/㊙倗季尊-金文通鑒11793_6/㊙叔簋-近出0434_5/㊙奐尊-集成11·05979_6/㊙商卣-集成10·05404_10/㊙堇鼎-集成05·02703_15/㊙歔斁方鼎-集成05·02729_13/

還有4次見於西周中期：

㊙楷尊-新收1669_4/㊙聞尊-古文字學論稿10頁圖二(b)_62/㊙作寶尊彝尊-集成11·05787_2/㊙作寶尊彝尊-集成11·05786_2/㊙榮子旅簋-集成06·03584_5/

很顯然，看似僅是下部是否貫通這樣一點微小差異，在金文字體的構形系統中卻有著明確的時間早晚區別，由此可見㊙、㊙兩種構形在金文字體系統中是不能混淆的，故商尊和商卣的寫手不可能是同一人。至於商卣另一構形㊙，則與商尊之㊙斷代屬性差異更大。據我們的調查來看，㊙在殷商和西周各期均見，其中晚期凡16見，詳下：

［▲］頯姞鬲-集成03・00526_4/［▲］口戈母鬲-集成03・00571_5/［▲］仲競簋-集成07・03783_4/［▲］齊嬾姬簋-集成07・03816_5/［▲］季囗父簋蓋-集成07・03877_6/［▲］逫簋-集成07・04075_26/［▲］伯康簋-集成08・04160_33/［▲］卻𠭯簋-集成08・04197_42/［▲］卻𠭯簋-集成08・04197_50/［▲］楚簋-集成08・04246_70/［▲］元年師旗簋-集成08・04282_98/［▲］輔師嫠簋-集成08・04286_100/［▲］史僕盨-集成09・04366_8/［▲］史僕盨-集成09・04367_8/［▲］翏生盨-集成09・04461_49/［▲］應侯盤-新收0077_4/

然而，"▲"作爲偏旁形體，往往可以與"▲"用作"貝"整字時一同出自同一寫手筆下：如庚嬴卣器（集成10・05426），▲用作［▲］、［▲］之"貝"旁，▲用作"貝"整字；叔卣（新出金文9頁圖二：4），▲用作［▲］之"貝"旁，▲亦用作"貝"整字。由此可見，商卣之卣、▲同見，並不奇怪。

以上"貝"之構形斷代分析可歸納如下表（表1）：

表1

	總數	殷商	西周早期	西周早期或中期	西周中期	西周中期或晚期	西周晚期	西周分期不詳
▲	29	25	4	0	0	0	0	0
▲	53	4	39	4	4	1	0	1
▲	355	0	196	11	122	1	16	10

除了"貝"和從"貝"的"賞""寶"外，尊、卣兩器還有其他一些字具有明顯寫法差異，如"庚""姬""辻""兹"：

	庚	姬	辻	兹
尊	▲	▲	▲	▲
卣	▲	▲	▲	▲

不難發現，商卣"姬""辵"二字的寫法是頗爲反常的，"姬"之"女"旁，走形嚴重，以致有的學者將該字分析爲"從貝，應即貝"，釋爲"嬴"字[1]。其實比對商尊之"姬"，還是可以看出該字右邊依然是"女"，所謂"貝"，實爲"臣"和"女"的交接部分，所以釋"嬴"誤。這也表明商卣寫手在識字方面是有些問題的。"辵"之"彳"旁主體被寫在字形的右下部，而其上面一筆卻移位至字形的左上，以致"彳"這個字符被切割成兩部分呈分離狀，這種情況無疑是很少見的。

當然，儘管我們揭示了兩器文字寫法上的諸多差異，但並不意味著兩者字跡毫無關係，客觀來說，除了上述差異外，兩器的其他字形在寫法上還是基本一致的。綜合上述情況，我們有理由對兩器的寫手作這樣的判斷：首先，兩器寫手應是具有師承關係的兩人。商尊的寫手很可能是爲師者，這可以從其文字寫法穩定而嚴守傳統，且書法水準明顯高出一籌得到證明。而商卣的寫手，很可能是弟子輩，如下幾點可以爲這種判斷提供證據：首先，同一文字單位寫法不固定，說明其尚在學習過程中；其次，文字的寫法趨向後世格局，更爲新潮，說明是個後學者；再次，個別文字書寫生硬怪誕，當爲學書尚不到位所致；第四，章法散亂稚拙，比對商尊之精嚴，水準差了一截。

四、旂器字體調查

莊白一號同窖出土有四件器主爲"旂"的器，"旂"字發掘報告釋爲"折"，乃誤釋"㫃"旁所致。西周金文"旂"或作 𤷱（作旂父丁尊-集成 11·05799、作旂弓卣-集成 10·05033），其"㫃"旁正與上述所謂"折"所從類似。其中作冊旂尊、作冊旂觥、作冊旂方彝三器同文：

　　隹（唯）五月，王才（在）庠。戊子，令乍（作）册旂兄（貺）

---

[1] 伍仕謙：《微氏家族銅器群年代初探》，《古文字研究》第 5 輯，中華書局，1981 年，103 頁。

望（朢）土于相厌（侯）。易（賜）金易（賜）臣，騰（揚）王休。隹（唯）王十又九祀，用乍（作）父乙隣（尊），甘（其）永寶。䚄。

上銘中"王在斥"的"斥"，被考定爲昭王南征之駐驛之所，所以可被定爲昭王時器[1]。因銘文有"隹（唯）王十又九祀"的明確年號信息，可以確定這些器作于昭王十九年。發掘報告也有類似看法："1929年，洛陽出土的矢令尊，矢令彝時代在昭王初年，折方彝的形制、紋飾與矢令彝作風相同，應屬於同時之器。"[2]

此三銘中之"䚄"，乃作器人的族徽，又見於同窖出土的豐、瘋諸器。"我們認爲：這是這一家族的徽號，這個徽號中的册册，可能是標誌這一家族官職的符號"[3]。

對於上述旅器的字體，伍仕謙無疑是視爲同一關係的，因爲他將它們合爲一體而與旅掱進行字體比較（詳下文）。這種認識是否可靠，有必要加以驗證。由於三器皆有"寶"字，故"寶"作爲旅器字體研究關鍵字依然是最適合的。茲將相關字形整理如下表：

貝構形類別	缶構形類別	寶字原形	器　　名
貝	缶	寶	作册旂尊
貝	缶	寶	作册旂觥-器
貝	缶	寶	作册旂觥-蓋
貝	缶	寶	作册旂方彝

上表呈現旂器4個"寶"字之"貝""缶"可歸納爲兩種形體。"貝"：尊、方彝、觥蓋爲貝，觥器爲貝。"缶"：尊、方彝、觥蓋爲缶，觥器爲缶。顯

---

〔1〕　見唐蘭：《西周銅器斷代中的康宮問題》，《考古學報》1962年第1期；又伍仕謙：《微氏家族銅器群年代初探》，107頁。

〔2〕　陝西周原考古隊：《陝西扶風莊白一號西周青銅器窖藏發覺簡報》，《文物》1978年第3期，3頁。

〔3〕　陝西周原考古隊：《陝西扶風莊白一號西周青銅器窖藏發覺簡報》，《文物》1978年第3期，8頁。

然,尊、方彝、觥當出自同一寫手的一判斷,似乎遇到了一點障礙,因此有必要就此做一點分析。

"貝"之❄、❄兩種形體,在劉華夏的"貝"分類中"是依時代先後而分類"的 12 類中最早一類中兩個"同時並存的異體"[1]。我們的進一步研究表明,劉華夏的這個結論不够精確。❄、❄兩種形體都是西周金文"貝"較爲通用的形體,在 3 044 次出現中,❄佔 357 次,屬於第二高頻構形,而❄有 237 次,屬於第四高頻構形。它們雖然主要在西周早期出現,但也在西周中期,甚至西周晚期出現,其具體分佈見下(表2):

表2

	早期出現數	中期出現數	晚期出現數	未分期出現數
❄	208	124	16	9
❄	165	61	7	4

而作爲兩種最爲通用的形體,它們經常會同時出現在同一銘文中,舉例如下:

1. 叔卣(新出金文 9 頁圖二:4 - 西周早期)

    ❄: ▦_112/

    ❄: ▦_86/ ▦_71/

2. 作册睘尊(集成 11·05989 - 西周早期)

    ❄: ▦_14/

    ❄: ▦_16/ ▦_25/ ▦_26/

---

[1] 劉華夏:《金文字體與銅器斷代》,《考古學報》2010 年第 1 期,58 頁。

3. 小臣謎簋器（集成 08·04238 -西周早期）

　　　𠭯：𠭯_62/

　　　𠭯：𠭯_51/ 𠭯_59/

4. 攸簋（集成 07·03906 -西周早期）

　　　𠭯：𠭯_11/

　　　𠭯：𠭯_2/

5. 遣尊（集成 11·05992 -西周早期）

　　　𠭯：𠭯_26/

　　　𠭯：𠭯_17/

6. 盠方尊（集成 11·06013 -西周中期）

　　　𠭯：𠭯_106/

　　　𠭯：𠭯_77/

7. 師旂鼎（集成 05·02809 -西周中期）

　　　𠭯：𠭯_76/

　　　𠭯：𠭯_34/

"缶"之兩種形體 、 分別見於觥蓋和觥器,是不是意味著蓋銘和器銘出自不同寫手呢？恐怕未必，西周同銘重見"寶"字之"缶"亦有 ◇、◇ 之異：

　　◇ 4[1] ◇ 13（鄧媿鼎_集成 04・02516）

　　◇ 95 ◇ 273 ◇ 286（大克鼎_集成 05・02836）

　　◇ 118 ◇ 149（頌壺蓋_集成 15・09732）

　　綜合以上情況來看，觥器、蓋銘文"寶"字所含"貝""缶"使用兩種構形，並不具有兩銘出自同一寫手的否決權。除此以外，旅器尊、方彝、觥四同文銘的其他個別字雖然不能說完全相同，但並不足以説明字體差異，如"鼒"，尊、彝寫法相對横展則是因爲容字面積縱向不足而横向有餘。因此，總體而言，四銘出自同一寫手的判斷，經得起逐字比對。

作册旂尊-集成 11・06002　　　　作册旂觥器

---

〔1〕此爲銘中字序數，後例彷此。

作冊旂觥-盖 9303　　　　　作冊旂方彝-集成 16·09895

然而,旂器除了以上四銘,還有旂罕。其銘文如下:

斦(旂)乍(作)父乙寶障(尊)彝。 龕。

旂罕-集成 15·09248

顯然,此銘雖然銘文較短,但與以上四銘的關係密切,同一作器人(旂),爲同一人(父乙)作器,又是相同的族徽標記(龕),這均表明,此銘當與以上四銘同時所作,至少也是同在很短時段內所作。然而,對於旂鼎,伍仕謙認爲:"就文字風格看,似乎鑄器時間要晚一些,可能已入穆王時。"[1] 按:伍氏認爲旂鼎字體風格有別於其他旂器,是有道理的,但説這種字體風格時間較之其他旂器爲晚,卻似乎是説反了。旂鼎用字中與其他旂器差別最大的還是"寶""尊"二字。先説"寶"字。

旂鼎"寶"字之"貝"作 ?,相較於它器之 ?,時代偏早。以下是兩種構形在西周銘文中的斷代分佈數量調查(表3)。

表 3

	總數	早期出現數	西周早期或中期	中期出現數	晚期出現數	未分期出現數
?	209	165	6	61	7	4
?	92	84	3	5		

上表的信息要點可作如下歸納:就西周早期的出現率而言,? 爲 78%,? 爲 91%。另外,? 不僅有更多的西周中期出現率,而且還有少許西周晚期的出現。可見 ? 是時間偏早的字體,而 ? 則爲時間相對偏晚且各分期相對通用的字體。

旂鼎"寶"字之"宀"與它器之"宀"亦有構形差異,前者屬於 ∩ 型,後者屬於 ∩ 型,兩者斷代屬性有著更明顯的早晚差異。僅以"寶"字之"宀"旁爲例,∩、∩ 二構形調查數據見下(表4):

表 4[2]

	總數	殷	早期出現數	西周早期或中期	中期出現數	晚期出現數	西周未分期出現數	春秋
∩	401	9	319	10	51	5	5	0
∩	786	6	366	20	253	116	13	1

---

[1] 伍仕謙:《微氏家族銅器群年代初探》,《古文字研究》第5輯,中華書局,1981年,107頁。
[2] 表4數據出處詳見文末附錄《金文"寶"字"∩"旁斷代分期表》《金文"寶"字"∩"旁斷代分期表》。

微族同文器字體研究

上表的信息要點是：⌂、⌂二構形，前者在殷商出現數佔總出現數的 2.24%，而後者的同口徑數據則爲 0.76%；前者在西周早期出現數佔總出現數的 80%，而後者的同口徑數據則爲 47%。其他數據，斷代説明性皆與上述兩個百分比相類，不必一一。

再看"尊"字，兩者差異主要就在"酉"旁，兹將相關信息歸納如下：

酉構形類別	尊字原形	器　　名
酉	尊	作册旂尊
酉	尊	作册旂觥-器
酉	尊	作册旂觥-盖
酉	尊	作册旂方彝
酉	尊	旂罍

很顯然，旂器"尊"字所從之"酉"可概括爲兩種寫法，旂罍用酉，其他旂器用酉。兩種構形在商周銘文中出現的定量數據如下（表5）。

表 5〔1〕

	總數	殷或西周早期	西周早期	西周早期或中期	西周中期	西周晚期
酉	286	3	266	5	19	2
酉	0	0	31	4	31	1

上表數據的要點是：酉，在殷或西周早期的出現數佔其出現總數的92%；酉，在西周早期的出現數佔其出現總數的 46%。故酉的時間早於酉，是没有疑問的。

綜合"寶""尊"二字的調查數據的分析，可以判定，旂罍之字體的時代較其他旂器爲早，而伍仕謙根據字體風格判斷旂罍作器時間相對較晚的説法無據。值得注意的是，簡單根據字體來判斷作器時間早晚本來就

---

〔1〕 表5數據出處詳見附録《金文"酉"旁斷代分期表》《金文"酉"旁斷代分期表》。

容易出問題。作器的時間與銅器銘文字體的時間實際上並不能劃等號。作器,是短期甚至瞬間行爲,而銅器上的字體卻不是作器的瞬間行爲的結果,它很可能是銘文寫手沿用前代的既定字體,即使是寫手新創字體也可能被後來的銘文寫手所沿用。與之相應,同時的不同寫手,筆下的字形也可以有時間差異的。前文關於商器的寫手分析,也是商尊字體較爲固守傳統而時間偏早,商卣字體則是較爲新潮而時間偏後,以此例之,旟斝亦很可能與旟尊、旟方彝、旟觥作於同時,而銘文出自兩位掌握字體有一定時間差異的寫手。

五、豐器字體調查

微族豐器,豐作父辛尊、豐卣二器銘文同文:

> 隹(唯)六月既生霸(霸)乙卯。 王才(在)成周。 令豐寅(殷)大矩(矩)。 大矩(矩)易(賜)豐金貝。 用乍(作)父辛寶(寶)障(尊)彝。 冘。

關於豐器的年代,伍仕謙曰:"豐以辛爲父,辛即牆盤所稱之且辛,故豐爲牆之父輩,或即文考乙公之名……其鑄造年代應爲穆王前期。"[1]此說可從。值得注意的是,尊、卣銘文關鍵字字體有明顯差異。試比較二器"寶""貝"二字:

	貝	寶
豐作父辛尊		
豐卣		

豐尊之"貝"形,從整字來看,屬於劉華夏所定Ⅱa型,而Ⅱ型斷代,他

---

[1] 伍仕謙:《微氏家族銅器群年代初探》,108頁。

認定爲覆蓋康王至懿王。就"寶"字所從之"貝"來看,貌似下部與整字有所差異,但仔細觀察不難發現,當與整字屬於同一寫法,只是因爲受限於偏旁書寫空間,筆觸延伸略作控制而已。豐卣之"貝",整字構形屬於劉華夏所定Ⅳa型。Ⅳ型斷代,他認定對應懿王。而同器"寶"所從之"貝",與整字的構形差異在於貝形輪廓内少一橫畫,在劉華夏的分類中屬於Ⅳc型。同屬Ⅳ而有 a、c 之別,劉華夏認爲是"異體"。[1]

以我們量化調查的結果來看,劉華夏的上述認定應該作一點修正。豐尊之"貝"形西周金文中 65 見,其中 50 次見於早期,15 次見於中期。因此可以認定其總體上屬於偏向西周早期的構形;豐卣之"貝"的兩個形體,貝西周金文 15 見,其中早期 2 見,中期 9 見,晚期 4 見。可見其是三期通用的形體,且總體偏向於西周中期。貝西周金文 39 見,其中早期 11 見,中期 17 見,晚期 10 見。除了頻率高些,斷代情況與貝基本類似。由此可見,尊二器銘字體有斷代屬性上的一定差異,不可能出於同一寫手的筆下。

除了"貝"以外,"寶"的另一偏旁"宀"的兩器比較也完全支持上述觀點。豐尊之"宀"屬於⌒型,豐卣之"宀"屬於⌐型,兩種構形的斷代差異,前文已經說明,這裏不贅。值得注意的是,這種差異,也完全符合兩器"寢"之"宀"形的比較。

兩銘"尊"字亦存在明顯的差異,主要差異點亦在"酉"旁:

	酉	尊
豐尊	𠀤	𢍰
豐卣	𠀤	𢍰

值得注意的是,兩銘之"酉"的差异不僅表現在形態上,也表現在常用度上。豐尊之𠀤是西周金文"酉"旁的常見構形,凡 43 見,其中西周

---

〔1〕劉華夏的字體分類意見皆見《金文字體與銅器斷代》,《考古學報》2010 年第 1 期,57—62 頁。

早期 26,西周早期或中期 3 次,西周中期 13 次,西周分期不明 1 次。而豐卣之 則是西周金文"酉"旁偶見形體,豐卣之外,並未再次出現。由此可以認爲,豐尊寫手較之豐卣寫手,是更能掌握當時文字的主流寫法的。

豐卣 豐作父辛尊

綜合比較兩器字跡來看,兩者大部分字的寫法還是一致的,這表明兩器寫手具有師承關係。就書法水準來看,尊銘明顯高於卣銘;就兩器寫法不同的字的比對來看,卣銘較之尊銘明顯新潮。這表明,書寫尊銘的應是一位老派的書法修養較高的寫手,應是老師輩,而書寫卣銘則是一位書法相對稚嫩,但卻較容易受新興書寫風格影響的寫手,應是學生輩。

豐器另有爵,銘文曰:

豐父辛爵

　　豐乍(作)父辛寶。 鼄。

其中"寶"的寫法接近於尊銘,但是其中"貝"屬於另一種構形。而其餘各字的寫法也與尊、卣銘文有不同程度的差異,應該也是另有寫手。

六、十三年瘐壺字體調查

前文言及,"三年瘐壺"和"十三年瘐壺"字體有所差異,曾經引起學者們的困惑。然而,作器時間相隔 10 年,字體有所差異,其實並沒有什麼可奇怪的。實事上,同爲"十三年瘐壺",器銘與蓋銘也是有差異的。以下就此作簡要分析。

十三年瘐壺-器

十三年瘐壺-蓋

以下爲"十三年瘐壺"器、蓋銘文的幾個關鍵字對比表

集成 15・09723 十三年瘐壺-器					
集成 15・09724 十三年瘐壺-蓋					

第一個"寶"字的對比,首先會發現其第一順位關鍵獨體字符"貝"旁寫法有異:器銘爲🐚,蓋銘爲🐚。它們都是"貝"構形中的較爲通用者,在西周金文中前者出現104次,後者出現405次,但是它們基本不會出現於同銘中,可證明兩者具有很強的不同寫手標誌性。

其次,"寶"之第二順位關鍵獨體字符"宀"也是兩種構形類型,前者爲⌒,後者爲∩。以下數據可以證明⌒與∩的不同寫手屬性,西周金文"寶"共2738見,從⌒者765見,其中屬於西周早期379見,屬中期256見,屬晚期116見,餘爲分期不明者;從∩者1099見,其中屬於西周早期38見,屬中期257見,屬晚期768見,餘爲分期不明者。以上數據可歸納如下(表6):

表6[1]

	總數	早期數量及佔總量比重	中期數量及佔總量比重	晚期數量及佔總量比重
⌒	765	379/49.84%	256/33.46%	117/15.16%
∩	1 099	38/3.45%	242/23.38%	749/69.88%

由此可見,⌒與∩具有一定的斷代差異,作爲同時的寫手,這兩種寫法表明他們一個寫法較爲傳統,另一個寫法比較新潮。當然,它們也不出現於同銘中。將視線從偏旁轉移到整字,又可發現,兩個"寶"的結構有異,"缶"在"宀"下的位置,有左右之別。兩銘第二、三個比較字"宫""室"的選擇,是基於第一關鍵字"寶"之"宀"旁比較的遞進調查,不難發現,就兩銘之"宀"的構形差異而言,"宫""室"與"寶"毫無二致。

第四個對比字"右"的兩銘差異在於偏旁"又",前者爲🖐,後者爲🖐。由於這兩種構形不太多見,所以它們容易被視爲筆誤所致。但實際並非如此,因爲兩種構形都是固定的寫法:🖐是瘐器中的通行寫法,如兩個十三年瘐壺中的"又"都作🖐。用作偏旁者如下:

---

〔1〕 該表資料具體出處詳見附錄《西周金文⌒、∩分期數據出處表》。

瘋鐘(集成01·00249)"受"	瘋簋(集成08·04173)、微瘋盆(集成16·10324)之"瘋"	應侯見工簋(甲)(新收0078)"友"

ㄋ形用作偏旁者：

秉父辛鼎(集成04·01809)之"秉"	史逨方鼎(集成04·02164)、大史虘(集成15·09809)之"史"	覞簋（近出二440）之"肆"	耳尊(集成11·06007)之"對"

第五個對比字"永"，主要呈現了兩銘字跡的深層差異，瘋壺之器銘尚平直，瘋壺之蓋銘尚婉曲，這種差異在兩字的縱向筆觸上表現得尤爲明顯。

綜合以上討論，可以作以下歸納：十三年瘋壺器、蓋二銘出自兩位不同寫手。器銘寫手的字體較爲傳統，水準相對更高；蓋銘寫手字體較爲新潮，水準相對低下。

七、結　語

通過對西周多個斷代的微族同文器銘文字體比對分析，我們可以獲得如下幾點認識：

首先，即便是同時作器，只要銘文數量不止一篇，微族銘文寫手就會傾向於由不同寫手分工書寫，而不是讓同一個寫手包攬其事。

其次，從字體風格關係來看，同時寫銘的多位寫手的字體風格，有較爲保持傳統和趨向新潮的區別，因而前者字體的時間偏早，後者的字體時間偏後。就書法水準而言，也是前者高於後者。

再次，雖然同時寫銘的多位寫手的字體風格存在一定差異，但是放在西周同期銘文字體風格的大背景上來看，這些寫手字體的總體風格還是相對接近的。因此，多位寫手之間很可能存在直接師承關係。

附錄一：金文"寶"字"宀"旁斷代分期表

殷 9

🔲06・03665_戈👁作兄日辛簋_7[1]/🔲15・09291_作母戊觥蓋_4/🔲10・05339_何作兄日壬卣_6/🔲05・02648_小子射鼎器_19/🔲新收 1553_乍冊般銅黿_33/🔲05・02708_戍䵼鼎_17/🔲10・05362_懋卣_7/🔲10・05281_冀父己卣_5/🔲07・03941_寢敄簋_15/

西周早期 319

🔲06・03646_史述作父乙簋_6/🔲10・05385_息伯卣蓋_15/🔲03・00854_闢作寶彝甗_3/🔲06・03401_作寶尊彝簋_2/🔲06・03533_伯矩簋_4/🔲07・03825_圉簋_24/🔲10・05037_作寶彝卣蓋_2/🔲10・05234_伯魚卣_4/🔲11・05846_伯矩尊_4/🔲11・05978_復作父乙尊_14/🔲15・09568_伯矩壺_4/🔲首陽 66 頁_夷爵_5/🔲03・00892_伯矩甗_4/🔲12・06448_作父辛觶_4/🔲04・02272_㲱小子鼎_6/🔲06・03626_孅簋_5/🔲06・03627_孅簋_5/🔲08・04131_利簋_30/🔲10・05402_遣卣_26/🔲葉家山_曾侯ｓ衷簋蓋內_5/🔲葉家山_曾侯ｓ衷簋蓋內_5/🔲11・05765_伯作寶彝尊_3/🔲11・05844_伯各尊_4/🔲12・06477_伯旖觶_4/🔲12・06478_伯旖觶_4/🔲16・09892_㠯方彝_15/🔲16・09892_㠯方彝_30/🔲首陽 71 頁_南姬爵（甲）_4/🔲葉家山_曾侯ｓ衷簋內底_5/🔲15・09290_🈯父辛觥_4/🔲11・05820_虘尊_3/🔲04・02336_伯戒方鼎_6/🔲06・03612_衛作父庚簋_5/🔲10・05276_𠭴作父丁卣_5/🔲11・05781_作寶尊彝尊_2/🔲11・05880_魚作父己尊_5/🔲16・10564_伯丙器_3/🔲近出 0436_作父丁簋_4/🔲金文通鑒 02413_寫邑䢂鼎_4/🔲16・10101_仲妣

---

[1] 偏旁出處給出方式依次爲：偏旁所出原形字、原形所出著錄名（《殷周金文集成》略去）、著錄號、器名、原形字在銘文中的字序。後仿此。

臣盤_12/▨03・00893_伯矩甗_4/▨04・01984_作寶尊彝鼎_2/▨04・02147_王作仲姬方鼎_5/▨08・04133_叔簋_30/▨10・05226_澋伯卣_4/▨新收0927_伯卣_3/▨06・03575_農簋_3/▨新收0918_作寶彝簋_2/▨06・03369_戠作寶簋_3/▨10・05105_伯作寶彝卣_3/▨05・02778_史獸鼎_48/▨11・06002_作册旂尊_39/▨16・10575_趠子作父庚器_7/▨新收0928_伯尊_3/▨11・05890_北伯㚔尊_5/▨06・03567_驫姒簋_4/▨2011年11期51頁圖七九：1_敏伯彭卣_5/▨07・03862_退父乙簋_11/▨新收1637_作寶尊彝鬲_2/▨07・03827_敔簋_3/▨04・02167_伯卿鼎_4/▨04・02178_㢴送鼎_4/▨04・02264_白作鄦仲方鼎_5/▨04・02265_白作鄦仲方鼎_5/▨04・02267_白作鄦仲方鼎_5/▨06・03272_作寶彝簋_2/▨06・03359_伯作寶彝簋_3/▨06・03360_伯作寶彝簋_3/▨06・03402_作寶尊彝簋_2/▨06・03656_集䁂作父癸簋器_6/▨06・03672_北伯邑辛簋_6/▨10・05236_仲䱷卣_4/▨10・05334_屭作父癸卣_5/▨11・05861_員父尊_4/▨14・09089_穌父辛爵_7/▨葉家山_曾侯方鼎蓋内_6/▨葉家山_曾侯方鼎内壁_6/▨10・05328_對作父乙卣_5/▨14・09058_㭪徣父庚爵_5/▨14・09095_呂仲僕爵_7/▨15・09531_黿作寶彝壺_3/▨近出0434_叔簋_5/▨06・03607_古作父丁簋_5/▨10・05230_伯矩卣蓋_4/▨16・10529_作寶彝器_2/▨考古2012年07期37頁,圖十八：10_作寶尊彝卣_2/▨06・03724_叔宯簋_4/▨06・03724_叔宯簋_10/▨06・03615_坴䍘伯簋_6/▨06・03684_劗甶作祖戊簋_6/▨10・05034_作寶彝卣_2/▨10・05306_乃子卣_6/▨06・03279_作寶彝簋_2/▨10・05299_北伯㚔卣_5/▨13・08305_作寶爵_2/▨16・10548_叔器_3/▨夏商周青銅器研究西周上227_从簋_3/▨06・03467_䔲簋_3/▨12・06490_齊史遷祖辛觶_7/▨國博館刊2012年01期_史䳒觶_6/▨國博館刊2012年01期_史䳒卣蓋_6/▨04・02407_伯穌鼎_8/▨

115

11・05979_奠尊_14/🔲15・09595_嫹妘壺_7/🔲金文通鑒13327_鼗卣_5/🔲10・05121_作旅寶彝卣_3/🔲山東金文274頁_大保簋_7/🔲04・02170_伯矩鼎_4/🔲04・02182_作□寶尊彝鼎_3/🔲04・02257_𠇑作父癸鼎_5/🔲06・03382_卲作寶彝簋_3/🔲近出0448_悒父簋_2/🔲06・03400_作寶尊彝簋_2/🔲10・05136_作寶彝卣_2/🔲03・00833_作寶彝甗_2/🔲04・01779_作寶鼎_2/🔲11・05784_作寶尊尊_2/🔲15・09296_竝父乙觚_7/🔲15・09385_此作寶彝盉_3/🔲11・05819_𠦪尊_3/🔲03・00912_尹伯作祖辛甗_6/🔲04・02052_叔鼎_3/🔲06・03270_作寶彝簋_2/🔲新收1597_𨊠仲卣_4/🔲06・03495_伯作寶尊彝簋_3/🔲11・05875_作父丁尊_4/🔲04・01794_作寶彝方鼎_2/🔲04・02310_𡔤作祖丁鼎_8/🔲08・04301_作冊夨令簋_85/🔲考古2012年07期37頁,圖十八:1_亞簋_4/🔲06・03669_鄂季奞父簋_6/🔲06・03562_𠂤父簋_4/🔲04・02129_作父辛方鼎_4/🔲04・02130_作父辛方鼎_4/🔲03・00849_㱿作寶彝甗_3/🔲06・03269_作寶彝簋_2/🔲考古2012年07期37頁,圖十八:4_作寶彝簋_2/🔲考古2012年07期37頁,圖十八:6_作寶彝簋_2/🔲03・00614_叔鼏鬲_8/🔲03・00631_𠦪鬲_3/🔲06・03688_通遡作父癸簋_6/🔲12・07285_亞夫觚_2/🔲12・07286_亞夫觚_4/🔲15・09412_伯矩盉蓋_4/🔲首陽74頁_喬觶_17/🔲06・03538_伯丂庚簋_5/🔲06・03539_伯丂庚簋_5/🔲14・09033_剛爵_3/🔲16・10073_伯矩盤_5/🔲新收0944_𧖟尊_5/🔲06・03493_伯作寶尊彝簋蓋_3/🔲10・05135_作寶尊彝卣_2/🔲11・05997_商尊_26/🔲10・05189_韋卣_3/🔲04・02168_伯魚鼎_4/🔲04・02253_𨒂父辛鼎_7/🔲08・04301_作冊夨令簋_107/🔲10・05245_夆莫父卣_5/🔲04・02329_北子作母癸方鼎_6/🔲04・02406_戈囡禺印鼎_8/🔲江漢考古2014年1期,66頁-4_曾侯諫盉_5/🔲10・05393_伯□作文考父辛卣_2/🔲10・05393_伯□作文考父辛卣_17/🔲考

古 2012 年 07 期 37 頁,圖十八：5_叔桑父簋_5/ 🔲 皕明 97_澅敖簋_4/ 🔲 06·03568_雍妣簋_4/ 🔲 11·05707_作寶彝尊_2/ 🔲 06·03264_作寶彝簋_2/ 🔲 12·07304_妖作乙公觚_5/ 🔲 04·02060_䠄鼎_3/ 🔲 04·02164_史遽方鼎_4/ 🔲 06·03354_伯作寶簋_3/ 🔲 06·03361_伯作寶彝簋_3/ 🔲 06·03390_見作寶尊簋_3/ 🔲 11·05871_禾伯作父乙尊_6/ 🔲 12·07290_亞作父乙觚_5/ 🔲 14·09009_戈父丁爵_5/ 🔲 14·09045_𦥑祖丁爵_5/ 🔲 16·10528_作寶彝器_2/ 🔲 近出二 0400_䣉簋_5/ 🔲 16·10083_京𨹟仲盤_8/ 🔲 16·10550_吴禾器_4/ 🔲 04·02054_叔鼎_3/ 🔲 05·02837_大盂鼎_284/ 🔲 07·04088_奢簋_20/ 🔲 07·04088_奢簋_26/ 🔲 10·05133_作寶尊彝卣_2/ 🔲 03·00565_吾作滕公鬲_5/ 🔲 06·03451_䍙簋_3/ 🔲 新收 0596_𠬝父卣_4/ 🔲 06·03698_柬人口父簋_7/ 🔲 05·02726_嬀妘方鼎_28/ 🔲 06·03580_利簋_3/ 🔲 06·03731_䖒簋_3/ 🔲 08·04134_御史競簋_29/ 🔲 08·04300_作冊夨令簋_85/ 🔲 11·05989_作冊睘尊_25/ 🔲 11·06014_何尊_113/ 🔲 15·09292_䤪作父辛觚_5/ 🔲 04·02148_齊姜鼎_4/ 🔲 07·03906_攸簋_11/ 🔲 10·05297_䦵作宮伯卣蓋_5/ 🔲 10·05404_商卣_26/ 🔲 11·05921_襄作父丁尊_5/ 🔲 12·06452_夨王觶_4/ 🔲 14·09043_剞祖乙爵_5/ 🔲 15·09300_吴㹜馭觚蓋_14/ 🔲 15·09813_伯罍_4/ 🔲 近出 0297_局監鼎_4/ 🔲 文物 2011 年 11 期_敏伯彭卣_5/ 🔲 新收 0349_叔㠯尊_7/ 🔲 新收 0946_作寶彝簋_2/ 🔲 10·05235_力伯卣_4/ 🔲 金文通鑒 11793_佣季尊_6/ 🔲 04·02131_木作父辛鼎_5/ 🔲 04·02459_交鼎_11/ 🔲 05·02763_我方鼎_39/ 🔲 06·03527_彊伯簋_4/ 🔲 06·03529_彊伯簋_4/ 🔲 06·03466_㒸簋_3/ 🔲 04·02319_𦎫作父丁鼎_5/ 🔲 04·02322_作文辛方鼎_4/ 🔲 04·02337_伯六辝方鼎_6/ 🔲 04·02458_中作祖癸鼎_11/ 🔲 06·03644_史梅兄作祖辛簋_6/ 🔲 08·04238_小臣謎簋器_62/ 🔲 10·05128_作寶尊彝卣_2/ 🔲 10·05277_夷作父戊卣_5/ 🔲 10·05426_庚嬴卣

蓋_40/㊁10・05426_庚嬴卣蓋_51/㊁11・05852_登仲犧尊_4/㊁11・05853_登仲犧尊蓋_4/㊁11・05905_單晨父癸尊_6/㊁12・06491_齊史遊祖辛觶_7/㊁首陽74頁_喬觶_36/㊁04・01957_中作寶鼎_3/06・03266_作寶彞簋_2/06・03267_作寶彞簋_2/06・03407_作寶尊彞簋_2/㊁近出0914_晨角蓋_8/㊁10・05242_衛父卣_4/㊁10・05316_伯作文公卣_5/㊁16・10351_亞髸侯殘圓器_4/06・03611_廣作父己簋_5/㊁04・02177_𣦼遼鼎_4/㊁03・00851_趴奴寶甗_3/㊁16・10066_吳盤_3/06・03556_季犀簋_4/㊁10・05233_伯貉卣_4/㊁04・01917_伯作寶彞鼎_3/㊁04・01918_伯作寶彞鼎_3/㊁10・05204_奐作父乙卣_4/㊁12・06453_夋伯觶_4/㊁04・02169_史戎鼎_4/06・03450_作姬簋_3/06・03500_作祖戊簋_4/06・03501_作祖戊簋_4/㊁03・00885_何媵皮甗_5/㊁近出0427_作魚母子簋_5/㊁近出0484_保員簋_38/㊁新收0958_作寶鼎_2/㊁03・00896_朿叔甗_4/㊁04・01949_甲作寶方鼎_3/㊁04・02270_叔作單公方鼎_5/05・02725_歸媿方鼎_28/㊁06・03406_作寶尊彞簋_2/㊁06・03526_童伯簋_4/06・03716_辨作文父己簋_6/㊁10・05227_溧伯卣_4/㊁04・01796_作寶彞鼎_2/04・01983_作寶尊彞鼎_2/㊁金文通鉴02388_寍邑剢方鼎_7/㊁金文通鉴11750_伯尊_3/㊁近出0626_作寶尊彞尊_2/㊁隨州68頁(74)_鄂仲方鼎_4/㊁新收0982_屯襄簋_4/㊁新收0982_屯襄簋_14/06・03656_集屠作父癸簋蓋_6/㊁06・03657_集屠作父癸簋_6/06・03658_集屠作父癸簋_6/㊁10・05117_耒作寶彞卣_3/㊁集释_太保盉_41/㊁10・05036_作寶彞卣_2/㊁11・05708_作寶彞尊_2/㊁04・02250_昺作父丁鼎_5/㊁11・05705_作寶彞尊_2/㊁11・05816_𠃟赤尊_4/㊁15・09293_旃觥_5/㊁新收1595_木羊簋（乙）_4/㊁10・05356_冨伯卣_8/㊁國博館刊2012年01期_史鬲卣器_6/㊁10・05109_叔作寶彞卣_3/㊁12・06459_邑觶_3/㊁

16·10542_叔作寶彝器_3/㕣06·03667_倗丏簋_6/㕣04·02126_青作父己鼎_5/㕣10·05127_作寶尊彝卣_2/㕣10·05197_狽作寶尊彝卣蓋_3/㕣10·05229_伯矩卣蓋_4/㕣16·10069_榮子盤_4/㕣首陽83頁_喬簋_28/㕣新收0919_作寶鼎_2/㕣10·05122_作宗寶彝卣_3/㕣考古2010年08期33頁圖八：1_豐簋_7/㕣06·03271_作寶彝簋_2/㕣06·03273_作寶彝簋_2/㕣10·05196_見卣_3/㕣16·10078_送盤_6/㕣11·05783_作寶尊彝尊_2/㕣10·05131_作寶尊彝卣_2/㕣文物2011年11期_作寶彝簋_2/㕣08·04239_小臣謎簋器_62/㕣近出0418_恆父簋_4/㕣保利8頁_皇鼎_3/㕣國博館刊2012年01期_甫父作寶彝_4/㕣11·05785_作寶尊彝尊_2/㕣江漢考古2011年3期,11頁,13頁_作寶鼎圓鼎_2/㕣新收0361_作寶彝簋_2/㕣11·05709_作寶彝尊_2/

西周早期或中期10

㕣12·06494_舌仲作父丁觶_6/㕣11·05932_屯尊_5/㕣中原文物2012年3期66頁_𧻚卣蓋_3/㕣11·05950_引尊_5/㕣近出二307_倗伯鼎_10/㕣11·05908_員尊_6/㕣11·06005_黽方尊_35/㕣04·02070_晨鼎_3/㕣04·02186_外叔鼎_4/㕣12·06509_爻觶_11/

西周中期51

㕣10·05420_彔𢼸卣蓋_46/㕣10·05260_遣作祖乙卣_5/㕣06·03374_需作寶飤簋_3/㕣保利10頁_叔豐簋_7/㕣保利10頁_叔豐簋_17/㕣保利10頁_叔豐簋_18/㕣12·06468_小臣作父乙觶_5/㕣06·03479_公簋_3/㕣2010考古發現71頁_霸伯盤_27/㕣2010考古發現71頁_霸伯盤_35/㕣08·04284_師𤸫簋蓋_98/㕣圖像03317_仲姞甗_4/㕣16·10166_鮮簋_43/㕣04·01973_𢼸作寶彝鼎_3/㕣05·02789_𢼸方鼎_38/㕣08·04237_臣諫簋_58/㕣11·05786_作寶尊彝尊_2/㕣11·05787_作寶尊彝尊_2/㕣10·05187_𢻘卣_3/㕣10·05433_𢼸卣_40/㕣近出0672_

蓁鼡觶_6/㊂近出 0673_蓁鼡觶_6/㊂06・03740_齊史逗簋_5/㊂10・05392_寡子卣_17/㊂11・05891_魁作祖乙尊_5/㊂11・06013_盉方尊_106/㊂05・02734_仲㥅父鼎_24/㊂15・09610_呂季姜壺_12/㊂11・05826_作父丁癸尊_4/㊂06・03584_榮子旅簋_5/㊂06・03258_作寶簋_2/㊂05・02558_師朕父鼎_17/㊂16・09880_榮子方彝_4/㊂近出二0529_肇作祖卣_4/㊂考古 2011 年 07 期 17 頁圖八_霸伯盂_107/㊂新收1959_炎簋_57/㊂12・06501_作父癸觶_5/㊂金文通鑒 05259_作寶簋_2/㊂04・02069_立鼎_3/㊂07・03769_乎簋_13/㊂首陽 102 頁_芮伯簋_7/㊂中華遺產 2011 年 03 期_鳥形盉_43/㊂04・01770_羞鼎_3/㊂05・02719_公貿鼎_30/㊂06・03675_戜者簋_6/㊂12・06516_趩觶_54/㊂近出 0636_篙尊_5/㊂近出二 297_欠鼎_15/㊂05・02792_大夫始鼎_65/㊂06・03497_伯作寶尊彝簋_3/㊂15・09612_大作父乙壺_13/

西周晚期 5

㊂03・00571_口戈母鬲_5/㊂07・03816_齊嬛姬簋_5/㊂08・04246_楚簋_70/㊂09・04385_㫃叔盨_10/㊂15・09646_保侃母壺_13/

西周未分期 5

㊂06・03583_史緓簋_4/㊂04・02420_陽鼎_3/㊂04・01912_伯作寶方鼎_3/㊂06・03623_环𠂤簋_6/㊂07・03788_達簋_3/

附錄二：金文"寶"字"冖"旁斷代分期表

殷 6

㊂10・05394_小子省卣器_17/㊂06・03602_作父乙簋_4/㊂10・05395_宰甫卣_21/㊂新出 127_傳臾鐸_4/㊂05・02648_小子射鼎蓋_19/

08・04144_䍒作父乙簋_15/

西周早期 366

08・04139_櫓侯簋蓋_6/ 06・03652_侖作父丁簋_5/ 10・05207_𠂤作父乙卣_5/ 10・05262_㚄作祖乙卣_5/ 04・02061_腹鼎_4/ 10・05327_伯㒼卣_6/ 10・05421_士上卣_44/ 11・05895_𧾷作父乙尊_5/ 11・05964_毃作父乙方尊_6/ 11・05964_毃作父乙方尊_15/ 金文通鑒 05272_公登父簋_24/ 04・01966_庸作寶鼎_3/ 總集 07・5271_作寶尊彝卣_2/ 06・03461_農父簋_4/ 06・03664_無敄簋_6/ 06・03670_滕侯簋_6/ 06・03685_見作父己簋_5/ 05・02672_庈父鼎_5/ 06・03563_姞口父簋_5/ 16・10566_俞伯器_4/ 04・02373_中斿父鼎_5/ 05・02628_燕侯旨鼎_19/ 14・09052_作甫丁爵_4/ 04・02030_王伯鼎_4/ 05・02661_德方鼎_22/ 06・03275_作寶彝簋_2/ 10・05138_作寶尊彝卣_2/ 10・05282_伊作父己卣_5/ 11・05878_㚘作父己尊_5/ 15・09557_敔姬壺_4/ 06・03714_辨作文父己簋_6/ 11・05941_𢦏尊_9/ 15・09428_𢦏盉_9/ 10・05035_作寶彝卣_2/ 05・02671_庈父鼎_5/ 考古與文物 2012 年 1 期 94 頁_印尊_6/ 07・03863_彔簋_16/ 11・05711_作寶彝尊_2/ 10・05432_貔卣_3/ 11・06001_小子生尊_37/ 04・02261_王作康季鼎_5/ 05・02660_辛鼎_3/ 06・03274_作寶彝簋_2/ 06・03541_伯簋_3/ 10・05107_伯作寶彝卣_3/ 14・09063_史達角_4/ 14・09097_口輪車爵_7/ 11・05945_夯者君尊_7/ 15・09529_伯作寶壺_3/ 近出 0335_臣高鼎_14/ 近出 0605_纛卣_46/ 近出 0605_纛卣_53/ 近出 0624_伯尊_3/ 03・00540_大作敃鬲_4/ 04・02053_叔鼎_3/ 07・04060_不壽簋_24/ 考古與文物 2008 年 2 期 7 頁圖 8_陞王尊_6/ 03・00875_畣甗_3/ 10・05221_侖伯卣_4/ 15・09512_叔作寶壺_3/ 10・05268_

小臣作父乙卣_5/【集】06・03741_作寶簋_2/【集】10・05209_黽作父丁卣_5/【集】06・03662_朕作父癸簋_5/【集】15・09239_菁卣_3/【集】10・05159_作父戊卣_4/【集】10・05160_作父戊卣_4/【集】10・05369_許仲卣_8/【集】10・05415_保卣器_28/【集】07・03824_圖簋_12/【集】07・04044_御正衛簋_21/《南方文物 2011 年第 3 期 129 頁_邊伯戾簋_5/【集】04・02330_姑詛母方鼎_6/【集】06・03719_似伯簋_8/【集】04・02022_叟父鼎_4/【集】06・03536_伯朕簋_4/【集】16・09901_矢令方彝_171/【集】08・04239_小臣謎簋蓋_62/【集】08・04121_榮簋_28/【集】06・03381_匀作寶彝簋_3/【集】06・03498_伯作寶尊彝簋_3/【集】04・02144_旂父鼎_4/【集】12・06486_叔墮觶_6/《近出 0271_皇鼎_3/【集】10・05422_士上卣_44/【集】16・10549_餴父器_4/【集】11・05866_作祖己尊_4/【集】04・02323_梓作父癸鼎_5/【集】10・05431_高卣_38/【集】12・06497_甚父戊觶_9/【集】06・03277_作寶彝簋_2/【集】04・02375_遂啓諆鼎_7/【集】06・03671_旗司徒椃簋_6/【集】08・04169_庸伯馭簋_31/《山東金文 140 頁_旂鼎_6/【集】07・03822_效父簋_11/【集】07・03823_效父簋_11/《近出 0127_專事正鬲_5/【集】11・06015_麥方尊_126/【集】14・09066_盤祖己爵_6/《近出 0634_史觥敏尊_9/《新收 1441_妊簋_3/【集】06・03715_辨作文父己簋_6/【集】05・02704_旗鼎_29/【集】05・02655_先獸鼎_6/【集】05・02655_先獸鼎_14/【集】04・02453_𠂤父鼎_10/【集】14・09035_伯鞄爵_4/【集】06・03357_伯作寶簋_3/【集】07・03908_量侯簋_14/【集】06・03413_作寶用簋_2/【集】06・03542_伯簋_3/【集】06・03574_鄂叔簋_4/【集】10・05273_田告父丁卣_6/【集】10・05337_屯卣_5/【集】10・05340_伯𦊆卣_7/【集】11・05992_遣尊_26/【集】12・06437_耒作寶彝觶_3/【集】16・10576_庚姬器_6/【集】03・00913_比觚_3/【集】10・05326_伯𦊆卣_6/【集】07・03908_量侯簋_5/【集】03・00857_伯作寶彝觚_3/【集】03・00915_大史友觚_7/【集】03・00916_番夫作祖丁觚_6/【集】03・00920_婦㚸觚_7/【集】03・00924_乃子作父辛觚_6/【集】05・

02555_旟鼎_14/🔲05・02758_作冊大方鼎_37/🔲06・03355_伯作寶簋_3/🔲08・04139_樷侯簋蓋_14/🔲10・05364_濬伯逤卣_8/🔲11・05903_夆子作父辛尊_6/🔲近出0301_備作父乙鼎_5/🔲10・05363_濬伯逤卣_8/🔲06・03496_伯作寶尊彝簋_3/🔲16・10091_眞盤_13/🔲06・03471_文簋_3/🔲06・03472_文簋_3/🔲12・06487_徰作等觶_5/🔲07・03748_伯者父簋_5/🔲金文通鑒05272_公登父簋_15/🔲金文通鑒02390_仲肌父鼎_6/🔲03・00905_作父癸甗_4/🔲04・02151_應公方鼎_4/🔲10・05290_責作父癸卣_5/🔲11・05883_責作父辛尊_5/🔲15・09567_伯矩壺_4/🔲15・09593_奪作父丁壺_5/🔲04・02503_榮子旅鼎_7/🔲04・02503_榮子旅鼎_14/🔲10・05371_伯卣_12/🔲14・08998_臣作父乙爵_5/🔲16・09889_拏啓方彝_14/🔲06・03404_作寶尊彝簋_2/🔲考古2008年12期12頁圖一一：2_作寶尊彝盉_2/🔲07・04097_怱簋_15/🔲04・02342_叔䍒作南宮鼎_7/🔲05・02759_作冊大方鼎_36/🔲05・02760_作冊大方鼎_37/🔲06・03265_作寶彝簋_2/🔲11・05962_叔妣方尊_11/🔲04・02456_伯矩鼎_4/🔲10・05231_伯各卣_4/🔲10・05232_伯各卣_4/🔲10・05237_叔䵼卣_4/🔲11・05710_作寶彝尊_2/🔲14・08823_爵寶彝爵_2/🔲新收1947_俞伯甗_4/🔲04・01732_叔作寶鼎_3/🔲圖像11765_覿爾尊_6/🔲圖像11765_覿爾尊_13/🔲12・06493_諫作父丁觶_5/🔲05・02595_臣卿鼎_17/🔲07・03826_卣𠂤簋_18/🔲10・05323_衛卣_6/🔲10・05384_耳卣_14/🔲16・10308_泳盂_3/🔲03・00567_家翟作父癸甗_6/🔲04・02507_復鼎_12/🔲06・03371_旟作寶簋_3/🔲06・03534_伯魚簋_4/🔲06・03535_伯魚簋_4/🔲06・03613_哦作父辛簋_5/🔲06・03659_子令作父癸簋_6/🔲10・05263_𠬝作祖丁卣_5/🔲11・05860_嬴季尊_4/🔲11・05874_逆作父丁尊_5/🔲16・10059_曆盤_3/🔲16・10545_伯魚器_4/🔲金文通鑒05293_砢簋蓋_41/🔲近出0995_𠭯彝

蓋_10/🖻文物 2011 年 11 期_師鐄鼎_6/🖻05・02748_庚嬴鼎_36/🖻04・01793_作寶彝方鼎_2/🖻10・05140_作寶尊彝卣_2/🖻12・06488_冶徣觶_5/🖻15・09289_憲作父丁觥_5/🖻03・00876_雷甗_3/🖻03・00890_田農甗_4/🖻07・03907_過伯簋_14/🖻10・05315_歊作父癸卣_5/🖻04・01785_作寶鼎_2/🖻06・03253_作寶簋_2/🖻04・02175_虫賓作旅鼎_4/🖻江漢考古 2011 年 3 期,11 頁~12 頁_曾侯諫圓鼎 M65_5/🖻江漢考古 2011 年 3 期,16 頁_曾侯諫簋 M65_5/🖻江漢考古 2014 年 1 期,66 頁-1_曾侯諫方鼎 M28_5/🖻江漢考古 2014 年 1 期,66 頁-2_曾侯諫分鑄鼎 M28_5/🖻江漢考古 2014 年 1 期,66 頁-3_曾侯諫簋 M28_5/🖻江漢考古 2014 年 1 期,66 頁-5_曾侯諫盤_5/🖻江漢考古 2014 年 1 期,66 頁-6_曾侯諫圓鼎 M3_5/🖻江漢考古 2014 年 1 期,66 頁-7_曾侯諫圓鼎 M28_5/🖻江漢考古 2014 年 1 期,66 頁-8_曾侯諫方鼎 M28_5/🖻考古 2012 年 07 期 37 頁,圖九：3_曾侯諫方鼎_5/🖻考古 2012 年 07 期 37 頁,圖九：5_曾侯諫圓鼎 M65，蓋內_5/🖻考古 2012 年 07 期 37 頁,圖九：8_曾侯諫圓鼎 M3，腹內_5/🖻11・05961_伯尊_12/🖻新出金文 9 頁圖二：4_叔卣_112/🖻03・00509_仲作寶彝鬲_3/🖻06・03530_宂伯簋_5/🖻06・03531_宂伯簋_5/🖻10・05303_束叔卣_5/🖻近出 0449_比簋_8/🖻04・02317_亞🖻作父丁鼎_6/🖻04・02366_襄作父丁鼎_5/🖻04・02404_伯㐭方鼎_6/🖻04・02405_德鼎_9/🖻04・02504_作冊䚅鼎_13/🖻06・03465_隮簋_3/🖻16・10091_眞盤_3/🖻04・01914_伯作寶鼎_3/🖻04・02149_矢王方鼎蓋_4/🖻15・09528_伯作寶壺_3/🖻04・01725_伯作寶鼎_3/🖻近出 0272_郑鼎_3/🖻考古 2012 年 07 期 37 頁,圖九：2_曾侯方鼎 M27，蓋內_4/🖻06・03462_猷父簋_4/🖻10・05304_矢卣_6/🖻10・05310_枚家作父戊卣_6/🖻11・05822_作祖乙尊_4/🖻03・00834_作寶彝甗_2/🖻04・02153_康侯封鼎_5/🖻復旦網 2012・7・26_京師畯尊_22/🖻06・03573_

師氎簋_5/▯07・03948_臣卿簋_17/▯10・05244_正父卣_4/▯近出 0275_夆方鼎_2/▯新收 0594_陆作父丁卣_5/▯金文通鑒 02339_鄂侯鼎_4/▯08・04201_小臣宅簋_44/▯16・10062_公盤_3/▯03・00852_命作寶彝甗_3/▯04・02041_鬩伯鼎_4/▯10・05279_卤作父己卣_3/▯16・10312_伯盂_3/▯16・10312_伯盂_14/▯16・10557_作父丁器_4/▯12・06495_邊仲作父丁觶_6/▯04・01931_季作寶彝鼎_3/▯04・02325_▯季作父癸方鼎_6/▯05・02614_曆方鼎_11/▯11・05928_▯薛作日癸尊_7/▯15・09430_伯害盉_8/▯11・05946_作父癸尊_5/▯11・05987_臣衛宋尊_22/▯06・03723_仲簋_3/▯07・03743_保侃母簋蓋_10/▯07・03744_保侃母簋_10/▯07・04112_命簋_19/▯10・05190_召卣蓋_3/▯10・05191_豐卣_4/▯10・05335_卤作文考癸卣_6/▯11・05925_傳作父戊尊_5/▯11・05940_季盆尊_4/▯16・10572_◆一作父丁器_6/▯06・03558_嬴季簋_4/▯04・01795_作寶彝鼎_2/▯06・03353_伯作寶簋_3/▯10・05386_息伯卣_15/▯圖像續 0131_伯方鼎乙_4/▯考古 2012 年 07 期 37 頁,圖九: 4_九六一方鼎_4/▯04・02312_堇臨作父乙方鼎_6/▯04・02436_剌啟寧鼎_8/▯06・03254_作寶簋_2/▯06・03647_堇臨作父乙簋_6/▯06・03648_堇臨作父乙簋蓋_6/▯10・05374_圉卣_12/▯11・05845_伯貉尊_4/▯江漢考古 2014 年 2 期_s 衣方座簋內底_7/▯新收 0944_獻尊_10/▯10・05228_伯矩卣_4/▯16・10565_師高簋_4/▯10・05188_頴卣_3/▯07・04073_伯槭簋_7/▯07・04073_伯槭簋_27/▯11・05857_叔觶尊_4/▯06・03689_亞翼矢作母辛簋_8/▯12・06436_速觶_3/▯11・05915_衛尊_6/▯10・05308_甕作父甲卣_5/▯11・05923_父丁亞翼尊_4/▯11・05924_父丁亞翼尊_4/▯金文通鑒 02359_长子方鼎_6/▯近出 0592_寶尊彝卣_3/▯新收 0925_南宮姬鼎_5/▯新收 0926_南宮姬鼎_5/▯06・03356_伯作寶簋_3/▯05・02723_師俞鼎_31/▯

05・02791_伯姜鼎_33/🖾11・06003_保尊_28/🖾16・09893_邢侯方彝_37/🖾05・02629_舍父鼎_14/🖾03・00527_㚟姬鬲_5/🖾05・02670_旅鼎_21/🖾近出0433_䚃作父乙簋_5/🖾06・03468_御簋_3/🖾10・05357_懌季遽父卣_8/🖾10・05358_懌季遽父卣_8/🖾11・05947_懌季遽父尊_8/🖾10・05330_奪作父丁卣_5/🖾10・05331_奪作父丁卣_5/🖾11・05884_矢作父辛尊_6/🖾15・09248_折斝_5/🖾近出0455_晨簋_10/🖾文物2011年11期_曾侯方鼎M27,蓋内_4/🖾文物2011年11期_曾侯方鼎M27,器内_4/🖾04・01781_作寶鼎_2/🖾04・02064_鼎_4/🖾04・02320_榮子旅鼎_7/🖾05・02740_窜鼎_33/🖾05・02741_窜鼎_33/🖾06・03370_央作寶簋_3/🖾06・03485_叔簋_4/🖾07・03909_簋_6/🖾10・05180_伯作寶尊彝卣_3/🖾10・05272_戈車作父丁卣_6/🖾10・05298_闑作宮伯卣_5/🖾10・05399_孟卣_18/🖾10・05410_啓卣_26/🖾11・05855_鄂叔尊_5/🖾14・08985_作寶爵_4/🖾14・09041_史習爵_4/🖾14・09048_應事作父乙爵_6/🖾14・09065_效祖戊爵_5/🖾14・09094_望爵_9/🖾近出0158_井伯甗_4/🖾10・05182_伯作寶尊彝卣_3/🖾03・00883_應監甗_4/🖾04・02341_叔具鼎_6/🖾11・05963_許仲尊_8/🖾16・09895_作册旅方彝_39/🖾04・02249_或作父丁鼎_5/🖾06・03251_作寶簋_2/🖾06・03494_伯作寶尊彝簋_3/🖾10・05134_作寶尊彝卣_2/🖾10・05346_豐卣_5/🖾10・05426_庚嬴卣器_40/🖾10・05426_庚嬴卣器_51/🖾11・05704_作寶彝尊_2/🖾11・05886_此作父辛尊_5/🖾14・09031_立爵_3/🖾06・03366_晨作寶簋_3/🖾06・03367_晨作寶簋_3/🖾04・01780_作寶鼎_2/🖾10・05407_作册睘卣_33/

西周早期或中期20

🖾04・02067_鼒鼎_3/🖾12・06510_庶觶_12/🖾11・06007_耳尊_34/🖾11・06007_耳尊_41/🖾11・05933_何作兄日壬尊_6/🖾12・06507_

北子觶_14/㝬11・05970_黃子魯天尊_8/㝬11・05970_黃子魯天尊_14/㝬04・02187_叔旅鼎_4/㝬04・02351_小臣氏樊尹鼎_7/㝬12・06507_北子觶_4/㝬11・05934_述作兄日乙尊_6/㝬新收0886_晉姜簋_4/㝬05・02718_寓鼎_29/㝬新收0914_晉侯尊_7/㝬04・02121_歸作父丁鼎_5/㝬04・02348_作長鼎_3/㝬11・05815_史習尊_4/㝬04・02486_禽鼎_5/㝬04・02486_禽鼎_13/

西周中期253

㝬05・02736_不栺方鼎_32/㝬06・03728_叔妃簋蓋_9/㝬08・04240_免簋_63/㝬10・05425_競卣器_45/㝬10・05425_競卣器_51/㝬15・09536_𤔲作寶壺_3/㝬16・09884_區作父辛方彝_5/㝬16・09885_區作父辛方彝_5/㝬16・10161_免盤_32/㝬11・05824_作父乙尊_5/㝬15・09726_三年瘐壺_60/㝬15・09727_三年瘐壺_61/㝬06・03260_作寶簋_2/㝬新收1691_尸曰壺_4/㝬07・04101_生史簋_14/㝬04・02462_倗仲鼎_11/㝬07・03868_祖辛簋_5/㝬08・04219_追簋_59/㝬10・05406_周乎卣_32/㝬11・05907_胅作父癸尊_5/㝬06・03549_欄仲簋_4/㝬07・03976_𢻹馭簋_16/㝬10・05372_異卣_8/㝬15・09714_史懋壺_40/㝬近出0164_孟狴父瓿_17/㝬近出0338_孟狴父鼎_17/㝬10・05430_繁卣器_61/㝬金文通鑒06259_仲竹父盆乙_9/㝬金文通鑒13288_作宗寶尊彝卣_3/㝬金文通鑒14500_作寶盤_2/㝬近出0499_伯敢畀盨蓋_6/㝬近出0500_伯敢畀盨蓋_17/㝬近出0943_匍盉_39/㝬05・02804_利鼎_69/㝬15・09399_伯春盉_4/㝬圖像05208_倗伯爯簋_42/㝬11・05942_㐖尊_9/㝬近出二310_獄鼎_9/㝬近出二310_獄鼎_29/㝬近出二436_一式獄簋_78/㝬06・03702_彔簋_7/㝬10・05408_靜卣_35/㝬金文通鑒02313_南方追孝鼎_8/㝬金文通鑒02313_南方追孝鼎_16/㝬07・03977_己侯貉子簋蓋_8/㝬10・05398_同卣_22/㝬18・12029_口作車鑾鈴_4/

127

盨05・02780_師湯父鼎_53/盨15・09827_季妣譱盨_5/盨15・09827_季妣譱盨_24/盨11・05870_小臣作父乙尊_5/盨06・03676_㠱盨_3/盨06・03718_伯盨_3/盨近出1001_獸宮盤_6/盨陝金1・81_作寶鼎_2/盨06・03372_奪作寶盨_3/盨08・04199_恆盨蓋_39/盨08・04199_恆盨蓋_49/盨10・05430_繁卣器_55/盨11・05790_作寶尊彝尊_2/盨15・09822_蘇譱_12/盨08・04209_衛盨_44/盨04・02367_盨監父己鼎_7/盨06・03375_舟作寶盨_3/盨近出0456_叔各父盨_11/盨08・04200_恆盨蓋_39/盨08・04200_恆盨蓋_49/盨金文通鑒02312_貘鼎_5/盨07・03950_鴻叔盨_17/盨07・03951_鴻叔盨_17/盨近出二440_親盨_99/盨近出二440_親盨_111/盨05・02733_衛鼎_9/盨05・02733_衛鼎_33/盨06・03510_作父乙盨_4/盨06・03511_作父乙盨_4/盨近出二406_梁伯敢盨_10/盨08・04207_通盨_58/盨04・02048_仲作旅寶鼎_4/盨玫茵堂117_𠧪伯皆盤_5/盨04・02065_𢀛鼎_4/盨11・05879_羌作父己尊_5/盨11・05966_員作父壬尊_5/盨08・04192_緋盨蓋_43/盨10・05405_次卣蓋_29/盨11・06013_蠡方尊_77/盨16・10048_季作寶盤_3/盨10・05424_農卣_50/盨07・03832_滕虎盨_12/盨10・05261_鮰作祖乙卣_5/盨10・05425_競卣蓋_45/盨10・05425_競卣蓋_51/盨圖像12257_仲姑壺_4/盨07・04102_仲叡父盨_24/盨07・04103_仲叡父盨_24/盨新收1669_楷尊_4/盨近出二405_州盨_3/盨近出二405_州盨_10/盨四川文物2011年第4期40~42頁圖版三、四_晉侯盨_5/盨四川文物2011年第4期40~42頁圖版三、四_晉侯盨_13/盨圖像04736_晉侯盨甲_5/盨圖像04736_晉侯盨甲_13/盨新收1601_公仲盨_7/盨04・02191_王作仲姜鼎_5/盨16・10322_永盂_122/盨06・03730_季𣪘盨_10/盨08・04167_虡盨_39/盨11・05968_服方尊_12/盨新收1554_任鼎_52/盨新收1961_彔或卣_46/盨新收1447_仲枏父鬲_37/盨05・02824_戜方鼎_94/盨11・05966_員作

父壬尊_14/ [鼒]05・02765_蟎鼎_39/ [鼒]05・02765_蟎鼎_45/ [鼒]10・05419_彔□卣_46/ [鼒]近出0471_仲播簋_22/ [鼒]03・00532_旐姬鬲_4/ [鼒]05・02813_師奎父鼎_92/ [鼒]04・01953_舟作寶鼎_3/ [鼒]06・03564_員父簋_4/ [鼒]10・05240_嬴季卣_4/ [鼒]08・04209_衛簋_56/ [鼒]08・04322_或簋蓋_110/ [鼒]08・04322_或簋蓋_135/ [鼒]圖像03903_作寶簋_2/ [鼒]新收1915_習簋_43/ [鼒]04・01960_毛作寶鼎_3/ [鼒]11・05931_習尊_7/ [鼒]考古與文物2006年6期63頁圖八_獄盂_69/ [鼒]04・01790_作旅寶鼎_3/ [鼒]05・02696_□鼎_25/ [鼒]07・03835_革簋_4/ [鼒]16・09899_盉方彝_77/ [鼒]16・09899_盉方彝_106/ [鼒]新收1316_作寶尊彝卣_2/ [鼒]08・04268_王臣簋_84/ [鼒]11・05788_作寶尊彝尊_2/ [鼒]16・10076_季嬴霝德盤_6/ [鼒]12・06515_萬諆觶_30/ [鼒]03・00570_作寶彝鬲_7/ [鼒]04・01974_聾作寶器鼎_3/ [鼒]04・01977_考作寶鼎_3/ [鼒]15・09427_伯□盂_7/ [鼒]16・09897_師遽方彝蓋_53/ [鼒]圖像續0529_霸伯豆_6/ [鼒]夏商周_伯作寶盂_3/ [鼒]08・04316_師虎簋_123/ [鼒]近出二123_南姞甗_10/ [鼒]近出二123_南姞甗_24/ [鼒]近出0466_叔豐簋_5/ [鼒]近出0466_叔豐簋_18/ [鼒]近出0467_叔豐簋_5/ [鼒]近出0467_叔豐簋_18/ [鼒]16・10169_呂服余盤_56/ [鼒]16・10169_呂服余盤_65/ [鼒]06・03720_康伯簋_10/ [鼒]05・02789_或方鼎_65/ [鼒]08・04327_卯簋蓋_98/ [鼒]08・04327_卯簋蓋_138/ [鼒]08・04327_卯簋蓋_150/ [鼒]04・02040_伯旅鼎_4/ [鼒]07・03792_伯芳簋_4/ [鼒]08・04256_廿七年衛簋_63/ [鼒]08・04256_廿七年衛簋_72/ [鼒]09・04626_免簠_43/ [鼒]金文通鑒05254_作寶旅簋_2/ [鼒]11・06011_盉駒尊_81/ [鼒]金文通鑒05281_南宮佣姬簋_7/ [鼒]近出二0413_猷簋_13/ [鼒]06・03700_兆簋_8/ [鼒]06・03701_兆簋_8/ [鼒]15・09444_季老或盉_18/ [鼒]11・05956_鬲作父甲尊_10/ [鼒]新收1606_再簋_56/ [鼒]06・03364_仲作寶簋_3/ [鼒]07・04105_賢簋_26/ [鼒]05・02678_小臣鼎_23/ [鼒]07・03949_季魯簋_10/ [鼒]07・03949_

129

季魯簋_19/ 🅢 08・04214_師遽簋蓋_56/ 🅢 08・04276_豆閉簋_79/ 🅢 08・04276_豆閉簋_88/ 🅢 15・09419_季嬴霝德盉_6/ 🅢 15・09555_剌婦壺_4/ 🅢 16・09881_榮子方彝_4/ 🅢 金文通鑒 05164_□簋蓋_3/ 🅢 圖像 05208_倗伯爯簋_35/ 🅢 新收 1915_智簋_51/ 🅢 04・02027_嬴氏鼎_4/ 🅢 11・05993_作乎文祖方尊_8/ 🅢 01・00092_虘鐘_25/ 🅢 考古 2011 年 07 期 15 頁圖五_霸伯簋_47/ 🅢 15・09429_米父盉_10/ 🅢 圖像 04738_祈伯簋_4/ 🅢 圖像 04738_祈伯簋_14/ 🅢 06・03443_羊剸簋_4/ 🅢 08・04266_趙簋_80/ 🅢 西安 47_量伯丞父爵_6/ 🅢 近出 0499_伯敢卑盨蓋_17/ 🅢 近出 0500_伯敢卑盨蓋_6/ 🅢 新收 0078_應侯見工簋（甲）_53/ 🅢 金文通鑒 05662_獄盨_53/ 🅢 金文通鑒 05662_獄盨_78/ 🅢 15・09584_鬼作父丙壺_5/ 🅢 近出 0939_獸宮盉_6/ 🅢 近出 0432_卸簋_5/ 🅢 04・02460_耇伯鼎_6/ 🅢 07・04104_賢簋_26/ 🅢 11・05789_作寶尊彝尊_2/ 🅢 近出二 436_一式獄簋_6/ 🅢 近出 0468_叔豐簋_7/ 🅢 近出 0468_叔豐簋_18/ 🅢 近出二 322_鼎_49/ 🅢 30 周年文集_宗人鼎_72/ 🅢 11・05988_斾尊_25/ 🅢 08・04192_韓簋器_35/ 🅢 2010 考古發現 72 頁_霸伯盂_4/ 🅢 04・01783_作寶鼎_2/ 🅢 04・01987_辛作寶彝鼎_3/ 🅢 10・05430_繁卣蓋_55/ 🅢 10・05430_繁卣蓋_61/ 🅢 11・05899_虘作父戊尊_6/ 🅢 14・09081_豐父辛爵_5/ 🅢 15・09395_剸父盉_4/ 🅢 15・09441_白王盉_16/ 🅢 金文通鑒 05255_叔侯父簋_6/ 🅢 近出 0405_作寶簋_2/ 🅢 近出 0416_作寶用簋_2/ 🅢 近出二 543_公卣_3/ 🅢 03・00633_塱肇家鬲_11/ 🅢 03・00921_作寶甗_11/ 🅢 07・03792_伯芳簋_14/ 🅢 新收 1686_叔盂_3/ 🅢 03・00569_作寶彝鬲_2/ 🅢 03・00569_作寶彝鬲_7/ 🅢 06・03694_叔窩簋_5/ 🅢 07・03771_晉人簋_6/ 🅢 07・03771_晉人簋_12/ 🅢 12・06479_者兒觶_4/ 🅢 金文通鑒 14523_嬴盤_6/ 🅢 07・03831_滕虎簋_12/ 🅢 04・01967_煟作寶蘊鼎_3/ 🅢 05・02662_或者鼎_21/ 🅢 新收 1958_夨簋_57/ 🅢 05・02630_伯陶鼎_

9/𝕸05・02721_斁鼎_30/𝕸05・02824_戜方鼎_114/𝕸08・04122_彔作辛公簋_23/𝕸08・04122_彔作辛公簋_32/𝕸08・04322_戜簋器_110/𝕸10・05420_彔戜卣器_46/𝕸11・05996_豐作父辛尊_28/

西周晚期 116

𝕸08・04277_師俞簋蓋_88/𝕸09・04524_塞簠_12/𝕸09・04515_虢叔簠_10/𝕸08・04282_元年師旋簋_98/𝕸03・00604_聿造鬲_7/𝕸15・09569_伯到方壺_4/𝕸09・04431_曼龏父盨蓋_5/𝕸09・04431_曼龏父盨蓋_22/𝕸09・04434_曼龏父盨_5/𝕸09・04434_曼龏父盨_22/𝕸03・00727_伯頵父鬲_16/𝕸07・03936_仲駒父簋蓋_15/𝕸07・03937_仲駒父簋_15/𝕸07・03938_仲駒父簋_15/𝕸15・09622_鄧孟壺蓋_13/𝕸近出二 327_柞伯鼎_91/𝕸近出二 327_柞伯鼎_111/𝕸08・04156_伯家父簋蓋_36/𝕸07・04072_孟姬𣄴簋_24/𝕸09・04425_鼀叔盨_17/𝕸近出0476_晉侯斷簋_25/𝕸07・03895_醯仲鄭父簋_16/𝕸圖像 05321_伐簋_69/𝕸05・02796_小克鼎_71/𝕸05・02797_小克鼎_35/𝕸05・02799_小克鼎_36/𝕸05・02799_小克鼎_71/𝕸05・02800_小克鼎_36/𝕸05・02800_小克鼎_71/𝕸05・02801_小克鼎_36/𝕸05・02801_小克鼎_71/𝕸05・02802_小克鼎_36/𝕸05・02802_小克鼎_71/𝕸新收0077_應侯盤_4/𝕸15・09635_眉敖壺_4/𝕸08・04313_師寰簋_118/𝕸07・03960_孟弢父簋_5/𝕸07・03960_孟弢父簋_14/𝕸07・03961_孟弢父簋_5/𝕸07・03961_孟弢父簋_14/𝕸07・03846_姒伯簋蓋_5/𝕸05・02619_膳夫旅伯鼎_17/𝕸05・02835_多友鼎_277/𝕸07・03821_潚伯簋_14/𝕸07・04070_叔㚟父簋蓋_24/𝕸08・04189_仲再父簋蓋_43/𝕸16・10093_史頌盤_13/𝕸新收0762_叔五父匜_13/𝕸07・04110_魯士商戲簋_27/𝕸07・03996_㝬㝬簋_21/𝕸16・10226_伯吉父匜_14/𝕸金文通鑒 03346_應監甗_4/𝕸07・03944_鑄子叔黑臣簋_8/𝕸07・03944_鑄子叔黑臣簋_16/

𝌀04・02417_廟孱鼎_11/𝌀07・03996_害宮簋_9/𝌀15・09438_王盉_6/𝌀15・09438_王盉_13/𝌀07・03873_絴簋_4/𝌀07・03873_絴簋_16/𝌀近出二 4_枯仲衍鐘_5/𝌀05・02836_大克鼎_95/𝌀08・04248_楚簋_70/𝌀08・04249_楚簋_70/𝌀03・00703_膳夫吉父鬲_16/𝌀05・02560_王伯姜鼎_15/𝌀03・00928_叔碩父甗_12/𝌀新收 1687_作寶彝鬲_2/𝌀09・04413_諫季獻盨_15/𝌀近出 0452_單簋_9/𝌀07・03921_叔敖父簋_15/𝌀07・03922_叔敖父簋_17/𝌀08・04279_元年師旋簋_98/𝌀08・04280_元年師旋簋_98/𝌀08・04281_元年師旋簋_98/𝌀10・05376_虢季子組卣_6/𝌀10・05376_虢季子組卣_16/𝌀08・04158_黿乎簋_13/𝌀03・00526_穎姞鬲_4/𝌀08・04197_卻𠩺簋_42/𝌀09・04432_曼龔父盨_5/𝌀09・04432_曼龔父盨_21/𝌀09・04433_曼龔父盨_5/𝌀09・04433_曼龔父盨_21/𝌀古文字學論稿 167 頁圖二、三_呂簋_62/𝌀07・03887_伯疑父簋蓋_16/𝌀09・04353_矢賸盨_4/𝌀09・04378_𭥴叔盨_11/𝌀09・04497_函交仲簋_7/𝌀07・04057_叔鄂父簋_25/𝌀07・04058_叔鄂父簋_25/𝌀新收 0736_有司簡簋蓋_28/𝌀08・04314_師袁簋_115/𝌀15・09586_㢭侯壺_7/𝌀07・04118_宴簋_24/𝌀07・04118_宴簋_31/𝌀07・04119_宴簋_24/𝌀圖像 02211_伯上父鼎_21/𝌀05・02796_小克鼎_36/𝌀08・04278_鄩从簋蓋_97/𝌀商周金文編 623_四十三年逨鼎甲_318/𝌀07・03797_歸叔山父簋_12/𝌀07・03798_歸叔山父簋_12/𝌀07・03872_旅仲簋_5/𝌀07・03929_鄂侯簋_17/𝌀07・03930_鄂侯簋_17/𝌀07・04027_伯敖父簋_21/𝌀08・04217_五年師旋簋蓋_51/𝌀09・04600_郜公諴簋_26/𝌀07・03783_仲競簋_4/𝌀08・04160_伯康簋_33/𝌀09・04367_史變盨_8/𝌀16・10243_呂仲生匜_14/𝌀07・04111_魯士商戲簋_27/𝌀新收 0047_季屨父匜_11/𝌀15・09635_眉丳壺_14/

西周未分期 13

𝌀05・02539_𣄰鼎_8/𝌀新收 1690_伯龢鼎_13/𝌀04・02123_涉作

父丁鼎_5/ 🔲07・03913_再簋_17/ 🔲04・02076_觀戚鼎_4/ 🔲10・05184_仲作寶尊彝卣蓋_3/ 🔲04・01985_作寶尊彝方鼎_2/ 🔲山東金文377頁_史拿簋_8/ 🔲山東金文377頁_史拿簋_8/ 🔲04・02414_伯旬鼎_9/ 🔲05・02673_羌鼎_24/ 🔲04・02200_鯀還鼎_4/ 🔲07・03751_弄父甲簋_5/

春秋 1

🔲09・04560_鑄叔作嬴氏簠_6

附錄三：金文"曾"旁斷代分期表

殷或西周早期 3

🔲04・02007_作父乙鼎_4/ 🔲11・05929_齬作母甲尊_5/ 🔲15・09298_仲子觥器_10/

西周早期 266

🔲03・00688_轟作又母辛鬲_15/ 🔲03・00689_伯矩鬲_14/ 🔲03・00586_倗作義丏妣鬲_6/ 🔲03・00848_亇射作尊甗_4/ 🔲03・00876_雷甗_4/ 🔲03・00892_伯矩甗_5/ 🔲03・00896_束叔甗_5/ 🔲03・00902_弢作父乙甗_6/ 🔲03・00916_番夫作祖丁甗_7/ 🔲03・00917_者女甗_8/ 🔲03・00935_圉甗_13/ 🔲03・00944_作冊般甗_18/ 🔲04・02130_作父辛方鼎_5/ 🔲04・02133_或作父癸方鼎_4/ 🔲04・02134_或作父癸方鼎_4/ 🔲04・02148_齊姜鼎_5/ 🔲04・02149_矢王方鼎蓋_5/ 🔲04・02152_豐公鼎_5/ 🔲04・02153_康侯封鼎_6/ 🔲04・02159_邁方鼎_3/ 🔲04・02160_陵伯方鼎_5/ 🔲04・02161_陵伯方鼎_5/ 🔲04・02166_敝史鼎_5/ 🔲04・02025_己方鼎_4/ 🔲04・02052_叔鼎_4/ 🔲04・02053_叔鼎_4/ 🔲04・02172_應叔鼎_5/ 🔲04・02190_伯趚方鼎_4/ 🔲04・02248_亞吅作父乙

鼎_6/ 懺04・02255_靱作父辛鼎_6/ 懺04・02270_叔作單公方鼎_6/ 懺04・02314_士作父乙方鼎_6/ 懺04・02317_亞🅰作父丁鼎_7/ 懺04・02322_作文辛方鼎_5/ 懺04・02336_伯戒方鼎_7/ 懺04・02373_中斿父鼎_6/ 懺04・02374_㠱鼎_5/ 懺04・02404_伯㬎方鼎_7/ 懺04・02405_德鼎_10/ 懺04・02406_戈囧萬卩鼎_9/ 懺04・02407_伯龢鼎_4/ 懺04・02499_斈父丁鼎_12/ 懺06・03613_哦作父辛簋_6/ 懺06・03614_燕侯簋_6/ 懺06・03656_集層作父癸簋器_7/ 懺06・03659_子令作父癸簋_7/ 懺05・02758_作册大方鼎_38/ 懺05・02761_作册大方鼎_38/ 懺05・02763_我方鼎_40/ 懺06・03667_倗丏簋_7/ 懺06・03685_見作父己簋_6/ 懺04・02505_圉方鼎_13/ 懺04・02507_復鼎_13/ 懺05・02531_雍伯鼎_14/ 懺05・02555_旂鼎_15/ 懺05・02626_獻侯鼎_18/ 懺05・02628_燕侯旨鼎_20/ 懺05・02661_德方鼎_23/ 懺05・02670_旂鼎_22/ 懺05・02702_㚔方鼎_23/ 懺05・02728_旅鼎_31/ 懺05・02739_堕方鼎_23/ 懺05・02748_庚嬴鼎_11/ 懺05・02778_史獸鼎_49/ 懺05・02837_大盂鼎_170/ 懺06・03454_作車簋_4/ 懺06・03463_事父簋_4/ 懺06・03468_御簋_4/ 懺06・03471_文簋_4/ 懺06・03503_戈作父乙簋_5/ 懺07・03906_攸簋_12/ 懺07・03907_過伯簋_15/ 懺06・03282_作尊彝簋_2/ 懺06・03283_作尊彝簋_2/ 懺06・03349_作母尊彝簋_3/ 懺06・03365_叔作妣尊簋_5/ 懺06・03391_尹作寶尊簋_4/ 懺06・03405_作寶尊彝簋_3/ 懺06・03406_作寶尊彝簋_3/ 懺06・03540_伯作乙公簋_5/ 懺06・03556_季犀簋_5/ 懺06・03576_田農簋_5/ 懺06・03577_卜孟簋_5/ 懺06・03663_✡更作父癸簋_7/ 懺06・03687_𢀋婦簋_6/ 懺07・04020_天君簋_20/ 懺08・04132_叔簋_31/ 懺08・04133_叔簋_31/ 懺08・04134_御史競簋_30/ 懺08・04135_御史競簋_30/ 懺08・04169_庸伯㝨簋_32/ 懺08・04201_小臣宅簋_38/ 懺08・04238_小臣謎簋器_63/ 懺08・04239_小臣謎簋蓋_63/ 懺07・03750_

戲見駒簋_8/ 䵼07・03825_圉簋_16/ 䵼06・03466_𦫼簋_4/ 䵼06・03524_隩伯簋_5/ 䵼06・03600_㚔作祖丁簋_7/ 曽10・05042_酉作旅卣_1/ 䵼10・05104_伯作尊彝卣_3/ 䵼10・05127_作寶尊彝卣_3/ 䵼10・05128_作寶尊彝卣_3/ 䵼10・05129_作寶尊彝卣_3/ 䵼10・05130_作寶尊彝卣_3/ 䵼10・05189_䩷卣_4/ 䵼10・05190_召卣蓋_4/ 䵼10・05194_師隻卣蓋_4/ 䵼10・05196_見卣_4/ 䵼10・05197_狽作寶尊彝卣蓋_4/ 䵼10・05218_集作父癸卣_4/ 䵼10・05226_㵪伯卣_5/ 䵼10・05242_衛父卣_5/ 曽10・05267_羊作父乙卣_6/ 䵼10・05296_尹舟作兄癸卣_6/ 䵼10・05297_䦱作宮伯卣蓋_6/ 䵼10・05298_䦱作宮伯卣_6/ 䵼10・05320_小夫卣_7/ 䵼10・05328_對作父乙卣_6/ 䵼10・05332_亞作父丁卣_5/ 䵼10・05356_𠫑伯卣_9/ 䵼10・05361_䐁作父辛卣蓋_9/ 䵼10・05363_濬伯逨卣_10/ 䵼10・05364_濬伯逨卣_10/ 䵼10・05383_岡劫卣蓋_15/ 䵼10・05386_息伯卣_16/ 䵼10・05389_顯卣_5/ 䵼10・05391_執卣_17/ 䵼10・05391_執卣_19/ 䵼11・05841_應公尊_5/ 䵼11・05861_員父尊_5/ 䵼11・05819_𢻸尊_4/ 䵼10・05399_盉卣_19/ 䵼10・05400_作冊䰧卣_24/ 䵼10・05415_保卣蓋_29/ 𥃦10・05416_召卣_24/ 𥃦10・05416_召卣_13/ 𥃦10・05416_召卣_36/ 䵼10・05421_士上卣_45/ 䵼11・05846_伯矩尊_5/ 䵼11・05851_仲㦰尊_5/ 䵼11・05905_單昙父癸尊_7/ 䵼11・05852_登仲犧尊_5/ 䵼11・05871_禾伯作父乙尊_7/ 䵼11・06015_麥方尊_127/ 䵼11・05947_懌季邊父尊_9/ 䵼11・05986_隬作父乙尊_23/ 𥃦11・06004_召尊_13/ 𥃦11・06004_召尊_24/ 䵼11・05869_辟東作父乙尊_6/ 䵼11・05889_卿尊_6/ 䵼11・05828_商作父丁犧尊蓋_6/ 䵼11・05951_省史起祖丁尊_9/ 曽11・05999_士上尊_19/ 䵼11・05857_叔䰧尊_5/ 䵼11・05807_王作母癸尊_5/ 䵼11・05781_作寶尊彝尊_3/ 䵼11・05784_作寶尊彝尊_3/ 䵼11・05810_作彭史从尊_5/ 䵼11・05822_作祖乙尊_5/ 䵼11・05866_作祖己

尊_5/ 懷 11·05847_隉伯尊_5/ 懷 11·05876_枻作父丁尊_5/ 懷 11·05895_䉈作父乙尊_6/ 懷 11·05928_㝬薛作日癸尊_8/ 懷 12·06502_木工册作母甲觶_7/ 懷 12·06487_延作笭觶_6/ 懷 12·06477_伯旃觶_5/ 懷 12·06478_伯旃觶_5/ 懷 12·06488_冶徣觶_6/ 懷 12·06459_邑觶_4/ 懷 12·07300_亞馱皿合觚_6/ 懷 12·07289_作祖己觚_5/ 懷 12·07299_㚔丏觚_3/ 懷 12·07278_賁引觚_4/ 懷 14·09033_剛爵_4/ 懷 14·09096_魯侯爵_8/ 懷 14·09065_效祖戊爵_6/ 懷 14·09104_孟爵_20/ 懷 15·09239_講罢_4/ 懷 15·09300_吳犾馭虩盉_15/ 懷 15·09290_☒父辛虩_5/ 懷 15·09412_伯矩盉_5/ 懷 15·09430_伯㝊盉_4/ 懷 15·09454_士上盉_19/ 懷 15·09414_隉伯盉_5/ 懷 15·09424_❒遥盉_7/ 懷 15·09568_伯矩壺_5/ 懷 16·10308_詠盉_4/ 懷 16·10309_退盉_6/ 懷 15·09689_呂行壺_19/ 懷 15·09813_伯罍_5/ 懷 16·10067_延盤_5/ 懷 16·10059_暦盤_4/ 懷 16·10551_从器_4/ 懷 16·10558_壽作父戊器_5/ 懷 16·10564_伯丙器_4/ 懷 16·10574_耳作父癸器_6/ 懷 16·10575_趞子作父庚器_8/ 懷 16·10581_幵作父辛器_19/ 懷 新收 0594_陟作父丁卣_6/ 懷 新收 0595_陟作父丁卣_6/ 懷 新收 0595_陟作父丁卣_10/ 懷 04·02054_叔鼎_4/ 懷 近出 0297_庹監鼎_5/ 懷 夏商周青銅器研究西周上 227_从簋_4/ 懷 近出 0306_孟方鼎_8/ 懷 近出 0307_孟方鼎_8/ 懷 集释_太保盉_42/ 懷 總集 06·4827_元作高召日乙尊_8/ 懷 總集 07·5271_作寶尊彝卣_3/ 懷 近出 0275_鉴方鼎_3/ 懷 近出 0455_晨簋_11/ 懷 近出 0995_㝬彝盉_11/ 懷 近出 0436_作父丁簋_5/ 懷 近出 0605_龏卣_24/ 懷 近出 0605_龏卣_47/ 懷 近出 0258_作尊彝鼎_2/ 懷 近出 0433_昷作父乙簋_6/ 懷 近出 0434_叔簋_6/ 懷 近出 0437_㲋侯簋_6/ 懷 近出 0602_雞卣_6/ 懷 近出 0635_雞尊_6/ 懷 近出 0938_子彈盉_4/ 懷 新收 1594_木羊簋（甲）_5/ 懷 新收 0349_叔徣尊_8/ 懷 新收 0927_伯卣_4/ 懷 新收 0944_籲尊_6/ 懷 新收 0944_籲尊_11/ 懷 新

收 0917_鐱卣_6/ 㺇 新收 0928_伯尊_4/ 㺇 考古 2010 年 08 期_豐鼎_10/ 㺇 新收 1685_尊彝斝_1/ 㺇 考古 2008 年 12 期 12 頁圖一一：2_作寶尊彝盉_3/ 㺇 考古 2008 年 12 期 12 頁圖一一：7_作寶尊彝盉_3/ 㺇 考古與文物 2008 年 2 期 8 頁圖 10_大丏簋_4/ 㺇 首陽 72 頁_喬觚_5/ 㺇 首陽 74 頁_喬觶_37/ 㺇 首陽 83 頁_喬簋_29/ 㺇 考古 2010 年 08 期 33 頁圖八：1_豐卣_8/ 㺇 金文通鑒 02339_鄂侯鼎_5/ 㺇 金文通鑒 02394_史鼎_5/ 㺇 金文通鑒 11794_臣中尊_13/ 㺇 金文通鑒 12351_䚲作婦日庚壺_6/ 㺇 文物 2007 年 08 期_牢犬册甗_9/ 㺇 金文通鑒 05293_𨛥簋蓋_34/ 㺇 金文通鑒 05285_作尊彝簋_2/ 㺇 金文通鑒 12339_子𠭯𡨄壺_12/ 㺇 金文通鑒 13327_䚲卣_6/ 㺇 金文通鑒 12351_䚲作婦日庚壺_6/ 㺇 隨州 35_噩侯方罍_6/ 㺇 考古 2012 年 07 期 37 頁,圖十八：7_曾侯諫作媿簋_7/ 㺇 考古 2012 年 07 期 37 頁,圖十八：10_作寶尊彝卣_3/ 㺇 文物 2009 年 02 期_何簋-蓋_33/ 㺇 文物 2011 年 11 期_敏伯彭卣_6/ 㺇 2011 年 11 期 51 頁圖七九：1_敏伯彭卣_6/ 㺇 文物 2011 年 11 期_曾侯方鼎 M27，器内_5/ 㺇 近出二 0400_都簋_6/ 㺇 近出二 0399_都簋_6/ 㺇 近出二 0831_父丁盉_4/ 㺇 上博 11 期_𦨶角_6/ 㺇 國博館刊 2012 年 01 期_史𪔉觶_7/ 㺇 國博館刊 2012 年 01 期_史爵_7/ 㺇 國博館刊 2012 年 01 期_喬觚_5/ 㺇 山東金文 140 頁_斿鼎_7/ 㺇 08 · 04239_小臣謎簋器_63/

西周早期或中期 5

㺇 04 · 02186_外叔鼎_5/ 㺇 04 · 02347_斿鼎_7/ 㺇 04 · 02348_作長鼎_4/ 㺇 11 · 05933_何作兄日壬尊_7/ 㺇 12 · 06509_𦨶觶_12/

西周中期 19

㺇 04 · 02326_史造作父癸鼎_7/ 㺇 05 · 02695_員方鼎_7/ 㺇 05 · 02838_曶鼎_220/ 㺇 05 · 02838_曶鼎_86/ 㺇 06 · 03479_公簋_4/ 㺇 08 · 04167_彔簋_40/ 㺇 08 · 04237_臣諫簋_59/ 㺇 08 · 04240_免簋_

56/ 簠06·03675_戜者簠_7/ 簠07·03976_鈇馭簠_17/ 簠11·05966_員作父壬尊_6/ 簠11·05899_歔作父戊尊_7/ 斜12·06511_紀仲觶_6/ 會12·06454_伯戜觶_4/ 簠15·09427_伯□盂_8/ 簠15·09669_散氏車父壺_8/ 簠近出0627_乍寶尊彞尊_3/ 簠新收0703_咸鼎_6/ 簠金文通鑒02312_貘鼎_6/

西周晚期2

闌08·04334_頌簋_45/ 剩15·09630_呂王壺_7/

附錄四：金文"甘"旁斷代分期表

西周早期31

簠04·02337_伯六辝方鼎_7/ 簠04·02342_叔簠作南宮鼎_8/ 簠06·03673_□作丮母簋_6/ 簠04·02503_榮子旅鼎_8/ 簠05·02729_敵歔方鼎_31/ 簠06·03412_作寶尊彞簋_3/ 簠06·03561_安父簋_5/ 簠07·04044_御正衛簋_22/ 簠08·04300_作冊矢令簋_21/ 簠08·04301_作冊矢令簋_88/ 簠06·03684_劌圅作祖戊簋_7/ 簠10·05219_作公尊彞卣_3/ 簠10·05221_侖伯卣_5/ 簠10·05254_獄卣_5/ 簠10·05290_貴作父癸卣_6/ 簠10·05308_甕作父甲卣_6/ 簠10·05346_豐卣_6/ 簠10·05410_啓卣_28/ 簠10·05426_庚嬴卣器_41/ 簠11·05886_此作父辛尊_6/ 簠11·05903_㜌子作父辛尊_7/ 簠11·05842_作公尊彞尊_3/ 簠11·05946_作父癸尊_6/ 簠11·05944_珈作父乙尊_7/ 簠14·09031_立爵_4/ 簠15·09397_公盂_4/ 簠16·09888_叔妣方彞_11/ 簠16·09895_作冊旂方彞_36/ 簠16·10062_公盤_4/ 簠16·10573_田作父己器_6/ 簠圖像11765_覷爾尊_7/

138

西周早期或中期 4

〔徽〕04・02188_考作吝父鼎_5/〔徽〕11・05948_公尊_4/〔徽〕11・05976_黃尊_9/〔徽〕11・05908_員尊_7/

西周中期 31

〔徽〕04・02069_立鼎_4/〔徽〕06・03702_彔簋_8/〔徽〕05・02789_烖方鼎_40/〔徽〕05・02824_烖方鼎_103/〔徽〕05・02824_烖方鼎_95/〔徽〕06・03549_楷仲簋_5/〔徽〕07・04023_伯中父簋蓋_20/〔徽〕08・04207_遹簋_50/〔徽〕08・04322_烖簋蓋_111/〔徽〕10・05261_鯛作祖乙卣_6/〔徽〕10・05420_彔烖卣蓋_47/〔徽〕10・05425_競卣蓋_46/〔徽〕10・05427_作冊益卣_7/〔徽〕11・05902_獸作父庚尊_6/〔徽〕11・05993_作氒文祖方尊_9/〔徽〕15・09455_長由盉_56/〔徽〕15・09535_皆作尊壺蓋_3/〔徽〕16・09880_榮子方彝_5/〔徽〕16・09881_榮子方彝_5/〔徽〕近出 0601_雋卣_6/〔徽〕近出二 436_一式獄簋_7/〔徽〕近出二 438_二式獄簋器_56/〔徽〕新收 1875_老簋_34/〔徽〕新收 1961_彔烖卣_47/〔徽〕金文通鑒 02313_南方追孝鼎_9/〔徽〕金文通鑒 05662_獄盨_54/〔徽〕10・05420_彔烖卣器_47/〔徽〕10・05430_繁卣器_56/〔徽〕08・04322_烖簋器_111/〔徽〕08・04322_烖簋器_122/〔徽〕15・09535_皆作尊壺器_3/

西周晚期 1

〔徽〕近出二 327_柞伯鼎_92

附錄五：西周金文𠂤、𠂢分期數據出處表

𠂤

西周早期 367

〔𠂤〕08・04139_楷侯簋蓋_6/〔𠂤〕06・03652_僉作父丁簋_5/〔𠂤〕10・

05207_㚔作父乙卣_5/🖼10・05262_𫘧作祖乙卣_5/🖼04・02061_腹鼎_4/🖼11・05895_𦉢作父乙尊_5/🖼10・05327_伯𩰻卣_6/🖼10・05421_士上卣_44/🖼11・05964_穀作父乙方尊_6/🖼11・05964_穀作父乙方尊_15/🖼金文通鑒 05272_公登父簋_24/🖼04・01966_庸作寶鼎_3/🖼總集07・5271_作寶尊彝卣_2/🖼06・03461_農父簋_4/🖼06・03685_見作父己簋_5/🖼06・03664_無攱簋_6/🖼06・03670_滕侯簋_6/🖼05・02672_庈父鼎_5/🖼06・03563_姑口父簋_5/🖼16・10566_俞伯器_4/🖼14・09052_作甫丁爵_4/🖼04・02373_中斿父鼎_5/🖼05・02628_燕侯旨鼎_19/🖼06・03275_作寶彝簋_2/🖼10・05138_作寶尊彝卣_2/🖼04・02030_王伯鼎_4/🖼15・09557_敊姬壺_4/🖼10・05282_𭃂作父己卣_5/🖼11・05878_𦉢作父己尊_5/🖼05・02661_德方鼎_22/🖼11・05989_作册睘尊_26/🖼06・03714_辨作文父己簋_6/🖼11・05941_𠭯尊_9/🖼15・09428_𠭯盉_9/🖼10・05035_作寶彝卣_2/🖼05・02671_庈父鼎_5/🖼考古與文物 2012 年 1 期 94 頁_印尊_6/🖼07・03863_彔簋_16/🖼11・05711_作寶彝尊_2/🖼10・05432_貜卣_3/🖼11・06001_小子生尊_37/🖼06・03274_作寶彝簋_2/🖼05・02660_辛鼎_3/🖼06・03541_伯簋_3/🖼10・05107_伯作寶彝卣_3/🖼14・09063_史達角_4/🖼04・02261_王作康季鼎_5/🖼14・09097_口綸東爵_7/🖼15・09529_伯作寶壺_3/🖼近出 0624_伯尊_3/🖼11・05945_夯者君尊_7/🖼近出 0335_臣高鼎_14/🖼近出 0605_驫卣_46/🖼近出 0605_驫卣_53/🖼04・02053_叔鼎_3/🖼03・00540_大作歔鬲_4/🖼考古與文物 2008 年 2 期 7 頁圖 8_隉王尊_6/🖼07・04060_不壽簋_24/🖼03・00875_㭣甗_3/🖼15・09512_叔作寶壺_3/🖼10・05221_龠伯卣_4/🖼10・05268_小臣作父乙卣_5/🖼06・03741_作寶簋_2/🖼10・05209_氃作父丁卣_5/🖼15・09239_耩罋_3/🖼06・03662_歔作父癸簋_5/🖼10・05159_作父戊卣_4/🖼10・05160_作父戊

卣_4/【集】10・05369_許仲卣_8/【集】10・05415_保卣器_28/【集】南方文物 2011 年第 3 期 129 頁_遽伯睘簋_5/【集】07・03824_囦簋_12/【集】07・04044_御正衛簋_21/【集】04・02330_姞冒母方鼎_6/【集】06・03719_似伯簋_8/【集】04・02022_㲋父鼎_4/【集】06・03536_伯䑞簋_4/【集】16・09901_矢令方彝_171/【集】08・04239_小臣謎簋蓋_62/【集】08・04121_榮簋_28/【集】06・03381_匀作寶彝簋_3/【集】06・03498_伯作寶尊彝簋_3/【集】04・02144_旂父鼎_4/【集】近出 0271_皇鼎_3/【集】12・06486_叔㙸觶_6/【集】16・10549_䰍𤽹器_4/【集】10・05422_士上卣_44/【集】11・05866_作祖己尊_4/【集】04・02323_梓作父癸鼎_5/【集】12・06497_甚父戉觶_9/【集】10・05431_高卣_38/【集】06・03277_作寶彝簋_2/【集】06・03671_旗司徒㯱簋_6/【集】04・02375_遂啓諆鼎_7/【集】08・04169_庸伯馭簋_31/【集】山東金文 140 頁_旂鼎_6/【集】07・03822_效父簋_11/【集】07・03823_效父簋_11/【集】近出 0127_克事正鬲_5/【集】11・06015_麥方尊_126/【集】新收 1441_妊簋_3/【集】14・09066_盤祖己爵_6/【集】近出 0634_史獸敏尊_9/【集】06・03715_辨作文父己簋_6/【集】05・02704_旗鼎_29/【集】05・02655_先獸鼎_6/【集】05・02655_先獸鼎_14/【集】04・02453_㞢父鼎_10/【集】14・09035_伯𧖟爵_4/【集】06・03357_伯作寶簋_3/【集】07・03908_量侯簋_14/【集】06・03413_作寶用簋_2/【集】06・03542_伯簋_3/【集】12・06437_耒作寶彝觶_3/【集】06・03574_鄂叔簋_4/【集】10・05337_屯卣_5/【集】10・05273_田告父丁卣_6/【集】16・10576_庚姬器_6/【集】10・05340_伯𤔲卣_7/【集】11・05992_遣尊_26/【集】03・00913_比甗_3/【集】10・05326_伯𩰬卣_6/【集】07・03908_量侯簋_5/【集】03・00857_伯作寶彝甗_3/【集】06・03355_伯作寶簋_3/【集】近出 0301_備作父乙鼎_5/【集】03・00916_番夫作祖丁甗_6/【集】03・00924_乃子作父辛甗_6/【集】11・05903_乎子作父辛尊_6/【集】03・00915_大史友甗_7/【集】03・00920_㛦妝甗_7/【集】10・05364_㴬伯㦰卣_8/【集】05・02555_旂鼎_14/【集】08・04139_檽侯簋蓋_

14/🖼05・02758_作册大方鼎_37/🖼10・05363_潘伯遹卣_8/🖼06・03496_伯作寶尊彝簋_3/🖼16・10091_眞盤_13/🖼06・03471_文簋_3/🖼06・03472_文簋_3/🖼12・06487_沚作答觶_5/🖼07・03748_伯者父簋_5/🖼金文通鑒05272_公登父簋_15/🖼金文通鑒02390_仲朏父鼎_6/🖼03・00905_作父癸甗_4/🖼04・02151_應公方鼎_4/🖼15・09567_伯矩壺_4/🖼10・05290_責作父癸卣_5/🖼11・05883_責作父辛尊_5/🖼15・09593_奪作父丁壺_5/🖼14・08998_臣作父乙爵_5/🖼04・02503_榮子旅鼎_7/🖼10・05371_伯卣_12/🖼04・02503_榮子旅鼎_14/🖼16・09889_鞏啓方彝_14/🖼06・03404_作寶尊彝簋_2/🖼考古2008年12期12頁圖一一：2_作寶尊彝盃_2/🖼07・04097_窓簋_15/🖼04・02342_叔𩰯作南宮鼎_7/🖼06・03265_作寶彝簋_2/🖼11・05962_叔処方尊_11/🖼05・02759_作册大方鼎_36/🖼05・02760_作册大方鼎_37/🖼11・05710_作寶彝尊_2/🖼14・08823_爵寶彝爵_2/🖼04・02456_伯矩鼎_4/🖼10・05231_伯各卣_4/🖼10・05232_伯各卣_4/🖼10・05237_叔㦰卣_4/🖼新收1947_俞伯甗_4/🖼04・01732_叔作寶鼎_3/🖼圖像11765_覯爾尊_6/🖼圖像11765_覯爾尊_13/🖼12・06493_諫作父丁觶_5/🖼16・10308_汖盂_3/🖼10・05323_衛卣_6/🖼10・05384_耳卣_14/🖼05・02595_臣卿鼎_17/🖼07・03826_匋𣦥簋_18/🖼03・00567_叔㚸作父癸鬲_6/🖼06・03371_旂作寶簋_3/🖼16・10059_曆盤_3/🖼06・03534_伯魚簋_4/🖼06・03535_伯魚簋_4/🖼11・05860_嬴季尊_4/🖼16・10545_伯魚器_4/🖼06・03613_哦作父辛簋_5/🖼10・05263_𱂇作祖丁卣_5/🖼11・05874_逆作父丁尊_5/🖼06・03659_子令作父癸簋_6/🖼文物2011年11期_師鐘鼎_6/🖼近出0995_彝蓋_10/🖼04・02507_復鼎_12/🖼金文通鑒05293_𩰬簋蓋_41/🖼05・02748_庚嬴鼎_36/🖼04・01793_作寶彝方鼎_2/🖼10・05140_作寶尊彝卣_2/🖼12・06488_冶㣇觶_5/🖼

15・09289_亄作父丁甂_5/🐚03・00876_雷甒_3/🐚03・00890_田農甒_4/🐚10・05315_胧作父癸卣_5/🐚07・03907_過伯簋_14/🐚04・01785_作寶鼎_2/🐚06・03253_作寶簋_2/🐚04・02175_虫召作旅鼎_4/🐚江漢考古2011年3期,11頁~12頁_曾侯諫圓鼎M65_5/🐚江漢考古2011年3期,16頁_曾侯諫簋M65_5/🐚江漢考古2014年1期,66頁-1_曾侯諫方鼎M28_5/🐚江漢考古2014年1期,66頁-2_曾侯諫分觶鼎M28_5/🐚江漢考古2014年1期,66頁-3_曾侯諫簋M28_5/🐚江漢考古2014年1期,66頁-5_曾侯諫盤_5/🐚江漢考古2014年1期,66頁-6_曾侯諫圓鼎M3_5/🐚江漢考古2014年1期,66頁-7_曾侯諫圓鼎M28_5/🐚江漢考古2014年1期,66頁-8_曾侯諫方鼎M28_5/🐚考古2012年07期37頁,圖九：3_曾侯諫方鼎_5/🐚考古2012年07期37頁,圖九：5_曾侯諫圓鼎M65,蓋內_5/🐚考古2012年07期37頁,圖九：8_曾侯諫圓鼎M3,腹內_5/🐚11・05961_伯尊_12/🐚新出金文9頁圖二：4_叔卣_112/🐚03・00509_仲作寶彝鬲_3/🐚06・03530_冘伯簋_5/🐚06・03531_冘伯簋_5/🐚10・05303_束叔卣_5/🐚近出0449_比簋_8/🐚04・02317_亞🐚作父丁鼎_6/🐚04・02366_襃作父丁鼎_5/🐚06・03465_隃簋_3/🐚16・10091_眞盤_3/🐚04・02404_伯䫙方鼎_6/🐚04・02405_德鼎_9/🐚04・02504_作册🐚鼎_13/🐚04・01914_伯作寶鼎_3/🐚15・09528_伯作寶壺_3/🐚04・02149_矢王方鼎蓋_4/🐚04・01725_伯作寶鼎_3/🐚近出0272_邾鼎_3/🐚考古2012年07期37頁,圖九：2_曾侯方鼎M27,蓋內_4/🐚06・03462_獣父簋_4/🐚11・05822_作祖乙尊_4/🐚10・05304_矢卣_6/🐚10・05310_枚家作父戌卣_6/🐚03・00834_作寶彝甒_2/🐚04・02153_康侯封鼎_5/🐚近出0275_夆方鼎_2/🐚10・05244_正父卣_4/🐚06・03573_師甕簋_5/🐚新收0594_陌作父丁卣_5/🐚07・03948_臣卿簋_17/🐚復旦網2012・7・26_京師畯尊_22/🐚金文通鑒02339_鄂侯鼎_

4/🖼08・04201_小臣宅簋_44/🖼16・10062_公盤_3/🖼03・00852_命作寶彝甗_3/🖼10・05279_卣作父己卣_3/🖼16・10312_伯盂_3/🖼04・02041_𨳛伯鼎_4/🖼16・10557_作父丁器_4/🖼16・10312_伯盂_14/🖼12・06495_邊仲作父丁觶_6/🖼04・01931_季作寶彝鼎_3/🖼04・02325_𣪊季作父癸方鼎_6/🖼11・05928_𣂏薛作日癸尊_7/🖼15・09430_伯害盂_8/🖼05・02614_曆方鼎_11/🖼11・05946_作父癸尊_5/🖼11・05987_臣衛宋尊_22/🖼06・03723_仲簋_3/🖼10・05190_𠭯卣蓋_3/🖼10・05191_豊卣_4/🖼11・05940_季盉尊_4/🖼11・05925_傳作父戊尊_5/🖼10・05335_𠭯作文考癸卣_6/🖼16・10572_◆〰作父丁器_6/🖼07・03743_保侃母簋蓋_10/🖼07・03744_保侃母簋_10/🖼07・04112_命簋_19/🖼06・03558_嬴季簋_4/🖼04・01795_作寶彝鼎_2/🖼06・03353_伯作寶簋_3/🖼10・05386_息伯卣_15/🖼圖像續0131_伯方鼎乙_4/🖼考古2012年07期37頁,圖九: 4_九六一方鼎_4/🖼06・03254_作寶簋_2/🖼11・05845_伯貉尊_4/🖼04・02312_堇臨作父乙方鼎_6/🖼06・03647_堇臨作父乙簋_6/🖼06・03648_堇臨作父乙簋蓋_6/🖼江漢考古2014年2期_s衣方座簋内底_7/🖼04・02436_剌啓宁鼎_8/🖼新收0944_䥻尊_10/🖼10・05374_圍卣_12/🖼10・05228_伯矩卣_4/🖼16・10565_師高簋_4/🖼10・05188_頗卣_3/🖼07・04073_伯梡簋_7/🖼07・04073_伯梡簋_27/🖼11・05857_叔𩷗尊_4/🖼12・06436_迷觶_3/🖼06・03689_亞𠂤吳作母辛簋_8/🖼11・05915_衛尊_6/🖼11・05923_父丁亞𠂤尊_4/🖼11・05924_父丁亞𠂤尊_4/🖼10・05308_甕作父甲卣_5/🖼金文通鑒02359_长子方鼎_6/🖼近出0592_寶尊彝卣_3/🖼新收0925_南宮姬鼎_5/🖼新收0926_南宮姬鼎_5/🖼06・03356_伯作寶簋_3/🖼11・06003_保尊_28/🖼05・02723_師俞鼎_31/🖼05・02791_伯姜鼎_33/🖼16・09893_邢侯方彝_37/🖼05・02629_舍父鼎_14/🖼03・00527_夌姬鬲_5/🖼05・02670_

旂鼎_21/圖 近出 0433_ 作父乙簋_5/圖 06・03468_御簋_3/圖 10・05357_憧季邊父卣_8/圖 10・05358_憧季邊父卣_8/圖 11・05947_憧季邊父尊_8/圖 文物 2011 年 11 期_曾侯方鼎 M27，蓋內_4/圖 文物 2011 年 11 期_曾侯方鼎 M27，器內_4/圖 10・05330_奪作父丁卣_5/圖 10・05331_奪作父丁卣_5/圖 15・09248_折斝_5/圖 11・05884_矢作父辛尊_6/圖 近出 0455_晨簋_10/圖 04・01781_作寶鼎_2/圖 06・03370_央作寶簋_3/圖 10・05180_伯作寶尊彝卣_3/圖 04・02064_鼎_4/圖 06・03485_叔簋_4/圖 14・08985_作寶爵_4/圖 14・09041_史旨爵_4/圖 近出 0158_井伯甗_4/圖 10・05298_闕作宮伯卣_5/圖 11・05855_鄂叔尊_5/圖 14・09065_效祖戊爵_5/圖 07・03909_簋_6/圖 10・05272_戈車作父丁卣_6/圖 14・09048_應事作父乙爵_6/圖 04・02320_榮子旅鼎_7/圖 14・09094_朢爵_9/圖 10・05399_盂卣_18/圖 10・05410_啓卣_26/圖 05・02740_彎鼎_33/圖 05・02741_彎鼎_33/圖 10・05182_伯作寶尊彝卣_3/圖 03・00883_應監甗_4/圖 04・02341_叔具鼎_6/圖 11・05963_許仲尊_8/圖 16・09895_作冊旂方彝_39/圖 06・03251_作寶簋_2/圖 10・05134_作寶尊彝卣_2/圖 11・05704_作寶彝尊_2/圖 06・03494_伯作寶尊彝簋_3/圖 14・09031_立爵_3/圖 04・02249_或作父丁鼎_5/圖 10・05346_豐卣_5/圖 11・05886_此作父辛尊_5/圖 10・05426_庚嬴卣器_40/圖 10・05426_庚嬴卣器_51/圖 06・03366_晨作寶簋_3/圖 06・03367_晨作寶簋_3/圖 04・01780_作寶鼎_2/圖 10・05407_作冊䍌卣_33/

西周中期 256

圖 06・03728_叔妃簋蓋_9 圖 05・02736_不指方鼎_32 圖 08・04240_兔簋_63 圖 15・09536_作寶壺_3 圖 16・09884_䀭作父辛方彝_5 圖 16・09885_䀭作父辛方彝_5 圖 16・10161_兔盤_32 圖 10・05425_競卣器_45 圖 10・05425_競卣器_51 圖 11・05824_作父乙尊_5 圖 15・09726_

三年瘭壺_60 🔲15・09727_三年瘭壺_61 🔲06・03260_作寶簋_2 🔲新收 1691_尸曰壺_4 🔲07・04101_生史簋_14 🔲04・02462_倗仲鼎_11 🔲07・03868_祖辛簋_5 🔲08・04219_追簋_59 🔲10・05406_周乎卣_32 🔲11・05907_厭作父癸尊_5 🔲06・03549_榴仲簋_4 🔲10・05420_彔威卣器_42 🔲10・05372_異卣_8 🔲07・03976_戕馭簋_16 🔲近出 0164_孟狸父甗_17 🔲近出 0338_孟狸父鼎_17 🔲15・09714_史懋壺_40 🔲金文通鑒 14500_作寶盤_2 🔲金文通鑒 13288_作宗寶尊彝卣_3 🔲近出 0499_伯敢卑盨蓋_6 🔲金文通鑒 06259_仲芇父盆乙_9 🔲近出 0500_伯敢卑盨蓋_17 🔲近出 0943_匍盉_39 🔲10・05430_繁卣器_61 🔲15・09399_伯春盉_4 🔲05・02804_利鼎_69 🔲圖像 05208_倗伯再簋_42 🔲11・05942_参尊_9 🔲近出二 310_獄鼎_9 🔲近出二 310_獄鼎_29 🔲近出二 436_一式獄簋_78 🔲06・03702_彔簋_7 🔲金文通鑒 02313_南方追孝鼎_8 🔲金文通鑒 02313_南方追孝鼎_16 🔲10・05408_靜卣_35 🔲07・03977_己侯貉子簋蓋_8 🔲10・05398_同卣_22 🔲18・12029_口作車鑾鈴_4 🔲05・02780_師湯父鼎_53 🔲15・09827_季妃髻罍_5 🔲15・09827_季妃髻罍_24 🔲11・05870_小臣作父乙尊_5 🔲陝金 1・81_作寶鼎_2 🔲06・03676_卣簋_3 🔲06・03718_伯簋_3 🔲近出 1001_獸宮盤_6 🔲06・03372_奪作寶簋_3 🔲11・05790_作寶尊彝尊_2 🔲08・04199_恆簋蓋_39 🔲08・04199_恆簋蓋_49 🔲10・05430_繁卣器_55 🔲15・09822_蘇罍_12 🔲08・04209_衛簋_44 🔲06・03375_舟作寶簋_3 🔲04・02367_蘭監父己鼎_7 🔲近出 0456_叔各父簋_11 🔲08・04200_恆簋蓋_39 🔲08・04200_恆簋蓋_49 🔲金文通鑒 02312_豩鼎_5 🔲07・03950_鴻叔簋_17 🔲07・03951_鴻叔簋_17 🔲近出二 440_覩簋_99 🔲近出二 440_覩簋_111 🔲05・02733_衛鼎_9 🔲05・02733_衛鼎_33 🔲06・03510_作父乙簋_4 🔲06・03511_作父乙簋_4 🔲近出二 406_梁伯敢簋_10 🔲08・04207_遹簋_

58 󰃁04・02048_仲作旅寶鼎_4 󰃁玫茵堂117_伯䀉盤_5 󰃁04・02065_𤼈鼎_4 󰃁11・05879_羌作父己尊_5 󰃁11・05966_員作父壬尊_5 󰃁08・04192_鮮簋蓋_43 󰃁10・05405_次卣蓋_29 󰃁11・06013_盠方尊_77 󰃁16・10048_季作寶盤_3 󰃁10・05424_農卣_50 󰃁07・03832_媵虎簋_12 󰃁圖像12257_仲姞壺_4 󰃁10・05261_鮦作祖乙卣_5 󰃁10・05425_競卣蓋_45 󰃁10・05425_競卣蓋_51 󰃁07・04102_仲戱父簋_24 󰃁07・04103_仲戱父簋_24 󰃁新收1669_楷尊_4 󰃁近出二405_州簋_3 󰃁四川文物2011年第4期40~42頁圖版三、四_晉侯簋_5 󰃁圖像04736_晉侯簋甲_5 󰃁新收1601_公仲簋_7 󰃁近出二405_州簋_10 󰃁四川文物2011年第4期40~42頁圖版三、四_晉侯簋_13 󰃁圖像04736_晉侯簋甲_13 󰃁04・02191_王作仲姜鼎_5 󰃁16・10322_永盂_122 󰃁06・03730_季殷簋_10 󰃁11・05968_服方尊_12 󰃁08・04167_虡簋_39 󰃁新收1961_彔威卣_46 󰃁新收1554_任鼎_52 󰃁新收1447_仲枏父鬲_37 󰃁11・05966_員作父壬尊_14 󰃁05・02824_威方鼎_94 󰃁05・02765_螨鼎_39 󰃁05・02765_螨鼎_45 󰃁10・05419_彔威卣_46 󰃁近出0471_仲播簋_22 󰃁03・00532_旅姬鬲_4 󰃁05・02813_師奎父鼎_92 󰃁04・01953_舟作寶鼎_3 󰃁06・03564_員父簋_4 󰃁10・05240_嬴季卣_4 󰃁圖像03903_作寶簋_2 󰃁08・04209_衛簋_56 󰃁08・04322_威簋蓋_110 󰃁08・04322_威簋蓋_135 󰃁新收1915_智簋_43 󰃁04・01960_毛作寶鼎_3 󰃁11・05931_智尊_7 󰃁考古與文物2006年6期63頁圖八_獄盉_69 󰃁04・01790_作旅寶鼎_3 󰃁新收1316_作寶尊彝卣_2 󰃁07・03835_萆簋_4 󰃁05・02696_罘鼎_25 󰃁16・09899_盠方彝_77 󰃁16・09899_盠方彝_106 󰃁11・05788_作寶尊彝尊_2 󰃁16・10076_季嬴霝德盤_6 󰃁08・04268_王臣簋_84 󰃁12・06515_萬諆觶_30 󰃁04・01974_曩作寶器鼎_3 󰃁04・01977_考作寶鼎_3 󰃁夏商周_伯作寶盉_3 󰃁圖像續0529_霸伯豆_6 󰃁03・00570_作

寶彝鬲_7 🔲 15・09427_伯䟒盉_7 🔲 16・09897_師邊方彝蓋_53 🔲 08・04316_師虎簋_123 🔲 近出二 123_南姞鬲_10 🔲 近出二 123_南姞鬲_24 🔲 近出 0466_叔豊簋_5 🔲 近出 0467_叔豊簋_5 🔲 近出 0466_叔豊簋_18 🔲 近出 0467_叔豊簋_18 🔲 16・10169_呂服余盤_56 🔲 16・10169_呂服余盤_65 🔲 06・03720_康伯簋_10 🔲 05・02789_彧方鼎_65 🔲 08・04327_卯簋蓋_98 🔲 08・04327_卯簋蓋_138 🔲 08・04327_卯簋蓋_150 🔲 04・02040_伯旂鼎_4 🔲 07・03792_伯芳簋_4 🔲 09・04626_免簋_43 🔲 08・04256_廿七年衛簋_63 🔲 08・04256_廿七年衛簋_72 🔲 金文通鑒 05254_作寶旅簋_2 🔲 金文通鑒 05281_南宮倗姬簋_7 🔲 近出二 0413_默簋_13 🔲 11・06011_盠駒尊_81 🔲 06・03700_妣簋_8 🔲 06・03701_妣簋_8 🔲 15・09444_季老或盉_18 🔲 11・05956_鬲作父甲尊_10 🔲 新收 1606_禹簋_56 🔲 06・03364_仲作寶簋_3 🔲 07・04105_賢簋_26 🔲 金文通鑒 05164_□簋蓋_3 🔲 15・09555_劇嬀壺_4 🔲 16・09881_榮子方彝_4 🔲 15・09419_季嬴霝德盉_6 🔲 07・03949_季魯簋_10 🔲 07・03949_季魯簋_19 🔲 05・02678_小臣鼎_23 🔲 圖像 05208_倗伯禹簋_35 🔲 新收 1915_智簋_51 🔲 08・04214_師邊簋蓋_56 🔲 08・04276_豆閉簋_79 🔲 08・04276_豆閉簋_88 🔲 04・02027_嬴氏鼎_4 🔲 11・05993_作乎文祖方尊_8 🔲 01・00092_虡鐘_25 🔲 考古 2011 年 07 期 15 頁圖五_霸伯簋_47 🔲 圖像 04738_祈伯簋_4 🔲 15・09429_米父盉_10 🔲 圖像 04738_祈伯簋_14 🔲 06・03443_羋敻簋_4 🔲 08・04266_趞簋_80 🔲 西安 47_量伯丞父爵_6 🔲 近出 0500_伯敢卑盨蓋_6 🔲 近出 0499_伯敢卑盨蓋_17 🔲 新收 0078_應侯見工簋（甲）_53 🔲 金文通鑒 05662_獄盨_53 🔲 金文通鑒 05662_獄盨_78 🔲 15・09584_鬼作父丙壺_5 🔲 近出 0939_獸宮盉_6 🔲 近出 0432_卸簋_5 🔲 04・02460_羕伯鼎_6 🔲 金文通鑒 02367_古鼎_67 🔲 07・04104_賢簋_26 🔲 11・05789_作寶尊彝尊_2 🔲 近出二 436_一式獄

簋_6 🖼近出 0468_叔豊簋_7 🖼近出 0468_叔豊簋_18 🖼近出二 322_𨦹鼎_49 🖼30 周年文集_宗人鼎_72 🖼11・05988_斱尊_25 🖼08・04192_韐簋器_35 🖼2010 考古發現 72 頁_霸伯罍_4 🖼04・01783_作寶鼎_2 🖼近出 0405_作寶簋_2 🖼近出 0416_作寶用簋_2 🖼04・01987_辛作寶彝鼎_3 🖼近出二 543_公卣_3 🖼15・09395_翺父盉_4 🖼14・09081_豐父辛爵_5 🖼11・05899_虘作父戊尊_6 🖼金文通鑒 05255_叔侯父簋_6 🖼15・09441_白王盉_16 🖼10・05430_繁卣蓋_55 🖼10・05430_繁卣蓋_61 🖼03・00633_塱肇家鬲_11 🖼新收 1686_叔盂_3 🖼03・00921_作寶甗_11 🖼07・03792_伯芳簋_14 🖼05・02838_召鼎_75 🖼03・00569_作寶彝鬲_2 🖼12・06479_者兒觶_4 🖼06・03694_叔窟簋_5 🖼07・03771_晉人簋_6 🖼金文通鑒 14523_嬴盤_6 🖼03・00569_作寶彝鬲_7 🖼07・03771_晉人簋_12 🖼07・03831_滕虎簋_12 🖼04・01967_㷼作寶蠶鼎_3 🖼05・02662_或者鼎_21 🖼新收 1958_㝬簋_57 🖼05・02630_伯陶鼎_9 🖼08・04122_彔作辛公簋_23 🖼11・05996_豐作父辛尊_28 🖼05・02721_𩰫鼎_30 🖼08・04122_彔作辛公簋_32 🖼10・05420_彔戜卣器_46 🖼08・04322_戜簋器_110 🖼05・02824_戜方鼎_114

西周晚期 117

🖼09・04524_塞簋_12/🖼08・04277_師俞簋蓋_88/🖼09・04515_虢叔簋_10/🖼08・04282_元年師旋簋_98/🖼15・09569_伯到方壺_4/🖼03・00604_聿造鬲_7/🖼09・04431_曼龔父盨蓋_5/🖼09・04434_曼龔父盨_5/🖼09・04431_曼龔父盨蓋_22/🖼09・04434_曼龔父盨_22/🖼15・09622_鄧孟壺蓋_13/🖼07・03936_仲駒父簋蓋_15/🖼07・03937_仲駒父簋_15/🖼07・03938_仲駒父簋_15/🖼03・00727_伯頵父鬲_16/🖼近出 0108_逹編鐘三_127/🖼近出二 327_柞伯鼎_91/🖼近出二 327_柞伯鼎_111/🖼08・04156_伯家父簋蓋_36/🖼07・04072_孟姬𦉢簋_24/🖼09・

04425_鼂叔盨_17/🖾近出0476_晉侯斷簋_25/🖾07・03895_輗仲鄭父簋_16/🖾圖像05321_伐簋_69/🖾05・02797_小克鼎_35/🖾05・02799_小克鼎_36/🖾05・02800_小克鼎_36/🖾05・02801_小克鼎_36/🖾05・02802_小克鼎_36/🖾05・02796_小克鼎_71/🖾05・02799_小克鼎_71/🖾05・02800_小克鼎_71/🖾05・02801_小克鼎_71/🖾05・02802_小克鼎_71/🖾新收0077_應侯盤_4/🖾15・09635_眉秩壺_4/🖾08・04313_師衰簋_118/🖾07・03960_孟戩父簋_5/🖾07・03961_孟戩父簋_5/🖾07・03960_孟戩父簋_14/🖾07・03961_孟戩父簋_14/🖾07・03846_姒伯簋蓋_5/🖾05・02619_膳夫旅伯鼎_17/🖾05・02835_多友鼎_277/🖾07・03821_漳伯簋_14/🖾16・10093_史頌盤_13/🖾新收0762_叔五父匜_13/🖾07・04070_叔㚬父簋蓋_24/🖾08・04189_仲枏父簋蓋_43/🖾07・04110_魯士商戲簋_27/🖾16・10226_伯吉父匜_14/🖾07・03996_害吝簋_21/🖾金文通鑒03346_應監甗_4/🖾07・03944_鑄子叔黑臣簋_8/🖾07・03944_鑄子叔黑臣簋_16/🖾15・09438_王盉_6/🖾07・03996_害吝簋_9/🖾04・02417_廟孱鼎_11/🖾15・09438_王盉_13/🖾07・03873_㝬簋_4/🖾07・03873_㝬簋_16/🖾近出二4_鈷仲衍鐘_5/🖾05・02836_大克鼎_95/🖾08・04248_楚簋_70/🖾08・04249_楚簋_70/🖾03・00703_膳夫吉父鬲_16/🖾05・02560_王伯姜鼎_15/🖾03・00928_叔碩父鬲_12/🖾新收1687_作寶彝鬲_2/🖾近出0452_單簋_9/🖾09・04413_謙季獻盨_15/🖾07・03921_叔敫父簋_15/🖾07・03922_叔敫父簋_17/🖾08・04279_元年師旋簋_98/🖾08・04280_元年師旋簋_98/🖾08・04281_元年師旋簋_98/🖾10・05376_虢季子組卣_6/🖾10・05376_虢季子組卣_16/🖾08・04158_竈乎簋_13/🖾03・00526_顙姞鬲_4/🖾08・04197_卻🖾簋_42/🖾09・04432_曼龏父盨_5/🖾09・04433_曼龏父盨_5/🖾09・04432_曼龏父盨_21/🖾09・04433_曼龏父盨_21/🖾09・04353_矢臏盨_4/🖾

09・04497_甬交仲簠_7/ 09・04378_ 叔㮾_11/ 07・03887_伯疑父簠蓋_16/ 古文字學論稿 167 頁圖二、三_呂簠_62/ 07・04057_叔鄂父簠_25/ 07・04058_叔鄂父簠_25/ 新收 0736_有司簡簠蓋_28/ 15・09586_ 侯壺_7/ 08・04314_師袁簋_115/ 圖像 02211_伯上父鼎_21/ 07・04118_宴簋_24/ 07・04119_宴簋_24/ 07・04118_宴簋_31/ 05・02796_小克鼎_36/ 08・04278_酬从簠蓋_97/ 商周金文編 623_四十三年逨鼎甲_318/ 07・03872_旅仲簋_5/ 07・03797_歸叔山父簋_12/ 07・03798_歸叔山父簋_12/ 07・03929_鄂侯簋_17/ 07・03930_鄂侯簋_17/ 07・04027_伯㪅父簋_21/ 09・04600_鄁公諴簋_26/ 08・04217_五年師旋簋蓋_51/ 07・03783_仲競簋_4/ 09・04367_史僰甗_8/ 08・04160_伯康簋_33/ 16・10243_呂仲生匜_14/ 新收 0047_季㚤父匜_11/ 07・04111_魯士商䵼簠_27/ 15・09635_眉秩壺_14/

西周早期 33

07・04022_寧簋蓋_21/ 近出 0599_辟卣_5/ 10・05251_纛益卣_4/ 05・02729_敢䵼方鼎_30/ 06・03405_作寶尊彝簋_2/ 06・03741_作寶簋_10/ 04・02079_ 鼎_4/ 10・05426_庚嬴卣蓋_39/ 10・05179_伯作寶尊彝卣_3/ 05・02575_事要鼎_14/ 06・03278_作寶彝簋_2/ 16・10055_轉作寶艦盤_3/ 04・02252_作父己鼎_4/ 玫茵堂 102_□簋_3/ 10・05210_作父丁卣_4/ 10・05223_汪伯卣_4/ 08・04169_庸伯敢簋_43/ 06・03509_作父乙簋_4/ 07・03791_ 挈君簋_13/ 05・02749_耆鼎_35/ 07・03764_叔㮣父簋_5/ 考古 2012 年 07 期 37 頁,圖九:1_曾侯方鼎 M27,器內_4/ 新收 0957_王妻簋_4/ 11・05984_能匋尊_20/ 近出 0308_王姜鼎_6/ 10・05432_貊卣_1/

⿱05・02751_中方鼎_38/ ⿱08・04239_小臣謎簋器_43/ ⿱03・00930_榮子旅作祖乙甗_7/ ⿱10・05183_伯作寶尊彝卣_3/ ⿱06・03410_作寶尊彝簋_2/ ⿱16・10070_單子伯盤_5/ ⿱03・00881_作父庚甗_4/

西周中期 242

⿱04・01954_舟作寶鼎_3/ ⿱07・03828_滕虎簋_12/ ⿱07・03829_滕虎簋_12/ ⿱09・04415_魯司徒伯吳盨_14/ ⿱近出二附25_公簋_25/ ⿱04・01951_車作寶鼎_3/ ⿱06・03727_友父簋_4/ ⿱09・04429_師趛盨_22/ ⿱15・09724_十三年瘐壺_56/ ⿱05・02831_九年衛鼎_193/ ⿱16・10175_史牆盤_279/ ⿱中國文物報 2011 年 6 月 10 日第 7 版_格伯甗_9/ ⿱08・04251_大師虘簋_57/ ⿱04・02350_作寶鼎_2/ ⿱04・02350_作寶鼎_8/ ⿱01・00249_瘐鐘_54/ ⿱01・00250_瘐鐘_54/ ⿱01・00250_瘐鐘_102/ ⿱07・04114_仲辛父簋_27/ ⿱08・04174_瘐簋器_44/ ⿱08・04175_瘐簋器_44/ ⿱07・03866_城虢遣生簋_14/ ⿱近出0481_夷伯夷簋_30/ ⿱近出0481_夷伯夷簋_37/ ⿱08・04243_殺簋蓋_57/ ⿱04・01962_興作寶鼎_3/ ⿱15・09690_周㝬壺_22/ ⿱15・09691_周㝬壺_22/ ⿱08・04270_同簋蓋_80/ ⿱07・03910_是嬰簋_9/ ⿱07・03911_是嬰簋_9/ ⿱07・03910_是嬰簋_15/ ⿱07・03911_是嬰簋_15/ ⿱近出0502_應侯盨_28/ ⿱周金文存3.74_長生簋蓋_17/ ⿱周金文存3.74_長生簋器_17/ ⿱03・00617_伯庸父鬲_9/ ⿱01・00089_虘鐘_10/ ⿱07・03774_伯闢簋_13/ ⿱15・09302_作文考日己觥_18/ ⿱06・03552_叔虩簋_4/ ⿱06・03553_叔虩簋_4/ ⿱06・03554_叔虩簋_4/ ⿱08・04221_追簋_59/ ⿱09・04416_遣叔吉父盨_15/ ⿱09・04417_遣叔吉父盨_16/ ⿱05・02806_大鼎_57/ ⿱06・03737_詧簋_5/ ⿱07・03766_伯幾父簋_13/ ⿱03・00746_仲枏父鬲_38/ ⿱03・00751_仲枏父鬲_38/ ⿱15・09667_中伯壺蓋_18/ ⿱05・02742_瘐鼎_34/ ⿱01・00256_瘐鐘_8/ ⿱05・02783_七年趞曹鼎_51/ ⿱

14・09068_牆父乙爵_5/䧹04・01961_益作寶鼎_3/䧹11・05972_作𠇑考尊_14/䧹金文通鑒05673_鄭登叔盨_14/䧹07・04106_賢簋_26/䧹12・06469_應事作父乙觶_6/䧹07・03953_辰在寅簋_18/䧹金文通鑒05660_古盨蓋_71/䧹06・03734_辰簋蓋_11/䧹08・04170_癲簋蓋_44/䧹08・04171_癲簋蓋_44/䧹07・03770_降人鍋簋_5/䧹15・09612_大作父乙壺_5/䧹03・00616_伯庸父甗_9/䧹03・00618_伯庸父甗_9/䧹03・00619_伯庸父甗_9/䧹03・00620_伯庸父甗_9/䧹05・02747_師秦宮鼎_38/䧹15・09661_大師小子師望壺_8/䧹上博8期_仲枏父甗_15/䧹15・09661_大師小子師望壺_18/䧹江漢考古1990年5期39頁圖十:6_仲枏父甗_37/䧹上博8期_仲枏父甗_38/䧹新收1957_窋叔簋_44/䧹06・03690_伯簋_3/䧹06・03690_伯簋_10/䧹03・00637_庚姬甗_10/䧹15・09432_飤子盉_11/䧹08・04250_即簋_60/䧹03・00632_榮伯甗_10/䧹15・09440_伯角父盉_5/䧹15・09440_伯角父盉_16/䧹16・10324_微癲盆_4/䧹16・10325_微癲盆_4/䧹新收1600_師酉鼎_62/䧹新收1447_仲枏父甗_15/䧹09・04463_癲盨_49/䧹09・04463_癲盨_59/䧹08・04223_追簋_59/䧹03・00932_子邦父甗_13/䧹09・04414_改盨_15/䧹08・04251_大師虘簋_64/䧹03・00655_伯先父甗_13/䧹03・00656_伯先父甗_13/䧹03・00657_伯先父甗_13/䧹03・00658_伯先父甗_13/䧹03・00649_伯先父甗_14/䧹03・00650_伯先父甗_14/䧹03・00651_伯先父甗_14/䧹03・00652_伯先父甗_14/䧹03・00653_伯先父甗_14/䧹03・00654_伯先父甗_14/䧹07・03772_紀侯簋_12/䧹06・03721_康伯簋蓋_10/䧹10・05403_豐卣_28/䧹08・04267_申簋蓋_84/䧹01・00088_虘鐘_31/䧹05・02831_九年衛鼎_186/䧹06・03678_伯蔡父簋_7/䧹06・03726_𠦪父簋_4/䧹06・03726_𠦪父簋_11/䧹新收1450_伯大師螯盨_12/䧹05・02820_善鼎_75/䧹05・02820_善鼎_109/䧹03・00754_尹姞甗_63/䧹濟寧文物

珍品 71 頁_禽簋_5/ ▣濟寧文物珍品 71 頁_禽簋_13/ ▣07・04098_芺簋_13/ ▣05・02792_大夫始鼎_58/ ▣06・03588_屐作釐伯簋_5/ ▣09・04420_鬳孟延盨器_13/ ▣09・04421_鬳孟延盨蓋_13/ ▣新收 0867_晉侯斷簋_25/ ▣04・02349_▸鼎_3/ ▣04・02435_從鼎_11/ ▣首陽 96 頁_仲枏父鬲_37/ ▣08・04173_癲簋器_44/ ▣01・00248_癲鐘_54/ ▣08・04173_癲簋器_44/ ▣08・04177_癲簋器_44/ ▣05・02807_大鼎_80/ ▣05・02808_大鼎_80/ ▣近出 0487_殷簋甲_69/ ▣近出 0487_殷簋甲_74/ ▣近出 0488_殷簋乙_74/ ▣近出 0488_殷簋乙_82/ ▣近出二 433_羚簋器_62/ ▣01・00247_癲鐘_102/ ▣01・00249_癲鐘_102/ ▣01・00246_癲鐘_103/ ▣03・00752_仲枏父鬲_15/ ▣08・04289_師酉簋_105/ ▣08・04290_師酉簋_105/ ▣08・04291_師酉簋_105/ ▣10・05200_觥作祖戊卣_4/ ▣06・03609_休作父丁簋_5/ ▣16・09898_吳方彝蓋_87/ ▣16・09898_吳方彝蓋_96/ ▣07・03920_伯百父簋_7/ ▣03・00621_伯庸父鬲_9/ ▣08・04191_穆公簋蓋_42/ ▣08・04243_殳簋蓋_67/ ▣09・04462_癲盨_49/ ▣09・04462_癲盨_59/ ▣11・05980_作文考日己方尊_6/ ▣09・04400_鄭井叔康盨_14/ ▣11・05980_作文考日己方尊_18/ ▣04・01950_ɸ作寶鼎_3/ ▣09・04399_仲鐉盨_12/ ▣06・03735_旅簋蓋_3/ ▣06・03736_旅簋蓋_3/ ▣06・03735_旅簋蓋_11/ ▣06・03736_旅簋蓋_11/ ▣新收 1394_師道簋_70/ ▣新收 1394_師道簋_77/ ▣06・03727_友父簋_11/ ▣近出二 433_羚簋器_55/ ▣金文通鑒 05253_衛簋乙器_111/ ▣05・02596_叔碩父鼎_9/ ▣金文通鑒 05245_大師虘簋_57/ ▣09・04420_鬳孟延盨蓋_13/ ▣09・04421_鬳孟延盨器_13/ ▣05・02832_五祀衛鼎_202/ ▣05・02727_師器父鼎_32/ ▣15・09705_番匊生壺_31/ ▣15・09717_梁其壺_50/ ▣近出 0421_齊仲簋_4/ ▣09・04401_鄭井叔康盨_14/ ▣06・03475_朕簋_3/ ▣07・03773_伯闌簋_13/ ▣01・00088_虘鐘_10/ ▣03・

00638_庚姬鬲_10/ 嬴06・03476_闇簋_3/ 嬴01・00247_瘋鐘_54/ 嬴16・10110_德盤_16/ 嬴08・04288_師酉簋_105/ 嬴04・01952_車作寶方鼎_3/ 嬴05・02616_衛鼎_20/ 嬴09・04681_微伯瘋簋_10/ 嬴14・09067_牆父乙爵_5/ 嬴03・00752_仲枏父鬲_38/ 嬴06・03448_季楚簋_4/ 嬴08・04172_瘋簋器_44/ 嬴08・04176_瘋簋器_44/ 嬴06・03729_叔妃簋_9/ 嬴08・04220_追簋_59/ 嬴金文通鑒05245_大師虘簋_64/ 嬴08・04192_韘簋蓋_35/ 嬴07・03978_濂姬簋_19/ 嬴16・10311_庶盂_3/ 嬴16・10107_叔五父盤_5/ 嬴04・02409_大師作叔姜鼎_9/ 嬴04・02490_曵鼎_10/ 嬴16・10107_叔五父盤_15/ 嬴03・00745_師趛鬲_27/ 嬴03・00979_仲枏父匕_7/ 嬴05・02596_叔碩父鼎_19/ 嬴08・04302_彔伯戜簋蓋_91/ 嬴16・10170_走馬休盤_91/ 嬴15・09824_洺御事鼉_17/ 嬴15・09825_洺御事鼉_17/ 嬴文物1978年03期_微瘋釜_4/ 嬴08・04171_瘋簋器_44/ 嬴08・04252_大師虘簋_57/ 嬴金文通鑒05016_大師虘簋_57/ 嬴08・04252_大師虘簋_64/ 嬴金文通鑒05016_大師虘簋_64/ 嬴05・02776_剌鼎_49/ 嬴11・05982_東䍒尊_17/ 嬴03・00640_庚姬鬲_10/ 嬴01・00248_瘋鐘_102/ 嬴16・09891_作文考日己方彝_6/ 嬴16・09891_作文考日己方彝_18/ 嬴05・02558_師膡父鼎_7/ 嬴12・06516_趛觶_64/ 嬴10・05382_縈叔卣器_16/ 嬴07・04061_畢鮮簋_25/ 嬴新收1668_邦簋_3/ 嬴新收1668_邦簋_11/ 嬴16・10224_中友父匜_14/ 嬴07・04113_邢南伯簋_26/ 嬴08・04222_追簋蓋_59/ 嬴15・09728_召壺蓋_101/ 嬴08・04283_師瘨簋蓋_98/ 嬴07・04023_伯中父簋蓋_19/ 嬴10・05423_匡卣_50/ 嬴金文通鑒05288_楷大司徒仲車父簋蓋_9/

西周晚期 749

嬴07・03893_齊巫姜簋_14/ 嬴01・00024_中義鐘_10/ 嬴08・04217_五年師旋簋蓋_58/ 嬴03・00925_鄭伯筍父甗_6/ 嬴03・00925_鄭伯筍父

瓾_9/【集】09・04388_叔姞盨_10/【集】近出二 323_應侯見工鼎_58/【集】16・10095_京叔盤_11/【集】09・04692_大師虘豆_26/【集】近出 1060_晉侯喜父器底_18/【集】近出 1060_晉侯喜父器底_26/【集】07・03878_鄭牧馬受簋蓋_6/【集】08・04340_蔡簋_158/【集】近出 0443_虢季簋_7/【集】07・04051_曾伯文簋_7/【集】圖像 02211_伯上父鼎_7/【集】09・04394_伯大師盨_11/【集】07・03857_伯家父簋_15/【集】07・04024_鄭虢仲簋蓋_15/【集】15・09600_伯魚父壺_17/【集】16・09967_伯䀇父䰞_17/【集】16・09968_伯䀇父䰞_17/【集】金文通鑒 5270_邢公簋_17/【集】05・02600_吳王姬鼎_19/【集】07・04051_曾伯文簋_23/【集】05・02664_伯鮮鼎_24/【集】05・02665_伯鮮鼎_24/【集】梁帶彩版二四第 3 圖_畢伯鼎_24/【集】08・04328_不其簋_149/【集】04・02516_鄁娟鼎_4/【集】04・02442_仲宦父鼎_5/【集】近出 0460_伯考父簋_5/【集】新收 0669_丹叔番盂_5/【集】04・02442_仲宦父鼎_11/【集】金文通鑒 05659_仲宮父盨_11/【集】09・04398_仲関父盨_13/【集】近出 0460_伯考父簋_15/【集】03・00716_嬰士父鬲_17/【集】07・04038_章叔㸚簋_22/【集】金文通鑒 05659_仲宮父盨_26/【集】08・04233_史頌簋_61/【集】08・04234_史頌簋_61/【集】16・10172_袁盤_91/【集】16・10172_袁盤_102/【集】05・02827_頌鼎_118/【集】05・02827_頌鼎_150/【集】新收 1962_頌壺_150/【集】07・03808_兮仲簋_4/【集】07・03812_兮仲簋_4/【集】07・03808_兮仲簋_14/【集】05・02815_趞鼎_85/【集】05・02815_趞鼎_97/【集】05・02586_齊夵史喜鼎_6/【集】07・04007_沇伯寺簋_6/【集】近出 0492_諫盨_7/【集】07・03875_稻嫘簋蓋_16/【集】05・02586_齊夵史喜鼎_18/【集】07・03945_觴姬簋蓋_18/【集】07・04007_沇伯寺簋_20/【集】16・10271_潘君鎣匜_18/【集】近出二 5_成鐘_31/【集】03・00612_伯口子鬲_6/【集】16・10200_伯庶父匜_7/【集】09・04404_伯大師釐盨_12/【集】03・00673_召仲鬲_14/【集】15・09631_鄭㮙叔賓父壺_14/【集】03・00724_伯頵父鬲_17/【集】03・00725_伯頵父鬲_17/【集】近出 0474_琱我父簋蓋_23/【集】01・

00112_井人妄鐘_46/㊙15・09615_咸伯㠱生壺_10/㊙01・00188_梁其鐘_74/㊙07・03804_姞衍簋蓋_4/㊙07・03804_姞衍簋蓋_14/㊙08・04161_伯康簋_33/㊙07・03786_史寏簋_4/㊙04・02469_大師人鼎_7/㊙05・02546_輔伯𢈈父鼎_15/㊙05・02745_圅皇父鼎_34/㊙05・02841_毛公鼎_489/㊙07・03956_仲柔父簋_19/㊙07・03957_仲柔父簋_19/㊙09・04572_季宮父簋_19/㊙16・10089_自作盤_10/㊙金文通鑒 05280_昶伯𣄰山簋_16/㊙15・09655_虢季氏子組壺_14/㊙07・03971_虢季氏子組簋_18/㊙07・03800_嫚叔山父簋_12/㊙07・03801_嫚叔山父簋_12/㊙07・04069_叔㚸父簋蓋_14/㊙07・04070_叔㚸父簋蓋_14/㊙07・04069_叔㚸父簋蓋_24/㊙商周金文編 624_四十三年逨鼎乙_318/㊙16・10213_寒戍匜_4/㊙08・04329_不其簋蓋_150/㊙16・09971_番伯䱷_18/㊙07・04065_𣄰叔𣄰姬簋_24/㊙07・03947_中伯簋_8/㊙07・03947_中伯簋_15/㊙08・04295_揚簋_106/㊙09・04553_尹氏貯良簠_16/㊙07・04049_琱伐父簋_24/㊙03・00634_㝬妝鬲_10/㊙03・00684_鄭鑄友父鬲_15/㊙文物 2009 年 01 期_奠登伯盨_5/㊙05・02743_仲師父鼎_8/㊙05・02744_仲師父鼎_8/㊙文物 2009 年 01 期_奠登伯盨_12/㊙09・04411_項贊盨_14/㊙03・00723_伯頵父鬲_17/㊙09・04426_兮伯吉父盨_19/㊙05・02743_仲師父鼎_34/㊙吉金鑄華章_四十三年逨鼎庚_318/㊙08・04303_此簋蓋_111/㊙07・04108_叔口孫父簋_28/㊙07・03802_叔侯父簋_13/㊙09・04552_𣄰叔簠_15/㊙近出 0968_晉叔家父方壺_16/㊙07・04064_𣄰叔𣄰姬簋_24/㊙09・04628_伯公父簠_59/㊙16・10148_楚嬴盤_12/㊙04・02418_己華父鼎_5/㊙01・00135_柞鐘_48/㊙01・00136_柞鐘_48/㊙近出二 444_應侯盨_4/㊙07・03995_伯偈父簋_7/㊙首陽 114 頁_應侯簋_94/㊙07・03815_陳侯簋_12/㊙07・03870_叔向父爲備簋_6/㊙07・03870_叔向父爲備簋_9/㊙07・03870_叔向父爲備簋_

15/[簋]近出0479_大師小子斜簋_10/[簋]07·03946_中伯簋_18/[簋]07·03966_仲殷父簋_18/[簋]03·00605_伯姜鬲_7/[簋]08·04130_[叔簋蓋_22/[簋]09·04409_叔良父盨_15/[簋]08·04150_膳夫梁其簋_37/[簋]07·04091_伯梡盧簋_28/[簋]07·04092_伯梡盧簋_28/[簋]近出0470_異侯簋_20/[簋]07·04053_曾伯文簋_7/[簋]07·04053_曾伯文簋_23/[簋]09·04405_鬲叔興父盨_14/[簋]08·04274_元年師兌簋_90/[簋]15·09624_王伯姜壺_11/[簋]07·03840_䚄簋_15/[簋]07·03841_䚄簋_15/[簋]07·04063_默叔默姬簋_24/[簋]金文通鑒05671_芮伯盨_4/[簋]金文通鑒05671_芮伯盨_29/[簋]08·04147_膳夫梁其簋_37/[簋]08·04148_膳夫梁其簋_37/[簋]07·03891_邢戈叔安父簋_8/[簋]07·03891_邢戈叔安父簋_14/[簋]16·10173_虢季子白盤_17/[簋]07·03923_豐井叔簋_18/[簋]07·04093_伯梡盧簋_28/[簋]08·04244_走簋_60/[簋]08·04244_走簋_74/[簋]09·04450_杜伯盨_4/[簋]09·04389_虢叔盨_11/[簋]04·02516_鄶娟鼎_13/[簋]07·04039_革同簋蓋_22/[簋]09·04449_杜伯盨_28/[簋]09·04450_杜伯盨_29/[簋]07·04116_師害簋_30/[簋]07·04117_師害簋_30/[簋]08·04216_五年師旋簋蓋_51/[簋]08·04216_五年師旋簋蓋_58/[簋]商周金文編630_四十三年逨鼎辛_317/[簋]01·00139_柞鐘_6/[簋]01·00054_走鐘_8/[簋]01·00057_走鐘_8/[簋]01·00058_走鐘_8/[簋]01·00057_走鐘_20/[簋]09·04439_伯寬父盨_20/[簋]08·04184_公臣簋_41/[簋]08·04185_公臣簋_41/[簋]08·04186_公臣簋_41/[簋]08·04187_公臣簋_41/[簋]09·04419_伯多父盨_13/[簋]16·10244_魯伯愈父匜_14/[簋]08·04297_鄴簋_104/[簋]近出0490_宰獸簋_117/[簋]近出0490_宰獸簋_128/[簋]07·03983_伯庶父簋_18/[簋]07·03810_兮仲簋_4/[簋]07·03811_兮仲簋_4/[簋]07·03814_兮仲簋_4/[簋]07·03809_兮仲簋_13/[簋]07·03810_兮仲簋_13/[簋]07·03811_兮仲簋_14/[簋]07·03814_兮仲簋_14/[簋]16·10239_叔高父匜_15/[簋]07·04004_

叔多父簠_22/ 󰀀07・04005_叔多父簠_22/ 󰀀07・04006_叔多父簠_22/
󰀀01・00068_兮仲鐘_25/ 󰀀05・02821_此鼎_110/ 󰀀中原文物2012年3
期66頁_伯山父壺蓋_9/ 󰀀09・04533_口䢵簠_10/ 󰀀07・03878_鄭牧馬
受簠蓋_16/ 󰀀07・03881_散車父簠_17/ 󰀀07・03959_叔角父簠_16/ 󰀀
近出二587_五年琱生尊甲_95/ 󰀀09・04461_翏生盨_49/ 󰀀09・04451_
杜伯盨_4/ 󰀀15・09602_飱車父壺_5/ 󰀀05・02541_仲義父鼎_7/ 󰀀05・
02543_仲義父鼎_7/ 󰀀05・02545_仲義父鼎_7/ 󰀀16・09962_膳夫吉父
鬲_12/ 󰀀16・10220_史頌匜_13/ 󰀀05・02543_仲義父鼎_15/ 󰀀05・
02545_仲義父鼎_15/ 󰀀09・04451_杜伯盨_29/ 󰀀01・00205_克鐘_42/ 󰀀
08・04217_五年師旋簋器_51/ 󰀀08・04217_五年師旋簋器_58/ 󰀀08・
04232_史頌簋_61/ 󰀀05・02788_史頌鼎_62/ 󰀀流散113_史頌簋_67/ 󰀀
05・02829_頌鼎_118/ 󰀀05・02829_頌鼎_150/ 󰀀01・00055_走鐘_7/ 󰀀
01・00056_走鐘_8/ 󰀀07・03757_仲㠱父簠蓋_10/ 󰀀07・03758_仲㠱父
簠蓋_10/ 󰀀07・03759_仲㠱父簠_10/ 󰀀07・03793_伯梁父簠_14/ 󰀀
07・04032_官㚡父簠_16/ 󰀀01・00055_走鐘_18/ 󰀀01・00056_走鐘_21/
󰀀07・04032_官㚡父簠_23/ 󰀀03・00736_虢文公子作鬲_16/ 󰀀07・
03779_散伯簠_6/ 󰀀07・03780_散伯簠_6/ 󰀀08・04303_此簋器_111/ 󰀀
07・03972_虢季氏子組簠_18/ 󰀀09・04531_芮公簋_10/ 󰀀04・02472_虢
姜鼎_4/ 󰀀09・04351_叔倉父盨_5/ 󰀀近出0459_伯考父簠蓋_5/ 󰀀09・
04427_食仲走父盨_9/ 󰀀03・00645_王作番妃鬲_11/ 󰀀03・00682_伯家
父鬲_13/ 󰀀近出0320_仲口父鼎_13/ 󰀀07・03786_史寏簋_14/ 󰀀09・
04408_伯孝玥盨_14/ 󰀀07・03855_叔向父簠_15/ 󰀀15・09642_仲南父
壺_15/ 󰀀近出0459_伯考父簠蓋_15/ 󰀀03・00726_伯頵父鬲_17/ 󰀀09・
04427_食仲走父盨_19/ 󰀀01・00058_走鐘_20/ 󰀀08・04126_散季簋_20/
󰀀09・04438_伯寬父盨_20/ 󰀀08・04126_散季簋_32/ 󰀀08・04253_弭叔

師寏簋_71/ 〖集〗05・02819_袁鼎_99/〖集〗07・03755_仲友父簋_5/〖集〗07・03755_仲友父簋_11/〖集〗04・02529_囗冉父鼎_5/〖集〗09・04386_仲義父盨_9/〖集〗09・04387_仲義父盨_9/〖集〗09・04516_[ ]簠_11/〖集〗03・00680_成伯孫父鬲_15/〖集〗03・00728_伯頵父鬲_15/〖集〗08・04188_仲再父簋蓋_42/〖集〗15・09677_黽壺蓋_8/〖集〗07・03925_命父諻簋_5/〖集〗07・03926_命父諻簋_5/〖集〗09・04532_胄簠_12/〖集〗04・02512_吉父鼎_13/〖集〗05・02836_大克鼎_273/〖集〗07・03760_叔臨父簋_5/〖集〗08・04318_三年師兌簋_129/〖集〗07・03973_虢季氏子組簋_18/〖近出二〗0445_應侯盨蓋_4/〖收藏界〗2005年1期60頁圖4_應侯盨蓋_4/〖曾國〗148頁_曾伯文簋_7/〖集〗07・03781_侯氏簋_12/〖首陽〗114頁_應侯簋_13/〖曾國〗148頁_曾伯文簋_23/〖集〗08・04124_仲簋蓋_31/〖新收〗1046_郜仲簋_6/〖近出〗0960_楊姞壺_8/〖新收〗1045_郜仲簋_18/〖新收〗1046_郜仲簋_18/〖集〗05・02634_虢文公子毁鼎_19/〖集〗05・02636_虢文公子毁鼎_19/〖近出〗0473_琱我父簋蓋_22/〖近出二〗452_伯呂盨_26/〖集〗07・03789_史䱼父簋蓋_11/〖集〗05・02656_伯吉父鼎_22/〖集〗16・10252_貯子己父匜_10/〖集〗07・04001_豐兮夷簋_17/〖集〗05・02547_華季益鼎_5/〖集〗05・02547_華季益鼎_15/〖近出〗0108_逹編鐘三_128/〖近出〗0106_逹編鐘一_129/〖集〗04・02463_仲殷父鼎_12/〖集〗07・04052_曾伯文簋_23/〖新收〗0869_晉侯斯壺_25/〖集〗05・02841_毛公鼎_408/〖近出〗0136_虢季鬲（一）_4/〖近出〗0140_虢季鬲（五）_4/〖近出〗0141_虢季鬲（六）_4/〖近出〗0958_虢季壺_4/〖近出〗1002_虢季盤_4/〖近出〗0323_叔商父鼎_7/〖近出〗0958_虢季壺_7/〖近出〗0959_虢季壺_7/〖近出〗1002_虢季盤_7/〖近出〗0136_虢季鬲（一）_14/〖近出〗0137_虢季鬲（二）_14/〖近出〗0139_虢季鬲（四）_14/〖近出〗0141_虢季鬲（六）_14/〖近出〗0322_膳夫吉父鼎_15/〖近出〗0336_鄭甘辜鼎_18/〖新收〗1962_頌壺_118/〖集〗06・03709_内公簋蓋_7/〖集〗07・

03877_季口父簋蓋_6/ 嗀05・02631_南公有司鼎_17/ 嗀金文通鑒 05596_伯寬父盨蓋_20/ 嗀金文通鑒 05596_伯寬父盨器_20/ 嗀09・04454_叔尃父盨_21/ 嗀09・04454_叔尃父盨_37/ 嗀09・04383_伯車父盨_11/ 嗀08・04130_㠯叔簋蓋_32/ 嗀08・04143_函皇父簋_35/ 嗀15・09713_殳季良父壺_42/ 嗀16・10231_伯正父匜_15/ 嗀09・04564_季良父簋_17/ 嗀08・04216_五年師旋簋器_51/ 嗀08・04216_五年師旋簋器_58/ 嗀07・04089_事族簋_26/ 嗀08・04324_師𡊄簋_127/ 嗀01・00134_柞鐘_48/ 嗀古28_頌父簋_16/ 嗀金文通鑒 05269_虢姜簋_7/ 嗀04・02467_鄭姜伯鼎_5/ 嗀07・03756_仲友父簋_5/ 嗀07・03756_仲友父簋_11/ 嗀04・02467_鄭姜伯鼎_12/ 嗀07・03968_仲殷父簋_18/ 嗀07・04035_伯吉父簋_22/ 嗀05・02699_散伯車父鼎_27/ 嗀07・04036_笞小子簋_24/ 嗀05・02779_師同鼎_52/ 嗀05・02805_南宮柳鼎_78/ 嗀05・02814_無㠯鼎_92/ 嗀07・04109_芮伯多父簋_6/ 嗀05・02542_仲義父鼎_7/ 嗀05・02544_仲義父鼎_7/ 嗀03・00607_王伯姜鬲_8/ 嗀05・02542_仲義父鼎_15/ 嗀05・02544_仲義父鼎_15/ 嗀05・02584_伯夏父鼎_17/ 嗀16・10265_田季加匜_19/ 嗀09・04390_易叔盨_12/ 嗀08・04215_齵簋_50/ 嗀08・04215_齵簋_57/ 嗀04・02416_子邁鼎_4/ 嗀04・02416_子邁鼎_11/ 嗀05・02598_小子㪤鼎_19/ 嗀07・03850_叔向父簋_15/ 嗀07・03851_叔向父簋_15/ 嗀01・00069_兮仲鐘_25/ 嗀05・02562_甹金父鼎_7/ 嗀近出 0498_叔元父盨_8/ 嗀近出 1012_仲原父匜_7/ 嗀新收 0057_應姚鬲_11/ 嗀07・03805_害叔簋_13/ 嗀07・03806_害叔簋_14/ 嗀圖像 05321_伐簋_90/ 嗀01・00110_井人妄鐘_45/ 嗀06・03589_芇侯簋_5/ 嗀07・04095_食生走馬谷簋_24/ 嗀07・03892_師㝬父簋_14/ 嗀01・00026_中義鐘_10/ 嗀07・03981_吳彭父簋_20/ 嗀09・04579_史免簋蓋_20/ 嗀16・10142_齊叔姬盤_7/ 嗀近出 0050_晉侯蘇編鐘十六_2/ 嗀近出 0971_晉侯僰馬方壺_

161

15/🔲近出 0971_晉侯僰馬方壺_41/🔲16・10241_司馬南叔匜_15/🔲近出 0463_史惠簋_4/🔲近出 0463_史惠簋_15/🔲07・03820_虢姜簋_8/🔲16・09972_甶𣄰䚄_10/🔲近出 0138_虢季鬲（三）_4/🔲近出 0139_虢季鬲（四）_4/🔲近出 0143_虢季鬲（八）_4/🔲新收 1916_蘇公匜_8/🔲近出 0138_虢季鬲（三）_14/🔲近出 0140_虢季鬲（五）_14/🔲新收 0663_宰獸簋_117/🔲商周金文編 627_四十三年逑鼎戊_317/🔲07・03849_叔向父簋_15/🔲07・03853_叔向父簋_15/🔲07・03955_兌簋_19/🔲08・04325_師毀簋_271/🔲16・10097_曾仲盤_11/🔲07・03924_束仲𤔲父簋蓋_16/🔲09・04555_師麻𠭯叔簋_16/🔲09・04563_季良父簋_17/🔲金文通鑒 2916_善夫吉父鬲_17/🔲15・09701_蔡公子壺_27/🔲圖像 05130_賈伯簋甲蓋_31/🔲圖像 05131_賈伯簋乙器_31/🔲圖像 05132_賈伯簋丙器_31/🔲圖像 12417_賈伯壺甲_31/🔲08・04231_史頌簋蓋_61/🔲08・04236_史頌簋_61/🔲05・02787_史頌鼎_62/🔲08・04332_頌簋_116/🔲08・04333_頌簋_116/🔲08・04334_頌簋_116/🔲08・04338_頌簋蓋_116/🔲08・04333_頌簋_151/🔲08・04334_頌簋_151/🔲08・04335_頌簋_151/🔲山東金文 696 頁_者僕故匜_12/🔲08・04125_大簋蓋_31/🔲07・04062_𩰿叔𩰿姬簋_24/🔲16・10271_潘君簋匜_10/🔲09・04565_交君子𤔲簋_7/🔲金文通鑒 05871_豐伯盠父簋_13/🔲09・04565_交君子𤔲簋_15/🔲文博 2008 年 2 期 9 頁圖 16,17_伯寶父盨_5/🔲06・03620_娊仲簋_6/🔲09・04392_鄭義羌父盨_13/🔲05・02810_鄂侯鼎_85/🔲07・03847_倗伯簋蓋_13/🔲近出 0457_鄧公簋_11/🔲近出 0458_鄧公簋_11/🔲近出 0315_晉侯蘇鼎_5/🔲新收 0862_晉侯蘇鼎_5/🔲近出 0315_晉侯蘇鼎_12/🔲近出 0316_晉侯蘇鼎_12/🔲新收 0862_晉侯蘇鼎_12/🔲近出 0972_晉侯僰馬方壺蓋_15/🔲近出 0972_晉侯僰馬方壺蓋_41/🔲08・04142_函皇父簋_35/🔲15・09732_頌壺蓋_118/🔲07・03964_仲殷父簋_

18/ 簋07·03935_䢵生鈅簋_5/ 簋15·09443_季良父盉_7/ 簋03·00642_畢伯碩父鬲_8/ 簋新收0890_楊姞壺_8/ 簋皕明47_虢叔簋_10/ 簋16·10134_囗仲盤_11/ 簋09·04522_窵㚤簋_12/ 簋07·03819_叔旦簋_14/ 簋07·03843_孟鄭父簋_14/ 簋09·04437_乘父士杉盨_14/ 簋16·10103_伯駟父盤_14/ 簋15·09443_季良父盉_15/ 簋16·09965_仲義父罍_15/ 簋03·00698_杜伯鬲_16/ 簋16·10238_仲姞義母匜_16/ 簋03·00719_伯頵父鬲_17/ 簋03·00720_伯頵父鬲_17/ 簋03·00722_伯頵父鬲_17/ 簋03·00738_孟辛父鬲_20/ 簋09·04437_乘父士杉盨_22/ 簋08·04258_害簋_65/ 簋08·04259_害簋_65/ 簋08·04258_害簋_73/ 簋01·00239_虢叔旅鐘_89/ 簋08·04298_大簋蓋_107/ 簋08·04312_師顈簋_111/ 簋08·04339_頌簋_116/ 簋05·02828_頌鼎_118/ 簋15·09731_頌壺_118/ 簋15·09732_頌壺蓋_149/ 簋05·02828_頌鼎_150/ 簋08·04338_頌簋蓋_151/ 簋08·04339_頌簋_151/ 簋新收1557_作册封鬲_52/ 簋01·00029_中義鐘_10/ 簋09·04536_伯𠻖父簋_11/ 簋07·03888_㝬簋_16/ 簋07·03965_仲殷父簋_18/ 簋07·03859_辛叔皇父簋_15/ 簋16·10270_叔男父匜_20/ 簋16·10085_𤔲𡧛盤_11/ 簋16·10155_湯叔盤_26/ 簋03·00666_戲伯鬲_14/ 簋01·00027_中義鐘_10/ 簋07·03984_陽飤生簋蓋_18/ 簋07·03997_伯喜簋_21/ 簋07·03998_伯喜簋_21/ 簋07·03999_伯喜簋_21/ 簋07·04000_伯喜簋_21/ 簋09·04372_仲肜盨_11/ 簋09·04373_仲肜盨_11/ 簋09·04455_叔尃父盨_21/ 簋09·04455_叔尃父盨_37/ 簋15·09437_伯庸父盉_5/ 簋15·09643_仲南父壺_15/ 簋近出1013_鄭伯匜_15/ 簋近出1016_叔良父匜_21/ 簋08·04336_頌簋蓋_116/ 簋08·04336_頌簋蓋_151/ 簋08·04310_此簋_108/ 簋08·04307_此簋_111/ 簋03·00702_膳夫吉父鬲_16/ 簋04·02492_虢叔大父鼎_12/ 簋07·03958_叔角父簋蓋_18/ 簋07·03927_伯田父簋_7/ 簋05·02536_鄭鄧伯鼎_8/

𣪕06・03739_蘇公簋_9/𣪕09・04396_鄭鄧叔盨_13/𣪕05・02536_鄭鄧伯鼎_16/𣪕新收0046_虢仲簠_6/𣪕新收0046_虢仲簠_16/𣪕09・04365_立盨_10/𣪕新收0059_應姚盤_7/𣪕金文通鑒05271_夆氏劍簠乙_17/𣪕新收0059_應姚盤_17/𣪕新收1612_夆氏劍簠_17/𣪕中原文物2008年5期_夆氏劍簠蓋_17/𣪕09・04380_周𩕳盨_11/𣪕商周金文編611_單叔鬲丙_16/𣪕商周金文編614_單叔鬲己_16/𣪕商周金文編616_單叔鬲辛_16/𣪕08・04225_無㠱簋_57/𣪕08・04227_無㠱簋蓋_57/𣪕08・04287_伊簋_102/𣪕08・04168_朢兌簋_31/𣪕08・04168_朢兌簋_41/𣪕15・09614_孟上父壺_10/𣪕07・03785_叔䇇妊簋_5/𣪕07・03785_叔䇇妊簋_11/𣪕07・03874_稻嫚簋蓋_16/𣪕03・00729_仲生父鬲_8/𣪕03・00729_仲生父鬲_18/𣪕16・10130_昶伯庸盤_6/𣪕08・04317_默簋_46/𣪕05・02697_散伯車父鼎_27/𣪕05・02700_散伯車父鼎_27/𣪕08・04257_弭伯師耤簋_72/𣪕07・04008_兮吉父簋_7/𣪕07・04009_毛伯簋_8/𣪕16・09936_伯公父勺_12/𣪕07・04008_兮吉父簋_20/𣪕07・04009_毛伯簋_20/𣪕15・09695_虞司寇壺_10/𣪕近出0501_晉侯𩱱盨_12/𣪕近出0501_晉侯𩱱盨_23/𣪕16・10225_函皇父匜_13/𣪕16・10315_膳夫吉父盂_15/𣪕08・04188_仲再父簋器_42/𣪕15・09731_頌壺_150/𣪕15・09653_史僕壺_15/𣪕15・09654_史僕壺蓋_15/𣪕梁帶彩版七八第3圖_癸簋_3/𣪕近出0442_虢季簋_4/𣪕近出0162_晉伯䍃父瓶_6/𣪕03・00683_虢季氏子段鬲_7/𣪕近出0442_虢季簋_7/𣪕近出0495_虢季盨_7/𣪕近出0496_虢季盨_7/𣪕09・04523_史夒簋_10/𣪕梁帶彩版七八第3圖_癸簋_13/𣪕03・00683_虢季氏子段鬲_14/𣪕新收0900_叔s𢀜父瓶_14/𣪕近出二0869_晉叔家父壺_15/𣪕07・03882_散車父簋_16/𣪕07・03883_散車父簋_17/𣪕07・03884_散車父簋_17/𣪕07・03886_散車父簋_17/𣪕01・00260_默鐘_73/𣪕08・04260_害簋_73/𣪕07・03819_叔旦簋_4/𣪕

08・04296_鄴簋蓋_104/ 16・10133_薛侯盤_19/ 07・04056_叔鄂父簋_25/ 07・04028_毛弔簋_11/ 07・03982_吴彪父簋_20/ 02・00356_邢叔采鐘_37/ 03・00721_伯頵父鬲_17/ 15・09601_飱車父壺_5/ 08・04156_伯家父簋蓋_12/ 07・04066_默叔默姬簋_32/ 07・04066_默叔默姬簋_47/ 07・03761_何簋蓋_3/ 07・03890_廣簋蓋_6/ 16・10102_仲友父盤_14/ 07・03890_廣簋蓋_16/ 07・03985_陽飤生簋蓋_19/ 08・04294_揚簋_106/ 15・09695_虞司寇壺_25/ 07・04071_孟姬洎簋_24/ 近出0520_虢碩父簠_15/ 07・03813_兮仲簋蓋_14/ 07・03856_伯家父簋_15/ 05・02635_虢文公子㱃鼎_18/ 07・03969_仲殷父簋_18/ 近出0334_虢季鼎_4/ 近出0334_虢季鼎_16/ 03・00730_鄭伯筍父鬲_18/ 新收0735_仲殷盨蓋_13/ 07・03775_鄧公簋_11/ 07・03776_鄧公簋_11/ 07・03860_應侯簋_13/ 08・04123_妊小簋_22/ 08・04123_妊小簋_30/ 09・04627_弭仲簠_4/ 16・10248_叔口父匜_7/ 16・10248_叔口父匜_17/ 07・03986_德克簋_19/ 15・09694_虞司寇壺_10/ 04・02419_樂鼎_3/ 04・02419_樂鼎_9/ 08・04218_五年師旋簋_51/ 08・04218_五年師旋簋_58/ 08・04235_史頌簋_61/ 05・02663_伯鮮鼎_24/ 05・02770_梁其鼎_47/ 05・02538_伯尚鼎_17/ 07・04089_事族簋_10/ 近出0326_仲冉父鼎_5/ 商周金文編622_四十二年逨鼎乙_280/ 商周金文編622_四十二年逨鼎乙_281/ 新收0968_孟得簋_4/ 07・04003_豐兮夷簋_19/ 07・03877_季口父簋蓋_16/ 09・04436_㝊盨_22/ 近出0440_虢季簋_11/ 08・04188_仲冉父簋器_42/ 08・04229_史頌簋_61/ 近出0441_虢季簋_4/ 08・04337_頌簋_116/ 08・04337_頌簋_151/ 新收1673_豐侯鬲_9/ 近出0443_虢季簋_12/ 商周金文編617_單叔鬲壬_12/ 16・10174_兮甲盤_132/ 15・

09644_芮大子白壺蓋_7/🔲09・04530_膳夫吉父簋_12/🔲04・02472_虢姜鼎_11/🔲近出0441_虢季簋_11/🔲07・03967_仲殷父簋_19/🔲07・03778_散伯簋_6/🔲16・10214_黃仲匜_8/🔲09・04381_京叔盨_10/🔲15・09623_王伯姜壺_11/🔲04・02515_史宜父鼎_14/🔲07・04024_鄭虢仲簋器_15/🔲07・04025_鄭虢仲簋蓋_15/🔲03・00942_仲𣄰父甗_19/🔲01・00240_虢叔旅鐘_89/🔲08・04293_六年召伯虎簋_101/🔲08・04326_番生簋蓋_139/🔲金文通鑒05658_仲宮父盨器_13/🔲07・04037_筥小子簋_24/🔲09・04366_史舉盨_8/🔲08・04137_叔妘簋_4/🔲08・04137_叔妘簋_25/🔲08・04340_蔡簋_145/🔲16・09972_甶𣄰罐_18/🔲16・10113_魯伯愈父盤_14/🔲16・10114_魯伯俞父盤_14/🔲16・10115_魯伯俞父盤_14/🔲近出0325_晉侯邦父鼎_16/🔲16・10204_鄭義伯匜_7/🔲商周金文編612_單叔鬲丁_16/🔲09・04368_伯多父盨_9/🔲09・04369_伯多父盨_9/🔲09・04370_伯多父盨_9/🔲09・04371_伯多父盨_9/🔲近出1017_晉侯鞦匜_12/🔲01・00145_士父鐘_11/🔲01・00146_士父鐘_11/🔲01・00145_士父鐘_64/🔲01・00148_士父鐘_64/🔲07・03817_郜季故公簋_6/🔲07・03818_郜季故公簋_6/🔲07・03817_郜季故公簋_13/🔲07・03818_郜季故公簋_13/🔲新收0041_曶叔盨_32/🔲08・04247_楚簋_70/🔲05・02549_許男鼎_15/🔲03・00738_孟辛父鬲_9/🔲15・09630_呂王壺_11/🔲近出0093_虢季編鐘八_4/🔲07・04094_伯椃虘簋_28/🔲08・04213_𡩜敖簋蓋_47/🔲16・10237_昶伯匜_15/🔲07・03799_歸叔山父簋_12/🔲商周金文編625_四十三年逨鼎丙_318/🔲商周金文編626_四十三年逨鼎丁_318/🔲新收0058_應姚簋_28/🔲03・00710_仲斯鬲_7/🔲04・02386_絲駒父鼎_8/🔲04・02518_蔡生鼎_15/🔲03・00710_仲斯鬲_17/🔲05・02777_史伯碩父鼎_48/🔲近出0331_虢季鼎_4/🔲近出0332_虢季鼎_4/🔲新收1460_虢姜鋪_7/🔲近出0328_虢

季鼎_16/圖 近出 0330_虢季鼎_16/圖 近出 0331_虢季鼎_16/圖 近出 0332_虢季鼎_16/圖近出 0333_虢季鼎_16/圖04・02196_史叔父鼎_5/圖 04・02465_伯筍父鼎_5/圖07・03980_吳彤父簋_20/圖05・02836_大克鼎_286/圖09・04377_叔賓父盨_5/圖商周金文編 609_單叔鬲甲_14/圖 15・09437_伯庸父盉_15/圖商周金文編 610_單叔鬲乙_16/圖商周金文編 615_單叔鬲庚_16/圖08・04332_頌簋_151/圖07・03946_中伯簋_8/圖09・04554_伯勇父簠_16/圖05・02649_伯頵父鼎_12/圖05・02649_伯頵父鼎_22/圖05・02798_小克鼎_36/圖08・04254_弭叔師家簋_59/圖05・02798_小克鼎_71/圖08・04254_弭叔師家簋_71/圖05・02762_史鼎_42/圖16・10216_召樂父匜_7/圖08・04242_叔向父禹簋_65/圖08・04275_元年師兌簋_90/圖08・04325_師嫠簋_127/圖06・03706_師寏父作叔姞簋_7/圖03・00672_召仲鬲_14/圖07・04025_鄭虢仲簋器_15/圖07・04026_鄭虢仲簋_15/圖近出 0145_膳夫吉父鬲_16/圖08・04149_膳夫梁其簋_38/圖考古與文物 2012 年 1 期 94 頁_叔元父盨_8/圖近出 0146_子碩父鬲_22/圖近出 0147_子碩父鬲_22/圖09・04514_虢叔簠_10/圖商周金文編 613_單叔鬲戊_12/圖05・02561_膳夫伯辛父鼎_17/圖圖像 12418_賈伯壺乙_31/圖 近出二 588_五年琱生尊乙_95/圖 03・00704_膳夫吉父鬲_16/

同銘重見字異寫與金文字體研究

一

20世紀50年代,澳大利亞學者巴納提出金文字形"非齊一性"這一概念[1],實際所指爲同銘重見字往往構形不同。巴納提出這一概念的目的是辨偽,即認爲凡出現"非齊一性"現象之銅器(例如毛公鼎、散氏盤等)均屬偽品。雖然此種辨偽方法早已不爲大多數學者所信從,但是所揭示的"非齊一性"現象卻是事實,並得到後續研究的進一步證明。2002年,徐寶貴先生列舉若干商周兩代同銘"重出字的變形避複"現象,並就其青銅器銘文分期斷代、青銅器辨偽以及書法的研究意義進行了討論。[2]

金文同銘重見字異寫現象具有多方面的研究意義,本文僅討論其金文字體研究方面的認識價值。作爲青銅器銘文斷代分期的一種重要證據,人們對金文字體的關注已有爲期不短的歷史。二十世紀中,郭沫若、陳夢家、唐蘭、李學勤等學者都在相關研究中注意利用字體特徵來判斷時代,並取得重要成績。二十一世紀以來,學者們更多關注金文字體研究的理論方法問

---

[1] N.Barnard, New Approaches and Research Methods in Chin-Shih-Hsileh,《東洋文化研究所紀要》第19冊,1959年。

[2] 徐寶貴:《商周青銅器銘文避複研究》,《考古學報》2002年第3期。

題,系統提出了字體分析研究的策略。劉華夏先生提出"金文字體演變研究所採用的程式",討論了一些具體方法,如關鍵字的選擇需符合兩大基本條件:"第一,前後變化較大;第二,各期銘文中較常見。"對銘文的選擇,提出"關鍵字太少的銘文;歷代摩(按:當爲"摹")本;字跡不夠清晰的拓本或照片"不應納入範圍。並就其所確定的關鍵字"貝""宀""易""酉""王""首""馬""叔(弔)""其""正""公""永"逐個進行了西周階段類型分析。[1]

王帥先生則就"如何開展西周金文字形書體研究"提出"在梳理西周金文資料時,研究對象和範圍可以劃分爲以下四個層次":字形特徵、高頻單字、代表偏旁、書體特徵;要"從字形和書體兩個系統……探索金文字形書體的發展演變進程";"字形演變規律考察,主要從三個角度進行:① 字體結構的變化;② 形體筆勢的變化;③ 筆劃形態的變化";"書體演變規律考察,主要從四個角度進行分型分式:① 字距及行距情況;② 單字輪廓體勢及形體大小;③ 字體偏旁架構情況;④ 筆道粗細、曲直、波磔情況"。[2]

然而,面向斷代分期的金文字體研究,是一項非常複雜的工作,一旦進入實際操作,往往會遭遇意料不到的情況,如學者所言:"斷代法實際應用起來,卻不那麼容易。……即同一瘐器而論,瘐盨銘文的字體,與十三年瘐壺的字體也不相同。所以強調花紋、形制、字體,也可能發生錯誤。"[3]很顯然,這裏提出的金文字體研究難題,屬於金文字形"非齊一性"的範疇。對於這一問題,有的學者認爲應該以列器的概念加以解釋:"西周中期以後,列器制度盛行,如大夫五鼎四簋之類。在社會動盪不安之際,列鼎或列簋中某件被遺失,按制度嚴格規定要後補。……當青銅器遺失,只好補鑄。器形可仿造,而銘文卻每每暴露出其時代特徵之不

---

[1] 劉華夏:《金文字體與銅器斷代》,《考古學報》2010年第1期,56—62頁。
[2] 王帥:《西周金文字形書體與銅器斷代研究》,《學術探索》2015年第1期,74頁。
[3] 伍士謙:《微氏家族銅器群年代初探》,《古文字研究》第5輯,中華書局,1981年,99頁。

同。"[1]然而,"列器"之説至多只能解釋同文器銘的"非齊一性",而"非齊一性"亦發生於同銘之中,僅舉一例:

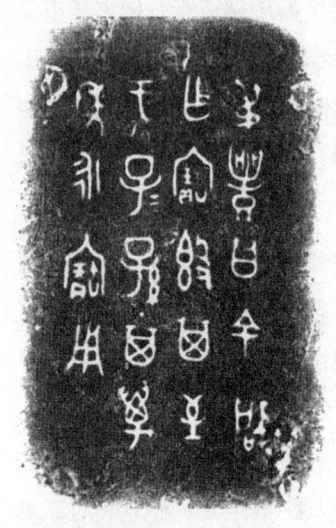

以上拓片爲叔豐簋(近出 0469)銘文,其中"寶"字兩見,分別爲第二行第二字和第四行第三字。而這兩個字形很清晰地呈現了"寶"字的兩個構件"缶""貝"的差異:"缶"中之"午"前有後無;"貝"之構形雖均無缺損,但卻迥然不同。由於"貝"被認定爲金文字體研究的關鍵字,不妨再就上銘中的兩個"貝"作進一步討論。

按劉華夏先生的西周金文關鍵字階段分析,前一個"貝"之構形 ▨ 被標注爲"AⅠg",屬於西周時代較早的武、成、康、昭、穆王時代字體,而後一個"貝"之構形 ▨ 被標注爲"AXⅡc",屬於時代靠後的平、恒王時代字體。[2] 而這兩個時段之間,隔著"恭、懿、孝、夷、厲、宣、幽"七王。如果劉華夏先生的關鍵字斷代分析是對的,這個器銘就只能判斷爲形成於兩個時段:前半段爲西周的早期,後半段爲西周晚期。當然,這是不可能的。

很顯然,問題的關鍵在於,在目前的金文字體研究中,人們還習慣於將字體判斷的標準鎖定爲某單一字形的"關鍵字",但事實上,這種關鍵字往往並非只有一個"真身"。雖然有的學者已經意識到:"如果我們在銘文分期斷代研究上能注意到銘文中重出字或重出偏旁有避複求變的現象,就會避免一些錯誤"[3],但説到容易做到難,時至今日,如何應對金文字體研究中所遭遇的同銘重見字異寫難題的可行方略並未形成。有鑒於此,本文嘗試提出解決這一問題的初步設想。

---

〔1〕 劉華夏:《金文字體與銅器斷代》,《考古學報》2010 年第 1 期,67 頁。
〔2〕 參見劉華夏:《金文字體與銅器斷代》,《考古學報》2010 年第 1 期,58、66 頁。
〔3〕 徐寶貴:《商周青銅器銘文避複研究》,《考古學報》2002 年第 3 期,275 頁。

二

任何有效的方案都形成於對問題的深入瞭解。因此首先必須立足于金文字體研究的要求，對金文同銘重見字異寫現象進行力求深入的調查。

出於可行性的考慮，我們將金文材料的時間範圍限定爲西周，將調查的構形對象限定爲以"寶"字爲主。前一種限定的理由，自然是因爲西周爲金文的鼎盛階段，銘文用字數量最多，因而針對這一階段實際形成的方案一般會更具有應用價值和普遍意義；而後一種限定的原因，則是"寶"字被相關研究者認定金文字體研究中最重要的關鍵字，具備了字體調查關鍵字所應有的高頻、易變、同銘重見率高等條件，故在調查對象限定爲個別字的前提下，窮盡"寶"字，逐銘調查，是凸顯同銘重見字異寫現象的理想途徑。

調查表明，西周金文有62銘發生"寶"字重見異寫。茲按異寫的不同具體類型，將這62銘"寶"字構形情況整理如下：

（一）構件"貝"異寫

對於西周金文中的"寶"字，人們已注意到其中"貝"的善變："有時即使在同一篇器銘中，單字'貝'與'寶'字中做形符的'貝'字其寫法都不會一樣，因此，分析'寶'字這類結構複雜、頻繁出現的常用字時，更要將偏旁和單字整合起來"。[1] 因而"貝"也就成爲人們分析金文字體的關鍵字。調查表明，在"寶"的同銘重見字異寫中，"貝"的變形的確是最多的，僅單純"貝"之寫法變異者，即有33例[2]：

1. ▢31 ▢10(虘鐘-集成01·00088)

---

〔1〕 王帥：《西周金文字形書體與銅器斷代研究》，《學術探索》2015年第1期，76頁。
〔2〕 限於篇幅，同銘重見"寶"字異寫之例只給出原形，以及該字在銘文中的字序數，省略其所出文句。爲保證印刷後的清晰和保真，原文字形均以拓本字形反色呈現。其後括注銘文的器名和著錄出處。大型著錄出處均用簡稱，如《殷周金文集成》簡稱"集成"；《近出殷周金文集錄》簡稱"近出"；《近出殷周金文集錄二編》簡稱"近出二"；《商周青銅器銘文暨圖像集成》簡稱"圖像"；《新收殷周青銅器銘文暨器影彙編》簡稱"新收"。後文同類字例仿此。

2. [字]5 [字]14（伯考父鼎-集成04·02508）

3. [字]7 [字]25（廬叔樊鼎-集成05·02679）

4. [字]10 [字]2（作寶簋-集成06·03741）

5. [字]7 [字]15（妣䢼母簋-集成07·03845）

6. [字]6 [字]16（季□父簋蓋-集成07·03877）

7. [字]8 [字]18（中伯簋-集成07·03946）

8. [字]23 [字]7（曾伯文簋-集成07·04052）

9. [字]31 [字]43（庸伯甈簋-集成08·04169）

10. [字]57 [字]64（大師虘簋-集成08·04251）

11. [字]96 [字]106（揚簋-集成08·04295）

12. [字]116 [字]151（頌簋-集成08·04332）

13. [字]151 [字]116（頌簋蓋-集成08·04338）

14. [字]145 [字]158（蔡簋-集成08·04340）

15. [字]6、14 [字]27（樐侯簋蓋-集成08·04139）

16. [字]22 [字]32（𢔳叔簋蓋-集成08·04130）

17. [字]4 [字]11（𠂤𢔳簋-集成09·04516）

18. [字]4 [字]14（北子觶-集成12·06507）

19. [字]118 [字]150（頌壺-集成15·09731）

20. [字]118 [字]149（頌壺蓋-集成15·09732）

21. [字]6 [字]18（作文考日己觥-集成15·09302）

172

22. ▢ 7 ▢ 15（交君子☒壺-集成 15・09662）

23. ▢ 5 ▢ 44（銍史☒壺-集成 15・09718）

24. ▢ 10 ▢ 18（邩☒罐-集成 16・09972）

25. ▢ 250 ▢ 279（史牆盤-集成 16・10175）

26. ▢ 3 ▢ 13（寏盤-集成 16・10091）

27. ▢ 4 ▢ 7（虢季簠-近出 0443）

28. ▢ 6 ▢ 25 ▢ 78（一式獄簋-近出二 436）

29. ▢ 5 ▢ 17（秸仲衍鐘-近出二 4）

30. ▢ 49 ▢ 58（龍紋盤-首陽 105 頁）

31. ▢ 65 ▢ 71（引簋甲-圖像 05299）

32. ▢ 38 ▢ 47（霸伯簋-考古 2011 年 07 期 15 頁圖五）

33. ▢ 69 ▢ 90（伐簋-圖像 05321）

（二）構件"缶"異寫

"缶"作爲"寶"字聲符，同樣也會發生重見異寫，只是數量較之"貝"明顯減少：

34. ▢ 12 ▢ 36（伯家父簠蓋-集成 08・04156）

35. ▢ 10 ▢ 25（虞司寇壺-集成 15・09694）

36. ▢ 10 ▢ 25（虞司寇壺-集成 15・09695）

37. ▢ 12 ▢ 15（虢季簠-近出 0443）

（三）多個構件異寫

西周金文"寶"字通常由"宀""貝""玉""缶"等多構件構成，因此同銘異寫者也可以將其中兩個或者更多構件重見異寫，以下 10 例均屬這類：

38. ▯ 3 ▯ 11（舟鼎-集成 04・02484）

39. ▯ 7 ▯ 15（🅧金父鼎-集成 05・02562）

40. ▯ 95 ▯ 273 ▯ 286（大克鼎-集成 05・02836）

41. ▯ 4 ▯ 11（友父簋-集成 06・03727）

42. ▯ 24 ▯ 31、46（敔叔敔姬簋-集成 07・04065）

43. ▯ 6 ▯ 27（芮伯多父簋-集成 07・04109）

44. ▯ 5 ▯ 15（昶伯匜-集成 16・10237）

45. ▯ 10 ▯ 18（潘君瘨匜-集成 16・10271）

46. ▯ 7 ▯ 19（叔豐簋-近出 0469）

47. ▯ 62 ▯ 73（聞尊-古文字學論稿 10 頁圖二 b）

（四）構件移位

構件位置變化，屬於造成異體字的常用手段，也多見於"寶"的重見異寫，凡 10 例：

48. ▯ 54 ▯ 102（瘨鐘-集成 01・00248）

49. ▯ 8 ▯ 15（杞伯敏亡鼎-集成 04・02495）

50. ▯ 4 ▯ 14（兮仲簋蓋-集成 07・03813）

51. ▦ 13 ▦ 20（洹秦簋-集成 07・03867）

52. ▦ 35 ▦ 43（訇簋蓋-集成 08・04192）

53. ▦ 3 ▦ 9（伯作寶尊彝卣-集成 10・05183）

54. ▦ 5 ▦ 10（緐尊-新收 0944）

55. ▦ 17 ▦ 36（喬觶-首陽 074 頁）

56. ▦ 14 ▦ 29（鄭登叔盨-金文通鑒 05673）

57. ▦ 35 ▦ 43（訇簋器-集成 08・04192）

（五）繁簡異形

即用不同數量構件組合成同銘重見之"寶"字，凡如下 3 例：

58. ▦ 8 ▦ 16（彔簋-集成 07・03863）

59. ▦ 5 ▦ 14（師㝬父簋-集成 07・03892）

60. ▦ 6 ▦ 14（塱逗鬲-近出 0144）

（六）構件替換

同銘重見"寶"字所從之"宀"亦見被換成"厂"者，如下 2 例即是：

61. ▦ 11 ▦ 19（格伯作晉姬簋-集成 07・03952）

62. ▦ 9 ▦ 22（仲播簋-近出 0471）

對於以上同銘之"寶"的"宀""厂"變異，人們或許會心存這樣的疑問：這種差異是不是由於銘文殘泐而造成？當然，類似的疑慮，也有可能

175

涉及前文其他整理結果。事實上，如果真有殘泐，整篇銘文拓片難免留有相關痕跡，相關單字的筆跡丟失一般也不會乾乾淨淨。而上述兩組"寶"中從"廠"的字形都有著乾淨的筆道和未見殘損的背景(見下圖)，目驗中找不到殘泐之跡。而以上 62 例整理結果，都是經同樣的標準的目驗而認定爲同字異寫的。

三

對於同銘重見字構形不同現象的成因，曾經有"書寫者一時疏忽和範壞"之類的解釋。雖然學者據其所揭示整理的若干"同銘重見字變形避複"字例判斷這種解釋"現在看來這是一種錯誤認識"[1]，然而，僅僅基於一些舉例來下這個結論未必能夠令人確信無疑。因此，有必要對此作進一步討論。

無論"書寫者一時疏忽""範壞"或前文言及的銘文殘泐，都是偶然性因素，而偶然因素導致結果一定是小概率且無規律分佈的，因此有必要探

---

[1] 徐寶貴：《商周青銅器銘文避複研究》，《考古學報》2002 年第 3 期，273 頁。

究同銘重見字異寫的概率狀況和分佈規律。

在我們的金文資料庫收錄的西周金文器銘共計 6 888 件,經調查,同銘而"寶"字重見者有 558 銘。爲保證調查數據的有效性,需要剔除摹本和銘拓殘泐無法清晰分辨構形者,則實有 320 件重見"寶"字銘是有效的調查對象。而上述 62 件發生重見"寶"字異寫的器銘就是在這個範圍内經逐銘目驗甄別出來的。由此可以認定,"寶"字的同銘重見異寫發生概率爲 19.38%,接近五分之一。

毫無疑問,五分之一不是一個可以忽略的概率,這使得同銘重見字變形出自偶然性因素的看法難以成立。然而,還有必要進一步追問:這近五分之一概率的現象是如何分佈的?有没有什麽規律?求解這一問題可以從許多角度入手,但在文字傳輸僅靠手寫的前印刷時代,文字書寫個體的書寫習慣,無疑是與是否"重見異寫"發生最直接因果聯繫的,因此首先需要確認"重見異寫"是不是源自寫手個體的特定書寫習慣。

基於前文"寶"字的調查,我們可以運用如下較爲便捷的方法來認定"重見異寫"與寫手習慣是否具有規律的對應:考察將"寶"字重見異寫的寫手會不會也傾向於把其他重見字重見異寫。反之,未將"寶"字重見異寫的寫手是不是也缺乏將其他重見字異寫的傾向。如果答案是肯定的,則可以證明重見異寫主要源自一部分寫手個人的書寫習慣。

"寶"字重見異寫銘中去掉"寶"字後,尚存 41 銘有 386 個同銘重見字,其中 26 銘 349 個同銘重見字未見重見異寫,而 15 銘 37 個同銘重見字重見異寫[1],具體詳下:

---

[1] 古文字是手寫文字,即使同一寫手在同一書寫活動中以他所習慣的同一種寫法書寫兩個以上相同的字,也難免或多或少發生字形變化。很顯然,如果重見字只存在這種差異,並不能視爲"異寫"。我們所說的"異寫",是具有"寫法"差異的同字異形。所謂"寫法",是指特定寫手對於特定文字所持有的書寫方式。一般來講,每個人都有比較固定的寫法,而如果寫手想改變一下自己寫出的字形,那他就需要通過另換一種寫法來實現這種意圖。改變"寫法"的方式大致有:如改變字形朝向、以團塊與線條别異、增減構字成分、改變主筆姿態、改變筆劃連接方式、改變偏旁寫法、改變偏旁的方位佈局、構件增減等。本文關於"異寫"的判斷,皆依此原則,限於篇幅,不作一一解說。

朕 4[1]：（图）5、267（图）160（图）250（大克鼎_集成 2836）

緐 2：（图）23（图）43（大克鼎_集成 2836）

弔 2：（图）2（图）27（默叔默姬簋_集成 4065）

簋 2：（图）9（图）32（默叔默姬簋_集成 4065）

其 2：（图）14（图）20（默叔默姬簋_集成 4065）

虘 3：（图）27（图）40（图）59（大師虘簋_集成 4251）

乎 2：（图）21（图）34（大師虘簋_集成 4251）

師 3：（图）10、22（图）26（大師虘簋_集成 4251）

皇 2：（图）108（图）112（頌簋_集成 4332）

賈 2：（图）56（图）61（頌簋_集成 4332）

頌 6：（图）27、81、132（图）46、49、95（頌簋_集成 4332）

龏 2：（图）110（图）114（頌簋蓋_集成 4338）

賈 2：（图）56（图）61（頌簋蓋_集成 4338）

姜 2：（图）79（图）104（蔡簋_集成 4340）

蔡[2] 6：（图）22、32、36、129（图）92（图）148（蔡簋_集成 4340）

召 2：（图）19（图）58（蔡簋_集成 4340）

既 2：（图）4（图）40（蔡簋_集成 4340）

---

〔1〕此數字表示該字重見數。
〔2〕此字何琳儀、黄德寬先生分析爲從"大"從倒"毛"，隸定爲"夌"，爲"衰"本字（《釋蔡》，《東南文化》1999 年第 5 期）。

同銘重見字異寫與金文字體研究

家 2：🔣 47 🔣 66（蔡簋_集成 4340）

尊 2：🔣 4 🔣 9（伯作寶尊彝卣_集成 5183）

嗣 2：🔣 53 🔣 60（頌壺蓋_集成 9732）

富 2：🔣 16 🔣 35（𤔲史𤔲壺_集成 9718）

殷 2：🔣 32 🔣 148（史牆盤_集成 10175）

宇 2：🔣 85 🔣 165（史牆盤_集成 10175）

無 2：🔣 102 🔣 216（史牆盤_集成 10175）

文 4：🔣 3、95、225 🔣 208（史牆盤_集成 10175）

剌 3：🔣 98、151 🔣 253（史牆盤_集成 10175）

見 2：🔣 134 🔣 155（史牆盤_集成 10175）

辟 3：🔣 177 🔣 223 🔣 274（史牆盤_集成 10175）

馨 2：🔣 34 🔣 47（一式獄簋_近出二_436_P110_考古與文物 2006 年 06 期 59 頁圖二）

邁 3：🔣 14 🔣 58 🔣 75（一式獄簋_近出二_436_P110_考古與文物 2006 年 06 期 59 頁圖二）

祓 2：🔣 1 🔣 8（斁尊_新收 0944）

令 2：🔣 4 🔣 23（喬觶_首陽吉金 074 頁）

馬 2：🔣 11 🔣 30（喬觶_首陽吉金 074 頁）

周 2：🔣 7 🔣 26（喬觶_首陽吉金 074 頁）

尊 2：🔣 18 🔣 37（喬觶_首陽吉金 074 頁）

窦 2：[字形] 15 [字形] 33（龍紋盤_首陽吉金 105 頁）

尊 2：[字形] 32 [字形] 70（伐簋_圖像集成 05321）

"寶"字不重見異寫銘中去掉"寶"字後，尚存 155 銘存在 1130 同銘重見字，其中 121 銘 1 076 個同銘重見字未見重見異寫，而 33 銘 53 個同銘重見字異寫，具體詳下：

考 2：[字形] 10、[字形] 31（癲鐘_集成 247）

文 2：[字形] 9、[字形] 51（癲鐘_集成 249）

敢 2：[字形] 27、[字形] 49（癲鐘_集成 250）

其 2：[字形] 11、[字形] 27（仲師父鼎_集成 2743）

頌 6：[字形] 27、46、49、83、134 [字形] 97（頌鼎_集成 2827）

康 2：[字形] 14、[字形] 126（頌鼎_集成 2828）

晋 2：[字形] 62、[字形] 108（九年衛鼎_集成 2831）

其 2：[字形] 174、[字形] 189（九年衛鼎_集成 2831）

衛 6：[字形] 60、106、168 [字形] 176 [字形] 180 [字形] 188（九年衛鼎_集成 2831）

敢 3：[字形] 297 [字形] 312 [字形] 318（毛公鼎_集成 2841）

畫 2：[字形] 432 [字形] 434（毛公鼎_集成 2841）

珥 2：[字形] 66 [字形] 102（毛公鼎_集成 2841）

若 3：[字形] 2、[字形] 135 [字形] 180（毛公鼎_集成 2841）

事 3：[字形] 211、387 [字形] 360（毛公鼎_集成 2841）

同銘重見字異寫與金文字體研究

庶 2：▣ 208 ▣ 293（毛公鼎_集成 2841）

厣 8：▣ 5、108、205、252、254、268、354 ▣ 473（毛公鼎_集成 2841）

雝 2：▣ 168 ▣ 291（毛公鼎_集成 2841）

有 3：▣ 18 ▣ 63 ▣ 377（毛公鼎_集成 2841）

雩 4：▣ 138、206、375 ▣ 384（毛公鼎_集成 2841）

族 2：▣ 374 ▣ 390（毛公鼎_集成 2841）

簋 2：▣ 7 ▣ 15（量侯簋_集成 3908）

俯 2：▣ 6 ▣ 15（伯夒簋_集成 3537）

其 2：▣ 14 ▣ 21（獣叔獣姬簋_集成 4066）

弔 2：▣ 2 ▣ 27（獣叔獣姬簋_集成 4067）

其 2：▣ 14 ▣ 20（獣叔獣姬簋_集成 4067）

訇 2：▣ 17 ▣ 34（卹▣簋_集成 4197）

盾 2：▣ 24 ▣ 28（五年師旋簋_集成 4217）

盾 2：▣ 24 ▣ 28（五年師旋簋_集成 4218）

旋 2：▣ 15 ▣ 44（五年師旋簋_集成 4218）

▣ 2：▣ 19 ▣ 30（殺簋蓋_集成 4243）

韠 2：▣ 110 ▣ 114（頌簋_集成 4333）

韠 2：▣ 110 ▣ 114（頌簋_集成 4334）

賈 2：▣ 56 ▣ 61（頌簋_集成 4334）

韠 2：▣ 110 ▣ 114（頌簋蓋_集成 4336）

181

賈 2: 〔圖〕56 〔圖〕61(頌簋蓋_集成 4336)

賈 2: 〔圖〕56 〔圖〕61(頌簋_集成 4339)

子 2: 〔圖〕7 〔圖〕23(奢簋_集成 4088)

其 2: 〔圖〕2 〔圖〕6(㮯簋_集成 3873)

季 2: 〔圖〕20 〔圖〕31(叔尃父盨_集成 4455)

其 4: 〔圖〕32、51、126 〔圖〕113(裘衛盉_集成 9456)

衛 5: 〔圖〕25 〔圖〕57、115 〔圖〕107 〔圖〕125(裘衛盉_集成 9456)

秦 2: 〔圖〕55 〔圖〕64(吳方彝蓋_集成 9898)

其 2: 〔圖〕71 〔圖〕80(殷簋甲_近出 0487)

壺 2: 〔圖〕6 〔圖〕16(彭伯壺_近出 0964)

其 2: 〔圖〕7 〔圖〕17(彭伯壺_近出 0964)

〔圖〕2: 〔圖〕1 〔圖〕32(〔圖〕叔多父盤_金文總集 08.6786)

事 2: 〔圖〕66 〔圖〕93(宰獸簋_近出 0490)

獸 4: 〔圖〕29、46 〔圖〕94 〔圖〕120(宰獸簋_近出 0490)

考 2: 〔圖〕29 〔圖〕33(晉侯鞁馬方壺_近出 0971)

尊 2: 〔圖〕19 〔圖〕22(晉侯鞁馬方壺_近出 0971)

考 2: 〔圖〕29 〔圖〕33(晉侯鞁馬方壺蓋_近出 0972)

琪 2: 〔圖〕77 〔圖〕94(柞伯鼎_近出二_327)

冊 2: 〔圖〕44 〔圖〕89(頌壺_新收 1962)

上述調查結果可用下表數據呈現：

	"寶"不異寫銘	"寶"不異寫銘重見字	"寶"異寫銘	"寶"異寫銘重見字
總　數	155	1 130	41	386
重見異寫數	33	53	15	37
異寫率	21.29%	4.69%	36.59%	9.59%

要準確認識以上數據的意義，有必要先解釋這樣一個問題：未將"寶"字重見異寫的寫手，爲什麼會將其他同銘重見字異寫？事實上，重見異寫這種書寫行爲具有一定的隨機性，有重見異寫習慣的銘文寫手並不一定將所有同銘重見字異寫，而且不同寫手重見異寫的習慣性程度也有差別，有的將所有重見字異寫，有的將一部分重見字異寫。因此，未將重見"寶"字異寫的寫手，未必也不將其他重見字異寫。當然，在定量研究的大數據框架裏，這種隨機性並不會改變數據的總體指向，即將重見"寶"字異寫的銘文寫手也會更傾向於將其他重見字異寫，反之亦然。上述調查結果表明，"寶"字異寫銘相對於"寶"字不異寫銘，無論是以銘爲單位的比較，還是以同銘重見字爲單位的比較，重見異寫概率都有大幅度的提高，前者由 21.29% 提升到 36.59%，後者由 4.69% 提升到 9.59%，這就足以證明同銘重見字異寫實際是與銘文寫手的書寫習慣具有直接聯繫的。

四

書法史證明，生活於同一或相近時空的寫字人，通常有著相似的書法風格和書寫習慣，上古時代相較後世，文字書寫人數更少，師承關係更加緊密直接，此種情況當尤爲明顯。因此，在確認重見異寫源自寫手的書寫習慣的前提下，有必要進一步觀察重見異寫現象是否有家族和斷代上的分佈特點。限於篇幅，我們仍然僅在前文調查的基礎上作初步的探討。

關於斷代分佈的調查,我們在前文調查的 320 件"寶"字重見銘中剔除西周內具體分期尚不明確者,按西周早、中、晚期分段[1],對"寶"字重見異寫的情況進行統計,結果如下表:

	不異寫銘	異寫銘	異寫率
早　期	20	9	31%
中　期	83	15	15.3%
晚　期	137	31	18.45%

很顯然,重見異寫現象在不同時段上的分佈有相對集中於早期的傾向:早期銘文的重見異寫率達到 31%,爲中期銘文的同口徑數據的兩倍以上。晚期銘文的重見異寫率雖然略高於中期,但亦大大低於西周早期。西周早期金文形體,"幾乎完全沿襲商代晚期金文的作風"[2],西周早期銘文的寫手,一般被認爲乃是商代遺民。因此,西周早期銘文的高概率重見異寫,實際是延續了商代銘文傳統的結果。這一判斷,可以得到殷商銘文重見異寫調查結果的支持。

殷商金文多爲少數字銘。在金文資料庫所收的 6 089 件殷商銘中,一字銘就有 2 120,二字銘爲 1 837,三字銘爲 1 264,五字以下銘爲 5 800,而同字重見銘只有 80 篇。在這 80 銘中,有 27 銘發生了同字異寫,異寫比重達 33.75%;其次,在這 80 銘中共有 76 字重見,其中 24 字發生異寫,異寫比重 31.58%。[3] 很顯然,西周早期金文的重見異寫率與殷商金文相差無幾,兩者在時間上是可以歸爲一段的。而西周中晚期的重見異寫率則大大低於西周早期和殷商晚期的銘文,屬於重見異寫習慣有所消退的另一時間階段。

---

〔1〕 銘文斷代主要依據著錄者的分期標注,近年在期刊、論文集上零星公佈的銘文依據其發表時的斷代和各家研究的斷代綜合認定。

〔2〕 裘錫圭《文字學概要》(修訂版),商務印書館,2013 年,51 頁。

〔3〕 具體調查整理結果詳見拙文《殷商文字方向不定與同辭重見字鏡像式異寫》,載《中國文字研究》23 輯,上海書店出版社,2016 年。

重見異寫現象在西周不同家族器銘上的分佈有明顯的疏密差異,這可以通過觀察"重見異寫"銘中的器名(器主名)集中度獲得具體答案,如在前文整理的重見異寫例中,頌器就有 19 例、微族器 12 例(史牆盤 8 例、癲器 4 例)等。反之,某些國族之銘雖多有重見字,卻無一異寫,如邿國器:

集成 07・03817、集成 07・03818、集成 07・04040、近出 1009、新收 1045、新收 1046、近出 0526、金文通鑒 05277、山東集成 668

杜國器:

集成 09・04448、集成 09・04449、集成 09・04450、集成 09・04451、集成 09・04452

限於篇幅,具體整理從略。值得注意的是,在前文對"寶"字不異寫銘的其他同銘重見字異寫調查中,所發現的諸多重見異寫銘,如頌器、虢器、癲器[1]等,實際與"寶"字異寫銘同族。這表明擴大同銘重見字的調查範圍,有助於更全面地將有重見異寫習慣的家族銘文寫手繫聯出來。這也從另一個角度表明,對於具有一定隨機性的重見異寫現象,確實需要大數據調查才能得到較爲符合事實的認識。

五

基於前文的初步調查分析,我們可以就金文字體研究中如何應對重見異寫現象提出粗淺想法。

既然同銘重見字異寫是一種具有不可忽略概率的客觀存在,那麼金文字體研究就必須將重見異寫字排除于單一字形關鍵字的字體評估範圍之外,而對這部分銘文用字的斷代分期字體特徵評估確定新的標準或原

---

[1] 癲器與牆盤皆微氏家族器,癲乃牆之子。

則。然而要做到這一點，必須以系統把握金文同銘重見字異寫現象的實況與規律爲前提。但是，這一前提條件，目前似乎還不具備。

雖然我們已經認識到重見異寫源自寫手的寫字習慣，但由於金文寫手繫聯的研究目前並未獲得理想的成績，這一認識對於應對字體研究中重見異寫難題的作用也就有所局限。當然，對於金文寫手繫聯而言，這種認識倒能提供有益的啓發：特定的重見異寫習慣本身也是一種寫手的字跡特徵，應該視爲寫手繫聯的一種判斷標準。

儘管上述調查證明了金文重見異寫依時代與國族的不同而存在數量分佈差異，但由於這種分佈規律的認識還有待深化，所以對具體解決相關實際問題的指導性也並不給力，其真正意義在於提示了探求重見異寫具體規律的大方向。

因此，系統把握金文重見異寫現象的實況和規律，尚需進一步的科研攻關來實現，而在這目標實現之前，似乎就只能以最質樸的辦法來應對：對每一需要進行字體分析的銘文用字，都要通過查看整篇銘文弄清楚它是否有同銘重見者；如果有，還需要作細緻的字形比對，弄清楚這些重見字的多個字形寫法關係如何。很顯然，這絕不是一件輕鬆的事情。僅舉一例："兆域圖銅版"，同銘重見字達47字，"宮、尺、丘、内、兀、歔、從、中、步、至、五、垣、者、十、卌、坡、平、百、堂、六、以、方、後、閒、兩、哀、廿、卅、王、二、視、八、之、革、一、長、跂、大、命、乏、閔、四、棺、三、桓、若、梶"，其中"宮"字37見，"尺"字36見，"丘"字27見，重見字總用字數406。類似"兆域圖銅版"這種有著大數據調查任務的長銘並不少見，要求每一個研究者分別都去做一番徹底的調查整理工作顯然是不夠明智的。因此，有必要研製一種金文重見異寫現象的查檢工具，作爲學術公器，服務於學界相關研究。

該工具的檢索内容當與方便查找金文重見異寫的要求相匹配，總體不外乎如下兩端：一是重見字所屬銘信息，包括器名、斷代、家族屬性、出土信息等；二是重見字信息，包括文字單位、異寫類型、銘文中的用法等。這些檢索内容應可任意相互關聯，能夠以不同内容項爲查檢對象整合信息系統，如查找重見字異寫銘，即可將這類銘一覽無餘加以呈現，且呈現方式可按時代、家族加以限定，按重見異寫頻度〔1〕進行排序。如查找異寫同銘重見字，即可逐字呈現某字異寫所涉及所有器銘及其各種附加信息，並按任意附加信息進行限定或排序。如查找異寫類型，即可以窮盡某種異寫方式呈現其所有出處信息。因"異寫類型"一項稍有費解，僅舉一例以示其詳："其"字同銘重見，每以 ❄、❄ 兩種字形異寫，故可以"❄-其"爲其標目。查找"❄-其"式異寫，則可盡觀其商周金文全部用例，結果爲：殷商、戰國無有，西周、春秋各有 15 銘。見於西周者如下：

殷簋甲_近出 0487，伯尚鼎_集成 05・02538，仲師父鼎_集成 05・02743，仲師父鼎_集成 05・02744，梁其鼎_集成 05・02769，九年衛鼎_集成 05・02831，㝬叔㝬姬簋_集成 07・04062，㝬叔㝬姬簋_集成 07・04063，㝬叔㝬姬簋_集成 07・04065，㝬叔㝬姬簋_集成 07・04066，㝬叔㝬姬簋_集成 07・04067，羌仲虎簠_集成 09・04578，裘衛盉_集成 15・09456，梁其壺_集成 15・09717，五年琱生尊乙_近出二 588。

見於春秋者如下：

邵黛鐘-集成 01・00225，復公仲簋蓋-集成 08・04128，商丘叔簠-集成 09・04557，商丘叔簠-集成 09・04558，商丘叔簠-集成 09・04559，曾囗囗簠-集成 09・04614，者尚余卑盤-集成 16・10165，黃大子伯克盆-集成 16・10338，彭子仲盆-集成 16・10340，彭伯壺-近出 0964，蔡公子叔湯壺-近出 0970，伯遊父壺-上博 2005 年 10 期 118 頁圖五，伯遊父壺-上博 2005 年 10 期 119 頁圖六，伯遊父罍-上博 2005

---

〔1〕 如某銘之所有重見字均異寫則頻度爲百分之百，只有一半重見字異寫頻度爲百分之五十。其他頻度資料仿此類推。

年10期121頁圖十,伯遊父鉚-上博2005年10期124頁圖十五。

概而言之,這一工具的功能,就是可以提供所有與重見異寫現象相關的一切信息,既滿足金文字體研究中信息檢索之需,又推進金文重見字異寫規律的揭示。當然,建設具有此種功能的工具並非易事,因此,相關建設方略與可行性也是一個需要討論的問題。

顯而易見的是,這種工具雖然也可以傳統紙質印刷品的形式作爲載體,以工具書的形式服務學界。但從信息查找的高效性來考量,數字化形式的載體無疑具有明顯的優勢。而這種優勢,同樣存在於編纂環節。

紙質讀物的編纂任務,如果交給數據庫去運用其標注、類聚、關聯的手段去完成,可以免除許多重複性工作,大大提高效率,使海量的工作壓力得到有效化解。僅舉一例。比如調查統計"迄今已公佈商周青銅器銘中有哪些銘中的哪些字重見了"是最基礎編纂工作,而基於紙質載體材料去進行這種調查統計,所需付出的工作量無疑是很大的。而如果基於"文字網"金文資料庫來操作,則只需將其所收錄的16 451件器銘(含171 336個銘文用字)的唯一代碼與銘中各唯一字合併查詢其不重複項即可完成。對數據庫而言,這只是一個瞬間操作即可完成的調查統計,結果是:在2 931銘中出現了14 686個同銘重見字。值得注意的是,這一調查結果,可將所需目驗的銘文字數減少至十幾分之一。

毫無疑問,數據庫不是自然資源,而建設勝任此種編纂任務的數據庫的工作量將大大超過此種編纂本身所需的工作量。因此,臨渴掘井不如借雞生蛋,借助於已有的具備條件的金文數據庫來創建金文重見異寫專題公共數據庫乃是最現實的選擇。如"文字網"金文數據庫,積二十年建設的成績,完全具備了作爲創建這種專題公共數據庫的基礎數字平臺的條件。

作爲公共數據庫平臺,其資源的學界共用固然重要,其創立過程中的學界共建更能體現其"公共"的屬性。數字平臺具有與生俱來的開放性,所以，儘管金文重見異寫專題數字檢索系統的初創可以是特定機構甚至少數個人努力的結果，但它一旦投入使用向社會開放就很容易進入社會共用共建的持續完善模式。而臻於此種境界，金文字體研究中的"重見字異寫"難題將得到很好的化解。

西周金文"貝"之字體再研究

——兼論斷代分期視角的青銅器銘文字體研究的"字體"界定問題

選定少數關鍵字來研究金文字體,已成爲學界公認的方法。這種方法的合理性在於,絕大部分的金文用字出現次數太少,沒有覆蓋可供比較的不同斷代乃至不同器銘。因此"關鍵字"的選擇標準無非就是"第一,前後變化較大;第二,各期銘文中較常見"。[1] 按照這種標準,"貝"就成爲金文字體研究關鍵字的首選。"據我們觀察全部西周金文,其中'貝'字是出現率甚高而且因時而變化最多的一字,因此是本項研究中最重要的關鍵字,整個字體類型體系似乎應以此字爲綱"。[2]

劉華夏先生關於西周金文"貝"的字體的斷代分期研究,是我們可以看到的迄今最爲細緻的成果。"兩周金文中'貝'字字形一共可分爲三十八類。其中十二種是依時代先後而分類(用Ⅰ、Ⅱ、Ⅲ、Ⅳ、Ⅴ……標之),其餘則爲同時並存的異體(用a、b、c、d……標之)。'貝'字諸型的相對年代,可以其演變規律定之"。[3] 該項研究還將各類"貝"字體與

---

[1] 劉華夏《金文字體與銅器斷代》,《考古學報》2010 年第 1 期。
[2] 同上。
[3] 同上。

西周金文"貝"之字體再研究

西周王世的對應關係列表呈現，頗具使用價值。

然而，這一研究尚存若干缺憾，初步條理如次。

一、字體分類有較多缺漏

我們的調查表明，"貝"之構形131個，按其出現頻率降冪呈現如下：

436[1]/ 357/ 266/ 237/ 211/ 195/ 180/ 105/ 100/ 90/ 78/ 55/ 51/ 41/ 40/ 40/ 39/ 36/ 30/ 26/ 24/ 24/ 24/ 21/ 20/ 19/ 17/ 17/ 16/ 16/ 15/ 14/ 14/ 13/ 12/ 12/ 12/ 11/ 11/ 10/ 10/ 10/ 9/ 9/ 9/ 9/ 8/ 8/ 7/ 7/ 7/ 6/ 6/ 6/ 7/ 5/ 5/ 5/ 4/ 4/ 4/ 4/ 4/ 3/ 3/ 3/ 3/ 3/ 2/ 2/ 2/ 2/ 2/ 2/ 2/ 2/ 2/ 2/ 2/ 2/ 2/ 2/ 1/ 1/ 1/ 1/ 1/ 1/ 1/ 1/ 1/ 1/ 1/ 1/ 1/ 1/ 1/ 1/ 1/ 1/ 1/ 1/ 1/ 1/ 1/ 1/ 1/ 1/ 1/

大大少於本文分類數的劉華夏的36分類，竟然也並不能全部在上述131分類中找到對應，能夠對應的，只有如下31個[2]：

Ⅰa/ Ⅰb/ Ⅰc/ Ⅰd/ Ⅰe/ Ⅰf/ Ⅰg/ Ⅱb/

---

[1] 該數字爲其前構形在西周早期銘文中的出現頻次，構形之間以"/"。限於篇幅，構形各頻次所出銘文原形及其器名、著錄出處本文無法給出，詳見拙著《西周金文字體研究》（待刊）之附錄。以下同類資料體例仿此，不再説明。

[2] 分類構形後的數字與字母符組合爲劉華夏先生的分類標注。

Ⅱc/ 貝 Ⅳa/ 貝 Ⅳb/ 貝 Ⅳc/ 貝 Ⅴa/ 貝 Ⅴb/ 貝 Ⅵa/ 貝 Ⅵa/ 貝 Ⅵb/ 貝
Ⅶa/ 貝 Ⅶa/ 貝 Ⅶb/ 貝 Ⅷa/ 貝 Ⅷb/ 貝 Ⅷc/ 貝 Ⅷd/ 貝 Ⅸa/ 貝 Ⅸb/ 貝
Ⅸd/ 貝 Ⅹb/ 貝 Ⅺa/ 貝 Ⅺb/ 貝 Ⅻc/

同爲西周金文"貝"的字體分類調查結果，卻有如此巨大的數量差異，一個重要的原因是材料範圍的差異。劉華夏"選定的銘文總數共有 500 件"[1]，而這個材料數量距離迄今公佈的有效材料總數有較大缺失，僅據這樣的材料來歸納字形分類，結果難免是以偏概全。根據定量研究的要求，本文的調查材料基本覆蓋迄今已公佈的西周金文資料，涉及銘文數量約爲劉文調查的 14 倍。逐字調查的結果表明，在本文的材料範圍內，"貝"共出現 3 186 次，其中 142 爲單字，3 044 見爲偏旁，偏旁所出字 49 個，分別是：

寶 2712[2]\賓 50\賈 47\賸 38\商 28\辠 12\賞 12\責 10\具 9\s 資 9\得 9\贏 8\饗 7\敗 6\買 5\貳 4\員 4\賢 4\遺 4\狽 4\鼂 3\償 3\責 3\實 3\獻 3\貞 3\賣 3\貧 2\嫏 2\員 2\儹 2\戬 2\賀 2\慎 2\眞 2\贄 2\大 1\遺 1\遺 1\賦 1\貸 1\s 賣 1\薑 1\貿 1\窳 1\朋 1\助 1\趣 1\貴 1\

以上"貝"或從"貝"字涉及器銘數量爲 2 435，佔西周器銘總數的 35%以上。其中西周早期 951 銘，西周中期 570 銘，西周晚期 859 銘。西周內暫未能分期者 55 銘。這就是本文調查整理所得的西周金文"貝"131 種構形的材料基礎。基於大大增加調查材料，字體類型有所增加自然並不奇怪。

值得注意的是，立足於我們的字體認同標準來看，劉文的有些分類過細，因而被我們合併了。如以下三對構形：

---

[1] 劉華夏：《金文字體與銅器斷代》，《考古學報》2010 年第 1 期。
[2] 該數字爲其前字在西周銘文中的出現頻率數。後仿此。

西周金文"貝"之字體再研究

𠀉 → 𠀊　𠀋 → 𠀌　𠀍　𠀎
AIXa　AXa ˋAXIa　AXIIa ˋAXIb　AXIIb

每對兩個字形可以被認爲出自同一"寫法"（關於金文字體認同標準的"寫法"問題，容後文專論），因此在我們的分類中是被合併爲三個的。顯然，排除這一因素，劉華夏分類的數量會更少。有一種可能就是，我們認定的一些形態較另類的"貝"構形，劉華夏並不認爲是"貝"。"貝"之構形多變，而古文字構形演變不乏訛誤、類化等導致其單位屬性變異的情況。因此，有必要解釋一下本文對"貝"的認定原則。

有確定需要"貝"出現的造字意圖的限定，同時，構形與"貝"之字源或通用形體又有明確的演化邏輯，同時滿足這兩個條件，我們則確定其"貝"的身份。限於篇幅，僅舉一例：𠀏，見於大克鼎第 93 字𠀐，即此銘第一個"寶"字。該銘還有兩個"寶"字，分別爲 273 字𠀑，286 字𠀒，這兩個"寶"均含有"貝"，前者作𠀓，後者作𠀔。綜合上述情況，將𠀏認定爲"貝"有如下幾點理由：1."貝"作"寶"之義符，乃是西周金文常規；2. 同銘其他"寶"字，亦皆含"貝"；3. 就構形演變邏輯來看，𠀏可視爲𠀓、𠀔的輪廓化演變，而輪廓化演變古文字常見；4. 西周金文多見同銘重見字避複異寫現象，而大克鼎三"寶"字所含"貝"皆有差異，正可視爲避複異寫使然。其他構形類別的認定原則同此，不煩一一。

由於劉文並未公佈其各構形分類的銘文用字出處，我們無法全面瞭解他判斷的"貝"的標準，因而無從作出評價。然而，本文分類是有具體出處信息可供查驗的，因此，如果我們的認定原則和調查結果經得起查驗，則表明它完成了對既有同類調查研究的補充。

二、字體類型頻率信息缺失

劉華夏所分析的 38 個"貝"字體類型均沒有給出其使用數量的信息，而這一信息的缺失，將大大降低字體分類的認識價值，這就好比百元大鈔和一分錢幣，都是人民幣貨幣單位的一個種類，忽略了價值量，自然就可以將這兩種"一個錢"等量齊觀,而這樣難免會忽略一些本不應忽略的信息。僅説其一二。

本文各分類構形的常用度(出現頻率)有著很大的差異,少數高頻構形的出現頻次佔總頻次數的極高比重,比如,僅佔總構形數 7.75% 的前 10 高頻的構形的出現頻次數合計爲 2 166,佔總頻率的 68.16%;而大量低頻構形的頻次合計卻只佔"貝"總出現頻次數的極低比重,如 43 個一見構形,佔總構形數的 33.33%,而其出現頻次數僅佔總頻次數的 1.35%。關於這種不平衡狀況的系統數據,不難根據前文所列各構形頻率獲知,不煩贅述。對於字體斷代屬性的標誌性而言,上述構形頻率的差異具有非常重要的意義。

漢字發展史研究證明,先秦時段,漢字構形發展演變有明顯的斷代共性特徵,很顯然,這種共性特徵主要是由各文字單位出現較多的構形,即主流構形營造出來的。因此,關鍵字構形分類的常見度,是與其斷代分期的標誌意義的充分程度成正比的。換言之,上述 129 個"貝"之構形分類,在字體斷代研究的視野裏,並不具有等量的認識價值,最值得關注的,只是少數高頻類型。

低頻構形雖然斷代標誌意義有限,但往往會有其他方面的特殊認識價值的。低頻構形之所以多見,首先與銘文的手寫性質相關。在沒有印刷術的時代,每個文字的出現,都是寫字人個體行爲的結果,雖有師徒相承的體制,或許還有主流文字構形作爲典範字樣,但也不能保證每個寫手每時每刻都遵規守矩,營構一些非常規字形並不值得奇怪。然而,不同尋常的書寫字跡,或許能夠提供不同尋常的銘文信息。如僅爲一見的❦,出自散盤之❦(貞)字,此"貝"形之怪異,足以證明散盤字體的特異性。然而,"貞"字在古文字中或從"鼎",而此❦與西周銘文中其他幾千個"貝"構形都有差異,是不是本來就不是"貝"而是"鼎"呢?另外一個一見"貝"構形❦卻可幫助我們求得正確的答案。❦同樣見於散盤,出自❦(實)字。由於"實"在古文字中並未見從"鼎"之例,故❦當可確認爲"貝"。而❦這個"貝"與❦雖然嚴格按我們的"寫法"標準不能認同,但兩者構形的類似是顯而易見的。據此我們可以確認散盤的 ❀、❀ 都是"貝"的西周金文另類構形。

三、某些字體類型時代判斷失準

劉華夏將其"貝"構形分類與西周分期的對應歸納爲下表[1]：

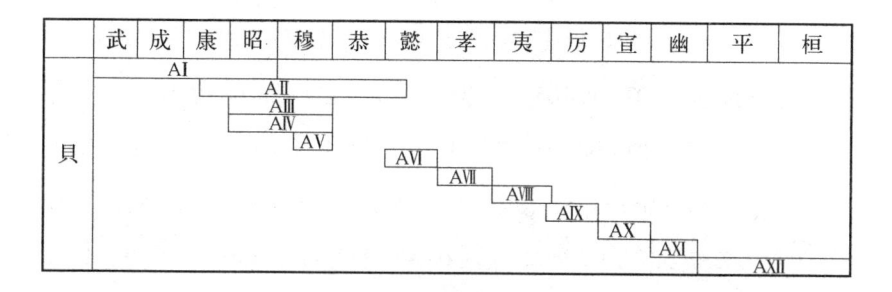

	武	成	康	昭	穆	恭	懿	孝	夷	厲	宣	幽	平	桓
貝	AI	AII												
		AIII												
		AIV												
			AV											
					AVI									
						AVII								
							AVIII							
								AIX						
									AX					
										AXI				
												AXII		

對照本文的標誌性調查結論，此表問題較多，僅舉一二加以說明。上表中的"A"代表"貝"，而其後的"I"與"A"組合起來是表達"貝"的一個構形大類，"AI"這個大類具體包括"❀Ia、❀Ib、❀Ic、❀Id、❀Ie、❀If、❀Ig"7個具體構形。在上表中，"I"類構形對應的是武王至昭王，也就是西周早期。然而，本文調查表明，這7個構形除了❀Ib、❀Id外，都不僅僅出現於西周早期，其中❀If在西周早期的出現次數僅佔其總出現頻次數的71%，而❀Ig這個數據僅及60%，且它們不僅出現於中期，還在晚期中現身。❀If在中期出現61次，晚期出現7見。❀的中期出處如下[2]：

❀銅盤霸伯盤-2010考古發現71頁_35/❀銅盤霸伯盤-2010考古發現71頁_27/❀立鼎-集成04·02069_3/❀伯陶鼎-集成05·02630_9/❀悤鼎-集成05·02705_11/❀毀鼎-集成05·02721_30/

---

〔1〕劉華夏：《金文字體與銅器斷代》，《考古學報》2010年第1期。
〔2〕出處首列❀所出銘文原形字，原形後給出其所在器的器名，器名後爲該器著錄名簡稱以及著錄號，最後給出該原形字在銘文中的字序數。以下同類出處仿此。

◧仲㳟父鼎-集成05・02734_24/◧不㭰方鼎-集成05・02735_32/ ◧不㭰方鼎-集成05・02735_18/◧戜方鼎-集成05・02789_38/◧ 師旂鼎-集成05・02809_34/◧戜方鼎-集成05・02824_114/◧戜方 鼎-集成05・02824_94/◧仲作寶簋-集成06・03364_3/◧彔簋-集 成06・03702_7/◧乎簋-集成07・03769_13/◧㧞馭簋-集成07・ 03976_16/◧賢簋-集成07・04104_14/◧賢簋-集成07・04105_20/ ◧賢簋-集成07・04105_26/◧彔作辛公簋-集成08・04122_32/◧ 彔作辛公簋-集成08・04122_23/◧孟簋-集成08・04162_42/◧孟 簋-集成08・04163_42/◧孟簋-集成08・04164_42/◧臣諫簋-集成 08・04237_58/◧戜簋器-集成08・04322_110/◧鯛作祖乙卣-集成 10・05261_5/◧異卣-集成10・05372_8/◧同卣-集成10・05398_ 22/◧次卣蓋-集成10・05405_29/◧靜卣-集成10・05408_35/◧ 彔戜卣-集成10・05419_30/◧彔戜卣-集成10・05419_46/◧彔戜 卣蓋-集成10・05420_30/◧彔戜卣蓋-集成10・05420_46/◧農卣- 集成10・05424_50/◧競卣蓋-集成10・05425_51/◧競卣蓋-集成 10・05425_45/◧競卣蓋-集成10・05425_34/◧彔戜卣器-集成 10・05420_46/◧彔戜卣器-集成10・05420_30/◧競卣器-集成 10・05425_34/◧員作父壬尊-集成11・05966_14/◧豐作父辛尊- 集成11・05996_28/◧豐作父辛尊-集成11・05996_23/◧螽方尊- 集成11・06013_77/◧作寶尊彝觶-集成12・06438_2/◧呂季姜壺- 集成15・09610_12/◧史懋壺-集成15・09714_40/◧㺇鼎-金文通 鑒02312_5/◧南方追孝鼎-金文通鑒02313_8/◧南方追孝鼎-金文 通鑒02313_16/◧孟狂父甗-近出0164_17/◧孟狂父鼎-近出0338_ 17/◧仲播簋-近出0471_22/◧欠鼎-近出二297_15/◧獄盤-近出 二937_69/◧仲姞壺-圖像12257_4/◧量伯丞父爵-西安47_6/

☒任鼎-新收 1554_18／☒尸曰壺-新收 1691_4／☒彔戜卣-新收 1961_30

☒的晚期 7 次的出處如下：

☒聿造鬲_集成 03・00604_7／☒漳伯簋_集成 07・03821_14／☒妖𩵋母簋_集成 07・03845_7／☒鑄子叔黑臣簋_集成 07・03944_16／☒鑄子叔黑臣簋_集成 07・03944_8／☒伯到方壺_集成 15・09569_4／☒枯仲衍鐘_近出二 4_17

☒在中期出現 122 次：

☒應侯見工鐘-集成 01・00108_31／☒作寶彝鬲-集成 03・00569_7／☒作寶彝鬲-集成 03・00569_2／☒作寶甗-集成 03・00921_5／☒作寶鼎-集成 04・01783_2／☒作旅寶鼎-集成 04・01790_3／☒毛作寶鼎-集成 04・01960_3／☒興作寶鼎-集成 04・01963_3／☒煴作寶齍鼎-集成 04・01967_3／☒戌作寶彝鼎-集成 04・01973_3／☒辛作寶彝鼎-集成 04・01987_3／☒具作父庚鼎-集成 04・02128_5／☒王作仲姜鼎-集成 04・02191_5／☒倗仲鼎-集成 04・02462_11／☒師賸父鼎-集成 05・02558_17／☒或者鼎-集成 05・02662_21／☒小臣鼎-集成 05・02678_23／☒𢆶鼎-集成 05・02696_25／☒公貿鼎-集成 05・02719_17／☒師旂鼎-集成 05・02809_76／☒煖姬簋-集成 06・03569_4／☒𠭯簋-集成 06・03676_3／☒叔窘簋-集成 06・03694_5／☒伯簋-集成 06・03718_3　☒齊史逗簋-集成 06・03740_5／☒晉人簋-集成 07・03771_6／☒晉人簋-集成 07・03771_12／☒堇簋-集成 07・03835_4／☒季魯簋-集成 07・

03949_19/[圖]季魯簋-集成07・03949_10/[圖]辰在寅簋-集成07・03953_18/[圖]緯簋蓋-集成08・04192_35/[圖]芮簋-集成08・04195_31/[圖]恆簋蓋-集成08・04199_49/[圖]恆簋蓋-集成08・04199_39/[圖]師遽簋蓋-集成08・04214_56/[圖]豆閉簋-集成08・04276_88/[圖]豆閉簋-集成08・04276_79/[圖]師瘨簋蓋-集成08・04284_98/[圖]師虎簋-集成08・04316_123/[圖]卯簋蓋-集成08・04327_150/[圖]卯簋蓋-集成08・04327_138/[圖]卯簋蓋-集成08・04327_98/[圖]緯簋器-集成08・04192_35/[圖]緯簋器-集成08・04192_43/[圖]寡子卣-集成10・05392_17/[圖]繁卣蓋-集成10・05430_55/[圖]繁卣蓋-集成10・05430_61/[圖]效卣-集成10・05433_32/[圖]繁卣器-集成10・05430_55/[圖]繁卣器-集成10・05430_61/[圖]作寶尊彝尊-集成11・05790_2/[圖]作父丁癸尊-集成11・05826_4/[圖]羌作父己尊-集成11・05879_5/[圖]魁作祖乙尊-集成11・05891_5/[圖]叔作父戊尊-集成11・05899_6/[圖]犀肇尊-集成11・05953_7/[圖]員作父壬尊-集成11・05966_5/[圖]伯作蔡姬尊-集成11・05969_14/[圖]盠方尊-集成11・06013_106/[圖]應事作父乙觶-集成12・06469_6/[圖]者兒觶-集成12・06479_4/[圖]作父癸觶-集成12・06501_5/[圖]豐父辛爵-集成14・09081_5/[圖]麭父盂-集成15・09395_4/[圖]季嬴霝德盂-集成15・09419_6/[圖]白王盂-集成15・09441_16/[圖]劉嫣壺-集成15・09555_4/[圖]鬼作父丙壺-集成15・09584_5/[圖]對罍-集成15・09826_18/[圖]對罍-集成15・09826_7/[圖]榮子方彝-集成16・09880_4/[圖]榮子方彝-集成16・09881_4/[圖]盠方彝-集成16・09899_106/[圖]盠方彝-集成16・09899_77/[圖]盠方彝-集成16・09900_77/[圖]盠方彝-集成16・09900_106/[圖]鮮簋-集成16・10166_43/[圖]永盂-集成16・10322_122/[圖]伯中父簋器-集成22・04023_19/[圖]作寶彝鼎-

198

金文通鑒 02325_2／🔲叔侯父簋-金文通鑒 05255_6／🔲古盨蓋-金文通鑒 05660_71／🔲仲𢀚父盆乙-金文通鑒 06259_9／🔲作宗寶尊彝卣-金文通鑒 13288_3／🔲作寶盤-金文通鑒 14500_2／🔲嬴盤-金文通鑒 14523_6／🔲朿盉-金文通鑒 14782_6／🔲作寶簋-近出 0405_2／🔲作寶用簋-近出 0416_2／🔲筆簋-近出 0464_5／🔲叔豊簋-近出 0469_7／🔲伯敢畀盨蓋-近出 0499_6／🔲伯敢畀盨蓋-近出 0499_17／🔲伯敢畀盨蓋-近出 0500_6／🔲伯敢畀盨蓋-近出 0500_17／🔲乍寶尊彝尊-近出 0627_2／🔲𦰹𣬉觶-近出 0672_6／🔲𦰹𣬉觶-近出 0673_6／🔲獸宫盉-近出 0939_6／🔲匍盉-近出 0943_39／🔲獸宫盤-近出 1001_6／🔲倗伯鼎-近出二 274_6／🔲倗伯簋-近出二 397_6　🔲州簋-近出二 405_3／🔲州簋-近出二 405_10／🔲公卣-近出二 543_3／🔲霸伯盂-考古 2011 年 07 期 17 頁圖八_25／🔲作寶鼎-陝金 1·81_2／🔲晉侯簋-四川文物 2011 年第 4 期 40~42 頁圖版三、四_5／🔲晉侯簋-四川文物 2011 年第 4 期 40~42 頁圖版三、四_13／🔲晉侯簋甲-圖像 04736_5／🔲晉侯簋甲-圖像 04736_13／🔲倗伯再簋-圖像 05208_35／🔲應侯見工簋（甲）-新收 0078_53／🔲作寶尊彝卣-新收 1316_2／🔲晉韋父盤-新收 1453_5／🔲公仲簋-新收 1601_7／🔲再簋-新收 1606_56／🔲𥄢簋-新收 1915_51／🔲㝬簋-新收 1958_57／🔲羣尊-中原文物 2012 年 3 期封三：13_6

🔲晚期出現 16 次：

🔲穎姞鬲_集成 03·00526_4／🔲口戈母鬲_集成 03·00571_5／🔲仲競簋_集成 07·03783_4／🔲齊孃姬簋_集成 07·03816_5／🔲季口父簋蓋_集成 07·03877_6／🔲遹簋_集成 07·04075_26／🔲伯康

簋_集成08・04160_33/ 🔲卻🔲簋_集成08・04197_42/ 🔲卻🔲簋_集成08・04197_50/ 🔲楚簋_集成08・04246_70/ 🔲元年師旋簋_集成08・04282_98/ 🔲輔師嫠簋_集成08・04286_100/ 🔲史翏盨_集成09・04366_8/ 🔲史翏盨_集成09・04367_8/ 🔲翏生盨_集成09・04461_49/ 🔲應侯盤_新收0077_4

此外，常見度極高的貝Ⅺa、貝Ⅺb，僅被對應幽王，貝Ⅹa、貝Ⅹb，僅被對應宣王，也就是説，它們被認爲只出現於西周晚期的某一王世。核對本文的標注，皆不足信，它們都有見於西周中期之例。如貝，19次：

🔲癲鐘-集成01・00256_8/ 🔲夆伯鬲-集成03・00696_17/ 🔲仲柟父匕-集成03・00979_7/ 🔲伯口作尊鼎-集成04・02438_10/ 🔲伯考父鼎-集成04・02508_14/ 🔲叔碩父鼎-集成05・02596_9/ 🔲叔碩父鼎-集成05・02596_19/ 🔲衛鼎-集成05・02616_20/ 🔲癲簋-集成08・04172_44/ 🔲癲簋-集成08・04176_44/ 🔲追簋-集成08・04220_59/ 🔲追簋-集成08・04224_59/ 🔲梁其壺-集成15・09716_42/ 🔲窒叔簋-新收1957_44/ 🔲楷大司徒仲車父簋蓋-金文通鑒05288_9/ 🔲大師虘簋-金文通鑒05245_64/ 🔲禽簋-濟寧文物珍品71頁_5/ 🔲禽簋-濟寧文物珍品71頁_13/ 🔲宗人鼎-30周年文集_72

貝,45次：

🔲癲鐘-集成01・00248_54/ 🔲癲鐘-集成01・00248_102/ 🔲庚姬鬲-集成03・00640_10/ 🔲仲柟父鬲-集成03・00746_38/ 🔲仲

梠父鬲-集成03·00751_38／㊣仲枏父鬲-集成03·00752_15／㊣邾伯鬲-集成03·00669_14／㊣舟鼎-集成04·02484_11／㊣師趛鼎-集成05·02713_27／㊣大鼎-集成05·02806_57／㊣伯簋-集成06·03690_3／㊣伯簋-集成06·03690_10／㊣眷簋-集成06·03737_5／㊣伯幾父簋-集成07·03766_13／㊣伯賓父簋-集成07·03833_5／㊣伯賓父簋-集成07·03833_14／㊣城虢遣生簋-集成07·03866_14／㊣鄧仲孝簋-集成07·03918_15／㊣仲辛父簋-集成07·04114_27／㊣瘋簋-集成08·04173_44／㊣瘋簋-集成08·04177_44／㊣格伯簋-集成08·04265_22／㊣申簋蓋-集成08·04267_84／㊣師酉簋-集成08·04289_105／㊣師酉簋-集成08·04290_105／㊣師酉簋-集成08·04291_105／㊣魯司徒伯吳盨-集成09·04415_14／㊣瘋盨-集成09·04462_49／㊣瘋盨-集成09·04462_59／㊣鄭井叔康盨-集成09·04400_14／㊣作文考日己方尊-集成11·05980_6／㊣作文考日己方尊-集成11·05980_18／㊣梁其壺-集成15·09717_50／㊣洛御事罍-集成15·09824_17／㊣洛御事罍-集成15·09825_17／㊣史牆盤-集成16·10175_279／㊣叔趙父禹-集成18·11719_8／㊣夷伯夷簋-近出0481_30／㊣夷伯夷簋-近出0481_37／㊣公簋-近出二附25_25／㊣仲枏父鬲-新收1447_15／㊣仲枏父鬲-新收1447_37／㊣師酉鼎-新收1600_62／㊣大師虘簋-金文通鑒05245_57／㊣格伯簋器-集成08·04262_22

㊣,7次：

㊣虘鐘-集成01·00089_31／㊣伯百父簋-集成07·03920_7／㊣鴻叔簋-集成07·03951_8／㊣瘋簋-集成08·04170_44／㊣瘋簋

蓋-集成 08・04171_44／🔣十三年瘐壺-集成 15・09723_56／🔣師道簋-新收 1394_89

🔣, 68 次：

🔣虘鐘-集成 01・00088_31／🔣虘鐘-集成 01・00089_10／🔣塑肇家鬲-集成 03・00633_11／🔣伯庸父鬲-集成 03・00616_9／🔣伯庸父鬲-集成 03・00617_9／🔣伯庸父鬲-集成 03・00618_9／🔣伯庸父鬲-集成 03・00619_9／🔣伯庸父鬲-集成 03・00620_9／🔣伯庸父鬲-集成 03・00621_9／🔣伯汭父鬲-集成 03・00671_14／🔣庚姬鬲-集成 03・00637_10／🔣庚姬鬲-集成 03・00639_10／🔣師趛鬲-集成 03・00745_27／🔣仲枏父鬲-集成 03・00746_15／🔣仲枏父鬲-集成 03・00752_38／🔣車作寶鼎-集成 04・01951_3／🔣大師作叔姜鼎-集成 04・02409_9／🔣叀鼎-集成 04・02490_10／🔣伯考父鼎-集成 04・02508_5／🔣弟ㄩ鼎-集成 05・02638_11／🔣師秦宮鼎-集成 05・02747_38／🔣刺鼎-集成 05・02776_49／🔣庚季鼎-集成 05・02781_45／🔣康鼎-集成 05・02786_48／🔣康鼎-集成 05・02786_59／🔣利鼎-集成 05・02804_69／🔣師訊鼎-集成 05・02830_17／🔣九年衛鼎-集成 05・02831_193／🔣友父簋-集成 06・03727_4／🔣陝簋-集成 06・03475_3／🔣降人匋簋-集成 07・03770_5／🔣伯闌簋-集成 07・03773_13／🔣伯闌簋-集成 07・03774_13／🔣伯賓父簋-集成 07・03833_2／🔣仲啟父簋-集成 07・04102_24／🔣仲啟父簋-集成 07・04103_24／🔣穆公簋蓋-集成 08・04191_42／🔣追簋-集成 08・04221_59／🔣追簋-集成 08・04223_59／🔣大師虘簋-集成 08・04251_57／🔣格伯簋蓋-集成 08・04262_22／🔣格伯簋蓋-集成 08・

04264_22／🄐師遽盨-集成09·04429_22／🄐瘨盨-集成09·04463_49／🄐瘨盨-集成09·04463_59／🄐鄭井叔康盨-集成09·04401_14／🄐微伯瘨簋-集成09·04681_10／🄐豐卣-集成10·05403_28／🄐十三年瘨壺-集成15·09724_56／🄐伯春盉-集成15·09399_4／🄐飲子盉-集成15·09432_11／🄐大作父乙壺-集成15·09612_5／🄐大師小子師望壺-集成15·09661_8／🄐大師小子師望壺-集成15·09661_18／🄐番匊生壺-集成15·09705_16／🄐番匊生壺-集成15·09705_19／🄐番匊生壺-集成15·09705_31／🄐幾父壺-集成15·09721_55／🄐叔五父盤-集成16·10107_5／🄐叔五父盤-集成16·10107_15／🄐中友父匜-集成16·10224_14／🄐庶盂-集成16·10311_3／🄐叔各父簋-近出0456_11／🄐窰叔簋-新收1957_44／🄐仲枏父鬲-上博8期_15／🄐仲枏父鬲-上博8期_38／🄐仲枏父鬲-江漢考古1990年5期39頁圖十：6_37／🄐格伯簋器-集成08·04264_22

類似斷代對應失准情況還有一些，限於篇幅，其餘不再一一。

前文言及，本研究的字體類型認定，與既有研究有所不同，因而成爲導致兩者字體類型數量差異的一個原因。這裏涉及了面向斷代分期的金文字體研究中"字體"這個概念的界定問題。筆者以爲，這是一個尚未得到釐清而又十分重要的問題，有必要基於前文的調查研究作進一步討論。

"字體"這一概念具體所指，學界並無完全統一的認識。啟功說："所謂字體，即是指文字的形狀，它包含兩個方面：其一是指文字的組織構造以至它所屬的大類型、總風格……其二是指某一書家、某一流派的藝術風格。"[1]對於啟功先生的這一論説，王寧又有進一步的分析："爲了瞭解這段話，我們可以來分析一下'體'在漢字領域使用的情況：

---

〔1〕 啟功《古代字體論稿》，文物出版社，1964年，1頁。

第一,'體'表示'文字的組織構造'……第二,'體'表示'大類型、總風格'……第三,'體'表示'某一書家、某一流派的藝術風格'……"〔1〕很顯然,由於本研究的目標是要明確西周時段內金文字形的歷時分期特徵,啟功先生所言的第一種,王寧先生所言的第一、二種界定失之於寬泛,並不合適。然而,所剩餘的"某一書家、某一流派的藝術風格"的界定所指也並非一事:"某一書家"指的是一個人,"某一流派"指的是一群人,那麼本研究的"字體"究竟應該是限定爲一個人的字跡還是一群人的字跡?

提及這個問題,有必要參照甲骨文的字體研究來討論。毫無疑問,甲骨文研究中的"字體",一般是指特定刻手的字跡。"進行字體細分類的時候,有一個底限,那就是不可再分,或者說不好再分。做到這一點,就必須要把字體具體到個人,這裏講的個人就是'卜人集團'中的刻手。尋找刻手的過程也是對字體進行最小分類的過程"。〔2〕那麼,西周金文的字體研究,是不是應該效仿甲骨文字體研究,也將"字體"所指限定爲具體銘文寫手的字跡呢? 答案只能是否定的。原因是,殷商甲骨文和西周金文的寫字人有了很大的數量差異。從空間上來看,殷商甲骨文只是河南安陽小屯村這個點上發現的文字,且其主體又只是王卜辭,由於佔卜主體只是個別人,較少數量的寫(刻)手也就足夠滿足需要。因爲寫手數量少,寫手字跡與斷代特徵的對應性就比較強,明確寫手字跡就有了較多的分期斷代意義。而西周金文的情況則大不相同,銘文地域分佈大大擴展,作器者除了周王還有眾多諸侯貴族。因爲每個作器者一般都會擁有自己的寫字人乃至書寫團隊,這勢必導致西周金文的寫手數量較之甲骨刻手大大增多,於是具體寫手的字跡與特定斷代的對應性也會大大弱化。很顯然,既然一個斷代包含了無數寫手,特定寫手字跡的斷代標誌性也就大大降低了,關注寫手字跡便失去了分期斷代的意義。可以認爲,甲骨文刻手字

――――――――――
〔1〕 王寧《漢字字體研究的新突破——重讀啟功先生的〈古代字體論稿〉》,《三峽大學學報》(人文社會科學版)2001年第3期。
〔2〕 劉義峰《無名組卜辭的整理與研究》,金盾出版社,2014年,7頁。

跡特徵的斷代意義在西周金文中會轉移到"某一流派"寫手的字形特徵上來。這是因爲，殷周時代文字的使用爲統治階級高層所壟斷，與之相應的文字傳習方式只能是師徒相授。在甲骨文中，有大量的"習刻"，很直觀地呈現了師傳徒受的情景。因爲"描紅"式摹寫老師的字跡是基本的習字方式[1]，同一師承關係的寫字人一般會對各個文字形成相同的"寫法"，這個"寫法"的具體內涵當包括合體字的結構，各偏旁構件的空間佈局，獨體字符的運筆軌跡等，這樣，寫手們在保有個人字跡特點的基礎上就會形成同一門派的以"寫法"爲核心的共同風格。這種大於個人筆跡的流派字跡特徵，換一個角度來看，正是特定斷代個體寫手們字跡特徵的一種歸納。因而，西周金文字體研究之"字體"的具體所指，當以"某一流派"寫手的字跡特徵爲宜。

上述西周金文之字體界定，與青銅器斷代分期考古類型學理論相一致。考古類型學所關注的青銅器的形態"主要是指器物的形制和紋飾。如果是對有銘文的青銅器而言，還應包含青銅器銘文的字體與書風，因爲在我國古代，字體書風具有與紋飾相同的裝飾功用而被納入美術欣賞的範圍，同時，一個時期有一個時期的書風，以此作爲判定銘文製作時代的依據，理論上亦是很自然的事情"。[2] 很顯然，所謂"一個時期的書風"也不可能是個體寫手的字跡。

根據上述"字體"定義，本研究的字體調查，其實就是對西周金文中同一流派寫手字跡的認同和歸納，而認同的核心標準就是"寫法"。同一種"寫法"應包含以下幾個方面的相同：1. 字形的結構，造字意圖；2. 合體字各偏旁構件的空間佈局；3. 獨體字符的形態、構字筆觸交接方式和運筆軌跡。僅舉含有"貝"的"寶"的一種構形爲例：

---

[1] 郭沫若《古代文字之辯證的發展》(《考古》1972年第3期，後收入文集《奴隸制時代》，人民出版社，1973年)論及一片習刻骨(《殷契萃編》第一四六八片)曰："其中有一行特別規整，字既秀麗，文亦貫行；其他則歪歪斜斜，不能成字，且不貫行。從這裏可以看出，規整的一行是老師刻的，歪斜的幾行是徒弟的學刻。但在歪斜中又偶有數字貫行而且規整，這則表明老師在一旁捉刀。這種情形完全和後來初學者的描紅一樣。"

[2] 杜勇、沈長雲：《金文斷代方法探微》，人民出版社，2002年，126頁。

[圖]闢作寶彝甗　[圖]作寶尊彝簋　[圖]伯矩簋　[圖]圈簋　[圖]作寶彝卣蓋　[圖]伯魚卣　[圖]伯矩尊　[圖]伯矩壺　[圖]復作父乙尊

以上諸字,結構無異,均從"實""缶"聲;所含各構件空間佈局無異,均以"宀"下覆,"宀"內左邊上"玉"下"貝",右邊爲"缶";所含之"宀""玉""貝""缶"各構件的基本形態及其所呈現的書寫運筆方式也具有明顯的一致性。因此,我們將這些字形認同爲"寶"的一種構形,歸納爲"[圖]",並賦予其通用電腦字符集中一個碼位"7CD2"。很明顯,以上認同只是根據"寫法"同否,並不考慮個體寫手的筆跡特徵,僅以"貝"而論,明眼人都會發現,除了"伯矩尊"和"伯矩壺"之"寶"所從以外,其他都沒有充分理由視爲同一寫手字跡。

雖然通過系統"寫法"認同歸納可以成功建立準確反映寫手流派特徵的字體,但這種整理的本身卻充滿著困難和挑戰:首先,處理對象的數量龐大,包含成千上萬的銘文用字,乃至銘文用字所從的偏旁構件;其次,這種海量的處理對象雖然是"字",但卻是沒有電腦字符集支持的銘文原形,因而無法利用現成的數字化字處理技術;再次,整理的結果既需要複雜而準確的形態來呈現,又必須帶有精確數量屬性。客觀來說,迄今的金文字體研究成果之所以"少得可憐"[1],很大程度上正是這種困難造成的巨大障礙造成的。因此整理方法的可行與否就成爲這種金文字體整理思路能否落到實處的關鍵。不難發現,在文字處理主流方式進入數字化時代的當下,造成上述困難的核心因素乃是支持金文字體整理的通用電腦字符集的缺失,因此,相應的對策即爲以字體手段爲核心的數字化處理方式。所謂字體手段,就是用電腦字符集國際編碼標準來支持銘文原形的整理,即賦予每個作爲整理對象和認同結果的銘文原形以一個唯一的字符集內碼,同時以相應的銘文原形爲對象掃描造字,並將所造字貼入相應

---

[1] 杜勇、沈長雲:《金文斷代方法探微》,人民出版社,2002年,126頁。

內碼，進而生成能够完全支持這種整理的專門標準字體，這樣，本不受電腦字符集支持的銘文原形便轉化爲電腦能够處理的"字"，各種各樣的數字化處理手段都可以成功服務於"整理"的各種需求，字體整理各個環節中的障礙都將迎刃而解。

三、偏旁分析篇

古文字偏旁數字平臺與數字化環境下的古文字偏旁分析法

一、話題緣起

"偏旁分析法"可謂古文字研究最重要的方法之一,而這一方法的實際運用效果卻不能盡如人意。有學者依據《甲骨文字詁林》的姚孝遂"按語",對該書所彙集考釋中運用偏旁分析法的部分進行"可信度"定量分析,結果表明,其中近半數釋讀意見並未得出正確的結論。[1] 偏旁分析法之所以在實際運用中出現種種問題,原因固然林林總總,但其深層緣由乃是古文字的文字傳播處理系統歷來存在短板。

對於偏旁分析法的運用,唐蘭先生曾有經典的論述:"把已認識的古文字分析做若干單體——就是偏旁,再把每一個單體的各種不同的形式集合起來,看他們的變化;等到遇見大眾所不認識的字,也只要把來分析做若干單體,再合起來認識那個字。"[2] 根據這一論說,不難領悟偏旁分

---

[1] 參見張德劭:《甲骨文考釋研究》,世界圖書出版公司,2012年,26頁。
[2] 唐蘭:《古文字學導論》,齊魯書社,1981年,179頁。

析方法科學運用的兩個關鍵點:"窮盡"和"精確"。所謂"窮盡",是指視野必須覆蓋所有偏旁及其所有出現,這樣才能"把每一個單體的各種不同的形式集合起來";所謂"精確",主要是必須能够細緻分辨各個偏旁的各種形體和功能,如此方能"看他們的變化"。顯然,對偏旁的掌控要達到這一境界,需要以高效地獲取古文字材料的相關信息爲前提。然而古文字的傳播與查找等各個處理環節卻長期以來處於非常低能的狀態。印刷術雖然是中國人的四大發明之一,但這種發明卻並未惠及古文字,從活字印刷開始,直到迄今的電腦排版印刷技術,古文字就從未被主導的漢字處理系統所接納,因此古文字資料的傳播長期以來只能依靠手抄這種低效複製形式,進而導致"爲找一書,尋遍天下"的境地。另一方面,古文字也不具備如同隸楷漢字那樣成熟有效的檢索手段,這又造成了原本就有限的古文字資料的查找障礙,"爲查一字,翻遍全書"的尷尬司空見慣。字處理的這種低能,又被偏旁的底層性、大數據特點極端放大。於是,我們只能無奈地面對這樣的現實:理論上說,對應偏旁分析法的要求,早該有一種集成性古文字偏旁的工具書服務於古文字研究了,這就如同人們使用文字總離不開字典一樣。但令人遺憾的是,迄今爲止,我們尚未見到這樣一種工具面世。毫無疑問,傳統偏旁分析研究中存在的種種問題,每每與這種工具的缺失有關。

　　當然,在進入數字化時代的當下,即使有這樣一種傳統媒質的工具書,也是難以令人滿意的,因爲在數字化環境中,公共數據庫在語言文字研究中的地位被形象地比喻爲"農業時代的耕地和工業時代的工廠",在現代漢語現代漢字研究領域,基於公共數據庫的研究已成爲常態,語料庫對科學研究的巨大作用已得到充分證明。因而,偏旁分析這一最古老文字的傳統研究方法要獲取數字化這一最新字處理技術的利器,也必須有一個專門的古文字資源公共數據庫來支持偏旁分析法的實際運用。令人欣慰的是,這種古文字偏旁公共數字平臺,因古文字數字化成績的逐步積累,已經觸手可及。

　　《包山楚簡偏旁類纂》作爲筆者主編《中國出土簡帛文獻引得綜錄·

古文字偏旁數字平臺與數字化環境下的古文字偏旁分析法

包山楚簡卷》[1]的附録之一即將問世。與該紙質載體成果相配套,互聯網上亦將出現"《包山楚簡偏旁類纂》網路閱讀視窗"[2],而這一網路檢索系統的後臺數據庫正是一個特定材料範圍的古文字偏旁數字平臺。對於這一成果的編制,筆者作過如下説明:"由於一個多世紀以來古文字材料不斷出土,再加原有的傳世積累,目前古文字材料已經堪稱海量。加之古文字材料類型較多,且各具特點,古文字偏旁工具書的編纂似當分階段實現:首先當依不同古文字類型分别進行偏旁類纂。其次,對各種材料的古文字偏旁類纂進行整合,形成覆蓋各種古文字材料的古文字偏旁工具書。有鑒於上述種種,我們決定在本書中增加一個包山簡文字'偏旁類纂'的内容,以期爲古文字偏旁工具書的編纂做出嘗試和準備。"[3]這裏所説的"各種材料的古文字偏旁類纂",都會有相應的網路偏旁數字平臺與之配套。

麻雀雖小,五臟俱全,包山楚簡材料雖然有限,但其偏旁數字平臺的創制所需的各個環節卻與系統的古文字偏旁數字平臺建設沒有什麽兩樣。故包山楚簡偏旁數字平臺的出現,充分證明系統的古文字偏旁數字平臺已經具備了創建所需的基本條件。如何使偏旁數字平臺最大限度地滿足偏旁分析的各種要求,從而營造理想的偏旁分析法所需要的數字化環境,對於這種此前沒有機會去思考的問題,在這一初創過程中則不得不去直面。正是因爲經歷了此種初創的磨礪,我們才具備了系統討論如何創建偏旁數字平臺的發言資格。另一方面,"初創"差不多是"需要完善"的同義詞,故初創的成績無疑是需要評估和反思的,當然,這首先需要我們抛磚引玉,坦陳所爲所想,以引起批評和進一步研討。

---

[1] 劉志基主編:《中國出土簡帛文獻引得綜録・包山楚簡卷》,上海人民出版社,2014年。

[2] 《中國出土簡帛文獻引得綜録》採用傳統紙媒圖書與配套網路資料庫的紙、網互補複合型閲讀載體的編纂方式,詳見該書首卷《中國出土簡帛文獻引得綜録・郭店楚簡卷》"前言"(上海人民出版社,2012年)。

[3] 《中國出土簡帛文獻引得綜録・包山楚簡卷》"前言"。

二、古文字偏旁數字平臺的建設方略

古文字偏旁數字平臺的創建無疑是一個相當複雜的系統工程，巨細無遺地系統論述各個創建環節和方法手段，不是一篇短文所能完成的任務。因此，以下的討論，將忽略技術環節，僅涉及關乎平臺學術内涵的若干重要問題。

從服務於偏旁分析法研究實踐目標出發，該平臺的建設除了窮盡數據（即人們可以在該平臺中查詢到每個古文字偏旁在古文字文獻用字中的每一次出現的信息）和全面吸取既有考釋研究成果（即在該平臺中查詢到的每一個偏旁的身份確認都是基於既有相關考釋研究的系統綜合評估作出的）外，還需注重如下幾個環節的處理：

一是"偏旁"的寬容認定。

在"偏旁分析法"的視野中，偏旁是一個較爲寬泛的研究對象：既可以是嚴格意義上的"偏旁"，即對合體字進行第一次切分後得到的兩個部分，如會意字的會意部件，形聲字的聲符、義符；也可以是充當嚴格意義上"偏旁"的特定字符在非嚴格"偏旁"限定場合的存在，即這種字符作爲獨體象形、指事字，以及嚴格意義的偏旁之偏旁，諸如形聲字聲符之聲符、義符之義符，會意字的會意部件之部件的存在形式；甚至還應包含一些有一定出現頻率的類化結構、飾筆之類。

僅就上述最後一類寬容認定的"偏旁"舉例加以說明。最近有學者對"噩"之造字意圖提出新説，認爲西周金文"噩"字是一個表示鱷魚的會意字，其四"口"，"意在突出其令人印象深刻的吼鳴聲"，四口中間構形的縱向線條，"當是鱷魚整體形象的線條勾畫"，四口中間構形的橫向線條，"是某種動物的足爪形符號，和禹、萬等所從相同"[1]。值得注意的是，此説言及的"某種動物的足爪形符號"的"禹、萬等所從"，學界一般稱之爲"内式飾筆"，它是在"禹""萬"等字所描摹蛇、蠆尾部垂線上加"又"形

---

[1] 羅運環：《甲骨文金文"鄂"字考辨》，《古文字研究》第28輯，中華書局，2010年。

古文字偏旁數字平臺與數字化環境下的古文字偏旁分析法

飾筆而形成的,因而並非一般意義的"偏旁"。然而,在上述"噩"字的偏旁分析中,它所扮演的角色與一般偏旁並没有什麽不同,而我們對這種新釋的評估,也同樣需要將"内式飾筆"視同偏旁來加以窮盡觀察和系統分析[1]。由此可見,偏旁數字平臺中偏旁的寬容認定,是偏旁分析法實際運用所要求的,其必要性可以分述爲兩個方面:其一,偏旁分析中所需要關注是乃是任何有出現頻率的構形單位,而並不在乎關注對象是不是嚴格意義的偏旁;其二,要深刻認識一個特定偏旁(構形單位)在文字系統中的地位和作用,只有將其在文字系統中各個層面的存在都系統把握加以關聯才是可能的。因此,完成偏旁的寬容認定,有助於偏旁數字平臺爲偏旁分析法運用實踐提供更多有用的參照材料。

二是按構形差異對偏旁進行分類標注。

同一偏旁而構形有所不同,極容易導致文字釋讀的錯誤,因此,通過窮盡整理歸納各偏旁的各種形體以精確提供偏旁構形信息,可以説是偏旁數字平臺對偏旁分析法實踐所提供各種支持中最基本的一種。仍以上述"噩"字新釋爲例,論者以爲"噩"之四口中間構形的横向綫條"和禹、萬等所從相同",但卻只整理了"噩"的所從的各類相關形體:

<gap>,卻未對"禹""萬"等所從對應形體作類似的整理呈現。按偏旁分析法的原則,論者應該將其所認爲相同的兩種構形單位的所有形體加以系統比較,確定其中有令人信服的交集才能得出上述的結論。論者雖然没有對這種缺失作出解釋,但一個顯見的事實是,"禹、萬等所從"的數量要比論者已經整理的"噩"所從多得多,僅一個"萬",在數據庫内限定爲西周金文範圍,單字和偏旁的出現即有1 113次("萬"850次、"邁"245次、"厲"18次),而這個數量已是"噩"的數百倍。因此,我們將論者的這種缺失與偏旁數字平臺支持的缺失聯繫起來應該是不會錯到那裏去。毫無疑問,由於這種缺失的存在,論者的觀點就不免令人懷疑。而當我們在數據庫的支持下完成了論者缺失的材

---

[1] 參見本書《也説"噩"字兼論"内"式飾筆之來由》篇。

料整理工作,比較兩者各種形體,果然發現並無有説服力的交集,因而不能不否定了上述"罨"之新釋[1]。由此可見,如果有一個公共數據庫能够準確提供各個偏旁的各種形態的信息,無疑將大大推動偏旁分析法運用的科學性。

當然,數字平臺的這種功能是通過對偏旁構形差異進行分類標注形成的,而如何進行這種分類標注又是大有講究的。古文字是手寫文字,即使同一寫手在同一時空書寫兩個以上相同的字也不免發生或多或少的字形變化,很顯然,並不是所有構形差異都是必須標注的。以支持"偏旁分析法"的實際運用爲標準,只有對偏旁的歸屬,字的釋讀,文字的斷代、地域乃至寫手的認定具有認識判斷價值的差異才值得加以標注。由於上述各種判斷對偏旁構形差異區分的要求也有寬嚴的程度差異,據從嚴不從寬的原則,一般而言,可以"不同寫法"作爲偏旁構形分類原則。"不同寫法"的具體内涵是:合體偏旁的構件增減、改換及方位差異;獨體偏旁的造字意圖變化、構字線條的增減或明顯姿態變化等。

三是對易導致構形差異的偏旁屬性進行標注。

影響偏旁形體的因素並不僅止於書寫者對形體的主觀把握,諸多客觀文字屬性都會在不同程度上左右文字形態。如包山簡數見"甘匿礪之歲","甘匿"爲歲名,"甘"後之字各家皆隸定作"匿"。陳偉曰:"看上博竹書《從政》甲 5 號簡、《季康子問孔子》22 號簡,也可用作'固'。"[2]其實,此字恐怕並不是"用作'固'",而本來就是"固"。包山簡"甘礪之歲"共 4 見,分别作 ■(90 簡)、■(124 簡)、■(125 簡)、■(129 簡)。值得注意的是 125 簡之字,分明就是"固",而 129 簡之字,顯然也是右邊線條没有寫完整的"固",因而另外兩個所謂"匿",很可能本來也應是"固",而它們之所以顯示爲"匿",原因似乎在書寫材料上。我們曾經就竹簡這種文字載體對文字書寫的影響作過討論,認爲在以竹木爲"紙"的時代,如

---

[1] 參見本書《也説"罨"字兼論"内"式飾筆之來由》篇。
[2] 陳偉主編:《楚地出國戰國簡册(十四種)》,經濟科學出版社,2009 年,42 頁。

古文字偏旁數字平臺與數字化環境下的古文字偏旁分析法

何減輕文、書的重量始終爲人們所渴望，而最直接的對策就是盡可能降低簡的寬度，以保證以最輕材質來承載最多數量的文字。而此種對策很容易導致一簡的寬度容納用毛筆寫出的一字相對局促的尷尬，於是寫手便不得不盡可能利用簡的寬度，在有限的簡寬内把字寫大[1]，而這種努力稍不留神便會失控，導致邊緣的筆劃缺失。由於單字的書寫總是自左至右，而起筆的左邊相對容易控制，所以右邊的筆劃缺失是更容易發生的。細審上述包山 90、124 簡之"𠃊"字，不難發現導致其右邊線條的缺失的原因乃是寫手運筆超越了簡的右邊：

　　　90 簡　　　129 簡

再看陳偉用以證明"𠃊""也可用作'固'"的上博竹書《從政》甲 5 號簡、《季康子問孔子》22 號簡的兩個"固"字，其右邊線條的缺失似亦同上例：

　　　從政 5　　　季康子問孔子 22

值得注意的是，"口"與"匸"的這種糾葛，只在簡文中出現，而絕不見於古陶、古璽、戰國金文。由此可知，"口"旁可作"匸"形，或者説"匸"旁可用作"口"旁，是與簡這種文字載體相聯繫的。當然，簡對偏旁形態的影響並不限於"口"與"匸"，而會影響偏旁形態的文字載體也並不限於簡，如甲骨契刻多致構字線條平直，璽印多致字形隨方寸曲折等等。這足以表明，偏旁數字平臺在提供偏旁查詢的同時也提供偏旁所出文字的載體信息是非常必要的。

────────

[1] 劉志基：《隸書字形趨扁因由考》，《中國文字研究》第 1 輯，廣西教育出版社，1999 年。

相對於文字載體,偏旁的字中方位屬性對偏旁形態的影響或許更爲多見。舉一個與前一個例子有所關聯的例子。《孔子詩論》1簡"告〔詩〕亡〔無〕隱〔隱〕志,樂亡〔無〕隱〔隱〕情,文亡〔無〕隱〔隱〕意"之"隱"字形態奇特:

13　17　21

三個"隱"之左旁似乎很不一樣,第三個有"阜",而第一、二個似有似無。然而仔細觀察該簡圖片影像,不難發現此種形體變異與其在字中處於左邊有關,第一、二個"阜"是"阜"左端的豎筆超越簡的邊緣所致。與之相應,三個"隱"前的三個"亡"字也有類似的形體變異:

12　16　20

很顯然,前兩個"亡"的左端豎筆缺失,與前兩個"隱"之左旁"阜"的豎筆缺失是出於同一種原因。以此例之,處於字形上部的偏旁,容易發生構形下部的省減;位於字形下部的偏旁,則其上部容易產生類似的變異,諸如此類,不煩一一。

載體和方位以外,書寫工具或手段,如刻刀、範鑄、毛穎等,結構層次,如獨體之字、獨體之偏旁、偏旁之偏旁、偏旁之偏旁之偏旁等,也都可能引起偏旁形態的某種變化,限於篇幅,不再一一詳說。因此,在偏旁數字平臺中分別標記可能導致偏旁形體變異的種種偏旁屬性,使之變成一種方便查詢的信息,會有助於人們對偏旁形態的深刻認識本質把握。

四是按造字意圖語境中的用法對偏旁進行分類標注。

偏旁在構字中的作用(姑且稱爲偏旁用法)不一而足,對偏旁用法產生誤讀,亦足以引起偏旁分析法實際運用中的失誤。偏旁用法的變異可以分爲兩種類型:一種是偏旁單位發生了角色轉換,即甲偏旁在實際構

古文字偏旁數字平臺與數字化環境下的古文字偏旁分析法

字中被當做乙偏旁來用,又被稱爲"文字混同",如"欠"每每被用作"旡"等;另一種是保持單位不變基礎上的偏旁用法變化,如會意部件、聲符義符、無意偏旁、糅合偏旁、基礎偏旁、加注偏旁等等。相對而言,前一種偏旁用法變異會直接導致偏旁誤讀,故對此種變異發生的所有構字語境的相關偏旁進行標記,對於偏旁分析法實際運用的幫助是不容置疑的;而後一種用法變化,雖然貌似無關緊要,但此種不同用法亦決定了偏旁在造字中的不同地位和作用,對這種地位作用的正確把握,也是偏旁分析法成功運用所必須的。

比如無義偏旁,一般認爲它與書寫習慣有關而與造字意圖無涉,因此,能否明確此種用法特點,將直接導致文字釋讀產生不同結果。《孔子詩論》中有 🈁 字兩見,一則見於 9 簡,其辭曰:"《黄 🈁 (鳥)》";一則見於 23 簡,其辭曰:"《涅〔鹿〕 🈁 (鳴)》"。顯然,兩者皆用於《詩經》篇名,前者爲"黄鳥"之"鳥",後者爲"鹿鳴"之"鳴"。同一字形之所以變身爲不同之字,就在於構字的偏旁的用法有所差別,後者"口""鳥"皆爲會意部件,相互配合以示"(鳥)鳴叫"之意;而前者之"口"只是所謂"裝飾性部件"[1],並不在造字意圖的層面取得話語權,而此種話語權只是被另一個偏旁"鳥"所壟斷的。不難發現,對於這種用法的變化,稍不留神便會誤判,而偏旁用法誤判的結果,則是文字釋讀的失誤。如:上博五《季康子問於孔子》8 簡"葛戲 🈁 語肥也",其中第三字從"口"從"今",整理者釋"含"讀"今",顯然視"口"爲義符。而有學者則認爲其"口"爲無義偏旁,則直接釋爲"今"字。[2] 此兩種釋字,終有一誤。

五是偏旁組合關係特點的標注。對於合體字來說,字形總是通過多個偏旁之間的組合來實現的,而對於文字的書寫而言,偏旁與偏旁的空間組合關係卻是具有極大選擇空間的。這種自由度決定了特定的偏旁組合關係也是一種廣義的偏旁構形特點,有必要成爲偏旁分析的一種關注點。

---

[1] 黄德寬等:《古漢字發展論》,中華書局,2014 年,368 頁。
[2] 黄德寬等:《古漢字發展論》,中華書局,2014 年,335 頁。

比如,"又"與豎筆偏旁結合,殷商古文字通常是相接,而至西周的古文字則多爲相交,僅舉數字爲例。如"及",甲骨文"又"與"人"的腿部均只相接而不相交：

11559[1]／ 12617／ 13089

而西周金文均相交：

09·04396[2]／ 05·02536／ 08·04329

又如"史",甲骨文相接：

20088／ 22316／ 27125／ 27333

西周金文交叉：

03·00888／ 04·01936／ 04·02164／ 05·02600

"秉"字類似,甲骨文如下：

17444、 17445、 18157、 519

西周金文如下：

05·02838／ 01·00239／ 01·00240／ 08·04242

---

[1] 此爲《甲骨文合集》號,以下甲骨文原形之出處同此。
[2] 此爲《殷周金文集成》册數和器號,以下金文原形之出處同此。

古文字偏旁數字平臺與數字化環境下的古文字偏旁分析法

"又"與豎筆偏旁結合的這種規律性變化直接呈現了文字構形的斷代信息，這無疑有益於偏旁分析法的實際運用。比如對前文言及的古文字"萬""禹"等字所涉所謂"內式飾筆"是"爬行動物足爪符號"的新説[1]，筆者不予認同，提出"內式飾筆"成於古文字"又"形的飾筆化，而上述偏旁組合關係，正是筆者的重要依據之一[2]。

六是偏旁出處的多層次保真。

偏旁分析法得以實施的基礎是對偏旁真實形體的準確觀察，這就要求偏旁數字平臺能夠給出反映偏旁真實形體乃至這種真實形體成因的出處。依據這一要求，偏旁出處必須包含兩個層次：首先是字。偏旁既然是字的底層構形成分，則偏旁所出字無疑是首先需要給出的。根據保真要求，這種字出處需要的是特定文獻語境中的一個特定字形，而不能僅僅給出一個表達抽象的字單位的隸定字。字形的保真，意義不僅在於爲特定偏旁呈現其構形確定的依據，還往往有著闡釋特定偏旁形成其構形特徵的作用。如：

　　䰦（鬼）生於人，絫〔奚〕古〔故〕神㮅〔盟〕？［凡物流形（乙本）4］

此句末字"㮅"原形作𣶒，其"明"旁作兩"日"形，論者以爲"明"旁之"月"因同字有"日"而類化作"日"。[3]

　　𩁹〔難〕惕〔易〕之相城〔成〕也（《老子》甲16）

其首字"𩁹"原形作𣶒，其"難"旁之"隹"下部從"土"，論者以爲乃因左旁

---

[1] 羅運環：《甲骨文金文"鄂"字考辨》，《古文字研究》第28輯，中華書局，2010年。
[2] 參見本書《也説"㲻"字兼論"內"式飾筆之來由》。
[3] 黃德寬等：《古漢字發展論》，中華書局，2014年，372頁。

邊"堇"旁寫法類化影響所致,使得文字左右對稱美觀。[1]

偏旁出處的另一個層次,是偏旁所出字的所在文獻語句。之所以需要這樣一種層次的出處,是因爲一個偏旁的特定形態的形成或其特定用法的出現,僅有所出字形是難以全面呈現語境因由的,因此,字所出的文獻語句同樣是需要的,而這種文獻語句的文字載體亦應該是該語境的古文字特定原形。前文言及的偏旁因同字其他偏旁影響而類化的現象,其實在更多場合是由同一文辭中其他字所引發的。論者有説:"類化又稱'同化',是指文字在發展演變中,受語言環境的影響,在構形和形體上相應地有所改變的現象,這種影響或來自文字所處的具體的語言環境,或來自同一體系内其他文字,或來自文字本身,這種現象反映了文字'趨同性'的規律,是文字規範化的表現。"[2]如《新蔡》簡"瘠(膚)疾"(乙二:5),"膚"受到上下文字影響而類化爲"瘠"(䕩)。[3]

值得注意的是,還有一種影響偏旁形態的重要語境因素尚未被人們充分認識,即形式上與以上學者們言及的"同化""類化"恰恰相反的"避複求異"。試舉一例:

懸(愛)生於眚〔性〕,㤅(親)生於懸(愛)。

以上簡文出自《語叢二》第 8 簡,第一行爲楷書釋文,第二行爲釋文的簡文原形。因爲有了原形,我們可以發現兩個讀"愛"的"懸"構形並不相同,而差異只集中於一點,即"懸"的聲符"既"的"旡"旁。將兩個"旡"旁按序放大圖示如下:

---

〔1〕 黄德寬等:《古漢字發展論》,中華書局,2014 年,372 頁。
〔2〕 劉釗:《古文字構形學》,福建人民出版社,2006 年,95 頁。
〔3〕 同上。

很顯然,由於同一句格言中出現了兩個相同的"懸"字,寫手才會在文字書寫中加以區別以避免重複單調,而避複的手段就是將兩個"无"旁變化寫法。在這種情況下,如果取消了釋文文句的簡文原形呈現,就會掩蓋導致偏旁形體特徵的語境因素。事實上,古文字中的此類避複現象並不罕見,因此,釋文的簡文原形作爲出處內容之一,還是非常必要的。

三、數字環境下的偏旁分析方略

雖然尚需努力,但古文字偏旁數字平臺的問世畢竟已經指日可待,因此,我們有必要考慮這樣兩個密切關聯的問題:其一,在有了數字平臺支持的全新環境中,我們應該如何進行偏旁分析研究?其二,如何保證古文字偏旁數字化平臺與時俱進地支持偏旁分析法的研究?由於這兩個問題你中有我我中有你,不妨視爲一個話題討論如次。

1. 形成古文字偏旁數字化平臺的資源分享及共建模式

古文字偏旁數字化平臺建設不應是一項一勞永逸的工程。"創建"之後即當進入"維護"及"完善"階段,而完善應是與時俱進的永恆過程。"完善"階段的主要任務除了繼續補充新見材料和吸收考釋研究成果外,主要是力爭將古文字偏旁數字化平臺提升爲真正意義上的公共研究平臺。而"公共"性的主要標誌,就是形成數字化平臺的資源分享及共建模式。網路數字平臺具有與生俱來的開放性,所以,儘管古文字偏旁數字平臺的初創是特定機構甚至少數個人努力的結果,但它一旦投入使用向社會開放就很容易進入社會共用共建的持續完善模式。當然,其前提是初創平臺的自身價值必須得到社會的基本認可,真正成爲有被社會"共用"需求的數字資源。應該說,如果古文字偏旁數字平臺的建設遵循了上述要求,這個前提的成立是不會有問題的。

毫無疑問,共用共建模式的形成,需要一定的管理來支持平臺的運作,如何管理的問題因其屬於非學術問題,本文忽略不論,而這種管理最終應該起到這樣的作用:一是讓廣大平臺使用者有提供修訂補充意見的積極性;二是來自各方的修訂補充材料能夠獲得權威專業的綜合評估以得到合理去取;三是經審定應該吸取的補充修訂材料必須被及時整合進數字平臺。

2. 構建古文字偏旁研究數據驗證學術規範

古文字偏旁數字化平臺體一旦成爲學界共用的偏旁資源公共倉儲,它就自然取得這樣一種資格:成爲驗證個人偏旁分析研究實踐中所使用偏旁材料是否準確與全面的一種標準。而網路數字化的載體與學界"共建"的性質,都是推動偏旁數字平臺履行其驗證職能的巨大正能量,前者提供最便捷的驗證查詢手段,後者激發相關研究者加入"驗證"的内在動力。但是,作爲一種學術規範的確立,需要學術共同體的集體認同,或者説學界對這種驗證的必要性有充分的覺悟。理論上説,如果研究個體的偏旁分析研究不是基於古文字偏旁數字平臺完成的,那麽個體經驗或者個人搜索的偏旁材料就很有可能與數字平臺中貯存的相關材料有數量和準確度上距離,相關驗證也就很有可能修正失誤。這種驗證和修正的需要,即便對最新的古文字研究力作而言也是有意義的。比如:

乃命又〔有〕翤〔司〕箸〔書〕傒(䘸)浮,老嬃〔弱〕不型（型〔刑〕）(鮑叔牙與隰朋之諫3)。

其中"傒(䘸)"字,整理者釋爲"祚"。彭浩釋爲"作"[1]。兩種不同釋讀,其實基於對於其中相關偏旁用法的不同認識:前者以爲,"作"加"示",增加一個與該字意義相關的義符,用以突出該字的意義範疇[2];後者以爲,"祚"增繁無意偏旁"人"[3]。同一個字而有不同釋讀雖然對古文字而言並非咄咄怪事,然而同一論著中對同一文字也存有此種"見仁見智"的解讀則不能不成爲一種遺憾。而此種遺憾並非絕無僅有:

---

〔1〕 彭浩:《"有司箸作浮老弱不刑"解》,簡帛網,2006年3月7日。
〔2〕 黄德寬等:《古漢字發展論》,中華書局,2014年4月。323頁。
〔3〕 同上書,335頁。

古文字偏旁數字平臺與數字化環境下的古文字偏旁分析法

詹〔紃〕困（淵）㑅(𠈃)而含（合〔答〕）曰："韋〔回〕不愍（謀［敏］），弗能少居也。"（君子爲禮1）

其中"㑅(𠈃)"字,論者既以爲"𠂇"增繁無意偏旁"人"[1],又認定其爲"作"字[2]。"𠂇"被"疑爲'𠂇'之異文"[3],自然與"作"並非一字。

事實上,這種對相關既有研究成果的驗證評估具有普遍意義。因爲這種既有相關研究成果一般已經是人們偏旁分析法運用實踐中的重要參考和依據,故基於數字平臺對其進行系統驗證評估,有助於人們正確認識這種既有成果的得失長短,進而改善偏旁分析研究的科研環境。而該項驗證評估工作,有必要作爲古文字偏旁數字平臺的"完善"工程的一項內容。

3. 開拓數字平臺的古文字偏旁分析法研究創新思維孵化功能

存在決定意識,在科研上當然也不例外。就偏旁分析法而言,迄今爲止它所立足的是紙筆操作這樣一種古文字文字處理手段的客觀條件,而傳統偏旁分析法的思維方式,便不能不受制於此種客觀條件而形成固有模式。而按照同樣的邏輯,當古文字偏旁數字平臺爲偏旁分析法帶來全新的文字處理方式手段的客觀基礎後,偏旁分析法謀求思維創新是理所當然的事。當然,思維轉型是最困難之事,偏旁分析法的思維創新需要學術共同體的自覺意識,我們需要關注：當立足的基礎發生了變化後,我們在思維觀念上需要作什麼樣的改變。

首先需要改變的無疑是關於"材料積累"的傳統思維。

毫無疑問,偏旁分析法是一種以全面把握材料（偏旁）爲基礎的研究,故此種方法最集中體現了古文字研究重積累的傳統特徵,然而這種傳統,是在相關間接經驗傳遞系統極不完備因而人們不得不片面倚重直接經驗

---

〔1〕 黃德寬等：《古漢字發展論》,中華書局,2014 年,335 頁。
〔2〕 同上書,323 頁。
〔3〕 黃德寬主編：《古文字譜系疏證》,中華書局,2008 年,1612 頁。

的條件下形成的,故難免某種認識的誤區相伴隨:如只重材料積累,忽略理論思辨,把本該拼智力的科研在一定程度上變成了拼體力的活動。此種思維發展到極端則形成資料壟斷傾向,利用自己或所在單位佔有資料的某種便利(如參加考古發掘、負責收購海内外的出土文物等)來實現對資料的獨佔,自己不先把文章寫出來,就不讓寶貴的資料公開發表,以此來形成自己的研究"優勢",佔領學術"前沿",這無疑已經成爲科研的異化。毫無疑問,隨著偏旁數字平臺的問世,此種傳統思維將會失去存在的基礎。材料作爲公器爲社會共用,科研高度的爬升只能更加依賴規律的發現、思想的創新、理論的歸納。

其次是拓展偏旁分析的研究的方面和層次。

傳統偏旁分析法,基本上只是服務於文字考釋的。研究目標的這種局限實際是與材料把握的局限相關聯的,當偏旁資料只能依靠個人直接經驗的途徑獲取之時,資料的積累就很難形成系統、窮盡的格局,而當資料失去其系統和窮盡性之際,它就很難在規律探究的層次發揮證據作用。當然,在古文字偏旁數字化平臺問世以後,基於對偏旁材料的系統把握來形成偏旁分析的新思維,不但用以釋讀個體文字,而且用以探討古文字的發展規律、斷代、地域文字特徵等宏觀性問題,都完全是一種極具可行性的研究思路。

僅舉一例,對早期形聲字的發展,學界早有共識:"最早的形聲字不是直接用義符和音符組成,而是通過在假借字上加注意符或在表意字上注音符而產生的。就是在形聲字大量出現之後,直接用意符和音符組成形聲字……仍然是不多見的。"[1]裘先生的這一論説無疑是非常正確的,但是標類和標聲兩種形聲字產生方式究竟是完全分庭抗禮,還是有主有次?如果是有主有次,主次的差異程度又如何?裘先生未作進一步論説,我們也未見到其他學者的相關研究。學界對於這一問題的失語,當然是有原因的。從理論上説,我們可以通過逐字梳理的方式來回答這個問題:

---

[1] 裘錫圭:《文字學概要》,中華書局,1989年,151頁。

古文字偏旁數字平臺與數字化環境下的古文字偏旁分析法

㝱之初文作🀫,故其形聲結構成之於標聲,凡此共有幾何;🀫之初文作🀫,故其形聲結構成之於標類,凡此共有幾何……但回到實際中來,我們會發現選擇這條路徑並無可行性,原因很簡單,迄今可以寓目的古文字材料只是考古發現對曾真實存在的系統材料的一種部分抽樣,而不完整的材料難免導致許多形聲字並不容易找到證明其形成途徑的材料。所以這個問題長期無解也就可以理解了。然而,在相關數字平臺的支持下,我們卻可以尋覓到一種新的途徑來破解這個難題:先有"文"後有"字",後世逐漸成爲字符集主體的形聲字早期都以"文"爲初文,而在初文上標注表義或表音字符的過程中對初文和標注字符的選擇方式是不同的:對初文的選擇是被動的,即是需要作某種調整的早期字詞對應的既存事實的一種消極認定,故這種選擇無疑容易導致初文原屬字符單位在形聲字中有更多的偏旁存在;對標注字符的選擇是主動的,主動選擇會貫徹"精簡化"原則[1],即從既存字符集中選擇最符合文字系統要求少部分單位作偏旁。於是,在標聲和標類兩種形聲字發展方式中,如果標聲的情況更多,那在由此而產生的形聲字中只能是主動選擇的聲符較少而被動選擇的義符較多;如果標類的情況更多,結果則恰恰相反。這樣,義符與聲符的數量比重無疑就標聲與標類孰主孰次的疑問給出回答。當然,這一思路萌生的基礎,是我們數據庫可以給出的先秦各時段形聲字義符佔聲符的百分比數據:甲骨文爲43.26,殷商西周金文爲38.85,秦簡爲27.50,楚簡爲23.01。很明顯,這種數據是與先秦形聲字的如下發展規律相聯繫的:在標類和標聲這兩種形聲字發展途徑中,前者自始至終佔據了主導地位;同時,因爲這種主導性的存在,文字系統對標類的選擇性相對標聲的選擇而言又呈現隨時間推移而逐漸增強的趨勢。關於這個問題的具體論述,限

---

[1] 王寧:"漢字的構形系統形成後,仍然不斷進行規整和簡化……例如從'弘'與'宏'得聲的字,已漸漸規整爲從'厷',從'宛'與從'苑'得聲的字則規整爲直接從'夗',這樣也可減省一部分聲符。漢字構形系統的嚴密與簡化是同時實現的,這是漢字發展的歷史趨勢中最重要的一點。"(《漢字構形學講座》,上海教育出版社,2003年,93頁。)

於篇幅,說詳另文[1]。

很顯然,前文所述的建設内容如果確實得以落實,則古文字偏旁數字平臺無疑將可以提供似上述聲符義符數量比那樣的文字系統底層數據,而這個新的客觀存在的豐富性,無疑爲相關研究的新思維新意識的激發提供了無限可能性。從這個意義上説,古文字偏旁數字平臺完全有可能成爲偏旁分析法新思維的孵化器。

---

[1] 劉志基:《偏旁分析視角的先秦形聲字發展定量研究》,《語言科學》2012年第1期。

《包山簡文偏旁類纂》簡説

雖然"偏旁分析法"早已被公認爲古文字研究最重要的方法之一，但迄今爲止，尚沒有一種專門與之配套提供服務的工具書問世。有鑒於此，我們多年以前就試圖創編古文字偏旁類纂。《包山簡文偏旁類纂》，作爲這一編纂計畫中的第一種，目前已基本編成而即將付梓。由於沒有成例可援，雖然我們努力在各個編纂環節上盡力滿足偏旁分析法的實際運用要求，而疏漏不周之處亦在所難免。故以此短文，簡述編纂意圖與策略，謀求批評和建議，以便將後面的事情做得更好些。

關於古文字偏旁類工具書的編纂要點，筆者曾撰文作過這樣的表述：一是對於"偏旁"的寬容認定；二是將偏旁的構形類别和用法變異列爲索引對象；三是偏旁出處相容多層次内容——偏旁所出字、字所出文例、文例的楷書釋文和古文字原形。[1] 這些設想，都在《包山簡文偏旁類纂》的編纂中付諸實踐了，不再贅述。以下所述，只是以往討論未及的内容。

一、以方位、結構層次爲偏旁分類

合理的偏旁分類是科學的偏旁類纂的前提。理論上説，凡是有可能

---

〔1〕 詳參劉志基：《窮盡式檢索古文字偏旁工具書創編芻議》，《辭書研究》2014 年第 6 期。

對偏旁分析法實際運用的成敗產生影響的偏旁屬性都應作爲偏旁分類的依據。以往我們強調將"偏旁的構形類別和用法變異"作爲分類的根據，都是這種考慮的結果。然而，在《包山簡文偏旁類纂》的實際編纂中，我們發現偏旁的方位屬性在分類中也是不應被忽略的。事實上，偏旁的構形類別有的時候是與偏旁的方位歸屬相聯繫的。

　　三者，忠人弗作，信人弗爲（■）也。 忠之爲（■）衍（道）也，百工不古〔楛〕而人狡（養）虘（皆）足。（郭店_忠信之道 6－7）

　　以上簡文中兩個"爲"字見於同簡，右邊偏旁乃是"象"之省略寫法。直觀來看，兩旁構形似有所不同——中部橫畫右端，前者向下彎曲而使整個線條呈 90 度折線狀，後者則一橫到底戛然而止。然而，細審這兩種貌似有差異的"象"，不難發現差異的產生實與偏旁在字形中所處的位置有關：竹簡寬度有限，字形之右邊的書寫因爲處於一個字書寫過程的後段，是比較容易發生"出格"問題的，也就是說，如果書寫者控制不當，將會導致實際書寫的字形偏離書寫者原先的字形預期。而上述兩個"象"的後者，顯然就是因爲這種原因而致中間線條本來應該右端下曲的部分由於筆端出格空運而化爲烏有了。此種情況在字的書寫中也是常見的，比如：

　　……於（■）西北，丌〔其〕下高吕（以）弜（勥〔強〕），地不足於（■）東南。（郭店_太一生水_13）

　　以上簡文第一處"於"本應與第二處"於"無異，因受竹簡寬度所限，橫折的豎筆未能完成，故看似與第二處"於"形成異形。
　　當然，偏旁位置對於偏旁構形的影響並不限於在書寫材料限制的狀況下出現，更多的情況是，偏旁在字形中的位置本身就是一種書寫空間的限制，這種“空間限制”不必借助其他因素就會導致偏旁書寫的構形特點。

母（毋）辠（-罪）百告（姓），而攺（改）亓（其）逕（將）。君女（如）辥（-親）銜（率），必聚羣又（有）司而告之。（上四_曹沫之陳_27－28）

觀察以上簡文“辠”“辥”二字的共有偏旁“辛”，後者上部有短横爲飾而前者無，這種差異無疑與前者處於上下結構字形的下部縱向空間比較局促而後者處於左右結構字形的右部上下高度相對寬綽相關。此種情況在包山楚簡中亦比比皆是，比如“言”主要因上部有無點飾而形成兩種構形，而前者一般見於單字或左右結構之左右，後者一般見於上下結構之下部，此種情況見於包山同簡者如：

_辛/ _新（包山_文書_61）
_繇/ _詳（包山_文書_149）
_繇/ _訃（包山_文書_174）
_請/ _繇（包山_文書_180）
_讵/ _誓（包山_文書_187）

再如“女”因中部主要撇畫上部是否出頭而形成兩種構形——、，而前者一般見於單字或左右結構之左右，後者一般見於上下結構之下部，此種情況見於同簡者如：

_妾/ _嬨（包山_文書_89）
_妾/ _嫌（包山_文書_175）
_妾/ _姦（包山_文書_183）

🅡_妾/🅡_婦/🅡_妝（包山_文書_191）

偏旁位置，有時甚至可以塑造出相當特異的偏旁形體，如：

而一丌（其）志，而寑丌（其）兵，而官丌（其）才。於是虖（乎）唫（喑）聾埶燭，楣（矇）戉（瞽）鼓瑟（瑟），埊（跛）㝅（躃）獸（守）門，攼（侏）需（儒）爲矢……（上二_容成氏_2）

以上簡文有三個"而"字，一個從"而"旁的"需"字。"而"字簡文原形皆作🅐，"需"字簡文原形作🅑，其中"而"旁則作"🅒"。這個"而"旁不但與同簡之"而"字有明顯差異，與楚簡中一般"而"旁也是有很大差別的。相關專題研究[1]揭示：楚簡中"而"出現704次，可析爲24個形體：

🅐/215次

🅑/90次

🅒/79次

🅓/74次

🅔/58次

🅕/37次

🅖/27次

🅗/26次

🅘/24次

🅙/19次

🅚/12次

---

[1] 見龍騁華：《構件視角的楚簡帛文字内部差異研究》，華東師範大學2012年碩士學位論文，15—16頁。

《包山簡文偏旁類纂》簡說

[甲骨]/11 次

[甲骨]/8 次

[甲骨]/5 次

[甲骨]/3 次

[甲骨]/2 次

[甲骨]/1 次

而《容成氏》2 簡中"需"字中的"而(￼)"旁顯然與上述"而"的形態都有差異。類似情況亦見於"貝"旁。"得"字從"貝"從"又",包山楚簡中"得"字 24 見:

[字形] 5-6/ [字形] 18/ [字形] 22/ [字形] 24/ [字形] 29/ [字形] 30/ [字形] 35/ [字形] 79/ [字形] 90/ [字形] 92/ [字形] 94/ [字形] 102/ [字形] 120/ [字形] 133-134/ [字形] 134/ [字形] 135 反/ [字形] 156/ [字形] 158/ [字形] 184/ [字形] 183/ [字形] 166/ [字形] 198/ [字形] 200/ [字形] 200

處於"得"上部的"貝"大多作[字形]形,明顯不同於其位於左右以及下部的[字形]形,而更有如 22、102、120 簡的"得"中之"貝"乾脆就類同於"目"形,這更與"貝"的通常構形有了很大差異。值得注意的是,此種混同於"目"的"貝"旁又見於"敗"字。包山楚簡中"敗"字 103 見:

[字形] 15/ [字形] 15 反/ [字形] 19/ [字形] 20/ [字形] 20/ [字形] 21/ [字形] 21/ [字形] 22/ [字形] 23/ [字形] 23/ [字形] 23/ [字形] 24/ [字形] 25/ [字形] 25/ [字形] 26/ [字形] 27/ [字形] 28/ [字形] 28/ [字形] 29/ [字形] 30/ [字形] 31/ [字形] 31/ [字形] 32/ [字形] 33/ [字形] 33/ [字形] 34/ [字形] 35/ [字形] 36/ [字形] 37/ [字形] 38/ [字形] 38/ [字形] 39/ [字形] 40/ [字形] 40/ [字形] 41/ [字形] 42/ [字形] 43/ [字形] 44/ [字形] 45/ [字形] 45/ [字形] 46/ [字形] 46/ [字形] 47/ [字形] 47/ [字形] 48/ [字形] 49/ [字形] 50/ [字形] 50/ [字形] 51/ [字形] 52/ [字形] 52/ [字形] 53/ [字形] 54/ [字形] 54/ [字形] 55/ [字形] 55/

豐 56/ 豐 56/ 豐 57/ 豐 57/ 豐 58/ 豐 59/ 豐 60/ 豐 60/ 豐 61/ 豐 62/ 豐 63/ 豐 64/ 豐 65/ 豐 66/ 豐 67/ 豐 68/ 豐 68/ 豐 69/ 豐 69/ 豐 70/ 豐 71/ 豐 71/ 豐 72/ 豐 73/ 豐 74/ 豐 75/ 豐 76/ 豐 76/ 豐 78/ 豐 79/ 豐 88/ 豐 90/ 豐 103/ 豐 115/ 豐 128/ 豐 128/ 豐 131/ 豐 141/ 豐 143/ 豐 162/ 豐 176/ 豐 177/ 豐 182/ 豐 183/ 豐 166/ 豐 166/ 豐 196

很顯然，這103個"敗"字的簡文原形雖然書法風格不盡一致，但結構並無二致，其左邊是上下兩個"貝"旁的疊加，而上部之"貝"的構形全部與"目"同形。

若作進一步觀察，我們有理由懷疑"敗"的這個混同於"目"的"貝"，其成因或許不僅僅只是偏旁位置。如果作層次結構的分析，不難發現這個混同於"目"的"貝"不僅處於方位的上部，而且處於層次結構的較下位。而層次結構的因素，同樣是會影響偏旁形態的。

偏旁層次結構是由偏旁參與組字的次數決定的：當一個偏旁首次與其他偏旁一起組合成字時它是一級偏旁[1]；當它作為一級偏旁的那個字形單位又作為一個偏旁與其他偏旁相組合形成一個合體字時它便成為二級偏旁。如此類推，又可以生成三級、四級等更高級別的偏旁。毫無疑問的是，偏旁的層次結構級數越大，所受到的來自字形規格形態的二維空間限制的壓力就越大，因此越有可能造成形態變異。而"敗"中的這個混同於"目"的"貝"，應該也與這個因素有關係。不妨再以它字加以證明。

包山楚簡"禦"字三見：

禦 13/ 禦 74/ 禦 138

---

[1] 無需拆分的獨體字是由唯一的結構元素組成，也視為一級構件。

《包山簡文偏旁類纂》簡說

以我們設計的偏旁分析元語言分析結果爲：（彳 z 卸 y<钔 s<午 s 卩 x>止 x>)[1]。其中第三結構層次之"卩"的構形作✦，其造字意圖中描述人體膝關節彎曲之態盡失，而這與包山楚簡文字中處於第二結構層次的"卩"每每不同，如"卲"字，偏旁分析結果爲：（召 d<刀 l 口 r>卩 t），而其原形中的"卩"每作✦，描摹人體膝關節彎曲之態的造字意圖明顯：

✦ 15/ ✦ 16/ ✦ 176/ ✦ 181/ ✦ 193/ ✦ 205/ ✦ 205/ ✦ 206/ ✦ 207

"鄦"字包山楚簡或作"✦"（166 簡），偏旁分析結果爲：（邑 z<口 s 卩 x>虘 y<虍 s<虎 s 且 x>又 x>)，其中處於層次結構最下層的"且"與包山楚簡中一般的"且"構形又異，亦類同於"目"。

既然層次結構與偏旁位置對偏旁形態具有同樣的影響力，將其也作爲"偏旁類纂"中另一種偏旁分類的依據當然也是合理的。

當然，以偏旁的構形、位置、層次結構差異等多重分類標準來進行"類纂"，具體編纂中不可能在同一層次上同時實現，分層落實是可行的方式。具體來說，各偏旁首先依構形差異分成若干偏旁構形；再依各偏旁構形給出偏旁出處；出處則先依偏旁在字形中位置的不同分別類聚，先上後下，再左、右、中；在偏旁位置類聚出處的下位再據偏旁在字形出處中的層次結構類聚，先一級偏旁，再二級偏旁，如此類推。當然，爲方便偏旁的位置和層次結構屬性的查找，可以利用上述編纂體例所形成的出處編號數據，再編輯偏旁位置和層次結構字形出處分佈的專題索引。

二、合理認定特殊偏旁

在古文字的偏旁認定中，有時會發生偏旁的古今對應問題，比如

---

[1] 偏旁結構層次用〈〉表示：每一〈〉表示前一偏旁的下位偏旁。偏旁的結構層次數通過〈〉的嵌套數來表示；各結構層次中的偏旁位置用字母表示：上＝s；下＝x；左＝z；右＝y。

"安",《說文》析爲"从女在宀下"。而古文字"安"之"女"旁,一般總會通過添加飾筆而與一般"女"旁相區別。金文"安"所從"女"作 ☒、☒,均在"女"下加點、短撇,以區別於一般的"女"。楚簡文字"安"所從之"女"旁構形被認爲可分爲三類:第一類,"女"下加撇、點,如 ☒☒☒☒☒;第二類,"女"下增加描摹下肢的線條與飾筆的組合形式,類似於"宀",如 ☒☒☒☒☒;第三類,"女"下似"匕",如 ☒☒☒☒。[1] 需要指出的是,以上被指認的所謂"女"旁,有的在不少場合單獨就能充當"安"字構形,對此可以作兩種解釋:一種是"宀"旁省略,另一種是"宀"旁與"女"旁並畫性省簡。理論上説,無論上述哪種解釋,都不否定這些偏旁"女"的身份。那麼,是不是就可以將"安"字所從之"女"旁與一般的"女"旁完全認同不加區別呢? 答案只能是否定的。

攻尹之杠褻(執)事人昑(夏)譻[與]、壐(衛)疢(☒)爲子左尹蛇譻[舉]禱於薪(新[親])王父司馬子音(包山 224)

杠尹之杠褻(執)事人昑(夏)譻[與]、壐(衛)疢(☒)爲子左尹蛇譻[舉]禱於殤(殤)東陸(陵)連嚚[敖]子雙[發](包山 225)

以上簡文中之"疢"字整理者隸定爲"妝"。多年以後才有學者發現了其中的錯誤,認爲此字從安或從馬。[2] 後來又有學者等根據此種意見將其隸定成"鴯"[3]。從偏旁分析的角度來看,關於此字的隸定,整理者的處理顯然是錯的,而致誤的原因就是未能區分"安"字所從之"女"旁與一般的"女"旁,因爲這個字"☒"的右旁分明就是前者,而這種"女"旁在

---

[1] 見龍騁華:《構件視角的楚簡帛文字內部差異研究》華東師範大學 2012 年碩士學位論文,19 頁。

[2] 李零:《讀〈楚系簡帛文字編〉》,《出土文獻研究》第五輯,科學出版社,1999 年,139—162 頁。

[3] 陳偉主編:《楚地出土戰國簡册[十四種]》,經濟科學出版社,2009 年。

《包山簡文偏旁類纂》簡說

脫離"安"字的情況下只會是"安"而不可能再是"女"。而"從安或從焉"的模棱兩可之說以及根據此說所作的隸定"𦣝"也同樣是有問題的,戰國文字雖然已有"焉"字,但其構形從鳥從正,與此字所從之"㣇"並非一字:

㝉 中山方壺　㝫 溫縣盟書

那麼,是否可以索性將這種"安"字所從之"女"旁直接歸爲"安"呢?答案也只能是否定的,且看包山楚簡所見的9個"安"字:

㚩 7　㚩 62　㚩 91　㚩 105　㚩 117　㚩 142　㚩 144　㚩 180　㚩 181

很顯然,在這9個"安"字中,雖然有5個直接用了省"宀"之構形,但還有4個(62簡、105簡、117簡、181簡)是不省"宀"的。而對於後者來說,直接將其所含的一個偏旁也認定爲"安"是不合邏輯的。

此種尷尬之所以會發生,根本原因在於古今文字偏旁的不對應,也就是說,"安"字所含的"宀"以外的那個偏旁,原本既不是"女",也不是"安",就是在後世文字中已經消失了的它自己。而在"偏旁分析法"在古文字材料中的實際運用中,它完全應該獨立存在而不能歸附於其他偏旁單位。其隸定的形式,可以是"女"或者"女"。

楚簡中此類特有偏旁並非絕無僅有,如以下包山楚簡從"言"字的右旁:

訬 12／訬 15反／訬 22／訬 24／訬 27／訬 30／訬 42／訬 47／訬 54／訬 125／訬 126／訬 128／訬 128反／訬 137／訬 137／訬 157

從"邑"字的右旁:

237

[字] 41／[字] 43／[字] 48／[字] 140／[字] 188

從"刀"字的左旁：

[字] 19／[字] 36／[字] 140

雖然這些偏旁學界的釋讀尚存分歧,但它們屬於同一個偏旁,而且是楚簡中特有而後世沒有對應的一個偏旁單位則是沒有問題的。即使目前尚難以給出其隸定的形式,但可以選擇一個相對通用的原形作爲其代表形體。

其他再如"訁""肯""芾""殹"等,亦屬此類特殊偏旁,在"偏旁類纂"編纂中需要根據具體情況加以合理認。

三、偏旁類纂與單字引得配套編纂

偏旁類纂的終極目標無非就是爲讀者呈現完備的偏旁信息,其中極爲重要的一點,就是爲每個纂集的偏旁提供完備的出處信息。爲此,我們曾經作這樣的設計：偏旁出處相容多層次內容：偏旁所出字、字所出文例、文例的楷書釋文和古文字原形。

平心而論,這種設計,追求的是編纂的效果,忽略的是編纂的可行。不難發現,如此設計如果付諸實施,將呈現一種雙重引得的圖書格局,即逐個偏旁窮盡給出作爲其直接來源的文獻用字的楷、原兩種字形,而這些字形又需逐個窮盡給出其楷書釋文及原文字形的文獻辭例。此種設計的合理性,我們已作過論證,不煩贅說,而其負面的效應,則是以海量的篇幅來實現相對單一的功能。

一般引得類工具書,因需逐字給出相關文獻辭例,篇幅之龐大相對索引對象的數量來說,已經遠非一般工具書所能望其項背。而偏旁類纂的上述設計,實際上是將一般引得的篇幅量再作一個"平方"式的擴展,這對

《包山簡文偏旁類纂》簡説

於圖書編纂而言,是一個難以承受之重。

在《包山簡文偏旁類纂》的編纂中,我們以偏旁類纂與單字引得配套編纂的方式來化解這一難題。具體來説,就是首先編纂單字引得,在單字引得的基礎上再編纂偏旁類纂,而偏旁類纂的出處只處理到字形,字形上位的文例部分則用標注引得文例唯一號的方式來爲使用者提供參見的方便。如此處置的合理性,除了可以大幅度壓縮篇幅以外,還可以分述爲如下兩個方面:

首先,直接按照"偏旁所出字、字所出文例、文例的楷書釋文和古文字原形"的規定來完成偏旁的出處處理,實際上其中已經包含了完成單字引得的任務,而服務於偏旁類纂的要求,注重的是偏旁類聚,這就不可能同時滿足單字引得所要求的字類聚的數據呈現要求,這就難免將實際已完成的單字引得工作化於無形,導致資源浪費的結果。而上述偏旁類纂與單字引得配套編纂的方式,則可以在同等付出的情況下,同時收穫單字引得與偏旁類纂兩種成果。

其次,純粹的"偏旁"類纂,即排除了單字的偏旁類纂,從支持"偏旁分析法"的角度來看,是存在缺陷的。所以,我們曾經提出"偏旁類纂"類工具書編纂中對於"偏旁"的寬容認定觀點:

在"偏旁分析法"的視野中,偏旁是一個較爲寬泛的研究對象:既可以是"字"的結構成分,如會意字的會意部件,形聲字的聲符、義符,也可以是充當嚴格意義上"偏旁"的特定字符在非嚴格"偏旁"限定場合的存在,即這種字符作爲獨體象形、指事字,以及嚴格意義的偏旁的偏旁的存在形式。這是因爲,要深刻認識一個特定偏旁在文字系統中的地位和影響力,只有將其在文字系統中各個層面的存在都系統把握加以關聯才是可能的。這種寬容的認定,與我們的研究目標是一致的,所以,作爲古文字偏旁工具書索引對象的"偏旁",既包應含嚴格意義上的"偏旁",也當包含寬容認定的"偏旁"。[1]

---

[1] 劉志基:《窮盡式檢索古文字偏旁工具書創編芻議》,《辭書研究》2014年第6期。

"偏旁"的寬容認定,實際就是要把真正的偏旁和充當偏旁的那個"字"類聚到一起,這在實踐上是一種出於實際需要不得已而爲之的舉措,在邏輯上則有"名實不符"之嫌疑,因此不能算是"偏旁類纂"編纂的上策。偏旁類纂與單字引得各自獨立編纂配套關聯,則既可以彌補純粹的"偏旁"類纂所存在的缺陷,又能化解偏旁寬容認定所帶來的尷尬,當然是一種更值得認同的編纂策略。

説楚簡文字中的 "𠂇" 及其相關字

一

𠂇是楚文字中一個非常活躍的構字成分，兼有多種身份。可以是"攴"的一種構形，如以"攴"爲下部構件的"复"字作:

[圖] 郭店|《老子》甲 1–22　　[圖] 上博三|周易 22–27

此字楚簡中僅以上兩見，而從"复"之"返"較多:

[圖] 包山|文書 10–15　　[圖] 包山|卜筮祭禱記録 238–71　　[圖] 郭店|《老子》甲 12–12　　[圖] 郭店|《成之聞之》16–12　　[圖] 郭店|《尊德義》25–21　　[圖] 郭店|《性自命出》18–9　　[圖] 郭店|《性自命出》26–19　　[圖] 郭店|《性自命出》61–22　　[圖] 郭店|《語叢四》1–14　　[圖] 上博一|《性情論》31–17　　[圖] 上博二|容成氏 28–38　　[圖] 上

博三|周易 20－11　■上博三|亙先 3(正)－39　■上博三|亙先 5－1　■上博三|亙先 5－9　■上博三|亙先 9－31　■上博三|亙先 9－34　■上博四|曹沫之陳 29－17　■上博四|曹沫之陳 46－5　■上博四|曹沫之陳 50－26　■上博四|曹沫之陳 50－15　■上博四|曹沫之陳 51－33　■上博四|曹沫之陳 52－32　■上博四|曹沫之陳 52－25　■上博四|曹沫之陳 53－27　■上博四|曹沫之陳 53－10　■上博四|曹沫之陳 54－2　■上博四|曹沫之陳 55－27　■上博五|三德 21－7　■《清華簡》一|皇門 5－34　■《清華簡》一|楚居 8－39　■《清華簡》一|楚居 12－37　■《清華簡》一|楚居 13－7　■《清華簡》一|楚居 14－21　■《清華簡》一|楚居 15－8　■《清華簡》一|楚居 15－24

從"邑"之"鄭"多見於《包山簡》：

■包山|文書 10－15　■包山|文書 10－1　■包山|文書 163－62　■包山|文書 164－50　■包山|文書 165－1　■包山|文書 172－57　■包山|文書 180－59　■包山|文書 189－67

又有"腹"字：

■包山|卜筮祭禱記錄 242－35　■《清華簡》六|鄭文公問太伯(甲) 5－12　■《清華簡》六|鄭文公問太伯(乙) 4－12

說楚簡文字中的"㞢"及其相關字

其他從"夂"之字如"後"字作：

▆ 包山丨文書2-7 ▆ 包山丨卜筮祭禱記錄249-52 ▆ 包山丨卜筮祭禱記錄250-5 ▆ 九店丨五六號墓竹簡釋文七49-5 ▆ 郭店丨《窮達以時》9-16 ▆ 郭店丨《五行》44-20 ▆ 郭店丨《成之聞之》22-23 ▆ 上博二丨容成氏17-36 ▆ 上博二丨容成氏33-33 ▆ 上博三丨亙先10-10 ▆ 上博四丨曹沫之陳24-28 ▆ 上博五丨競建內之鮑叔牙與隰朋之諫4-32 ▆ 上博五丨季庚子問於孔子1-13 ▆ 上博五丨鬼神之明·融師有成氏6-22 ▆ 清華一丨皇門7-11

"退"字作：

▆ 郭店丨《魯穆公問子思》2-16 ▆ 郭店丨《性自命出》65-1 ▆ 上博二丨容成氏48-11 ▆ 上博九丨陳公治兵18-12

但是㞢卻絕不僅僅與"夂"對應，它也可以是"丑"，如"乙丑"之"丑"楚簡出現百餘次，絕大多數作㞢，只有極少數與㞢異形：

▆ 新蔡丨甲三：172、乙三3 ▆ 《清華簡》一丨保訓1-22 ▆ 《清華簡》四丨第二十七節地支與卦53-1

從"丑"的"羞（好的異體）"字作：

243

[⾅]郭店丨《語叢二》21－5　[⾅]郭店丨《語叢二》22－4

[⾅]又可以作爲"升"的一種形體，如《包山》簡中"阩門又敗"之"阩"作：

[图]包山丨文書20－31　[图]包山丨文書28－37　[图]包山丨文書29－22　[图]包山丨文書31－29　[图]包山丨文書32－38　[图]包山丨文書33－27　[图]包山丨文書36－23　[图]包山丨文書37－28　[图]包山丨文書42－37　[图]包山丨文書52－29　[图]包山丨文書54－26　[图]包山丨文書61－36　[图]包山丨文書62－37　[图]包山丨文書66－26　[图]包山丨文書67－36　[图]包山丨文書68－32　[图]包山丨文書69－28

[⾅]還可以對應"豕"，如"家"可作：

[图]上博三丨中弓2－11　[图]上博七丨凡物流形（甲本）16－26　[图]上博八丨子道餓1－17

[⾅]又可以充當某種偏旁的構形成分，如"譀（徵）"之右旁的下部：

[图]包山丨文書138－6　[图]包山丨文書149－67　[图]郭店丨《性自命出》22－12　[图]上博二丨容成氏41－13

[⾅]的這種性質，自然會令我們想到楚文字中的肖，此構件見於"事"或"史"（原形作[字]）、弁（原形作[字]）、貴（原形作[字]）、巢（原形作[字]）

244

等,是一個大家熟悉的楚文字中具有較强替代功能的類化構件。由於一身多任而容易引起誤識,於是就有了專門對於卣的構形功能的考辨,如張桂光提出分辨"弁"、"史"二字的兩條標準:一、弁字下部從人,而史從又;二、弁字也有從又而不從人者,此時上部表示冠冕的部分往往於兩側加上兩個短筆以示區别。[1] 但從現有材料看,弁、史二字雖大致有别,但也有混同的情况,釋讀時除分辨形體外,還需要結合語句考察。

從理論上説,此類類化構件都是文字構形系統回應書寫壓力的結果,也就是説,書寫者爲了提高書寫效率,往往會把一些不太便於書寫的構形成分加以變形,使之成爲一種相對方便書寫的線條組織。就卣來説,其實是楚文字中最多見且每每充當義符的兩個構件"卜"和"甘(🗀)"的組合;而夕作爲三個左下向撇畫和一個右下向線條的組合,本來就是如同卣和🗀那樣的非常適應書寫生理要求的結構組織,更何况最後的左下向一筆,具有以最短距離與下一個書寫單位起筆相連綴的功能,進而提升書寫的效率。顯然,在這一種爲提升書寫效率而對文字形態加以變形的過程中,一些方便書寫的構形成分也就成爲書寫者樂於選擇的對象,於是出現頻率得以提高,進而成爲多種構形成分的替代者。

二

作爲一種頗爲常見的類化構件,夕在楚簡文字構形系統研究方面多有認識價值。比如有助於寫手異同的判斷。一般而言,習慣於書寫中使用夕的寫手,會規律性地在相關文字書寫中營構夕形,如比如前文所舉《楚居》《曹沫之陳》《性自命出》《成之聞之》《尊德義》《三德》之"復"均不止一次出現而構形中皆有夕形寫。而"復"字中出現夕形的《曹沫之陳》《容成氏》《亙先》"後"字中亦出現夕形。

---

[1] 張桂光:《楚簡文字考釋二則》,《江漢考古》1994 年第 3 期。

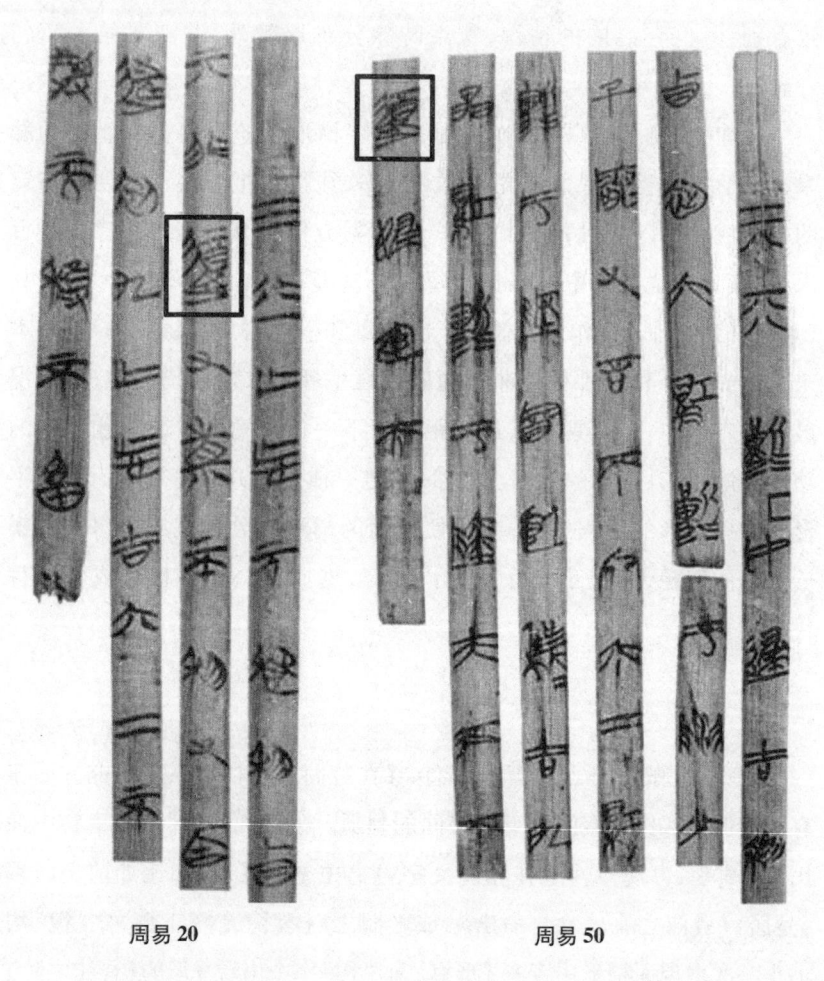

於是,當同一篇文獻中出現了有違此種規律的現象,則有必要作進一步分析,比如《周易》之 20 簡"復",字形中出現夕形,而 50 簡"復"字未見夕形,則提示兩簡或出自不同寫手。而再比對兩簡共見的"不""吉""八""六"字寫法,以及 20 簡起筆多露鋒,50 簡起筆多藏鋒,則不難坐實由夕形提示的這種判斷。

周易 20　　　　　周易 50

而如果夕形出現不規律現象不能用寫手變化的原因來解釋的話,則或可提示寫手具有書寫避複的習慣。比如《老子甲》12 簡"復"字出現夕形,而 24 簡夕形未見於"復"。

説楚簡文字中的"夕"及其相關字

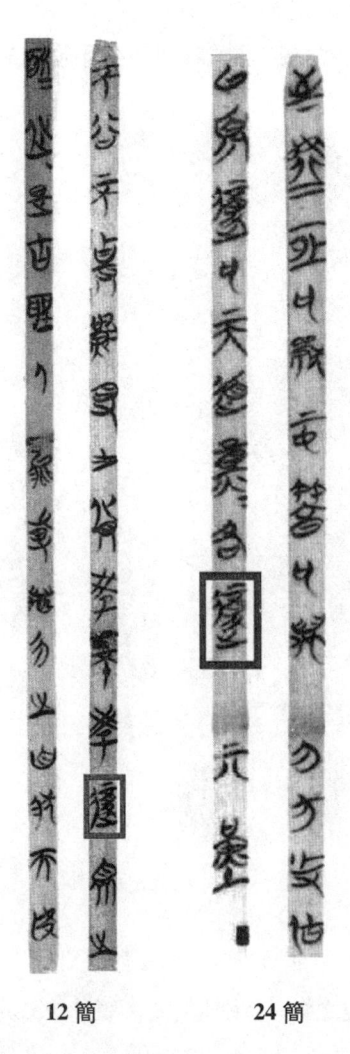

12簡　　**24簡**

雖然兩簡除"復"之外,缺乏同字以供比較,但總體字跡風格的一致性無可置疑。由此可以認爲,《老子甲》的書寫者以夕形之用否來實現同字避複的目的。進一步觀察,不難發現《老子甲》的避複並非偶然:

辠莫重乎甚欲( ),咎莫險乎欲( )得。(5簡)
天下皆知美( )之爲美( )也,惡已。(15簡)
名與身( )孰親?身( )與貨孰多?(35–36簡)

數據庫古文字研究論稿

再如《曹沫之陳》之"後"字構形,第 24 簡有夂,30 簡無之:

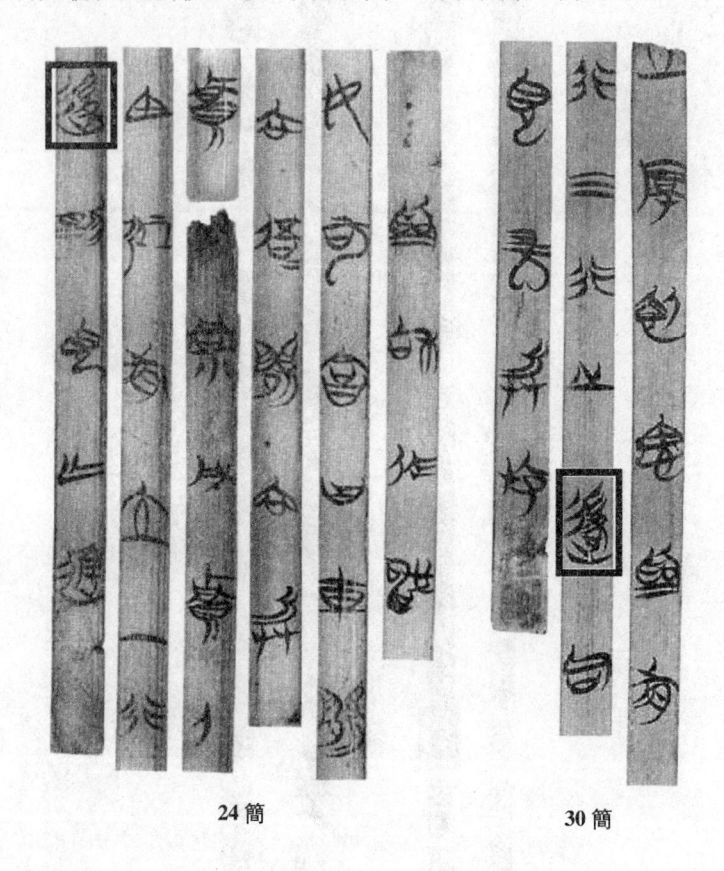

24 簡   **30 簡**

而兩簡共見字"兵""前"寫法無異,總體書寫風格也完全一致,可知《曹沫之陳》寫手亦有避複之好。特別是"曹沫"之"沫",共 10 見,而多有異形:

1 – 13   2 背 – 2   5 – 3   7 – 17   13 – 1   13 – 20
20 – 22   22 – 26   64 – 29   64 – 9

然而,《曹沫之陳》的這兩個不同寫法的"後"還可以呈現一些另外的信息:"夋"旁下部或從夂,或從"各",足見在這位書寫者看來,夂是可以替

說楚簡文字中的"夂"及其相關字

代"各"的。同樣情況,亦見於《上博九·陳公治兵》,其12簡,"退"字構形中有"各"形,19簡則夂見於"退"字構形中:

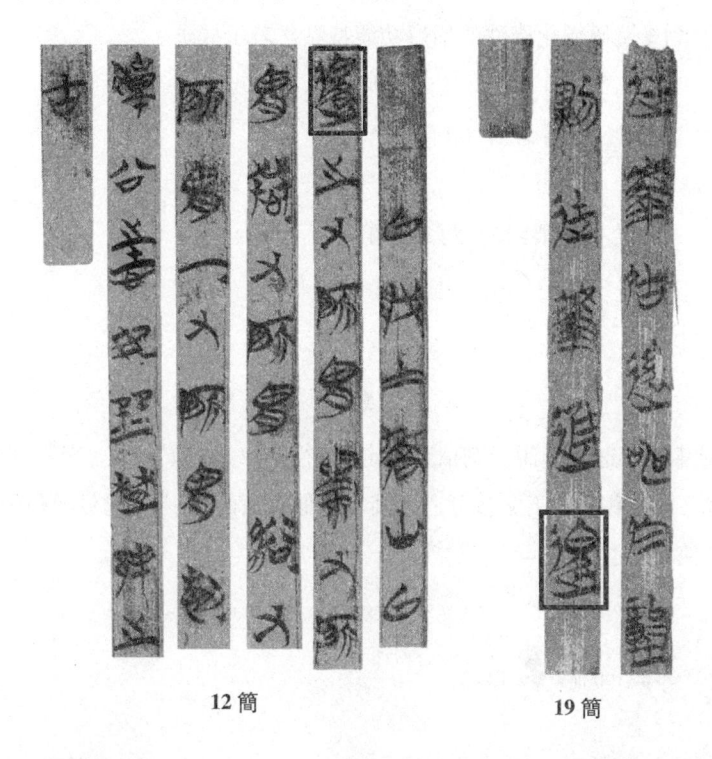

12簡　　　　　　　　　　**19簡**

上博九|陳公治兵 12-7　　上博九|陳公治兵 18-12

而在以夂代"各"的背後,或許是這樣一種構形演化邏輯:添加飾筆,往往可以表示有所省略,故作爲"夊"加一飾筆的夂,便可以代表"夊"下有所省略的構形單位。而這這種構形演化邏輯無疑具有釋讀層面的認識價值。

三

因爲夂被賦予了較多的構形功能,往往會導致一些一些釋讀困難或分歧。顯然,弄清這種隱匿在構形系統的底層的類化構件的構形功能特點,對於正確釋讀楚文字材料是具有重要意義的。然而,相對於被討論較

249

多的占等類化構件來説，夂似乎具有更大的隱秘性，就管見所及，迄今尚未引起釋讀層面的專題討論。因此，筆者不揣淺陋，聯繫相關文字的考釋研究來對夂這個類化構件的構形功能特點作若干探求。

1.《郭店·性自命出》60簡：

凡於⿱夂⿰毋悇(畏)，毋蜀(獨)言。

其中第三字作：

整理者隸作"迓"，無説。劉信芳隸定作"徣"，讀爲"徵"[1]。李零則認爲是"路"字訛寫[2]，于文義可通。其實類似寫法的"路"字還見於《曾侯乙墓》"路車"之"路"：

190簡　　184簡

足見李説不誤。由此可知，《郭店·性自命出》60簡⿱夂⿰字所從的夂，可以成爲"各"的一種書寫形式。

夂之所以可以成爲"各"的替代構形，前文已有討論：夂是在"夊"的基礎上加一撇形飾筆，而這一飾筆，往往可以表示"夊"下有所省略。而所涉及具體構形單位，則多爲"各"：

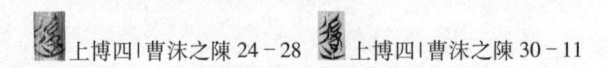

上博四 | 曹沫之陳 24－28　　上博四 | 曹沫之陳 30－11

---

[1] 劉信芳：《郭店簡文字例解三則》，《中研院歷史語言研究所集刊》第七十一本第四分，2000年。

[2] 李零：《郭店楚簡校讀記》(增訂本)北京大學出版社，2002年，111頁。

說楚簡文字中的"夂"及其相關字

另一角度的證明則是，在有"各"出現的字形中，夂就失去了出現的機會。如簡文中大量出現的"復"，只要有"复"之下部呈"各"形，就絕不會再現夂形：

　　　　上博一〡《性情論》10－20　　上博一〡《性情論》16－17　　上博一〡《性情論》31－17　　上博五〡弟子問 5－23　　上博七〡武王踐阼 13－17　　上博九〡陳公治兵 10－2　　上博九〡陳公治兵 10－19

類似情況也見於的"退"，凡字形中出現夂，即 者夂下皆不見"口"，而凡字形中出現"各"形者皆不見夂形出現：

　　　　《老子》甲 39　　《語叢二》43　　昔者君老 1　　上博五〡姑成家父 8－2　　上博八〡顏淵問於孔子 9 19

這正可表明 中之夂表示的是省略"口"的"各"，故 即是"路"。

2.《郭店·成之聞之》31 簡："天丞大棠（常），以里（理）人侖（論）。""丞"字原形作：

對此字的考釋頗有分歧。李學勤釋爲升，讀爲徵[1]。劉信芳亦釋"升"[2]。白于藍曰：從攵，讀爲垂或墮[3]。而陳偉[4]、李零[5]均釋爲

---

〔1〕李學勤：《試說郭店簡〈成之聞之〉兩章》，《煙臺大學學報》2000 年第 4 期。
〔2〕劉信芳：《郭店簡文字例解三則》，《中研院歷史語言所集刊》第七十一本第四分，2000 年。
〔3〕白于藍：《郭店楚簡補釋》，《江漢考古》2001 年第 2 期。
〔4〕陳偉：《郭店楚簡別釋》，《江漢考古》1998 年第 4 期。
〔5〕李零：《郭店楚簡校讀記》，《道家文化研究》第 17 輯（"郭店楚簡"專號），1999 年。

"降",細審語境,陳、李兩位之説比較貼切,學者多從之。劉釗則進一步曰:"乃夆字省寫,降字古文。"[1]

聯繫前文對夅的分析來看,釋"升"之説,顯然是囿於夅與升的對應;而"從夊"説則局限於夅與夊的關聯;釋爲"降",則是立足文義,擺脱了夅的單項字符對應的限制;而夅(降)字省寫説,則已經涉及到了夅的構形功能説明,而夅在這裏所體現的省略功能與表示"各"的夅是一致的。

基於以上分析,對《上二·容成氏》48簡中的一字可以作重新認識。該簡曰:"乃夆文王,文王時故時而教民。""乃"後一字,原形作:

整理者將此字隸定爲"陞",卻注明"此字是'降'之誤,指向文王投降"。此字左上爲"阜",右上爲夅,下部爲"止",以前文討論之夅例之,則分明就是"陞"即"降"字,而並非是"'降'之誤"。

《容成氏》31簡中還有一個與48簡同形之字,作:

整理者仍隸定爲"陞",其辭曰:

昌墜於溪浴(谷),淒(濟)於堊(廣)川。 高山陞(登),蓁林入⋯⋯

雖然辭例不甚完整,但細審文意,釋"降"似乎更順暢。

3. 上博《紂衣》19簡有一般被隸定爲"墜"的字,兩見,分別作:

第16字　　第46字

---

[1] 劉釗:《郭店楚簡校釋》,福建人民出版社,2003年。

說楚簡文字中的"丰"及其相關字

整理者陳佩芬先生在此字下作如下解說:"《說文》所無。戰國《元阿左戟》《新郢戟》銘文之'戟'字皆從丰,以爲聲符,此亦之聲符。丰,《說文》:'讀若介。'郭店簡作'逵',今本作'格'。"孟蓬生則對陳說進行了若干修正:戰國兵器銘文戟字多寫作"𢧐",從戈,丰聲。整理者以"丰"爲埅字之聲符,甚是。此字所從之"丰"字與訓"草蔡"之"丰"字形相同,字音相近,而字義了不相涉,應該看成是同形字。古音屰聲和各聲相通。丰與屰在字形上也有聯繫。丰字就是屰的變形,逵就是逆的變形,霏字就是霸字的異構,而埅則是"格(訓爲登或升)"的本字。屰聲與各聲相通,所以逵或埅可以借爲"格"或"略",戟(與"格"讀音相同)字可以從屰(丰)聲而寫作"𢧐"。[1]

聯繫上文的討論,我們很容易發現,陳、孟二位的說解尚有可以商榷的地方,"埅"中的那個被隸定作"丰"的構件,其實就是丰的一種書寫形式,如果說兩者間存在差異,那只不過是其第一撇畫與第二撇畫的右上部一則相連一則相離而已,而類似差異在書寫中是很容易發生的。因此,這個所謂"丰",既不是《說文》訓"草蔡"之"丰",也不是"屰",而恰恰就是"各",因此它才可以讀爲"格"而與今本對應。

由此引發開去,我們似乎可以重新認識一下陳、孟二位都提到的"戟"字。戰國出土文字中"戟"字多從"丰"作,或從"戈"從"丰"或從"金"從"丰":

集成17·11051|4　集成17·11056|4　集成17·11158|6
新收0577|14　集成17·11214|7　集成17·11178|6　集成05·0274|6|8　新收0525|6　新收0537|5　新收0524|6　新收0536|5　新收0535|15　包山文61

---

[1] 孟蓬生:《上博簡〈緇衣〉三解》,《上博館藏戰國楚竹書研究》,上海書店出版社,2002年。

對此"戠"字中的"丯",以往多釋爲聲符,或言即契刻之"契"的象形初文。陳秉新在釋讀《郭店·緇衣》38 簡"迲"時的一段說解比較有代表性:

> 戴侗《六書故》:"丯即契也。又作刧,加刀,刀所以契也。又作契,大聲。古未有書先有契,契刻竹木以爲識,丯象所刻之齒。"戴說甚是。《説文》誤以爲草芥之芥,"讀若介"。《説文》訓芥,乃借義。丯與芥,溪見旁紐,月部疊韻,古音最近。《孟子·萬章上》:"夫公明高以孝子之心,爲不若是恝。"《説文》"忥"下引"恝"作"悆"。《老子》七十九章:"是以聖人執左契而不責放人。"馬王堆帛書《老子》甲本"契"作"介"。上博紂衣 ,當是從皀從界的古字。丯與界音近,作爲聲符可以互代,土是疊加意符。《集韻·怪韻》:"畍,《説文》:'境也。'或作堺、介,亦書作界。"該字與格見紐雙聲,月鐸通轉。今本《禮記·緇衣》:"言有物而行有格也。"鄭玄注:"格,舊法也。"郭店簡"迲"字即古"俱"字,《集韻》:"俱,跳貌。""堅"和"迲"均是格的借字。[1]

而從楚簡文字中 的構形功能來看,此"丯"很可能就是充當"各"字的 形演變而來的。而"戠"字春秋金文中也正有從"各"的構形:

滕侯昃戈-集成17·11123　　集成17·11150-蔡□□戠

從古文字發展的源流關係來看,"各"在殷商西周甲金文字材料中多見,而上述所謂"丯"則僅見于戰國的文字材料,依據楚簡文字中所呈現的文字書寫演變規律,我們有理由懷疑,這個"丯"或是從"各"衍生出來的一個構件,而並非源自"契"的象形初文。

---

[1] 詳參陳秉新:《〈上海博物館藏戰國楚竹書(一)〉補釋》,《東南文化》2003 年第 9 期。

也說"噩"字兼論"内"式飾筆之來由

一

"噩"字最早見於西周金文,關於該字之造字意圖,學界迄今尚無定論。最近,羅運環先生于"噩"字有新説,其主要觀點爲:"噩"字最早所見的西周金文字形,是一個表示鱷魚的會意字,其四"口","意在突出其令人印象深刻的吼鳴聲",四口中間構形的縱向線條,"當是鱷魚整體形象的線條勾畫",四口中間構形的横向線條,"是某種動物的足爪形符號,和禹、萬等所從相同"[1]。

縱觀羅氏全文,不難發現其説關鍵依據在於上述最後一點:四口中間構形的横向線條"是某種動物的足爪形符號"(羅文後半部又進一步明確表述爲:在早期金文中凡加有此種構形的"一般都是爬行動物類文字"),只有這個判斷成立,其他兩點,即四口中間構形的縱向線條"是鱷魚整體形象"、四"口"表示鱷魚吼聲的判斷才可能有點著落。

因此,羅説是否能夠成立,我們主要應該考察"噩"字四口中間構形的

---

[1] 羅運環:《甲骨文金文"鄂"字考辨》,《古文字研究》第28輯,中華書局,2010年。

橫向線條是不是真"是某種動物的足爪形符號"。需要説明的是，羅文中還有一段相關論述與以上所引有所不同："以西周早期金文來分析，諸形體中間所從偏旁，分別作：✦ ✦ ✦ ✦ ✦ ✦ ✦ ✦ ✦ 等形，既不像桑字或木字形，也不像✦的形體，而與禹、萬所從形體有類似之處，應是與動物有關的符號。"在這段表述中，與禹、萬所從類似的變成了"噩"字四口中間的整個構形，而不是四口中間構形的橫向線條。縱觀全文，可以認爲這種不一致當是論述中的一點疏漏，而羅氏的本意當如本篇開頭所引。

羅文雖然比較全面地呈現了西周金文"噩"字所從之構形，但卻並未對"禹""萬"進行過對應的構形整理呈現工作，故其兩者所從相同或類似的判斷顯然是缺少證據的。因此，要判斷羅説成立與否，我們首先需要完成這項本應羅文完成的工作。下面依據羅先生所限定的"西周金文早期"的材料範圍，窮盡《殷周金文集成》中的文字材料分別加以討論驗證。

因爲羅氏認爲只是西周早期金文"噩"字所從才是與"禹""萬"所從相同的"某種動物的足爪形符號"，按照時代對應原則，我們必須考察同一斷代内"禹""萬"所從的構形狀況。頗有些不可思議的是，窮盡既有材料，早期西周金文"禹"字或含"禹"之偏旁字《集成》均未見，只是在西周晚期才見數量有限的"禹"字和從"禹"字（詳下）。這樣，我們只好僅考察"萬"字的構形特點。剔除殘泐，《集成》西周金文早期31個"萬"字如下：

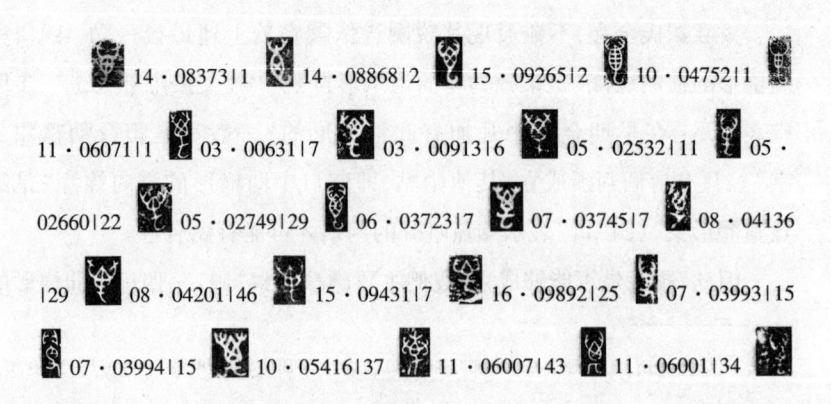

14·08373|1　14·08868|2　15·09265|2　10·04752|1
11·06071|1　03·00631|7　03·00913|6　05·02532|11　05·02660|22　05·02749|29　06·03723|7　07·03745|7　08·04136|29　08·04201|46　15·09431|7　16·09892|25　07·03993|15
07·03994|15　10·05416|37　11·06007|43　11·06001|34

也說"蠆"字兼論"内"式飾筆之來由

11・06005|48　11・06004|37　11・06216|1　07・03764|12　16・
10312|7　04・02488|7　07・03909|9　04・02461|6　08・04169|35
05・02791|48

不難發現，上述 31 字中只有最後幾字橫筆大致與羅文所舉"蠆"字（見下）所從橫筆類似：

而這種小概率的形似很難證明兩者的造字取象相同。"萬"字作爲偏旁，在西周早期金文僅見於"邁"，以下是《集成》所收殷商早期金文"萬"字：

05・02655|11　06・03724|7　06・03741|7　07・03908|11
07・04073|20　10・05426|48　11・06009|49　12・06507|8
15・09435|12　16・10091|6

顯然，並無一例與羅文所舉"蠆"字所從相同。

西周早期金文實際上直接傳承了殷商金文，故"萬"字構形所描摹的"某種動物的足爪形符號"，在殷商金文中當有更接近造字原始的表現，以下爲《集成》所收殷商"萬"字：

02・00411|2　03・01134|1　06・03117|2　10・04964|1
11・06070|1　11・06257|1　11・06291|1　12・06680|1　13・07550

257

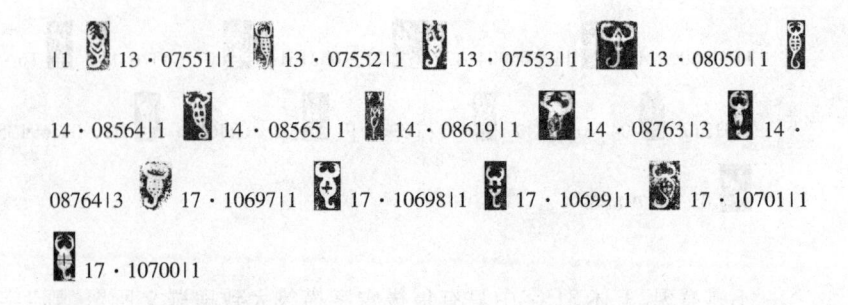

|1　13·07551|1　13·07552|1　13·07553|1　13·08050|1

14·08564|1　14·08565|1　14·08619|1　14·08763|3　14·

08764|3　17·10697|1　17·10698|1　17·10699|1　17·10701|1

17·10700|1

很顯然，以上所有"萬"字構形都與"𠅃"字所從完全不搭。

綜合西周早期與殷商金文"禹""萬"二字的考察結果，我們不得不認爲"𠅃"字構形所從與"禹""萬"所從並無令人信服的交集，故將兩者視爲一體是没有依據的。

二

羅氏新説"𠅃"字造字意圖之前，首先否定了"𠅃"字釋讀四種有代表性的成説。特别對羅振玉將甲骨文"喪"釋作"𠅃"的意見用了較多筆墨加以否定。筆者以爲，釋甲骨文"喪"爲"𠅃"固然不能成立，但始見於西周金文的"𠅃"與甲骨文"喪"卻很可能具有構形上淵源關係。爲證明這一點，我們先系統比較兩者構形。

通過分析整理，《集成》中西周金文"𠅃"字25見，含有"𠅃"之偏旁的"曹"字1見。因"𠅃"字有4例圖片不清（集成5·02834、集成5·02834、集成5·02834、集成11·05855），有效字形爲22個。按照羅所謂"中間橫向所從"的構形特點將這些字形分類，得如下幾種：

A. 曲線型

05·02810|13　05·02833|71　05·02833|103　05·

02833|120　05·02833|153　05·02833|170　05·02833|173

07·03928|1　07·03929|1　07·03930|1

258

也説"噩"字兼論"內"式飾筆之來由

B. 直线型

　　06·03668|1　　07·04056|5　　07·04056|31　　07·
0405715　　07·04057|31　　07·04058|5　　07·04058|31

C. 直線左端接短豎型

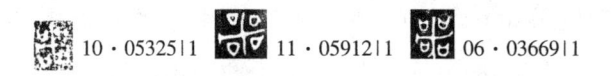

　　10·05325|1　　11·05912|1　　06·03669|1

D. "又"型

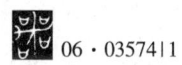

　　06·03574|1

　　我們對《新甲骨文編》所收"喪"字全部字形按類型進行了認同整理，即將其中出自同一種寫法字形類似者進行了合併，共得 51 字，下面按常見性以及組類分佈呈現如下：

　　6(合集 28905_無名組/合集 28907_何組/合集 28915_無名組/合集 29042_無名組/屯南 322_歷組/屯南 322_無名組)[1]　3(合集 28965_無名組/合集 28981_無名組/合集 29068_無名組)　2(合集 29036_無名組/屯南 515_歷組)　2(合集 28996_無名組/合集 30074_無名組)　2(合集 28250_無名組/屯南 271_歷組)　1(合集 37574_黃組)　1(合集 29007_何組)　1(合集 34480_歷

---

〔1〕 括弧前數位爲字形數，括弧中爲各字形的《新甲骨文編》標注的出處和分組。後文出現的甲骨文字形，未作説明者，皆出自《新甲骨文編》。

組) ※1(合集 19079_賓組) ※1(合集 1085_賓組) ※1(合集 28914_無名組) ※1(合集 10931_賓組) ※1(合集 23711_出組) ※1(合集 22537_出組) ※1(合集 54_師組) ※1(合集 28050_無名組) ※1(合集 29066_無名組) ※1(合集 56_賓組) ※1(合集 18120_賓組) ※1(合集 36640_黃組) ※1(合集 31998_歷組) ※1(合集 10930_賓組) ※1(合集 19492_賓組) ※1(合集 10927_賓組) ※1(合集 22029_子組) ※1(合集 58_賓組) ※1(合集 7815_賓組) ※1(合集 20407_師組) ※1(合集 28982_何組) ※1(合集 28979_何組) ※1(合集 29001_無名組) ※1(合集 61_師賓間) ※1(合集 32001_歷組) ※1(合集 32914_歷組) ※1(合集 20676_師組) ※1(花東 59_子組) ※1(FQ3_西周) ※1(合集 28997_無名組) ※1(合集 29081_無名組) ※1(合集 29017_無名組) ※1(合集 37580_黃組) ※1(合集 19197_賓組) ※1(合集 29000_無名組) ※1(合集 30781_無名組) ※1(合集 30691_無名組) ※1(合集 4198_賓組) ※1(合集 18101_賓組) ※1(合集 32002_歷組) ※1(合集 97_賓組) ※1(合集 8_賓組) ※1(合集 52_賓組)

不難發現,上述甲骨文"喪"字諸形,雖然構形細節有所差異,但其基本格局還是一致的:均爲多"口"(以四"口"爲常)圍繞一樹木形。對於其中的樹木形,諸家釋樹無異,只是或以爲一般意義之樹,或以爲桑樹;對於其中之多"口",或以爲表鳥鳴之意,或以爲採桑之器形。僅就構形來看,甲骨文"喪"字與與西周金文"噩"字確有清晰的對應性:四"口"之相同自可無論,甲骨文之樹形與西周金文"噩"四口以外的線結構雖有所差異,但兩者傳承變異的可能是非常大的。而羅振玉釋甲骨文"喪"爲"噩",主要也是因爲發現甲骨文"喪"字與西周金文"噩"字構形上的這種關係。而羅振玉的意見之所以不能爲我們信從,是他所釋的甲骨文"噩"字後來被于省吾先生正確地釋讀爲"喪"並得到學界的普遍認同。換言之,只是因爲人們認定甲骨文"喪"與西周金文"噩"是兩個字,羅振玉的考釋才被人們所否定。然而,我們需要注意的是,認定甲骨文"喪"與西周金文"噩"是兩個字,並不意味著甲骨文"喪"與西周金文"噩"絶不會有構形上的淵源關係。在上古漢字的歷時發展中,早期一字而成爲晚期多字之來源的現象並不罕見,比如裘錫圭先生在《釋"衍"、"侃"》一文指出:"在殷墟甲骨文裏,'永'和'衍'這兩個詞本來是用相同的字形來表示的,後來出現了分化傾向,一般以 ⺈、⺊ 等表示'永',⺉、⺋ 等表示'衍',這一分化在殷末應已完成。"我們不能排除甲骨文"喪"至西周金文也會分化出"噩"字的可能,至於這種分化的原因,很可能即如羅振玉在分析西周金文"喪"字時所言:"喪爲可驚噩之事,故從噩亡。"[1]

三

前文言及,羅氏新説的關鍵點,在於其"禹""萬"所從的"爬行動物足爪符號"説,而此説亦是新見。關於"萬""禹"所從的構形性質,裘錫圭依據容庚"甲骨文的 ⺈,金文作 ⺊,後漸變作 ⺋"的演變規律論述,論證了甲骨文 ⺉ 爲"害"之初文[2]。劉釗則將這種演變的結局構形稱之爲"内式飾筆"[3]。對於"内式飾筆"的既有論説,只是指出了現象並賦予一個稱名,但卻失語於它的形成因由。而羅氏新説,雖然主要爲支持其"噩"字新釋,但客觀上卻有揭示"内式飾筆"來由的效果。然而,羅氏的這個意見,是不是能夠成立,需要相關字的系統偏旁分析來證明。

迄今爲止,人們所列舉的涉及"内式飾筆"的字例,大致不出於西周金文,因而要探究"内式飾筆"的來由,首先有必要對西周金文中的"内式飾

---

[1] 羅振玉:《殷虛書契考釋》,民國十六年東方會影印本,75頁。
[2] 裘錫圭:《釋"宙"》,載《古文字論集》,中華書局,1992年。
[3] 劉釗:《古文字構形學》,福建人民出版社,2006年。

筆"分佈作一個定量調查統計，這無疑將有益於呈現"内式飾筆"的衍生脈絡。被視爲含有"内式飾筆"之字有"萬""禹""禽""是"等，以下逐字按偏旁分析的原則將其構形狀況進行整理歸納。

（一）萬

《集成》中西周金文"萬"除見於"萬"字外，還見於"邁"及"厲"字偏旁，計755見，按照羅所言可與"噩"字"中間橫向所從"相對應下部構形橫筆部分特點分類，逐字分爲如下幾類：

1. "萬"字

A. "又"型，如 ，383次：

01・00035、01・00240、01・00239、01・00241、01・00110、01・00046、01・00190、01・00146、01・00147、01・00148、01・00248、01・00249、01・00250、01・00258、01・00259、01・00023、01・00025、01・00026、01・00027、01・00054、01・00055、01・00056、01・00057、03・00697、03・00642、03・00612、03・00719、03・00720、03・00721、03・00722、03・00723、03・00724、03・00725、03・00726、03・00727、03・00728、03・00715、03・00716、03・00736、03・00718、03・00738、03・00739、03・00740、03・00745、03・00645、03・00647、03・00667、03・00681、03・00710、03・00729、03・00746、03・00747、03・00748、03・00749、03・00751、03・00752、03・00921、03・00929、03・00942、04・02414、04・02438、04・02441、04・02463、04・02464、04・02488、04・02500、04・02511、04・02513、04・02514、04・02521、04・02529、05・02534、05・02535、05・02547、05・02557、05・02585、05・02631、05・02656、05・02679、05・02680、05・02681、05・02700、05・02713、05・02727、05・02743、05・02744、05・02788、05・02822、05・02823、05・02827、05・02828、05・02834、06・03728、06・03729、07・03757、07・03758、07・03759、07・03764、07・03808、07・03809、07・03810、07・03811、07・03812、07・03813、07・03814、07・03816、07・03835、07・

也説"豐"字兼論"内"式飾筆之來由

03836、07・03837、07・03838、07・03839、07・03844、7.03864、07・03867、07・03882、07・03884、07・03885、07・03890、07・03892、07・03923、07・03924、07・03925、07・03926、07・03928、07・03929、07・03930、07・03933、07・03934、07・03944、07・03971、07・03972、07・03978、07・03980、07・03982、07・03986、07・03997、07・03998、07・03999、07・04000、07・04001、07・04003、07・04035、07・04036、07・04056、07・04057、07・04058、07・04067、07・04068、07・04069、07・04070、07・04075、07・04090、07・04102、07・04103、07・04111、07・04114、07・03846、07・03996、07・04007、07・03767、07・03889、07・04074、08・04124、08・04155、08・04160、08・04161、08・04171、08・04172、08・04173、08・04174、08・04175、08・04176、08・04177、08・04189、08・04200、08・04210、08・04211、08・04212、08・04221、08・04222、08・04223、08・04224、08・04229、08・04230、08・04231、08・04233、08・04234、08・04235、08・04236、08・04274、08・04283、08・04288、08・04290、08・04291、08・04295、08・04303、08・04304、08・04307、08・04308、08・04309、08・04310、08・04312、08・04332、08・04333、08・04335、08・04336、08・04337、08・04338、08・04339、08・04158、09・04411、09・04420、09・04421、09・04382、09・04383、09・04394、09・04408、09・04410、09・04447、09・04448、09・04449、09・04450、09・04451、09・04412、09・04431、09・04434、09・04402、09・04437、09・04429、09・04468、09・04463、09・04514、09・04523、09・04554、09・04555、09・04563、09・04564、09・04565、09・04572、10・05342、10・05376、15・09724、15・09732、15・09623、15・09624、15・09443、15・09444、15・09438、15・09432、15・09701、15・09609、15・09653、15・09654、15・09824、15・09825、16・09900、16・09964、16・09967、16・09968、16・10129、16・10110、16.10167、16・10142、16・10107、16・10155、16・10149、16・10089、16・10231、16・10250、16・10271、16・10239、16・10248、16・10270、16・10312、16・10314、01・00257、01・

00238、01・00260、01・00112、01・00207、01・00209、01・00188、01・00181、01・00141、01・00145、01・00246、01・00247、01・00251、01・00254、03・00696、03・00698、03・00708、03・00707、03・00666、03・00750、03・00669、03・00939、04・02462、04・02492、04・02516、05・02638、05・02768、05・02787、05・02786、05・02812、05・02804、05・02814、05・02815、05・02821、05・02829、05・02832、05・02833、05・02836、05・02836、05・02836、07・03865、07・03893、07・03973、07・03974、07・03987、07・03988、07・03989、07・04015、07・03994、07・04109、07・04110、08・04159、08・04154、08・04166、08・04170、08・04199、08・04198、08・04209、08・04219、08・04232、08・04244、08・04250、08・04252、08・04257、08・04275、08・04276、08・04277、08・04277、08・04284、08・04286、08・04287、08・04289、08・04293、08・04294、08・04317、08・04318、08・04321、08・04322、08・04334、08・04340、09・04424、09・04428、09・04446、09・04452、09・04464、09・04415、09・04440、09・04458、09・04458、09・04462、09・04515、11・06011、15・09723、15・09731、15・09456、15・09656、15・09661、15・09728、15・09697、16・10173、16・10116、16・10093、16・10175、16・10174、16・10175、16・10206、16・10275、16・10272

B. "长"型，如❋❋，29次：

05・02561、05・02600、07・03883、07・03886、07・03946、07・03962、07・03963、07・03984、07・03985、07・04052、07・03909、08・04187、08・04305、08・04306、11・05982、15・09713、16・09896、16・09972、16・10130、16・10237、16・10249、16・10251、16・10310、07・03881、07・04061、08・04168、08・04168、16・10262、16・10232

C. 左端接短豎型，如❋❋，76次：

01・00020、01・00205、01・00058、02・000358、03・00634、03・00709、04・02385、04・02419、04・02461、04・02484、04・02515、05・

也說"䖒"字兼論"內"式飾筆之來由

02537、05・02580、05・02634、05・02636、05・02696、05・02769、05・
02770、05・02791、06・03703、07・03773、07・03774、07・03783、07・
03786、07・03792、07・03805、07・03806、07・03866、07・03872、07・
03914、07・03927、07・03943、07・03981、07・04002、07・04033、07・
04066、07・04107、07・03888、08・04169、08・04186、08・04193、08・
04226、08・04227、08・04243、09・04530、09・04681、10・05418、12・
06515、12・06515、15・09642、15・09635、15・09727、16・10106、05・
02635、05・02805、05・02824、07・03977、07・04009、07・04063、07・
04065、08・04184、08・04192、08・04240、08・04285、08・04313、09・
04425、09・04465、09・04426、09・04626、11・06013、11・06006、12・
06511、15・09726、16・09899、16・09899、16・09897

D. 右端接短豎型，如 ⚏ ⚎，12次：

01・00024、01・00028、01・00029、01・00030、05・02558、06・
03718、07・03877、07・03947、07・04008、08・04185、16・10148、
08・04327

E. 直線型，如 ⚎ ⚎，48次：

03・00631、03・00913、04・02413、04・02440、04・02460、04・
02491、05・02532、05・02533、05・02562、05・02660、06・03723、06・
03740、07・03745、07・03754、07・03979、07・04034、07・04053、07・
04054、07・04093、07・04094、07・04095、08・04251、08・04325、08・
04325、08・04157、09・04385、10・05341、14・08373、15・09676、15・
09431、15・09827、16・09900、16・09971、16・10094、16・10111、05・
02749、05・02781、05・02813、07・04051、08・04136、08・04201、08・
04225、08・04269、08・04273、11・06013、15・09669、16・09892、
16・10161

F. 右折型，如 ⚎，2次：

06・03676、07・03993

G. 左折型, 如 ✦, 11 次：

07・03955、08・04156、10・05366、15・09436、07・03815、07・04037、10・05416、11・06007、11・06001、11・06004、05・02816

H. 無橫筆型, 如 ✦ ✦ ✦, 8 次：

08・04228、10・04752、11・05955、11・06071、14・08565、14・08619、14・08868、15・09265

I. 橫豎筆全無型, 如 ✦, 3 次：

08・04319、15・09662、03・00744

2. "邁"字

A. "又"型, 如 ✦ ✦, 92 次：

03・00730、04・02437、04・02512、05・02619、05・02649、05・02698、05・02699、05・02797、05・02798、05・02799、05・02800、05・02801、05・02802、07・03833、07・03834、07・03843、07・03879、07・03880、07・03887、07・03931、07・03932、07・03945、07・03956、07・03957、07・04004、07・04005、07・04006、07・04027、07・03874、07・03875、07・03751、07・03919、07・04098、08・04137、08・04141、08・04142、08・04188、08・04262、08・04265、08・04280、08・04281、08・04282、08・04296、08・04314、08・04130、09・04395、09・04460、09・04461、09・04403、09・04399、09・04536、09・04553、11・05980、11・06005、12・06507、15・09643、15・09302、15・09447、15・09620、15・09627、15・09651、15・09718、16・09891、16・10091、16・10240、16・10224、16・10315、03・00737、05・02639、05・02745、05・02767、05・02796、05・02818、05・02820、05・02831、07・04045、07・04113、08・04143、08・04242、08・04246、08・04279、09・04404、09・04459、09・04406、11・06011、11・06011、15・09652、16・10164、16・10172、16・10220、16・10322、03・00632

B. "尺"型, 如 ✦ ✦, 7 次：

04・02496、07・03960、08・04204、15・09691、15・09690、15・

09644、08・04203

C. 左端接短豎畫型,如 ▨▨,41次:

03・00941、04・02508、05・02596、05・02808、06・03720、06・03725、06・03738、06・03741、06・03742、07・03770、07・03781、07・03804、07・03871、07・03916、07・04062、07・04064、07・03873、07・03840、07・03841、08・04125、08・04247、08・04263、08・04270、09・04413、09・04388、11・05993、15・09668、15・09618、15・09826、16・10119、16・10102、16・10247、05・02807、05・02810、07・03903、08・04267、08・04302、08・04324、08・04331、15・09696、15・09721

D. 右端接短豎型,如 ▨,3次:

09・04538、15・09667、08・04266

E. 直線型,如 ▨▨,22次:

04・02489、05・02538、05・02655、06・03721、06・03724、07・03878、07・04073、07・03761、08・04249、09・04407、10・05382、11・05969、11・05972、15・09435、15・09442、15・09433、05・02776、07・03908、08・04253、08・04271、10・05426、10・05430、07・04028、16・10112

3. "厲"

A. "又"型,如 ▨▨,10次:

05・02832、05・02832、05・02832、05・02832、05・02832、05・02832、05・02832、05・02832、05・02832、05・02832

C. 左端接短豎畫型,如 ▨▨,3次:

07・03777、07・03779、07・03780

D. 右端接短豎型,如 ▨,1次:

05・02832

H. 無橫筆型,如 ▨,1次:

15・09608

（二）禹

數字平臺中西周金文"禹"之偏旁除見於"禹"字外，還見於"礙""遇""寓"及"圖"字本身，計 21 見，按照羅所言可與"噩"字"中間橫向所從"相對應下部構形特點分類，可分爲如下幾類：

1. "禹"字

A. "又"型，如♣，5 次

05・02833、05・02833、08・04242、08・04242、08・04242

C. 左端接短豎畫型，如♣，4 次

05・02833、05・02833、05・02833、05・02833

D. 右端接短豎型，如♣，1 次

05・02833

2. "遇"字

C. 左端接短豎畫型，如♣，4 次：

03・00948・16、03・00948・23、03・00948・30、03・00948・33

3. "礙"字

C. 左端接短豎畫型，如♣，3 次：

04・01964・1、05・02721・14、05・02721・19

4. "寓"字

A. "又"型，如♣，2 次：

05・02832、05・02836

C. 橫筆左端接短豎畫型，如♣，1 次：

01・00252

5. 圖"

A. "又"型，如♣，1 次：

16・10175

（三）"禽"字

"禽"在西周金文中均爲獨立單字，計 13 見：

04・01938_3、04・02408_1、04・02486_1、08・04328_32、08・04328_79、04・01937_3、05・02835_239、07・04041_8、07・04041_10、07・04041_19、08・04329_80、08・04329_32、11・06015_47

其中 A 式 4 例：🐘：08・04328/🐘：08・04328/🐘：08・04329/🐘：08・04329

B 式 1 例：🐘 05・02835

其餘均屬 E 式。就時代而論，A、B 式均屬西周晚期，E 式均屬西周早期。

（四）"是"字

"是"在西周金文中亦均爲獨立單字，計 10 見：

07・03910、07・03911、07・03917、07・04107、15・09713、05・02724、05・02841、08・04330、16・10173、16・10173

其中 A 式 2 例，其餘均爲 E 式。

🐘：07・04107/🐘：05・02841

就時代而論，A 式均屬西周晚期；E 式則西周早、中、晚均有。

爲了從以上"内式飾筆"關涉諸字構形整理中清理出"内式飾筆"的發生軌跡，我們將諸字相關鉤形分類的數量狀況整理爲下表：

	A	B	C	D	E	F	G	H	I
	🐘	🐘	🐘	🐘	🐘	🐘	🐘	🐘	無
萬	383	29	76	12	48	2	11	8	3
禹	8		12	1					
禽	4	1	12	1					
是	2				8				

上表呈現的信息讓我們不得不首先關注"萬"字：在關涉"内式飾筆"的諸字中，"萬"是絕對的主體，在關涉"内式飾筆"的多種構形中，A 式是最典型的"内式飾筆"，而 A 式所見諸的文字，主要也是"萬"字。如此狀況，無疑規定了探究"内式飾筆"衍生軌跡的重點當鎖定於"萬"的分析。

四

有必要就前文呈現的"萬""禹"所從之"冂式飾筆"的各種形態的內部關係作一個系統分析。出現頻次佔絕對優勢的 A 型無疑是需要首先關注的。前文言及,"冂式飾筆"中的縱向曲線其實本是蛇蟲形的尾部描摹,本來並非飾筆,或者可以説,構成"冂式飾筆"特徵的元素,主要是其橫向曲線的姿態。而剝離了縱向線條再來觀察"冂式飾筆"之 A 式,不難發現其實乃是個清晰的"又(✶)"形。基於這種認定再來觀察"冂式飾筆"之其他各式,又可發現大多與 A 式具有源流關係:B 式其實不過是 A 式的反向,古文字字形朝向多左右不分,故 A、B 完全可以視爲一體;C 式可以視爲 A 式的一種書寫變異,"又"形之第二筆書寫時未與第一筆相交而只是相接(即不出頭),而 D 式則是 C 式的反向;F 式則或許内涵著更加重要的認識價值,其構形其實就是上蠆(蠍子)下又(手)的形態,既可視爲 I 式"萬( )"與"又"的組合,也可看成 H 式"萬( )"的尾部垂線與"又"的第一筆並畫性省減。這不能不讓我們產生這樣的想法:"冂式飾筆"的產生形成,或即濫觴於此,換言之,"冂式飾筆"不過是在本無飾筆的"萬( )"上增"又"而逐步形成的。G 式乃是 H 式的反向,兩者當爲一體,而兩者均出現於西周早期,即"冂式飾筆"的初見時段的銘文中,又可爲我們上述判斷提供支持。在以上判斷的證據系列中,E、H、I 三式"冂式飾筆"雖不提供直接支持信息,但也絕不顯現否定信息,H、I 二式,是飾筆附著字的前飾筆時期構形的延續,E 式,是基於"萬""禹"字形而附加短橫的另一種飾筆。上述分析所揭示的"萬""禹"字形中飾筆發生的兩條路徑,可以圖示如下:

1. H( )→F( )G( )→A( )B( )→C( )D( )

2. H( )→E( )

也説"䖑"字兼論"内"式飾筆之來由

　　從時間上看,上述圖示的 H→FG 和 H→E 的兩個變化均發生於西周早期,表現爲構形演變尚未定型的特徵;而 H→AB、CD 則多見於西周中後期,表現爲演變趨向所在;從頻率上看,則"又"型線路變化的 FG、AB、CD 兩式以超過 80% 的比重佔據絕對優勢,這都足以支持"内式飾筆"發軔於"又"形飾筆的判斷。當然,具有同樣支持作用的證據並不僅止於此。

　　對於蛇蠍類害物,古人制服的手段當然離不開手,而其"手法"又很有講究。《左傳·成公二年》記齊晉鞌之戰曰:"丑父寢于轏中,蛇出於其下,以肱擊之,傷而匿之,故不能推車而及。"馮丑父之所以遭蛇傷,《左傳》點明其因由爲"以肱擊之",這從側面點明古人制蛇之手法。蛇蠍傷人之特點不因古今差異而變化,所以對於蛇蠍類害物的制服"手法"亦不會古今有異,故今日之專業手法亦當爲古人之手法:對於蛇類,是以手抓住緊靠頭部的頸端;對於蠍類,則是捏住緊靠毒刺的尾端。上古時代,人們面對蛇蠍的幾率無疑會大大高於後世之人,《説文》"它"字之釋,"害"字甲骨文初文,"萬"字之造字意圖,都是這種高幾率的明證。故應對蛇蠍之害的正確手法,對上古之人而言應是常識,而此種常識手法表現在造字上,即當是用"又"來表達,在古文字造字意圖的語境裏,"手"和"又"雖然都取象於手,卻是有分工的,前者多表達手之體,後者多表達手之用,故 中的"又"當和""""""中的"又"表示執筆、取耳、獲草的手法類同,表示正確的應對蛇蠍的手法。

　　就歷時發展的角度來看,殷商金文出現"萬"字 29 次,無一例外,全數爲無飾筆的 H 式(),而至西周早期,則有 H 式、E 式()、FG 式()和 AB 式()共存;至西周中期以後,則總體歸於 AB 式這種演變狀況,呈現的信息可以這樣認識:"萬"字本爲單純的蠆形描摹,至西周早期始有飾筆,而飾筆初見階段各式並見;而這種百花齊放的狀況並未維持多久,至西周中期即歸於統一。

　　上述歷時分析表明,FG 式()是"萬"字早期構形之一種,因其延續時間不長,分布面也不算廣泛,故其被人們忽略,也情有可原,但這種忽略,會造成人們對內式飾筆一個衍生環節的失察,進而妨礙對其來源的準確認識。關於這一點的揭示,或許會對古文字中的飾筆來源問題提供一點新的認識。關於飾筆,既有討論多羅列現象,而很少因由的分析。有學者認爲飾筆的發生與區別符號有關:"飾筆有時與區別符號兩者不易辨別,有的飾筆在演變過程中也起到了區別符號的作用,成爲一個字從另一個字中分離分化出來的區別標誌。"〔1〕這種分析,當然是有依據的。然而,前文的討論則表明,飾筆不僅僅可以發軔於區別符號,而且可以來自表意的偏旁。在上述内式飾筆的演變序列中 FG 式(　)中的"又"顯然不是一個純粹的裝飾符號,而是一個會意部件,它的存在,亦是對内式飾筆發生因由的一種提示和説明。

五

關於"萬"的上述分析,或可得到"禽"字構形演變軌跡的支持。"禽"字甲骨文多見:

合集 9225_賓組　合集 7562_賓組　合集 6049_賓組　合集 79_賓組　合集 5533_賓組　合集 10783_賓組　合集 10349_賓組　合集 28395_何組　合集 28396_何組　合集 28325_何組　合集 28843_何組　合集 28310_何組　合集 37528_黃組　合集 37514_黃組　合集 33384_歷組　合集 33404_歷組　合集 33402_歷組　合集 10514_師賓間　合集 10514_師賓間　合集 28343_無名組　合集 28838_無名組　合集 28399_無名組　合集 33373_無名組　合集 28841_無名組

關於該字構形,姚孝遂曰:"本象有柄之網形,其後加'今'爲聲符作

---

〔1〕 劉釗:《古文字構形學》,福建人民出版社,2006 年,23 頁。

也説"罠"字兼論"宀"式飾筆之來由

𦊅,進而訛變作禽。其演化如下:𦊅(甲骨文)——𦊅(禽簋)——禽(不其簋)……"[1]而在姚氏描述的這個演變序列中,似乎還缺少一個環節。

甲骨文有"𢦔"字,屈萬里曰:"亦即禽字也。"李孝定曰:"象手持田網之形,其用蓋與𦊅同。卜辭𦊅,其義爲禽,𢦔亦當有擒獲之義。"並云:"字從又,篆作𢦔,變之則爲𢦔,正小篆作禽從𦊅所自昉也。"然而,姚孝遂在"𢦔"字下按曰:"卜辭均殘泐,不足以證明其與'𦊅'同字,亦無由證明其義爲'擒'。"[2]很顯然,關於𢦔與𦊅是否同字的爭論,與"宀式飾筆"成因的探討有著很大關係:如果李説成立,則可爲前文"萬"的構形分析添一有力旁證。因此有必要具體探討一下卜辭辭例究竟能否證明"𢦔"之義爲"擒"。

……貞,乙亥𡆵,𢦔七百麋,用𢀖……(屯南 2626)

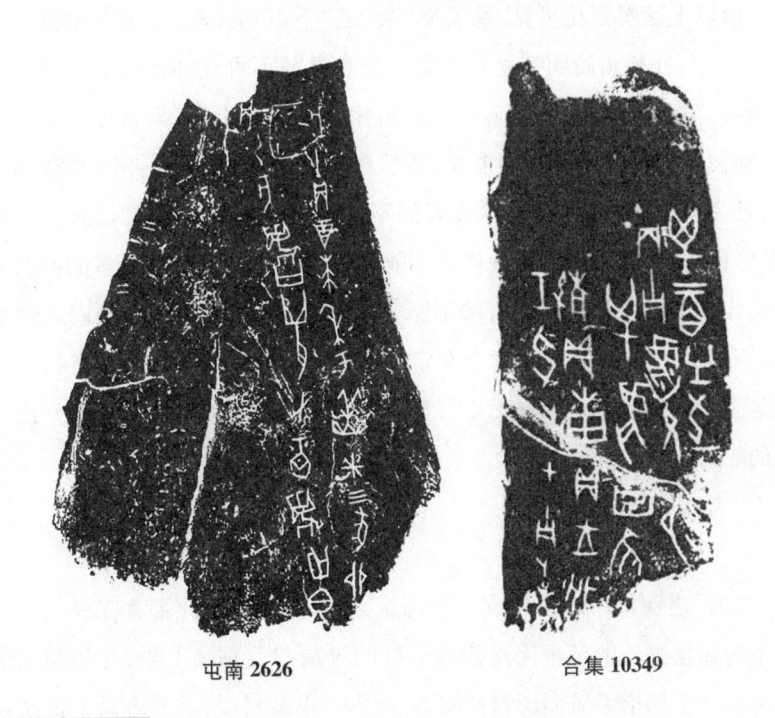

屯南 2626　　　　　　　　　　合集 10349

[1] 姚孝遂按語,見于省吾編《甲骨文字詁林》,中華書局,1996 年,2821 頁。
[2] 所引屈、李、姚説,皆見《甲骨文字詁林》,2829—2830 頁。

辭中"兦",原形作 等形,諸家皆釋爲"陷","象穿地爲坎以臽鹿形","陷麋之專字"[1],乃是一種狩獵行爲動詞,故此"乙亥兦,叙七百麋"大意就是"乙亥日穿地爲坎以陷麋,獵獲麋鹿七百頭"。表示"獵獲"之字即"叙"。而卜辭類似辭例中表"獵獲"之字則爲"挈":

壬申卜,殼,貞甫挈麋。 丙子兦,允挈二百屮九。(合集10349)

乙酉卜,才糞,丁亥王兦。 允挈三百又四十八。(屯南663)
于冒麥兦,亡戈,侃王,挈。(屯南815)
丁未卜,貞,戊申王其兦,挈。(屯南923)

由以上諸辭對比可見,姚氏説"叙"之"卜辭均殘泐,不足以證明其與'挈'同字,亦無由證明其義爲'擒'"的意見並不可從,而屈、李的意見更爲允妥,"叙""挈"同字無論從構形規律還是辭例上看,都是可信的。當然,從在卜辭中的出現頻率來看,"叙"要大大低於"挈",正是因其較爲少見,且多殘辭的狀況,才會導致人們不能斷定它在辭中的確切意義。然而,這種情況同時也説明,我們並不能要求"叙"的獵獲義有更多的辭例來證明才能成立。如果以上所論不錯,那麼西周金文中所出現的内式飾筆"禽"構形的淵源,則當信從李孝定的意見,一直追溯到甲骨文"叙"。也就是説,内式飾筆來源於"又",與上文"萬"的討論結果,總體上是一致的。

六

"又"之所以可以演化成一種飾筆,並非是偶然的。筆者曾經就古文字中的類化構件的產生因由作過這樣的討論:"從理論上説,此類類化構件都是文字構形系統回應書寫壓力的結果,也就是説,書寫者爲了提高書

---

[1] 參見《甲骨文字詁林》,1658頁。

也説"䲹"字兼論"内"式飾筆之來由

寫效率,往往會把一些不太便於書寫的構形成分加以變形,使之成爲一種相對方便書寫的線條組織。……顯然,在這一種爲提升書寫效率而對文字形態加以變形的過程中,一些方便書寫的構形成分也就成爲書寫者樂於選擇的對象,於是出現頻率得以提高,進而成爲多種構形成分的替代者。與此相應,這種構形成分也因爲被賦予了較多的構形功能。"[1]筆者所言及的"類化構件",與本文所討論的内式飾筆其實具有很大的内在一致性,所以上述關於"類化構件"的成因表述,亦適用於"内式飾筆"的來由説明。歸結起來説,形成飾筆的書寫成分,一定會具備這樣幾種特徵:一是在文字系統中多見,具有很高的書寫頻率;二是書寫方便,因其寫起來順手而具有被寫手自然選擇的趨向;三是能夠導致書寫的美觀。

上述幾種導致"飾筆"的要素分析,都支持"内式飾筆"源自"又"的判斷。首先,"又"是古文字中出現頻率最高的偏旁之一,我們對《新甲骨文編》正編所收的 21 234 個字形進行窮盡的偏旁分析,共得:52 850 個偏旁,按各偏旁的出現頻率排序,"又"之頻率 2 008,爲降冪第二僅略低於降冪第一的"口"(頻率 2 039)。西周金文"又"旁則在 1 580 個構件中高頻排序第 8,前 8 高頻偏旁的相關頻率數據從高到低依次爲:人 3 603、口 3 550、宀 3 204、乍 3 164、丮 2 867、貝 2 410、玉 2 386、又 2 307。[2] 由於在古文字書寫中最多出現在寫手筆下,這種書寫的慣性,是導致它演化爲飾筆的温床。

事實上,"又"在上古文字中不乏變身爲類化偏旁的實例。如"喬"字,春秋金文或在"高"上加曲筆,或在"高"上加"止":

01·002254　01·00225166　01·00226166　01·002281
46　01·00228166　01·00231146　01·00231166　01·00233166

---

[1] 參見本書《簡説楚簡文字中的"ㄆ"及其相關字》篇。
[2] 參見何雯霞《西周金文文字系統補論》第六章第一節,華東師範大學 2007 年碩士學位論文。

[圖] 01・00234|46　[圖] 02・00423|1

戰國文字則多變爲"高"上加"又"或"九"（古文字"又""九"形近），目前公佈楚簡中的 37 個"喬"字足可證明這一點：

[圖] 包山|文書 49－22　[圖] 包山|文書 49－8　[圖] 包山|文書 107－7　[圖] 包山|文書 108－9　[圖] 包山|文書 117－6　[圖] 包山|文書 128－20　[圖] 包山|文書 128 反－19　[圖] 包山|文書 128 反－17　[圖] 包山|文書 141－53　[圖] 包山|文書 143－43　[圖] 包山|文書 188－46　[圖] 包山|文書 195－6　[圖] 包山|遣册 265－13　[圖] 郭店|《老子》甲 7－20　[圖] 郭店|《老子》甲 38－25　[圖] 郭店|《五行》37－7　[圖] 郭店|《唐虞之道》16－16　[圖] 郭店|《唐虞之道》17－8　[圖] 郭店|《唐虞之道》18－8　[圖] 上博二|容成氏 1－6　[圖] 上博二|容成氏 29－13　[圖] 上博二|容成氏 38－43　[圖] 上博二|容成氏 47－38　[圖] 上博二|容成氏 48－30　[圖] 上博二|容成氏 48－2　[圖] 上博三|彭祖 2－39　[圖] 上博四|曹沫之陳 8－12　[圖] 新蔡|甲三：310329－2　[圖] 上博五|季庚子問於孔子 4－28　[圖] 上博五|弟子問 6－18　[圖] 上博五|鬼神之明・融師有成氏 6－7　[圖] 上博六|競公瘧 10－4　[圖] 上博九|陳公治兵 12－4　[圖] 清華一|皇門 9－26　[圖] 清華一|楚居 1－15　[圖] 清華一|楚居 6－44　[圖] 清華一|楚居 6－19

即使在後世文字中，"又"也是經常被用作替代符號的，比如當今簡化字的"对""双""仅"等，其中的"又"均取代了原先不便書寫的偏旁，而簡化字的這種替代，都是可以找到歷史淵源的。

也説"䖒"字兼論"內"式飾筆之來由

然而,關於"又"到內式飾筆的演變軌跡,李孝定雖然作了"字從又,篆作ㄋ,變之則爲㇈,正小篆作㕚從⿰所自肪也"的描述,但這種描述顯然缺少一個重要環節,那就是"又"的手部是如何會發生橫向移動的。"內式飾筆"是"又"與下部豎筆型構件相組合而形成的,而"又"在形成"內式飾筆"以前,總是位於下部豎筆型構件的豎筆的一側,如 ,而要真正形成"內式飾筆","又"形需要向豎筆方移動,與豎筆相交。值得注意的是,在殷商至西周的古文字構形發展過程中,"又"與豎筆型構件結合,呈現了由相接到相交的發展趨勢,很顯然,這種構形趨勢所導致的書寫方式是非常接近於"內式飾筆"的,因此也可以推動"內式飾筆"的發生。僅舉數字爲例加以説明。如"及",甲骨文"又"與"人"的腿部均只相接而不相交:

 合集 11559 合集 12617 合集 13089 合集 13980 合集 14127 合集 14129 合集 17937 合集 20456 合集 20946 合集 21414 合集 21677 合集 24868 合集 265 合集 26886 合集 26888 合集 27987 合集 28011 合集 28013 合集 32815 合集 33017 合集 33063 合集 33273 合集 33291 合集 33838 合集 6341 合集 6592 合集 940 合集 9708 花東 43 屯南 2175 屯南 345 屯南 3598 英藏 641

殷商金文"及"僅僅一見,亦爲相接型:

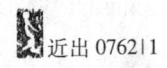

 近出 076211

而西周金文均相交(剔除殘泐及摹本):

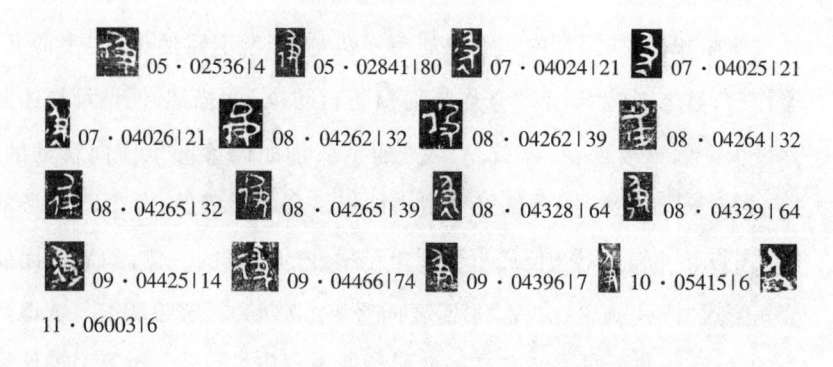

05·02536│4　05·02841│80　07·04024│21　07·04025│21
07·04026│21　08·04262│32　08·04262│39　08·04264│32
08·04265│32　08·04265│39　08·04328│64　08·04329│64
09·04425│14　09·04466│74　09·04396│7　10·05415│6
11·06003│6

又如"史",甲骨文相接型 14 例:

合集 20088、合集 20089、合集 21586、合集 22316、合集 27125、合集 27333、合集 28089、合集 30524、合集 30911、合集 32390、合集 32969、花東 114、懷特 1372、屯南 1009

相交型 2 例:

合集 20576、合集 38242

可見構件組合方式的絕對主流爲相接。殷商金文大致相仿,相接者 87 例:

02·00372│1　02·00373│1　03·00448│1　03·01073│1
03·01075│1　03·01078│1　03·01079│1　03·01080│1　03·01081│1
03·01084│1　03·01085│1　03·01086│1　03·01087│1　03·01088│1　04·01623│1　04·01736│2　04·02014│5　06·02957│1

也說"噩"字兼論"内"式飾筆之來由

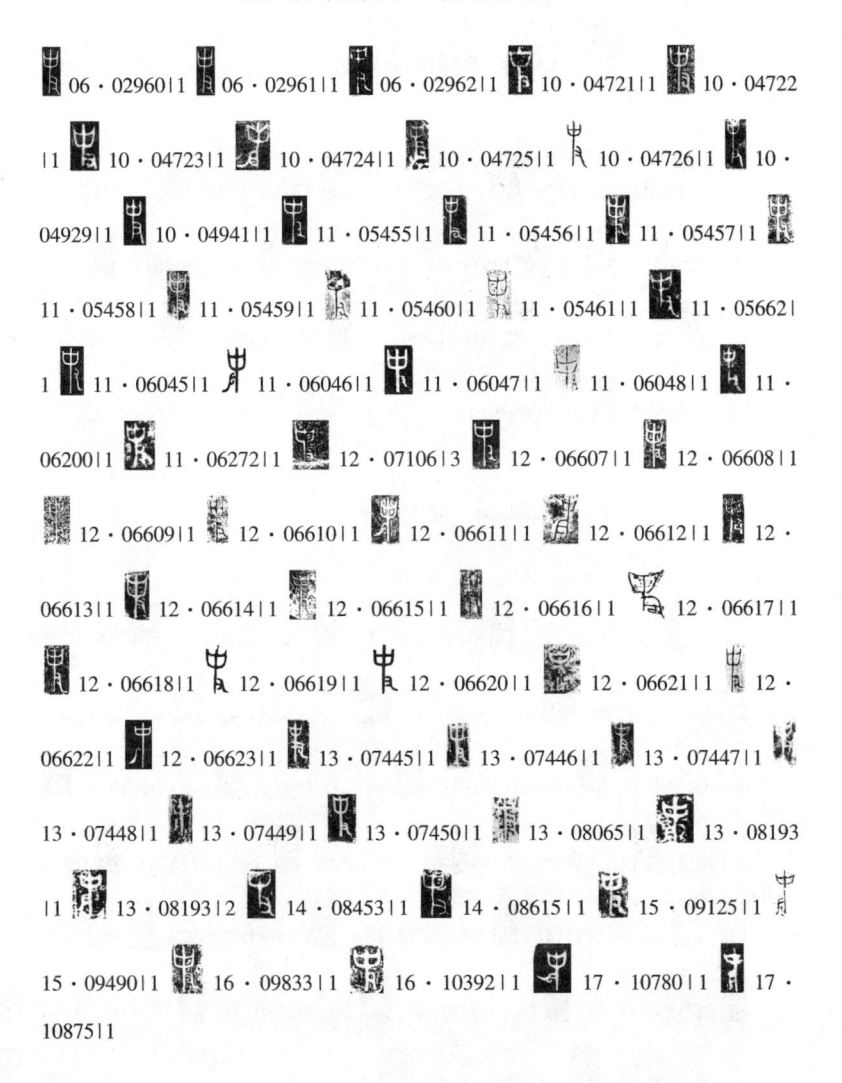

06·029601│06·029611│06·029621│10·047211│10·04722│1│10·047231│10·047241│10·047251│10·047261│10·049291│10·049411│11·054551│11·054561│11·054571│11·054581│11·054591│11·054601│11·054611│11·05662│1│11·060451│11·060461│11·060471│11·060481│11·062001│11·062721│12·071061│3│12·066071│12·066081│12·066091│12·066101│12·066111│12·066121│12·066131│12·066141│12·066151│12·066161│12·066171│12·066181│12·066191│12·066201│12·066211│12·066221│12·066231│13·074451│13·074461│13·074471│13·074481│13·074491│13·074501│13·080651│13·08193│1│13·081931│2│14·084531│14·086151│15·091251│15·094901│16·098331│16·103921│17·107801│17·108751│

相交者 9 例：

03·004681│03·010741│03·010761│03·010771│03·010821│03·010831│06·029581│06·029591│05·027101│18

西周金文相接型 15 例，皆屬西周早期：

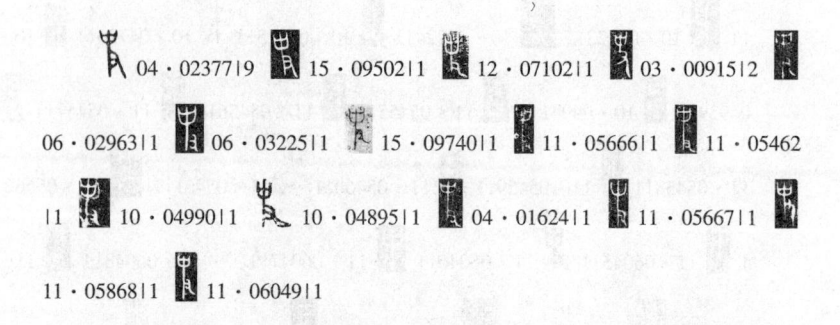

04・02377|9　15・09502|1　12・07102|1　03・00915|2
06・02963|1　06・03225|1　15・09740|1　11・05666|1　11・05462
|1　10・04990|1　10・04895|1　04・01624|1　11・05667|1
11・05868|1　11・06049|1

相交型 198 例，西周早、中、晚期皆有：

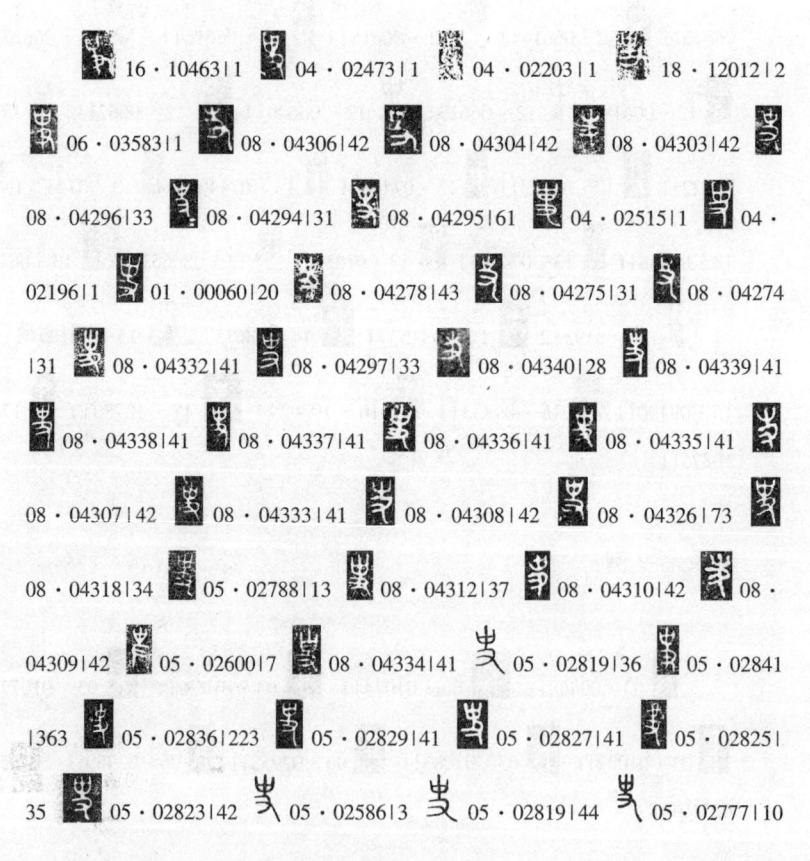

16・10463|1　04・02473|1　04・02203|1　18・12012|2
06・03583|1　08・04306|42　08・04304|42　08・04303|42
08・04296|33　08・04294|31　08・04295|61　04・02515|1　04・
02196|1　01・00060|20　08・04278|43　08・04275|31　08・04274
|31　08・04332|41　08・04297|33　08・04340|28　08・04339|41
08・04338|41　08・04337|41　08・04336|41　08・04335|41
08・04307|42　08・04333|41　08・04308|42　08・04326|73
08・04318|34　05・02788|13　08・04312|37　08・04310|42　08・
04309|42　05・02600|7　08・04334|41　05・02819|36　05・02841
|363　05・02836|223　05・02829|41　05・02827|41　05・02825|
35　05・02823|42　05・02586|3　05・02819|44　05・02777|10

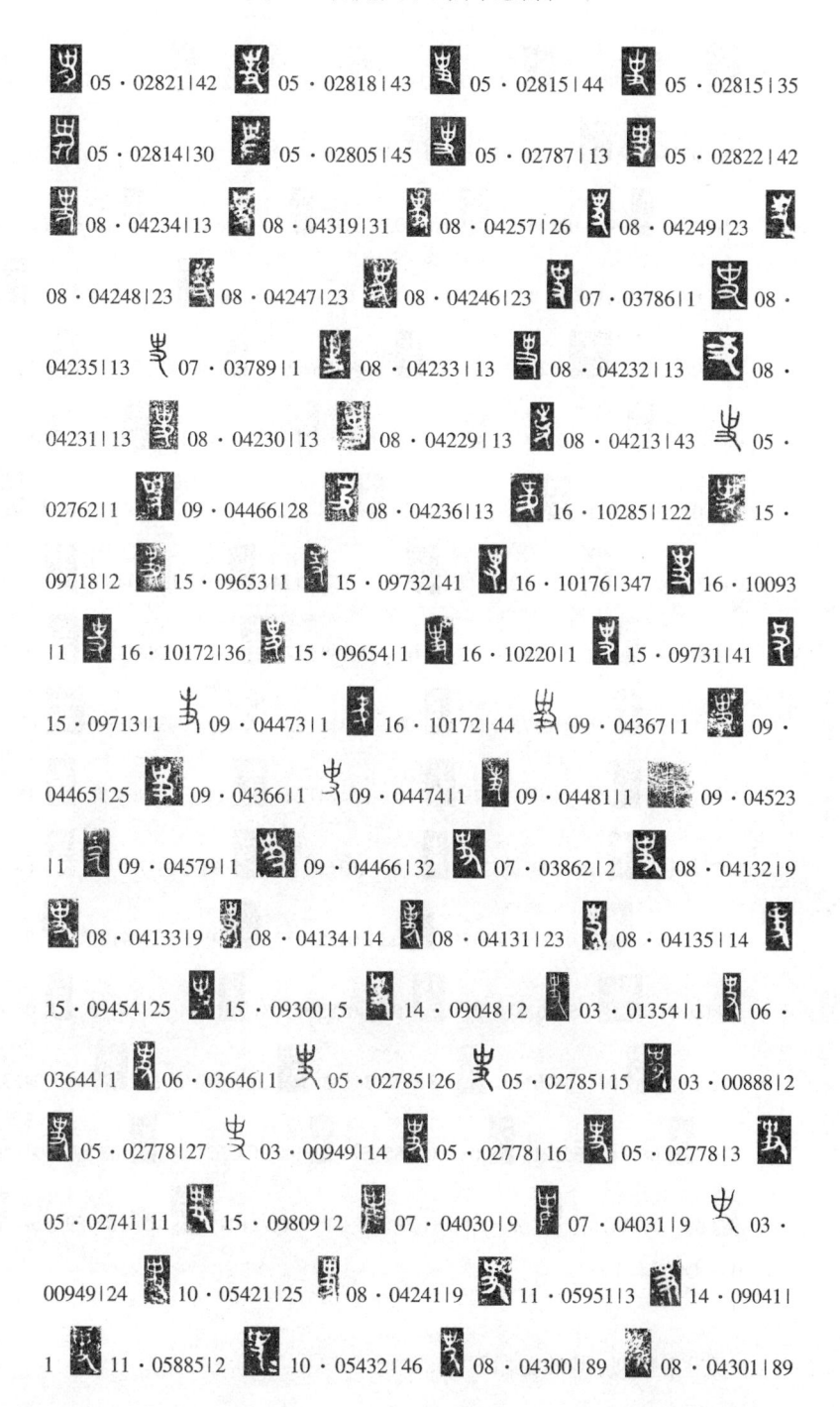

也說"�"字兼論"內"式飾筆之來由

05·02821|42 05·02818|43 05·02815|44 05·02815|35
05·02814|30 05·02805|45 05·02787|13 05·02822|42
08·04234|13 08·04319|31 08·04257|26 08·04249|23
08·04248|23 08·04247|23 08·04246|23 07·03786|1 08·04235|13
07·03789|1 08·04233|13 08·04232|13 08·04231|13
08·04230|13 08·04229|13 08·04213|43 05·02762|1
09·04466|28 08·04236|13 16·10285|122 15·09718|2
15·09653|1 15·09732|41 16·10176|347 16·10093|1
16·10172|36 15·09654|1 16·10220|1 15·09731|41
15·09713|1 09·04473|1 16·10172|44 09·04367|1 09·04465|25
09·04366|1 09·04474|1 09·04481|1 09·04523|1
09·04579|1 09·04466|32 07·03862|2 08·04132|9
08·04133|9 08·04134|14 08·04131|23 08·04135|14
15·09454|25 15·09300|5 14·09048|2 03·01354|1 06·03644|1
06·03646|1 05·02785|26 05·02785|15 03·00888|2
05·02778|27 03·00949|14 05·02778|16 05·02778|3
05·02741|11 15·09809|2 07·04030|9 07·04031|9 03·00949|24
10·05421|25 08·04241|9 11·05951|3 14·09041|1
11·05885|2 10·05432|46 08·04300|89 08·04301|89

281

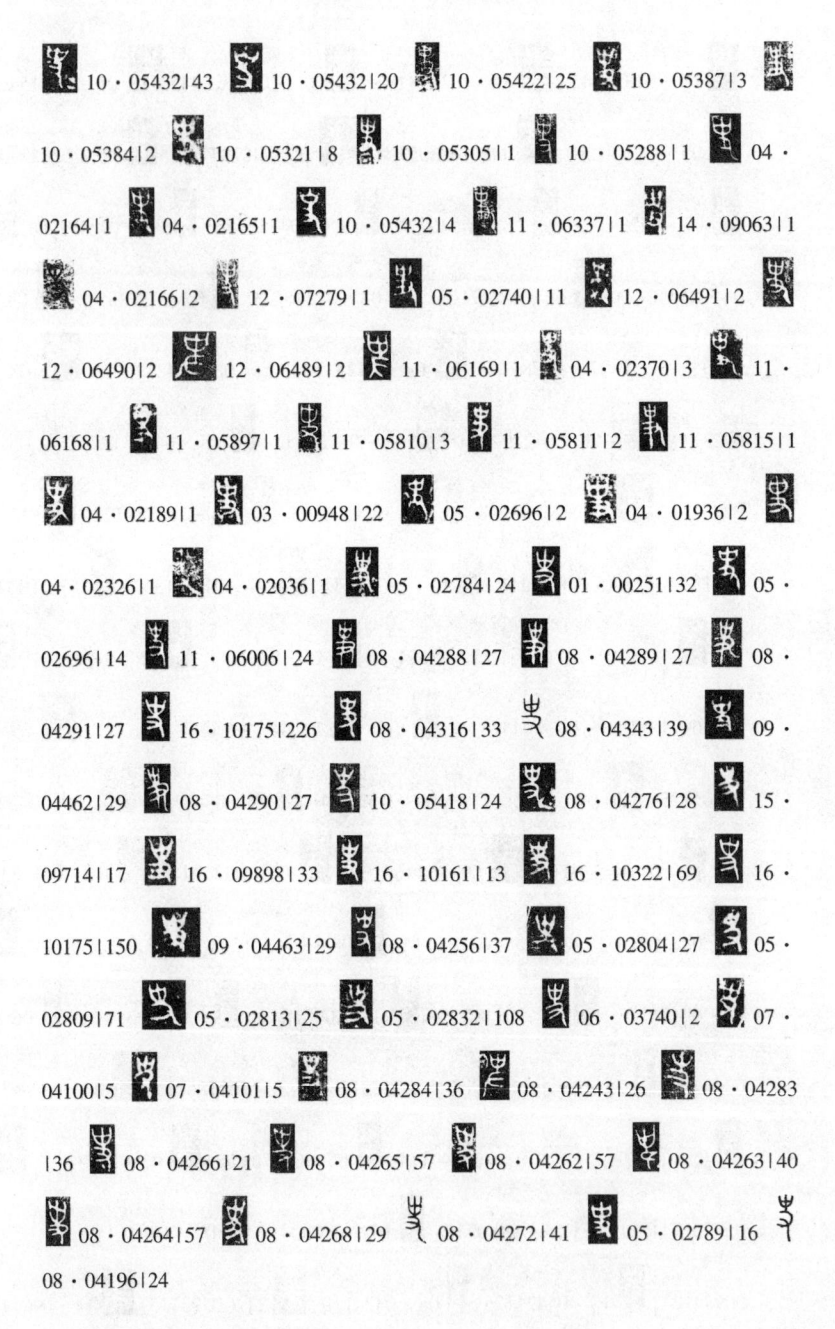

10・05432143　10・05432120　10・05422125　10・0538713

10・0538412　10・0532118　10・0530511　10・0528811　04・0216411

04・0216511　10・0543214　11・0633711　14・0906311

04・0216612　12・0727911　05・02740111　12・0649112

12・0649012　12・0648912　11・0616911　04・0237013　11・0616811

11・0589711　11・0581013　11・0581112　11・0581511

04・0218911　03・00948122　05・0269612　04・0193612

04・0232611　04・0203611　05・02784124　01・00251132　05・02696114

11・06006124　08・04288127　08・04289127　08・04291127

16・10175I226　08・04316I33　08・04343I39　09・04462I29

08・04290I27　10・05418I24　08・04276I28　15・09714I17

16・09898I33　16・10161I13　16・10322I69　16・10175I150

09・04463I29　08・04256I37　05・02804I27　05・02809I71

05・02813I25　05・02832I108　06・03740I2　07・0410015

07・0410115　08・04284136　08・04243126　08・04283I36

08・04266121　08・04265157　08・04262157　08・04263140

08・04264157　08・04268129　08・04272141　05・02789116

08・04196124

"秉"字類似，甲骨文如下：

282

也說"畕"字兼論"丙"式飾筆之來由

⿰合集 17444　　⿰合集 17445　　⿰合集 18142　　⿰合集 18157
⿰合集 519

殷商金文共見 12 例：

17·10870|1　14·08798|2　14·08871|1　13·08249|1
12·07029|1　12·06606|1　06·03421|1　06·03121|1
04·01764|1　04·01763|2　11·06357|1　10·05008|1

與殷商文字皆爲相接的構形方式相對，西周部分 20 字中只有 1 字 "又"與"禾"相接：

04·01809|1

另外 19 字相交：

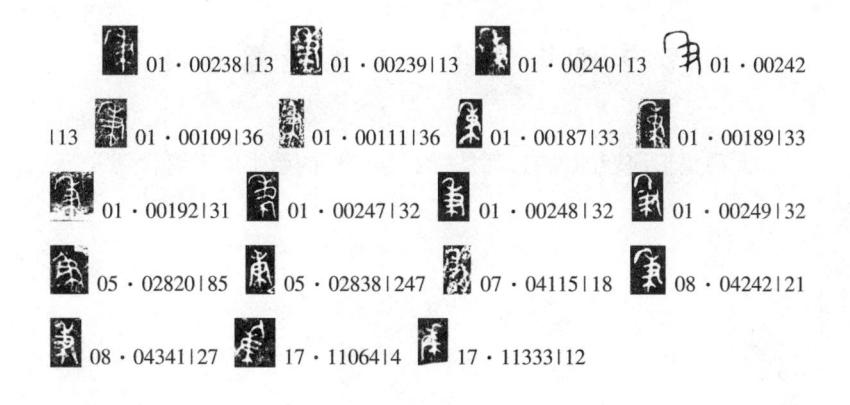

01·00238|13　01·00239|13　01·00240|13　01·00242|13
01·00109|36　01·00111|36　01·00187|33　01·00189|33
01·00192|31　01·00247|32　01·00248|32　01·00249|32
05·02820|85　05·02838|247　07·04115|18　08·04242|21
08·04341|27　17·11064|4　17·11333|12

另外，"攴""殳"等字從甲骨文到西周金文亦有很規律的類似變化，因數量巨大,不煩列舉。以上所列各字的構形歷時演變,充分説明"又"與下部豎筆型構件組合由相接到相交的演進趨勢。而此種構形發展趨勢,與漢字書寫不斷追求視覺平衡的美學原則相表裏。"又"與下部豎筆型構件相接,則"又"偏於字形下部的一側,視覺上只能是左輕右重或右輕左重。而變相接爲相交,則將偏於一側的"又"移動向字形的中部,進而導致相對平穩的視覺效果。這種發展,乃是"内式飾筆"的最終形成的催化劑:順應此種演變趨勢,"又"進一步往手指朝向移動,手指與手臂分置字形下部兩邊,"内式飾筆"也就形成了。古文字中類似的演變頗爲常見,比如"身",西周金文作 等形,腹部描摹偏於人身一側,而戰國楚簡文字多作 ,腹部描摹構形成分變化爲" "形移動到人身之中部。再如側視人形字符早期古文字多見趾形而偏於足部一側,而戰國時期文字多變化爲"女"形而居於下肢之中部,如"丮"旁,前者如甲骨文如下諸字形:

後者如戰國楚簡如下諸字形:

此種構形演變的趨勢,都是"内式飾筆"的産生的土壤。

四、異形探索篇

殷商文字朝向不定與同辭
同字鏡像式避複異寫

裘錫圭先生指出："商代文字字形的方向相當不固定。一般的字寫作向左或向右都可以，如𠂇(人)也可以寫作𠂉，𡿨(子)也可以寫作𡿩。有的字還可以倒寫或側寫，如𠂤(侯)或作𠂣，𠀕(五)或作𠀖。上舉的晚期甲骨文'車'字也是一例。"裘先生並揭示這一現象的成因："字形方向不固定的現象，也是跟象形程度比較高的特點緊密聯繫在一起的。"[1]黄德寬先生則將殷商文字朝向不定的成因表述爲是"由於書寫規則没有完全定型"[2]。"象形程度比較高"與"書寫規則没有完全定型"可以視爲是對同一客觀事實的不同角度表述，而這種表述作爲對文字字形方向不定這種現象的宏觀生成環境的判斷，無疑是很正確的。然而除了這種大背景外，殷商文字朝向不定的現象還可能有其他更具體的成因在發揮作用，這就是本文要討論的殷商文字的"同辭同字鏡像式避複異寫"現象。

古文字的同辭同字避複異寫，是本世紀以來被學界關注的一種古文

---

[1] 裘錫圭：《文字學概要》，商務印書館，1988年，45頁。
[2] 黄德寬：《古漢字發展論》，中華書局，2014年，54頁。

字的文字現象。2000年,李學勤先生指出"甲骨文同辭同字異構"現象[1]。2002年,徐寶貴先生對商周金文同銘同字異寫避複現象進行了較爲全面的整理。[2] 2013年,我們主要以《甲骨文合集》爲材料範圍,對甲骨文同辭同字異構現象進行初步的搜集整理,提出了"甲骨文同辭同字異構,呈現出一種值得關注的現象——同字之異構之間主要表現爲一種字形的朝向、方位左右或上下相對稱分佈,恰如客觀實物與其鏡中影像那樣的關係"。[3] 很顯然,一次"鏡像式避複異寫",會直接導致一個文字方向不定的結果。但是,要認定字形方向不定作爲一種文字現象總體上與鏡像式避複異寫具有因果關係,卻是需要以系統的證據鏈來支持的,僅以"甲骨文避複以鏡像式異寫爲主"的已有抽象論斷爲證並不能令人信服。鑒於此,需要窮盡相關資料完成定量調查整理,並在此基礎上做進一步討論。

一、殷商金文鏡像式避複異寫的定量研究

我們首先選定殷商金文作爲殷商斷代文字的代表,來觀察其中鏡像式避複異寫與文字方向不定的聯繫。鑒於窮盡資料定量調查的要求,我們使用的金文數據庫基本上已經涵蓋了目前已經公佈商周青銅器銘文資料。

對於本文的研究而言,金文材料具有獨特價值。此前我們的研究表明,甲骨文同辭重字避複異寫以鏡像式爲主是與甲骨文特殊的書寫環境相聯繫的。雖然可以寓目的殷商文字以甲骨文爲主,但是甲骨契刻在殷商畢竟只是文字用途之一,甚至可以認爲是比較特殊的文字用途,因此有可能殷商文字的總體書寫環境並非像甲骨文那樣適合鏡像式異寫的生成。由此看來,觀察殷商金文有助於我們認識鏡像式避複異寫在整個殷

---

[1] 李學勤:《甲骨文同辭同字異構例》,《江漢考古》2000年第1期。
[2] 徐寶貴:《商周青銅器銘文避複研究》,《考古學報》2002年第3期。
[3] 劉志基:《甲骨文同辭同字鏡像式異構研究》,《中國文字研究》2013年第1期。

商文字的真實存在狀況。其次，在殷商時代漢字系統中，金文是正體而甲骨文爲俗體，乃是學界的共識。紀念性銘刻文字的性質決定了金文的書寫總是一種需要以戰戰兢兢、聖神其事的態度來對待的大事，由此產生的金文字形，無疑是最符合當時人們理想境界的文字形態，也是當時最主流的漢字形態。因此，金文所呈現的信息，無疑可以最可信服地揭示殷商時代寫字人的書寫習慣。再次，殷商金文雖然在數量上不能與甲骨文相提並論，但相對少也有好處，避複異寫的定量調查需以逐篇逐字的目驗爲基礎，如果調查對象是甲骨文，因爲數量過於龐大，要完成如此沉重的材料工作，可行性有一定問題，至少迄今尚未見有人完成這一壯舉。相形之下，將殷商金文作爲殷商文字避複的研究材料，可行性要強得多。

精確的定量研究，需要在合理的並盡可能多層次的統計基數上來完成。據此，我們的調查整理需要分步驟來實現：首先，清理殷商金文避複異寫的具體狀況；其次，確定殷商金文鏡像式避複異在整個避複異寫中的地位；再次，弄清殷商金文鏡像式避複異寫與文字方向不定的直接關聯狀況。

1. 殷商金文鏡像式避複異寫的調查及其概率分析

在給出殷商金文避複的調查整理結果之前，首先需要交代一下我們對於"避複異寫"的判斷標準。既言"避複"，首先就是認定寫字人具有避免字形重複的主觀意圖。然而，如何從字形差異中發現這種主觀意圖則是一個需要慎重對待的問題。古文字是手寫文字，即使同一寫手在同一書寫活動中以他所習慣的同一種寫法書寫兩個以上相同的字也不免發生或多或少的字形變化。很顯然，具有這種差異的一字多形，並不能視爲"避複異寫"。明確顯示寫手具有避複意圖的字形差異可以概括爲"寫法差異"。所謂"寫法"，是指特定寫手對於特定文字所持有的書寫方式。一般來講，由於每個人都有比較固定的書寫習慣，所以寫法也是固定的。但如果寫手有避複的意圖，他便會刻意營構一個與其最習慣寫法產生的字形有明顯不同的字形，於是，他必須另換一種寫法。就殷商金文的情況來看，變換寫法的手段可歸如下類型：一曰改變字形朝向，有橫向式改變,即所謂鏡像式異形,可以是橫向的左右相對或向背,如"犬"作◌、◌,也可縱向是改變,如"羊"作◌、◌。也有偏旁改變朝向者,如"聑"作◌、◌。二曰以團塊與線條別異,如:"丁"作○、●;"子"作◌、◌。三曰增減筆劃:如"貝"作◌、◌。四曰改變主筆姿態,如"大"作◌、◌。五曰改變筆劃連接方式,如"曰"作◌、◌。六曰改變偏旁寫法,如"雙"作◌、◌,(右上構件或"丑"或"又");"羃"作◌、◌(上部"目"中眸子或兩筆雙勾,或簡為一筆);"闌"作◌、◌(其中"月""夕"互易);"卲"作◌、◌,(左旁繁簡異寫)。七曰改變偏旁的方位佈局,如"始"作◌、◌;"婦"作◌、◌;八曰構件增減,如"闌"作◌、◌,前者有月,後者則無。

根據上述判斷標準,我們對6 069篇14 964個殷商銅器銘文用字進行了逐篇逐字目驗,查驗所得到同銘同字鏡像式避複異寫文例如下[1]:

犬(◌◌):

亼犬【◌】犬【◌】魚父乙。(亼犬犬魚父乙-鼎集成04·02117)

乙(◌◌):

亞{若癸乙【◌】嬴乙【◌】受旆}。(亞若癸方彞-集成16·09886)

己(◌◌):

且(祖)日己【◌】。且(祖)日己【◌】。且(祖)日丁。且(祖)日庚。且(祖)日乙。且(祖)日丁。大且(祖)日己【◌】。(大祖日己戈-集成17·11401)

羊(◌◌):

---

[1] 異寫文例首先給出避複字之字頭,其後括注該字頭在文例的原形異寫,然後換行列出文例,文例除避複異寫字以外均僅以楷書呈現,避複異寫字則在楷書後括注異寫原形。後文同類文例皆仿此。

殷商文字朝向不定與同辭同字鏡像式避複異寫

羊【☒】日羊【☒】。(羊日羊卣-近出 0576)

鳳(☒ ☒):

【蓋銘】戉矛。取。婦鳳【☒】。【器】幎。婦鳳【☒】。(婦鳳觶-近出 0671)

取(☒):

【蓋銘】戉矛。取【☒】。婦鳳。【器】取【☒】。婦鳳。(婦鳳觶-近出 0671)

長(☒):

亞長【☒】。亞長【☒】。(亞長戈-花園莊墓 149 頁圖 114.2)

長(☒):

亞長【☒】。亞長【☒】。(亞長戈-花園莊墓 146 頁拓片 23.2)

妣(☒):

☒父己妣【☒】。☒己且(祖)妣【☒】。(☒祖己父己卣-集成 10・05145)

☒(☒ ☒):

☒【☒】☒☒【☒】。(弓形器-考古 2012 年第 12 期 20 頁圖三〇:4)

耳(☒ ☒):

【蓋銘】耳【☒】。【器銘】耳【☒】丁。(耳丁卣-新收 1786)

總計僅 11 例鏡像式避複異寫,似乎是小概率事件,但實際並非如此。這首先是因爲在整個殷商金文避複異寫中,鏡像式避複異寫已經佔據了不可忽略的比重。茲將其他類型的避複異寫的定量調查結果整理如下:

(1) 塊線相別異寫

才(☒ ☒):

丙午。王商（賞）戍嗣貝廿朋。才【✿】寓宰。用乍（作）父癸寶𣪘（餗）。隹（唯）王歓寓大室。才【十】九月。犬魚。(戍嗣鼎-集成05·02708)

乙（乚）：

戊辰。弜师易（賜）辥🜹户賣（𪋨）貝。用乍（作）父乙【乚】宝彝。才（在）十月一。隹（唯）王廿祀叠日。遣㧙（于）妣（姒戊）武乙【乚】爽。豕一。旅。(辥作父乙𣪘-集成08·04144)

丁（⚫）：

乙子（巳）。王曰。障（尊）文武帝乙宜。才盥（召）大廊（庭）。溝（遘）乙。羽（翌）日丙午。酓。丁【〇】未。盤。己酉。王才（在）梌。卯甘（其）易（賜）貝。才（在）三（四）月。隹（唯）王三（四）祀。羽（翌）日。亞𤔔獲父丁【⚫】。(四祀卯其卣-集成10·05413)

王（王王）：

庚申。王【王】才（在）鬲（闌）。王【王】各（格）。宰虎（椃）从。易（賜）貝𩵋（五朋）。用乍（作）父丁障（尊）彝。才（在）六月。隹（唯）王【王】廿祀鼠（臘）又五。肜册。(宰椃角-集成14·09105)

子（子子）：

子【子】父戊子【子】。(子父戊子鼎-近出0265)

(2) 增減筆劃異寫

貝（𧵜𧵜）：

癸亥。王飲㧙（于）乍（作）册般新宗。王商（賞）乍（作）册豊貝

【🀆】。大(太)子易(賜)東大貝【🀆】。用乍(作)父己寶鷰(餗)。(作册豐鼎-集成 05·02711)

貝(🀆🀆):

乙子(巳)。子令(命)𡥉(小子)奮先㠯(以)人于堇。子光商(賞)奮貝【🀆】朋(二朋)。子曰。貝【🀆】。隹(唯)蔑女(汝)曆(歷)。奮用乍(作)母辛彝。才(在)十月二。隹子曰。令塁(望)人方䙴。(小子奮卣-集成 10·05417)

(3) 改變主筆姿態異寫

大(🀆 🀆):

癸亥。王逨㫃(于)乍(作)册 殷新宗。王商(賞)乍(作)册豐貝。大【🀆】子易(賜)東大【🀆】貝。用乍(作)父己寶鷰(餗)。(作册豐鼎-集成 05·02711)

戉(🀆 🀆):

未戌【🀆】且(祖)戌【🀆】。(祖戌觚-集成 12·07214)

(4) 改變偏旁寫法

罤(🀆 🀆):

乙亥。子易(賜)𡥉(小子)罤【🀆】。王商(賞)貝。才(在)𠂤餗(次)。罤【🀆】用乍(作)父己寶障(尊)。𡘋。(小子射鼎-集成 05·02648)

雙(🀆 🀆):

女雙【🀆】堇(覲)㫃(于)王。癸日。商(賞)雙【🀆】貝朋(二朋)。用乍(作)雙【🀆】障(尊)彝。(雙方鼎-集成 05·

02579）

闌（▢▢）：

丙午。王商（賞）戍䵼貝廿朋。才（在）寓【▢】宰。用乍（作）父癸宝䵼（餗）。隹（唯）王歓寓【▢】大室。才（在）九月。戍魚。(戍䵼鼎-集成05・02708)

鄧（▢▢）：

亞｜辛子（巳）。鄧【▢】宁舍才（在）小圃。王光商（賞）鄧【▢】貝。用乍（作）父乙彝｜。衍。（亞鄧父乙簋-集成07・03990）

(5) 改變偏旁的方位異寫

始（▢▢）：

龏始【▢】（姒）昜（賜）商（賞）貝㧑（于）始【▢】（姒）。用乍（作）父乙彝。（龏姒觚-集成12・07311）

婦（▢▢）：

【蓋銘】戈矛。奴。婦【▢】乍。【器】奴。婦【▢】鳳。（婦鳳觶-近出0671）

(6) 構件增減異寫

闌（▢▢）：

乙未。王窆（賓）文武帝乙肜日。自闌【▢】俎。王返入闌【▢】。王商（賞）鞭（坂）貝。用乍（作）父丁䵼（寶）隣（尊）彝。才（在）五月。隹（唯）王廿祀又二。魚。（坂方鼎-新收1566）

294

(7) 改變筆劃連接方式異寫

曰(𣣻 𣣻)：

乙子（巳）。子令（命）孛（小子）䎽先㠯（以）人于堇。子光商（賞）䎽貝朋（二朋）。子曰【𣣻】。貝。售（唯）蔑女（汝）厤（曆）。䎽用乍（作）母辛彝。才（在）十月二。隹子曰【𣣻】。令㠯（䀏）人方𩰬。（小子䎽卣-集成10·05417）

　　上述整理明確了這樣兩個重要數據：首先，在我們所歸納的8類避複異寫方式中，鏡像類避複異寫是數量最多的一類。其次，殷商金文避複異寫總計爲28例，而鏡像式避複異寫爲11例，所佔比重將近40％。這充分印證了甲骨文同辭同字避複以鏡像式異寫爲主的既有認識[1]。

　　然而，我們還需要回答這樣一個問題：同辭同字避複異寫這種文字現象，總體上在殷商金文中的出現概率如何。如果它整體上就是個小概率事件，那麼其中某一類型即便所佔比重再高，也難以成爲字形方位不定這種普遍性文字現象的成因。

　　表面看來，殷商銅器銘文達到6 077篇，而避複銘僅有28篇，數量與比重似乎都小。這似乎可以説明避複異寫本身是一件小概率事件了。然而具體分析卻不難發現情況絕非如此。殷商金文多爲少數字銘，其中一字銘就有2 120，二字銘爲1 835，三字銘爲1 264，五字以下者爲5 800，佔總數的95.44％。很顯然，銘文字數越少，同銘同字重見的可能性就越小，而同銘同字重見，則是避複發生的前提。換言之，就計算避複的數量比重而言，有意義的基數並非是沒有條件限制的全部銘，而是同字重見銘。調查統計表明，殷商金文同字重見銘文只有83篇。這些銘文及其銘中的重見字等相關信息條理如下：

---

〔1〕 劉志基：《甲骨文同辭同字鏡像式異構研究》，《中國文字研究》2013年第1期。

小子𠳵卣(集成10·05417)9字重見：貝𠳵令母人㞢辛曰子
四祀邲其卣(集成10·05413)7字重見：才丁日四王乙翼
作册豊鼎(集成05·02711)5字重見：貝册大王乍
遣尊(復旦網2014.7.29)4字重見：才大王宜
乍册般銅黿(新收1553)4字重見：射王于乍
祖日乙戈(集成17·11403)4字重見：大父癸日
大祖日己戈(集成17·11401)4字重見：丁己且日
子黄尊(集成11·06000)4字重見：貝商一子
郜遣盤(山東集成668)3字重見：寶永用
坂方鼎(新收1566)3字重見：闌王乙
婦鳳觶(近出0671)3字重見：鳳婦叙
大兄日乙戈(集成17·11392)3字重見：癸日兄
戍鈴方彝(集成16·09894)3字重見：帶九隹
小臣俞犀尊(集成11·05990)3字重見：夒王隹
祖己父己卣(集成10·05145)3字重見：妣己
戍嗣鼎(集成05·02708)3字重見：才闌王
弓形器(考古2012年第12期20頁圖三〇：4)2字重見：
亞長弓柲(花園莊墓155頁圖118.3)2字重見：長亞
亞長戈(花園莊墓146頁拓片23.2)2字重見：長亞
亞長戈(花園莊墓149頁圖114.2)2字重見：長亞
亞長戈(花園莊墓150頁圖115.1)2字重見：長亞
帚摯方鼎(新收0924)2字重見：甲王
作父癸方彝蓋(集成16·09890)2字重見：癸王
乃孫罍(集成15·09823)2字重見：其乍
亞𦍒侯父乙盉(集成15·09439)2字重見：侯亞
小臣邑斝(集成15·09249)2字重見：癸王
宰椃角(集成14·09105)2字重見：才王
六祀邲其卣(集成10·05414)2字重見：六乍

殷商文字朝向不定與同辭同字鏡像式避複異寫

二祀邲其卣(集成 10・05412)2 字重見：王于

小子省卣(集成 10・05394)2 字重見：商省

子作婦嬊卣(集成 10・05375)2 字重見：彝子

父乙母告田卣(集成 10・05347)2 字重見：父乙

辥作父乙簋(集成 08・04144)2 字重見：一乙

小子䚣簋(集成 08・04138)2 字重見：才子

小子䚣簋(集成 4138)2 字重見：才子

邐方鼎(集成 05・02709)2 字重見：王隹

小臣缶方鼎(集成 05・02653)2 字重見：缶乙

娸作父庚鼎(集成 05・02578)2 字重見：庚乍

聑丁卣(新收 1786)1 字重見：聑

祖辛邑父辛云鼎(新收 0137)1 字重見：辛

傳臾鐸(新出 127)1 字重見：寶

羊日羊卣(近出 0576)1 字重見：羊

子父戊子鼎(近出 0265)1 字重見：子

亞奠止鐃(近出 0116)1 字重見：止

亞奠止鐃(近出 0115)1 字重見：止

亞奠止鐃(近出 0114)1 字重見：止

龠父丁卣(近出二 530)1 字重見：父

亞魚鼎(近出 0339)1 字重見：王

亞夫魰爵(近出 0895)1 字重見：夫

作冊宅方彝(總集 06.4970)1 字重見：葡

王尊(總集 06.4829)1 字重見：爨

祖乙戈(集成 17・11115)1 字重見：且

亞若癸方彝(集成 16・09887)1 字重見：乙

亞若癸方彝(集成 16・09886)1 字重見：乙

寢魚爵(集成 14・09101)1 字重見：魚

亞醜爵(集成 13・07784)1 字重見：亞

史史爵(集成13·08193)1字重見：史
祖戊觚(集成12·07214)1字重見：戊
羍姒觚(集成12·07311)1字重見：始
邑祖辛父辛觶(集成12·06463)1字重見：辛
𢀛父壬尊(集成11·05806)1字重見：𢀛
執尊(集成11·05971)1字重見：二
亞覃尊(集成11·05949)1字重見：日
亞若癸尊(集成11.05938)1字重見：乙
宰甫卣(集成10·05395)1字重見：王
祖丁父癸卣(集成10·05265)1字重見：🐚
又殺癸卣(集成10·05174)1字重見：又
亞鄧父乙簋(集成07·03990)1字重見：卲
麗簋(集成07·03975)1字重見：子
作父己簋(集成07·03861)1字重見：己
亞若癸簋(集成06·03713)1字重見：乙
寢農鼎(集成05·02710)1字重見：乍
戍甬鼎(集成05·02694)1字重見：王
小子射鼎(集成05·02648)1字重見：罘
雙方鼎(集成05·02579)1字重見：雙
亞若癸鼎(集成04·02402)1字重見：乙
亞若癸鼎(集成04·02400)1字重見：乙
亞俞父鼎(集成04·02364)1字重見：父
亞俞父鼎(集成04·02363)1字重見：父
亼犬犬魚父乙鼎(集成04·02117)1字重見：犬
犬祖辛祖癸鼎(集成04·02113)1字重見：且
廟父乙乙鼎(集成04·01829)1字重見：乙
鄧鬲(集成03·00741)1字重見：遐

殷商文字朝向不定與同辭同字鏡像式避複異寫

上述整理表明，在具備避複書寫條件的殷商金文同字重見銘中，避複銘就達到將近三分之一的比重；而在避複銘中，鏡像式避複銘也達近三分之一的比重。更簡單的表述是，在 83 篇同字重見銘中，有 11 篇發生了鏡像式避複異寫，鏡像異寫率 13.25%。再從字的角度看，在同銘重見的 73 字中，又有 24 字發生了避複異寫：

貝才長大丁鳳婦妌己闌𠬝罞㚔犬始雙聑王戊羊乙卸曰子

其中屬於鏡像式避複異寫的也有 10 字：

長鳳妌己𠬝㚔犬聑羊乙

值得注意的是在發生了避複而沒有發生鏡像式异寫的諸字中，多爲沒有可能形成左右朝向差異的字："貝才大丁闌王曰"。如果剔除這 7 字，就意味着在殷商金文有可能鏡像式异寫而實際發生避復异寫的 17 字中，有 10 個呈現爲鏡像式异寫形式。

當然，整理數據也表明了另一方面的情況，即避複異寫並非是所有殷商金文的寫手的書寫習慣，而只是部分寫手的習慣。而且，在有避複習慣的寫手中，避複作爲一種習慣的存在程度也是有差別的。比如，在避複銘中，避複往往涉及多個字，如婦鳳觶"婦、𠬝、鳳"三字重見，全部避複異寫，寫手避複習慣性最強；戍嗣鼎，有"闌""才""王"三字重出，其中"闌""才"兩字避複異寫，避複習慣稍次；避複習慣更次者如，作册豐鼎 5 字重見，"貝""大"兩字避複異寫；小子䀉卣 9 字重見，"貝""曰"兩字避複異寫。諸如此類，均可見于前文整理，不煩一一。很顯然，這種部分寫字人的書寫習慣對文字構形系統的實際影響力究竟如何，是需要綜合分析各種相關數據來加以評估的，其中非常重要的一點就是方向不定字相對兩邊的數量關係。

二、殷商金文反向字數量及其與
鏡像式避複異寫的關聯性調查

如果鏡像式避複異寫真的是文字方向不定的主要成因,而這種異寫又是較小概率的事件,那麼不同的朝向,一定會有相應的數量差異。由此,我們可以找到一種評估鏡像式避複異寫與文字方向不定的因果關係是否成立的途徑:觀察不同方向的字形之間數量關係是否與鏡像式避複異寫的概率相應。爲了敘述的方便,我們將兩邊有明顯的數量差異的多數的一邊稱爲正向字,將少數的一邊稱爲反向字。需要說明的是,這裏所謂"反向字",主要指左右朝向的反向,因爲縱向的反向字,即所謂"倒書",對絕大部分字而言是很罕見的。

我們首先以裘先生列舉的"向左或向右都可以"的"人""子"字爲例,調查其在殷商金文中的方向數量狀況。"人",殷商金文6見,皆爲左向的 𠂉,其出處如下:

小子𦤒簋_集成08・04138_17[1]/小子䈃卣_集成10・05417_10/小子䈃卣_集成10・05417_41/小臣俞犀尊_集成11・05990_17/人矛_集成18・11411_1/𦥯盉_近出二833_3

"子",殷商金文366見,其中136例爲右向的 等字形,餘皆爲左向的 等字形。可知,右向之"子"爲反向,其具體出處如下:

子刀父乙方鼎_集成04・01826_1/小子省卣_集成10・05394_3/子父庚爵_集成14・08584_1/子戍鼎_集成03・01316_1/子 鼎_集成03・01312_1/子束泉尊_集成11・05541_1/子束泉尊_集成

---

[1] 出處表達格式爲:第一個"_"前爲器名,其後爲著錄及著錄編號,第二個"_"後爲所出字在銘中的字序數。各出處之間以"/"相隔。後文同類出處仿此。

殷商文字朝向不定與同辭同字鏡像式避複異寫

11・05540_1／子龍壺_集成 15・09485_1／子辛▨卣_集成 10・05004_1／木子工父癸爵_集成 14・09022_2／子卣_集成 10・04732_1／子妥鼎_集成 03・01305_1／子▨鼎_集成 03・01309_1／亞鄧父乙簋_集成 07・03990_3／子廟父丁卣_集成 10・05070_1／唐子祖乙爵_集成 14・08834_2／子▨簋_集成 06・03072_1／子▨女爵_集成 14・08758_1／隻皐子鐃_集成 02・00404_3／唐子祖乙爵_集成 14・08836_2／子▨爵_集成 13・08072_1／子父丁爵_集成 14・08442_1／子父己爵_集成 14・08536_1／子勺_集成 16・09902_1／子父乙壺_集成 15・09500_1／子彙爵_集成 13・08115_1／子丁卣_集成 10・04848_1／子丁單爵_集成 14・08760_1／子丁▨爵_集成 14・08761_1／子丁萬爵_集成 14・08763_1／子口▨爵_集成 14・08768_1／子刀父乙爵_集成 14・08861_1／子▨乙酉爵_集成 14・08987_1／子父癸爵_集成 14・08666_1／子爵_集成 13・07315_1／子臭卣_集成 10・04849_1／女子妣丁觚_集成 12・07220_2／子父丁鼎_集成 04・01596_1／子蝠爵_集成 13・08097_1／▨子爵_集成 13・08120_2／子▨鼎_集成 04・01716_1／子父丁卣_集成 10・04943_1／子▨觚_集成 12・06901_1／眉子鬲_集成 03・00487_3／者女觥_集成 15・09294_7／耳▨口子鼎_金文通鑒 02415_4／麗簋_集成 07・03975_2／麗簋_集成 07・03975_17／子工觶_近出 0665_1／耳▨口子鼎_金文通鑒 02415_4／子龍觚_集成 12・06906_1／𡰱女子觶_集成 11・06349_3／畎子弓葡卣_集成 10・05142_2／子侯卣_集成 10・04847_1／子繇父乙卣_集成 10・05057_1／子鼎_集成 03・01043_1／子妥簋_集成 06・03075_1／子商鬳_集成 03・00866_1／子▨尊_新收 1935_1／子雨己鼎_集成 04・01717_1／糸子刀父己爵_集成 14・09055_2／子父己鼎_集成 04・01621_1／子父辛鼎_集成 04・01661_1／芦子干鼎_集成 04・01718_2／子妥鼎_集成 03・01301_1／子妥鼎_集成 03・01302_1／子父庚卣_集成 10・04969_1／子祖辛步尊_集成 11・05716_1／子祖辛觚_集成 12・07082_1／子▨觚_集成 12・06911_1／子彙觚_集成

301

12・06895_1／子▨觚_集成 12・06897_1／子束泉觚_集成 12・06892_1／子束泉觚_集成 12・06891_1／子觚_集成 12・06529_1／子▨爵_集成 13・08073_1／龏子觚_集成 12・06914_2／子雨爵_集成 13・08113_1／唐子祖乙觶_集成 12・06367_2／子蝠何觚_集成 12・07173_1／子癸壘觶_集成 11・06351_1／子父辛觶_集成 11・06296_1／子弓觶_集成 11・06140_1／子彙觶_集成 11・06137_1／子觚_集成 12・06528_1／子守爵_集成 13・08085_1／亞子爵_集成 13・07788_2／子爵_集成 13・07316_1／子爵_集成 13・07318_1／子彙觶_集成 11・06138_1／子癸爵_集成 13・08071_1／子父丁觚_集成 12・07229_1／子雨爵_集成 13・08114_1／子▨觚_集成 12・06910_1／子▨觚_集成 12・06904_1／子左爵_集成 13・08086_1／子▨爵_集成 13・08089_1／子▨爵_集成 13・08101_1／子鼎爵_集成 13・08103_1／子鼎爵_集成 13・08104_1／子糸爵_集成 13・08105_1／子何爵_集成 13・08075_1／子守爵_書道全集 67_1／子刀觶_集成 11・06139_1／子爵_近出 0780_1／作大子尊彝卣_近出二 528_3／子▨方鼎_新收 0142_1／子▨天單勺_新收 1520_1／子▨單箕_新收 1521_1／子漁斝_集成 15・09174_1／子媚簋_書道全集 5202_1／子燕方鼎_近出 0213_1／馬子方彝_花園莊墓 52 頁拓片 2_2／子父辛觶_近出 0661_1／子▨女爵_集成 14・08756_1／子刀爵_集成 13・08116_1／子口爵_集成 13・08118_1／兔子爵_集成 13・08119_2／子祖己觶_新收 1938_1／子戈_集成 17・10694_1／子庚父觚_集成 12・07138_1／子达觶_集成 12・06485_1／子癸觚_近出 0731_1／唐子祖乙爵_集成 14・08835_2／子刀盤_集成 16・10027_1／子▨器_集成 16・10513_1／龏子觚_近出 0732_2／子戈_集成 17・10693_1／子倗觚_新收 1579_1／子戈_集成 17・10695_1／子▨戈_集成 17・10854_1／子蝠鼎_考古 1989 年 07 期 44 頁圖六_1／子鼎_近出 0186_1／龏子鍼_集成 18・11751_2／子◆父甲盉_集成 15・09387_1／子父丁器_集成 16・10518_1

爲避免因調查對象過少而導致的誤差，我們把調查範圍擴展至殷商金文的前10高頻的字：父（1565次）、亞（820次）、乙（501次）、丁（439次）、癸（371次）、子（366次）、辛（358次）、己（333次）、乍（256次）、且（242次）。因爲其中的"亞丁癸辛且"5字因字形特點決定了沒有發生反向字的可能，實際可以調查的就是另外5字。

"父"，殷商金文1565見，反向字形爲37見，其出處如下：

父戊鼎_集成03·01258_1/父己鼎_集成03·01264_1/羃父丁鼎_集成04·01572_2/羃父辛鼎_集成04·01640_2/作父己䀠鼎_集成04·01878_2/亞醜父丁簋_集成06·03310_3/魚父乙卣_集成10·04917_2/网父辛卣_集成10·04973_2/⺀父辛卣_集成10·04977_2/辛父丫卣_集成10·04983_1/亞醜父辛卣_集成10·05085_3/何父癸卣_集成10·05091_2/乙父尊_集成11·05518_2/父丁魚尊_集成11·05635_1/己父尊_集成11·05651_1/䀠父丁尊_集成11·05631_2/冊佫父甲觚_集成12·07222_3/子父丁觚_集成12·07229_3/父甲爵_集成13·07874_1/父乙爵_集成13·07892_1/宁戈父丁爵_集成14·08914_3/奴父丁爵_集成14·08466_2/貴父辛爵_集成14·08611_2/貴父辛爵_集成14·08612_2/䨾父癸爵_集成14·08717_2/䗞口父庚爵_集成14·08940_3/羍父辛爵_集成14·08600_2/父己斝_集成15·09168_1/皿作父己罍_集成15·09812_3/鳥父辛盉_集成16·10044_2/亞父䖵_集成18·11749_2/䆫父䖵_集成18·11750_2/戈父乙爵_近出0869_2/羃父癸爵_近出0887_2/万父丁觶_新收1841_2/考古2009年09期28頁圖一五：父丙觚_2_1/⺀父丁鼎_金文通鑒02410_2

"乙"，殷商金文501見，反向字形爲50見，其出處如下：

魚乙正鐃_集成02·00408_2/魚乙正鐃_集成02·00409_2/魚

乙正鐃_集成02•00410_2/亞悆母乙鬲_集成03•00505_4/祖乙鼎_集成03•01252_2/卿乙宁鼎_集成04•01699_2/亞若癸鼎_集成04•02400_4/亞若癸鼎_集成04•02400_8/亞若癸鼎_集成04•02402_8/亞若癸鼎_集成04•02402_4/亞若癸簋_集成06•03713_5/亞若癸簋_集成06•03713_9/乙父尊_集成11•05518_1/己祖乙尊_集成11•05596_3/己祖乙尊_集成11•05597_3/❦䣛父乙尊_集成11•05721_4/❦䣛父乙尊_集成11•05722_4/夲乙父尊_集成11•05625_2/亞覃尊_集成11•05911_3/亞若癸尊_集成11.05938_4/亞若癸尊_集成11.05938_7/亞覃尊_集成11•05949_4/聑❒父乙觶_集成12•06385_4/亞若癸觚_集成12•07308_5/乙正觚_集成12•06822_1/乙亳戈冊觚_集成12•07253_1/❦乙觚_集成12•06819_2/父乙爵_集成13•07892_2/癸乙爵_集成13•08003_2/何乙爵_集成13•08004_2/❦爵_集成13•08007_1/幷妣乙爵_集成14•08736_3/魚父乙爵_集成14•08402_3/❦祖乙爵_集成14•08311_3/❦父乙爵_集成14•08392_3/鼏父乙爵_集成14•08422_3/❦羊乙爵_集成14•08789_3/聑❒父乙方彝_集成16•09871_4/亞若癸方彝_集成16•09886_4/亞若癸方彝_集成16•09887_4/亞若癸方彝_集成16•09887_6/大兄日乙戈_集成17•11392_19/大祖日己戈_集成17•11401_15/亞若癸戈_集成17•11114_5/戈乙鼎_近出0206_2/虫乙觶_近出0650_2/乙癸丁戈_新收1923_1/❦乙爵_書道全集41後(2006年)_1/車徙父乙觚_近出二0682_4/宀作祖乙鼎_考古與文物2012年第1期93頁_4

"己"，333見，65見反向，出處如下：

亞万父己鐃_集成02•00411_4/❦父己甗_集成03•00815_3/父己鼎_集成03•01264_2/己庸鼎_集成03•01292_1/己❒鼎_集成03•01388_1/己❒鼎_集成03•01471_1/粵父己鼎_集成04•

殷商文字朝向不定與同辭同字鏡像式避複異寫

01604_3／◇父己鼎_集成04・01613_3／◇父己鼎_集成04・01614_3／◇父己鼎_集成04・01615_3／舌父己鼎_集成04・01616_3／亞◇父己鼎_集成04・01865_4／作父己◇鼎_集成04・01878_3／天己簋_集成06・03067_2／己◇簋_集成06・03088_1／天己丁簋_集成06・03233_2／尹舟父己簋_集成06・03325_4／或己卣_集成10・04831_2／◇己卣_集成10・04832_2／冀父己卣_集成10・05281_3／小子作母己卣_集成10・05175_5／小子作母己卣_集成10・05176_5／◇卣_集成10・05380_14／◇父己尊_集成11・05650_3／尹舟父己尊_集成11・05741_4／史父己觶蓋_集成11・06272_3／字父己觶_集成11・06270_3／◇父己觶_集成11・06285_3／◇己尊_集成11・05551_2／己父觚_集成12・06814_1／戊未父己觚_集成12・07244_4／◇己觚_集成12・06836_2／叔己觚_集成12・06846_2／己◇爵_集成13・08034_1／己◇爵_集成13・08037_1／母己爵_集成13・07992_2／母己爵_集成13・07993_2／己并父丁爵_集成14・08898_1／己并父丁爵_集成14・08899_1／己并父丁爵_集成14・08900_1／◇子刀父己爵_集成14・09055_5／亞◇父己爵_集成14・09015_4／羊己◇爵_集成14・08796_2／◇父己爵_集成14・08541_3／中父己爵_集成14・08547_3／殷父己爵_集成14・08548_3／◇父己爵_集成14・08570_3／夆父己爵_集成14・08582_3／冎俑祖己爵_集成14・08842_4／旅父己爵_集成14・08931_4／祖己斝_集成15・09166_2／皿作父己罍_集成15・09812_4／大祖日己戈_集成17・11401_3／大祖日己戈_集成17・11401_6／己戈戈_集成17・10856_1／文物1989年02期91頁圖二：祖己斝_4_2／父己爵_近出0812_2／己并鼎_近出0209_1／秉己鼎_近出0210_2／◇父己尊_近出0617_3／息己爵_近出0822_2／祖己斝_近出0917_2／己◇鼎_新收1920_1／子祖己觶_新收1938_3／己酉鼎_近出二0188_1

"乍"，256見，42見反向，出處如下：

305

鄧鬲_集成 03・00741_15／作父己❐鼎_集成 04・01878_1／小子作父己鼎_集成 04・02015_3／小子作父己方鼎_集成 04・02016_3／子作鼎盟彝鼎_集成 04・02018_2／❐日戊鼎_集成 04・02124_5／❐作父庚鼎_集成 04・02127_2／曰❐卣姑鼎_集成 04・02263_5／舉妣方鼎_集成 04・02434_8／侻缶作祖癸簋_集成 06・03601_3／❐簋_集成 06・03625_2／亞鳶作祖丁簋_集成 07・03940_14／丽簋_集成 07・03975_15／冀父己卣_集成 10・05281_4／小子作母己卣_集成 10・05175_3／小子作母己卣_集成 10・05176_3／采作父乙卣_集成 10・05205_2／小臣儿卣_集成 10・05351_5／何作丁辛觶_集成 12・06505_2／子作父戊觶_集成 12・06496_2／作㧊从彝觶_集成 12・06435_1／舉妣觚_集成 12・07311_9／𢼸向觚_集成 12・07306_6／作㧊从彝觚_集成 12・07260_1／夸作母癸爵_集成 14・09075_5／❐作父戊角_集成 14・08923_2／❐作父戊斝_集成 15・09231_2／乃孫罍_集成 15・09823_4／乃孫罍_集成 15・09823_16／皿作父己罍_集成 15・09812_2／册䀠祖癸方彝_集成 16・09877_3／女母作婦己器_集成 16・10562_3／卬甗_近出 0155_2／若❐姬宗鼎_總集 01.0927_3／亥用乍父乙彝爵_近出 0909_3／亞魚鼎_近出 0339_11／旘爵_近出 0906_2／萆盉_近出二 833_11／唐鼓爵_金文通鑒 08476_12／向罍_西安 94 頁_2／鼎_近出二 0231_糊 2／婦婭罍_近出二 0889_5

以上調查的數據可以概括爲下表：

	總字數	反向字數	反向字比重	同銘重見數
人	6	0	0%	1
子	336	129	38.39%	6
父	1 565	37	2.4%	5
乙	501	50	9.98%	12

殷商文字朝向不定與同辭同字鏡像式避複異寫

（續　表）

	總字數	反向字數	反向字比重	同銘重見數
己	333	65	19.52%	3
乍	256	42	16.4%	6
合計	2 997	323	10.78%	33

以上數據表明，雖然不同字程度不同，但反向字形數量大大少於正向字形卻是共性，10.78%的比重，可以視爲相關數據的平均值。而這個比重與前文得出的13.25%的鏡像式避複異寫率大體是對應的。換言之，反向字的數據可以支持鏡像式避複異寫爲文字方向不定的主要成因的意見。

然而，還有一個數值也是值得關注的，即"同銘重見數"（合計33）與"總字數"（合計2 997）之比。這個低比重呈現的是殷商金文這個材料對於本研究而言所存在的局限——太多的反向字出現于不明成因的一見語境中，顯然，這容易模糊我們試圖證明的因果關係。因此，還是需要觀察爲鏡像式避複異寫的發生提供更多機會的甲骨文。

三、甲骨文鏡像式避複異寫的抽樣定量調查

前文言及，我們曾經調查過甲骨文中的鏡像式避複異寫現象，因爲並非以嚴格的定量方式完成的，所以並不能爲本文的研究提供有效數據。鑒於前文言及的可行性，進一步的調查可以收束材料範圍而深入到嚴格定量的層次來進行。爲此，我們以《花園莊東地甲骨》（後文簡稱"花東"）作文甲骨文的抽樣。這一選擇的理由，首先在於花東甲骨"以完整的大片居多"，這與一般甲骨文材料多爲殘破程度不等碎片有很大不同。少殘缺的大片之上自然辭例更完整，更完整的辭例理當更能夠保全重見字語境。

就避複異寫而言，甲骨文的同語境判斷與金文有所不同，不能簡單以是否同一載體爲依據。同片之上，並非都是同一寫字人在同一書寫過程中留下的字跡。即使爲同一事而作的卜辭，也可能出自不盡相同的書寫

時間。因此,甲骨文的同語境重見字判斷,只能以同條重見,或者具有"對貞"等明確同時同事之卜關係的非同條重見爲依據。如花東第2片:

1. 戊子卜,才(在)麗:子其射,若。一
2. 戊子卜,才(在)麗:子弜射,于之若。一
3. 友鼎(貞):子冈。一
4. 友鼎(貞):子冈。一

雖然該片4條卜辭均有"子"字,但是第一條與第二條,第三條與第四條之間才是同事同時之卜,而1、2條與3、4條之間不具有這樣的關係。因此我們將1、2條的兩個"子"視爲一個語境的重見字,而將3、4條的兩個"子"視爲另一個語境中的重見字。

當然,"同時"這個條件也不是絕對只能限定於同日,如花東400片:

1. 乙亥夕卜:日不雨。一
2. 乙亥夕卜:其雨。子𠂤(占)曰:今夕雪,其于(于)丙雨,其多日。用。一
3. 丁卜:雨不征(延)于(于)庚。二
4. 丁卜:[雨]其[征(延)]于庚。子𠂤(占)曰:□。用。二

雖然1、2條之卜與3、4條之卜隔了兩日,但明顯均爲雨事而卜,字跡也分明出於同一人手筆,故2、4條之"子"也視爲同語境重見字。

爲了盡可能客觀地進行同口徑比較,我們仍以裘先生所舉左右反向的兩個例字"人""子"爲對象,並照應已獲得的殷商金文的各種調查數據,來進行花東甲骨文的調查。

"人",花東卜辭共35見,殘泐1字,餘34見。其中右向( )9例,左向( )25例。同辭重見"人"字者22例。其中一例(149_3)人字殘

殷商文字朝向不定與同辭同字鏡像式避複異寫

泐,另一例中兩"人"字均附於"一人"合文(340_2、3),具有特殊性,亦可剔除,則同辭重見"人"字計7例,其中3例鏡像式避複異寫:

☲ ☲ ☲ (183_16、17、18)〔1〕/ ☲ ☲ (494_1、2)/ ☲ ☲ (494_3、4)

其餘4例重見"人"字皆同向:

☲ ☲ (125_1)/ ☲ ☲ ☲ (249_2、4、5)/ ☲ ☲ ☲ ☲ (252_4、5、6)/ ☲ ☲ (56_)

還有13例人字一見而左向多右向少:

☲ (14_4)/ ☲ (37_26)/ ☲ (113_20)/ ☲ (195_4)/ ☲ (226_8)/ ☲ (238_9)/ ☲ (252_3)/ ☲ (286_31)/ ☲ (288_2)/ ☲ (312_1)/ ☲ (381_1)/ ☲ (443_7)/ ☲ (455_3)

"子"字,花東有繁(☲☲☲☲)簡(☲☲☲☲)兩類字形。前者69見,後者747見。參照裘先生所舉字例的類型,僅以後者作爲定量調查的對象。在這747例"子"中,還需作若干剔除:無向者(☲)4例:21片1見和237片2見均附於"子雍"合文;346片1見,字形下部略有缺損;倒書之☲1次,見於145片。這樣,真正有效的用字還剩742例,其中左向(☲☲☲)549見,右向(☲☲)193。同語境重見"子"字者184條,其中68條鏡像式異寫:

---

〔1〕 限於篇幅,鏡像式避複異寫辭例的給出方式爲:只給出該卜辭中的各重見字原形。原形後括注卜辭出處。出處首先給出片號,片號後以"_"間隔給出條號。如"183_16、17、18",即指《花東》183片的第16、17、18條所構成的卜辭語境。以下仿此。

丮丮(2_1、2)/丮丮丮(3_13、14、16)/丮丮丮丮(5_10、12、13、14)/丮丮(15_4、5)/丮丮丮丮丮(28_1、2、3、4、5)/丮丮丮(28_6、7、8)/丮丮丮(34_10、11、12)/丮丮丮(34_7、8、9)/丮丮丮丮(37_20、21、22)/丮丮丮丮(38_2、3、4、5)/丮丮(41_5、7)/丮丮丮丮(50_3、4、5、6)/丮丮(53_18、19)/丮丮(55_1、2)/丮丮(61_1、2)/丮丮(63_2)/丮丮(67_1、2)/丮丮丮丮(75_3、4、5、6)/丮丮(75_2)/丮丮(75_1)/丮丮(85_2、3)/丮丮丮丮(113_1、2、3、4)/丮丮丮(123_1、2、3)/丮丮丮(124_7、8、9)/丮丮丮(140_2、2、7)/丮丮丮(161_1、2)/丮丮丮丮丮(173_2、3、4、5、6)/丮丮丮(178_1、2、3)/丮丮丮丮(181_1、2、3、5)/丮丮丮丮丮(181_19、20、21、22、23、24、25)/丮丮丮(181_32、33、34)/丮(181_26、27)/丮丮(183_1、2)/丮丮丮(202_10、11、12)/丮丮丮丮(223_2、3、4、5)/丮丮丮丮(224_1、2、3、4)/丮丮(236_14、15)/丮丮(239_1、2)/丮丮(267_8、9)/丮丮丮丮(273_1、2、3、5)/丮丮(275.517_7、8)/丮丮(289_7)/丮丮(289_2、3)/丮丮(294_7、8)/丮丮丮丮丮(294_1、2、3、4)/丮丮(305_1、2)/丮丮(337_2、4)/丮丮(349_3、7)/丮丮丮(349_10、14、16)/丮丮(352_2)/丮丮(364_1、2)/丮丮丮(370_1)/丮丮(372_7、8)/丮丮(376_1、2)/丮丮(384_1、2)/丮丮(391_5、6)/丮丮丮(395.548_8、9)/丮丮(400_2、4)/丮丮丮丮丮丮(409_20、22、23、24、25、27)/丮丮丮丮丮丮丮丮丮(409_1、2、3、4、5、6、7、8、11、13、15)/丮丮丮(409_16、17、18、19)/丮丮丮(446_12、13、14)/丮丮丮(446_25、26、27)/丮丮丮丮(446_3、4、5、6)/丮丮(453_8、10)/丮丮(463_1、4)/丮丮(465_1、2)/丮丮丮(487_2)

殷商文字朝向不定與同辭同字鏡像式避複異寫

118 條未見鏡像式異寫：

₹ ₹(2_3、4)／₹ ₹(3_8、9)／₹ ₹(7_10、11)／₹ ₹(9_3、4)／₹ ₹ ₹(10_1、2)／₹ ₹ ₹ ₹ ₹(13_1、2、4、6、7)／₹ ₹(14_1、3)／₹ ₹(16_1、2)／₹ ₹(26_2、3)／₹ ₹(26_5、6)／₹ ₹(34_1、2)／₹ ₹(35_1)／₹ ₹(37_3、5)／₹ ₹ ₹ ₹(42_1、5、6、7)／₹ ₹(50_1、2)／₹ ₹(53_24)／₹ ₹(53_25、26)／₹ ₹(53_6、7)／₹ ₹(69_6、7)／₹ ₹(69_8、9)／₹ ₹(74_1、2)／₹ ₹(75_8、9)／₹ ₹(76_1、2)／₹ ₹ ₹(103_4、5、6)／₹ ₹(113_)／₹ ₹(114_1、2)／₹ ₹(122_1、2)／₹ ₹(124_10、11)／₹ ₹(125_1、2)／₹ ₹(135_5、6)／₹ ₹(140_2、2、7)／₹ ₹ ₹(142_3、4、5)／₹ ₹(143_1、2)／₹ ₹(149_3)／₹ ₹(149_7、8)／₹ ₹ ₹(150_3、4)／₹ ₹(157_7、8)／₹ ₹(176_1、2)／₹ ₹(180_1、2)／₹ ₹ ₹(181_28、29、30)／₹ ₹(181_31)／₹ ₹(193_)／₹ ₹ ₹(198_2、3、5)／₹ ₹(198_8、9)／₹ ₹(202_7、8)／₹ ₹(206_1、2)／₹ ₹(214_1、2)／₹ ₹(218_1、2)／₹ ₹(226_7、8)／₹ ₹(241_1)／₹ ₹(247_10、11)／₹ ₹(247_15、16)／₹ ₹(248_2、3)／₹ ₹(252_1、2)／₹ ₹(253_2、3)／₹ ₹ ₹(257_18、19、20、21)／₹ ₹(259_1、2)／₹ ₹(265_1、3)／₹ ₹(265_6、10)／₹ ₹(267_2)／₹ ₹(269_2、4)／₹ ₹(275.517_5)／₹ ₹(284_3、7)／₹ ₹(285_1、3)／₹ ₹ ₹(286_5、6、7、8)／₹ ₹(288_10、11)／₹ ₹(288_7、8)／₹ ₹ ₹(290_1、3)／₹ ₹(290_12)／₹ ₹(291_1、2)／₹ ₹(293_3、4)／₹ ₹(304_1、2)／₹ ₹ ₹(312_1、3)／₹ ₹(314_5、6)／₹ ₹(319_1)／₹ ₹(321_1、2)／₹ ₹(326_1、2)／₹ ₹(330_)／₹ ₹(331_1)／₹ ₹ ₹(336_1)／₹ ₹(336_3、4)／₹ ₹(349_19、20)／

311

丮(367_4、5)／丮(367_6、7)／丮(371_3、4)／丮丮(372_4、5)／丮(374_9、14)／丮丮(378_1、3)／丮(379_1、2)／丮丮(380_)／丮(381_1)／丮(384_3、4)／丮丮(391_10、11)／丮(395.548_3、5)／丮(409_30、31)／丮(410_1、2)／丮(416_1、2)／丮(416_11)／丮丮(416_3、6)／丮(416_7、8)／丮(420_5)／丮(428.561_2、4)／丮(449_4、5)／丮(450_1、2)／丮(450_3)／丮丮(450_4、5)／丮(451_8)／丮(454_3、4)／丮(455_3、4)／丮(467_2、3)／丮(469_5、6)／丮(474_7)／丮丮(475_9)／丮(478_)／丮丮丮丮(480_2、3)／丮丮丮(480_4、5)／丮丮丮丮(490_1、2、3、4、5)／丮(492_)

264 條 1 見字：

丮(3_1)／丮(3_11)／丮(5_16)／丮(5_2)／丮(6_1)／丮(6_2)／丮(6_5)／丮(7_1)／丮(7_3)／丮(12_1)／丮(14_7)／丮(17_1)／丮(21_2)／丮(23_2)／丮(25_1)／丮(26_10)／丮(26_9)／丮(29_1)／丮(29_3)／丮(33_)／丮(34_14)／丮(37_10)／丮(37_14)／丮(37_15)／丮(37_18)／丮(37_6)／丮(39_17)／丮(39_18)／丮(39_21)／丮(43_)／丮(44_1)／丮(48_)／丮(53_1)／丮(55_4)／丮(59_1)／丮(59_3)／丮(60_7)／丮(64_2)／丮(69_2)／丮(70_5)／丮(75_7)／丮(75_9)／丮(77_1)／丮(80_1)／丮(80_2)／丮(87_1)／丮(87_2)／丮(88_2)／丮(89_1)／丮(90_8)／丮(90_9)／丮(103_2)／丮(106_2)／丮(108_1、6)／丮(109_)／丮(111_)／丮(113_23)／丮(114_3)／丮(120_6)／丮(129_)／丮(130_1)／丮

殷商文字朝向不定與同辭同字鏡像式避複異寫

(131_)／㋗(142_9)／㋐(148_8)／㋗(149_11)／㋗(149_12)／㋗(152_)／㋗(159_1)／㋗(160_2)／㋐(163_1)／㋐(164_)／㋗(165_1)／㋗(170_5)／㋗(171_2)／㋐(175_)／㋗(179_2)／㋗(180_4)／㋐(181_14)／㋐(183_10)／㋗(183_5)／㋑(187_4)／㋐(195_1)／㋗(195_3)／㋐(196_1)／㋐(197_3)／㋗(198_11)／㋗(198_6.7)／㋗(202_2)／㋗(203_11)／㋐(205_5)／㋗(209_)／㋐(211_1)／㋐(214_3)／㋗(214_5)／㋐(215_1)／㋗(215_2)／㋗(215_3)／㋐(216_)／㋗(220_1)／㋗(220_2)／㋗(220_7)／㋗(227_)／㋐(228_11)／㋗(228_7)／㋐(229_2)／㋐(232_)／㋗(234_1)／㋗(234_3)／㋐(235_1)／㋐(236_28)／㋗(236_29)／㋗(240_7)／㋗(241_11)／㋗(241_14)／㋗(241_7)／㋐(241_9)／㋗(243_)／㋗(244_1)／㋗(247_1)／㋗(247_13)／㋗(247_14)／㋗(247_3)／㋐(247_4)／㋗(247_5)／㋐(247_6)／㋐(247_7)／㋗(249_19)／㋐(249_23)／㋗(252_3)／㋗(255_7)／㋗(257_7)／㋐(262_3)／㋗(264_1)／㋗(264_4)／㋗(267_1)／㋗(267_3)／㋗(267_7)／㋗(268_11)／㋗(268_2)／㋐(268_4)／㋗(268_7)／㋐(269_8)／㋗(271_1)／㋐(275.517_1)／㋐(275.517_3)／㋐(276_10)／㋑(279_1)／㋗(280_1)／㋐(286_27)／㋗(286_29)／㋗(286_30)／㋗(286_31)／㋗(288_1)／㋐(288_12)／㋗(288_5)／㋗(288_9)／㋗(289_4)／㋗(289_6)／㋗㋐(293_3、4)／㋗(294_5)／㋐(295_1)／㋗(295_3)／㋗(295_4)／㋐(296_4)／㋗(297_)／㋐(298_4)／㋒(301_2)／㋐(303_)／㋗㋗(304_1、2)／㋐(306_)／㋗(316_3)／㋐(317_)／㋗(320_7)／㋗(321_4)／㋗(324_1)／㋐(324_3)／㋗(333_)／㋗(338_4)／㋗(339_)／㋗(342_)／㋐(350_)／㋗(351_3)／㋐(352_1)／㋗(352_6)／㋗(353_2)／㋗(354_1)／㋗(354_4)／㋗(355_1)／㋗

(356_0)／㇑(361_1)／㇑(363_4)／㇑(366_2)／㇑(369_)／㇑(372_10)／㇑(372_11)／㇑(372_2)／㇑(372_9)／㇑(374_3)／㇑(391_1)／㇑(392_1)／㇑(395.548_10)／㇑(395.548_7)／㇑(401_13)／㇑(403_1)／㇑(409_9)／㇑(411_1)／㇑(413_3)／㇑(414_)／㇑(416_10)／㇑(416_13)／㇑(416_14)／㇑(418_)／㇑(419_1)／㇑(427_1)／㇑(427_2)／㇑(430_1)／㇑(431_1)／㇑(437_5)／㇑(437_7)／㇑(439_1)／㇑(443_6)／㇑(445_4)／㇑(449_3)／㇑(451_2)／㇑(452_)／㇑(454_1)／㇑(459_3)／㇑(459_8)／㇑(459_9)／㇑(467_1)／㇑(467_4)／㇑(467_7)／㇑(471_1)／㇑(473_1)／㇑(474_3)／㇑(474_4)／㇑(474_6)／㇑(474_8)／㇑(475_5)／㇑(475_10)／㇑(480_1)／㇑(481_1)／㇑(481_2)／㇑(485_1)／㇑(487_1)／㇑(488_12)／㇑(490_6)／㇑(490_9)／㇑(493_1)／㇑(493_6)／㇑(498_)／㇑(499_)／㇑(501_1)／㇑(505_1.2)／㇑(506_)／㇑(513_)／㇑(514_)／㇑(518_)／㇑(527_)／㇑(528_)／㇑(535_)／㇑(541_)／㇑(549_)／㇑(560_)

以上調查數據可以歸納爲下表：

	有效字數	反向數	反向比重	同辭重見數	鏡像異寫數	鏡像異寫率
人	34	9	26.47%	7	3	42.86%
子	742	193	26%	184	68	39.95%
合計	776	202	26.3%	191	71	41%

上表中有這樣幾個關鍵數據需要提取出來與殷商金文的同口徑數據進行比較：首先是"反向比重"和"鏡像異寫率"這兩個緊密關聯的數據，前者甲骨文爲26.3%而殷商金文爲10.78%；後者甲骨文爲41%而殷商金文爲13.25%。我們曾經論證過甲骨文"千里路"兩邊對稱的書寫材料

和"對貞"的辭例常規,是鏡像式避複異寫强大的促發因素,這可以很好地解釋甲骨文的"鏡像式異寫率"爲什麽會高出殷商金文 20 多個百分點。而作爲反向字重要促發因素的鏡像式異寫發生概率的提升,又無可避免導致反向字的增加,這又可以很好解釋甲骨文的"反向比重"高出殷商金文近 16 個百分點的原因。而所謂"惟殷先人,有典有册"之典册等殷商文書的書寫條件應當更接近於殷商金文。由此可以大膽推斷,殷商文字的一般"反向比重"和"鏡像異寫率"應當更接近於殷商金文。退一步説,即便忽略甲骨文與殷商金文的上述差異,兩者的"反向比重"和"鏡像異寫率"也不存在結構性差異,同樣都是較小概率的"鏡像異寫率"和較低比重的反向字數。而結構性相同的兩種數據,都可以支持鏡像式避複異寫和殷商文字方向不定的因果關係。

其次是"同辭重見數"與"有效字數"的比值。甲骨文的這個數據爲 0.26∶1(204∶776),殷商金文爲 0.11∶1(33∶2 997)。這一比較證明,少數字銘文爲主的殷商金文的確非正常降低同字重見語境的出現概率,因而殷商文字的一般同辭重字率的評估當以概率更高的甲骨文數據爲依據。而這個概率的提高,會相應增加反向字的絶對值。

結　　語

殷商金文的窮盡調查和花東卜辭的抽樣定量調查數據相互印證,表明殷商文字方向不定的構形特點與同語境重見字鏡像式避複異寫具有因果關係。支持這一認識的證據鏈是:每一次鏡像式避複異寫都會實實在在地造就一個反向字,而殷商文字中鏡像式避複異寫具有不可忽略的發生概率,這種概率與反向字的較低比重相吻合。

毋庸諱言,無論是殷商金文,還是甲骨文,我們都無法將其中的所有反向字都逐一落實於一個具體的鏡像式避複異寫成因。那麽這部分來由不明的反向字的存在是不是足以否定本文試圖證明的因果關係呢?答案是否定的。鏡像式避複異寫與反向字形的因果關係應該是在直接和間接兩個層次上實現的。直接聯繫,就體現於每一次鏡像式避複異寫必然造就一定數量的反向字形。而間接聯繫則表現爲一種互爲因果的關係：由鏡像式避複異寫造成的反向字，在文字系統"象形程度比較高"和"書寫規則沒有完全定型"的背景下，也可能脱離同字重見的語境而獨立存在；而這種獨立存在的反向字，又可以成爲啓發鏡像式避複異寫的一種因素。雖然在目前的材料條件下，要在這種互爲因果的回圈中作出初始的因果判斷難免陷入先有雞還是先有蛋的困局，但是這種不確定，並不會影響鏡像式避複異寫作爲殷商文字方向不定重要成因的判斷。

楚簡文字缺邊現象芻議

本文所謂"缺邊",指楚簡文字或左或右甚或左右兩邊字跡缺失的現象。就管見所及,楚簡文字研究中"缺邊"這個概念此前未見,故先輔以例證作些具體説明。

包山簡數見"甘匛之歲","甘匛"爲歲名,"甘"後之字各家皆隸定作"匛"。關於此字,有學者曰:"看上博竹書《從政》甲5號簡、《季康子問孔子》22號簡,也可用作'固'。"〔1〕筆者以爲,此字恐怕並不是"用作'固'",而本來就是"固"。包山簡"甘匛之歲"共4見,"甘"後之字分別作:

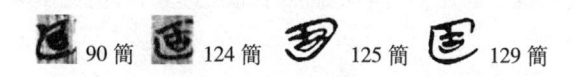

90簡　　124簡　　125簡　　129簡

值得注意的是125簡之字,分明就是"固",而129簡之字,顯然也是右邊線條没有寫完整的"固",因而另外兩個所謂"匛",很可能本來也應是"固",而它們之所以顯示爲"匛",原因似乎在於書寫時的一種"失誤",

---

〔1〕 陳偉主編:《楚地出國戰國簡册(十四種)》,經濟科學出版社,2009年,42頁。

即書寫者未能將字的寬度控制在簡的寬度内。

筆者曾經就竹簡這種文字載體對文字書寫的影響作過討論，認爲在以竹木爲"紙"的時代，如何減輕文、書的重量始終爲人們所渴望，而最直接的對策就是盡可能降低簡的寬度，以保證以最輕材質來承載最多數量的文字。而此種對策很容易導致一簡的寬度容納用毛筆寫出的一字相對局促的尷尬，於是寫手便不得不盡可能利用簡的寬度，在有限的簡寬内把字寫大[1]。而這種努力稍不留神便會失控，導致邊緣的筆劃缺失。細審上述包山90、124簡之"臣"字，不難發現導致其右邊線條的缺失的原因乃是寫手運筆超越了簡的右邊。再看學者用以證明"也可用作'固'"的兩個"臣"字，其右邊線條的缺失似亦同上例：

從政5　　季康子問孔子22

"臣"與"固"的這類糾葛，只在楚簡中出現，而並不見於金文、古陶、古璽等材料。這也足以證明，"缺邊"是與簡這種文字載體相聯繫的。

值得注意的是，"臣""固"本是兩個完全不同的字，由於"缺邊"而產生混同，是很容易引起誤讀的，所以"缺邊"現象不能不引起我們的重視，本文試加以初步整理分析。

毫無疑問，"缺邊"的影響並不限於"臣"與"固"，"囗"旁與"匚"旁的相混，也會涉及其他字。比如"圓"，雖然有從"囗"旁者，但也多見從"匚"旁者：

亙先9　　容成氏7	曾侯乙簡　　信陽簡
從囗	從匚

---

[1] 劉志基：《隸書字形趨扁因由考》，《中國文字研究》第1輯，廣西教育出版社，1999年。

楚簡文字缺邊現象芻議

"困"亦然：

▦ 孔子詩論9　▦ 周易1	▦ 凡物流形(甲)24　▦ 凡物流形(乙)17
從口	從匸

當然，"缺邊"不會僅僅波及從"口""匸"之字，凡有"邊"之字，即左右兩邊有邊緣線條之字都不免有缺的可能。比如"舀"，不缺邊者如：

　　語叢四1　　性自命出15　　孔子詩論23　　清華二(二)9

而缺邊者亦多：

　　性情論2　　同前8　　成之聞之24　　從政(乙)1　　相邦之道1　　昭王毀室—昭王與龔之脾2　　孔子見季趄子3　　武王踐阼7　　凡物流形(甲)9

再如"句"，雖然大部分爲正常形體，如：

　　語叢一8　　殷高宗問于三壽23　　性自命出31　　卜書6

而缺邊者亦不鮮見：

　　唐虞之道10　　尊德義36　　尹至1　　姑成家父7　　孔子見季趄子15　　赤鵠之集湯之屋7　　同上12

又如"困",不缺邊者有之:

　　[圖]君子爲禮3　　[圖]凡物流形(甲)15　　[圖]彭祖4

缺者亦有:

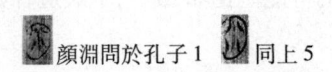

　　[圖]顏淵問於孔子1　　[圖]同上5

　　限於篇幅,"缺邊"現象只能以舉例方式呈現,另外有些字例,可見于後文的相關討論中,這裏從略。需要說明的是,前文所列"缺邊"字形,並不都是書寫失控,即寫手本不想缺卻寫缺所致,而很可能是有意識缺邊的一種特定寫法,比如曾侯乙簡"囡",6 見而無一例外缺右邊,又無失控缺畫的絲毫痕跡,與包山簡4個"固"有的缺邊有的不缺顯然有所不同。可以說,前者爲有意缺邊,後者爲無意缺邊。當然,這兩者之間具有内在聯繫,關於這種聯繫,後文詳說。

　　"缺邊"現象具有多方面的認識價值。首先,此種習見文字現象,足以爲文字釋讀提供依據。前文關於包山簡"固"字的討論就是一例,再舉兩例如下。

　　《忠信之道》3 簡"[圖]而者[圖]"之首末兩字學界多有歧釋,關於首字,或釋"大古"合文[1],或釋"達"[2],而整理者釋"訇",並說明"簡文字形與金文'訇'字形近"。[3] 而缺邊現象則很可以支持整理者的釋讀。西周金文"訇"字相較[圖]字,最大的差異顯然只是上部偏旁右邊線條向下延伸:

────────
　〔1〕　陳偉:《郭店竹書別釋》,湖北教育出版社,2002 年。77 頁。
　〔2〕　周鳳五:《郭店楚簡〈忠信之道〉考釋》,《中國文字》新第 24 期,臺北藝文印書館,1998 年。
　〔3〕　彭浩、劉祖信、王傳富:《郭店楚墓竹簡》,文物出版社,1998 年,163 頁。

楚簡文字缺邊現象芻議

[圖] 箶父盤_集成 16・10075　　[圖] 虡篿_集成 08・04167　　[圖] 筍伯大父盨_集成 09・04422

以此爲參照，不難發現，正是因爲"缺邊"，才導致[圖]的上部偏旁右邊線條缺失，進而與西周金文之"匋"有所不同。而楚簡其他"匋"又與[圖]難分彼此，均呈缺邊之跡：

[圖] 窮達以時 2　　[圖] 容成氏 13　　[圖]（左旁爲"匋"）容成氏 29

"匋"字構形的這種歷時變化，屬於"勹"因缺邊而類"宀"的情況，而這種現象楚簡中時有所見（對此筆者曾經有過討論[1]，這裏不贅），亦可成爲釋[圖]爲"匋"的證據。

關於[圖]，或釋"與'瞻'的右旁相同"[2]，或認爲"從'石（音擔）'聲讀爲'耽'"[3]，而整理者釋"尚"的意見，亦可得到楚簡之"尚"多缺右邊的支持：

[圖] 望山一 44　　[圖] 包山楚簡 245　　[圖] 命 10　　[圖] 耆夜 2　　[圖] 芮良夫毖 3

再如《凡物流形（甲本）》23 簡："卬（仰）而視之，△而癸（揆）之"之"△"字，原形如下：

---

[1] 劉志基：《說楚簡帛文字中的"宀"及其相關字》，《中國文字研究》第 5 輯，廣西教育出版社，2004 年。

[2] 陳劍：《郭店簡〈尊德義〉和〈成之聞之〉的簡背數字與其簡序關係的考察》，《簡帛》第 2 輯，上海古籍出版社，2007 年。

[3] 董珊：《讀〈上博六〉雜記（續四）》，簡帛網，2007 年 7 月 21 日。

整理者釋此字爲"任",而學者多不認同,多位先生都認爲此字當讀"俯",但關於構形的分析卻見仁見智:陳偉先生認爲此字右旁下部從"土",上部所從爲"皂"字所從的"勹",是其聲符,應讀爲"伏"或"俯"。[1] 劉信芳先生認爲此字左旁從"人",右旁上部從"宀",下部從"土",以"土"爲聲符,也讀爲"俯"。[2] 劉洪濤先生認爲:"上古音'俯'屬幫母侯部,'土'屬透母魚部,二字聲韻皆不近,則■不可能以'土'爲聲符,劉信芳先生的説法恐不可從。'皂'的古音屬並母侯部,跟'俯'字聲韻俱合,且文獻中有'皂'與從'付'聲之'符'與'苻'相通假的例子,把■的右上旁看作'勹'是有一定道理的。不過從字形來看,此旁跟戰國文字中常見的'皂'所從的'勹'仍有一定的距離。"所以釋■爲"上從'宀',下從'付'"。[3] 關於上述爭議,撇開其他不說,僅就■的右上旁與"勹"仍有一定距離這一點而論,完全是可以用"勹"因缺邊而類"宀"的現象來解釋的。而此字在《凡物流形(乙本)》中寫作■,右上旁之右邊線條相對較長,正可爲一種很好的參照,表明■之右上旁如非缺邊,則不應形同於"宀"。

其次,"缺邊"現象可以成爲字跡判斷的一種依據。所謂"字跡",指手寫文字字形的書寫性特點,相關研究中與之對應的概念或被表述爲"字體""筆跡"等,而其研究之目標基本鎖定爲"寫手"鑒別。楚簡字跡關係因其能爲竹簡編聯、文字考釋、文字地域差異等相關研究提供重要依據,故日益爲人們所關注。然而,就目前研究現狀來看,字跡判斷往往缺乏有操作性的依據材料。關於楚簡字跡判斷的依據,學者有過概括:概貌特徵(包括書寫風格、書寫速度、書寫水準、佈局等方面特徵)、用字寫法特徵

---

[1] 陳偉:《讀〈凡物流形〉小劄》,簡帛網,2009年1月2日。
[2] 劉信芳:《試説竹書〈凡物流形〉"俯而尋之"》,《江漢考古》2010年第3期。
[3] 劉洪濤:《上博竹簡釋讀劄記》,簡帛網,2010年11月1日。

楚簡文字缺邊現象芻議

（包括同形字、文字異寫、簡化、繁化寫法、表示數字的"繁體"寫法、合文等）、形態特徵（包含形體和態勢）等[1]，不難發現，其中有些依據因爲較爲抽象在字跡判斷實踐中是挺難把握的，比如"書寫風格、書寫速度、書寫水準"及"形體和態勢"，而有些依據似乎又有些寬鬆，未必能起到鎖定寫手的作用，比如"簡化、繁化……合文等"。字跡判斷具有的高度複雜性，"字體並非一成不變，情況錯綜複雜。對同一種客觀現象，由於各人觀察上有出入，有時會作出不同的分析，因此所分出的類與實際情況就不一定相合"。[2] 此種分析雖然針對甲骨，但同樣適合楚簡的字跡判斷。事實上，在個體之間容易發生相互影響（比如師承關係、同學關係、同地域關係等）的群體內，不同寫手所寫的字往往會有不同程度的相似性；反之，同一個寫手由於年齡的變化，或者書寫條件的變化，所寫的字也會有不同程度的差異。因此，在字跡和寫手的對應判斷中，應參照盡可能多且具體客觀的字跡因素，參照系越多，判斷越容易接近事實。不難發現，"缺邊"客觀性強而不易導致判斷分歧，正是一種理想的字跡判斷依據因素。前文列舉的諸多缺邊字例，多可視爲一種特定字跡判定的材料。比如"囧"，曾侯乙簡 6 見均缺右邊，信陽簡 4 見，雖或不甚清晰，但細審則可發現均缺左邊（唯一兼缺右邊者當爲無意而缺，與有意而缺的左邊不同）：

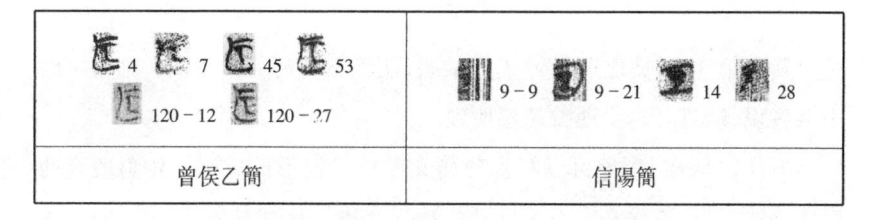

曾侯乙簡	信陽簡
匚 4　匚 7　匚 45　匚 53　匚 120-12　匚 120-27	ⅲ 9-9　⋻ 9-21　⋻ 14　⋻ 28

再如"曰"，《性情論》5 見絕大部分明顯缺邊，《凡物流形（甲）》3 見亦多缺邊：

---

〔1〕 李松儒：《戰國簡帛字跡研究——以上博簡爲中心》，吉林大學 2012 年博士學位論文，131 頁。

〔2〕 黃天樹：《殷墟王卜辭的分類與斷代》，科學出版社，2007 年，8 頁。

| 2-9 2-15 8 16-18 16-26 | 9-13 9-25 10 |
| 性情論 | 凡物流形(甲) |

值得注意的是,上述字例中少數並非絕對無"邊",只是長度不足而不明顯而已,如《性情論》5簡第12字,《凡物流形(甲)》9簡第13字。這種似有似無之邊的存在表明,寫手並非不知道該字應該寫出"邊"來,只是對此種要求有疏於控制的傾向而已。由此可見,"缺邊"雖然與文字載體竹簡有關,但最終卻取決於個體寫手在書寫中將字寬容于簡寬的控制程度:嚴於控制的則不缺邊,無意嚴格控制的則缺邊。而對於"邊"的這種控制度,或許會更多地來源於寫手個性,因而不失爲一種值得重視的字跡判斷依據。

再次,"缺邊"可以解釋某些同一寫手的異寫現象。同一寫手在同一篇文獻中書寫同一字卻寫出明顯差異,這似乎是不合常理的。某些異寫,可視爲"避複"[1],但另有一些異寫,只是緣自"缺邊"。如《緇衣》5個"於"字:

4 33-14 33-19 34 46

其中第4、34簡之"於"字右邊缺畫,明顯不同於另外3字。細審字跡不難發現,缺畫乃寫手運筆超邊所致。

另外,"缺邊"現象可以解釋楚簡文字特異構形的成因。相對殷商西周傳統的字形,楚簡文字不乏自己的特異之處。比如楚簡之"甲"的主流字形爲如下兩種:

---

[1] 參見劉志基:《楚簡"用字避複"芻議》,《古文字研究》29輯,中華書局,2012年。

楚簡文字缺邊現象芻議

在迄今公佈的楚簡材料中，"甲"字共出現110次，忽略細微差異，字形爲 ▨ 者58次（包括曾侯乙簡全部55次，包山簡2次，清華一耆夜1次）；字形爲 ▨ 者34次（包括包山簡30次，新蔡3次，郭店簡老子甲1次）。此外，還有字形爲 ▨ 者16次（望山簡7次，包山簡、上博三周易、九店簡各2次，新蔡簡、清華二第二十三章、清華四第二十五節天干與卦各1次），字形爲 ▨ 者1次（清華五厚父），字形爲 ▨ 者1次（包山165）。很顯然，楚簡"甲"的兩種主流構形，都淵源于傳統殷商西周"甲"字的如下形體：

▨ 寧遹簋＿集成06·03632　　▨ 丙父甲簋＿集成07·03751

▨、▨ 與上列西周金文"甲"字所不同的都是缺邊，只不過前者缺左邊，後者缺右邊。細審簡文原形，不難發現在這種"甲"的書寫過程中，寫手壓根沒有打算寫出那個缺失的邊來，換言之，這種缺邊乃是有意爲之的，由此形成"甲"的一種新寫法。而這種新寫法之所以產生，則又是與無意缺邊現象有關聯的。關於這一點，前文列舉最後一個楚簡"甲"字頗有啟發意義：

▨

這個"甲"字，右邊似缺非缺，明顯呈現由於書寫者控制不當而無意缺邊跡象，這一方面表明了"甲"之缺邊寫法並不完全固定，另一方面也暗示了缺邊之"甲"的寫法來由：在更早的時期，楚人寫"甲"字也當繼承傳統的不缺邊之形體，只是缺邊現象的普遍存在以後，新的寫法才會習慣成自然逐步演成常態。而在我們目前得以寓目的楚簡材料中，"甲"的寫法的這種變化已大體完成。由此可見，無意缺邊的控制失誤，是可以造就有意缺邊的新寫法的。當然，類似情況並不限於"甲"，楚簡"氏"旁往往形同於"千"旁，從以下所列幾個"昏"字，我們很容易看出兩者之間從無意缺邊到有意缺邊的演變軌跡：

[圖] 老子乙 9　[圖] 季康子問於孔子 2　[圖] 彭祖 1　[圖] 魯穆公問子思 1

而另外一種情況，或許更加值得注意。前文列舉的某些缺邊字例，就其直觀視覺效果而論，似乎是將字形的自然結構進行了某種調整，或是半包圍結構變成了上下結構，如"訇"，似乎成了上"勹"下"口"的格局，而"句"則看似上"丩"下"口"的格局。然而，同樣是這兩個字，並沒有書寫失控而致缺邊的痕跡，卻也呈現爲標準的上下結構。"訇"如：

[圖] 五行 18　[圖] 容成氏 26　[圖] 周易 55　[圖] 中弓 26　[圖] 命訓 15　[圖] 湯處於湯丘 9

"句"如：

[圖] 緇衣 40　[圖] 尊德義 7　[圖] 容成氏 28　[圖] 祭公 13　[圖] 祭公 16　[圖] 湯處於湯丘 14

這種情況表明，儘管失控缺邊現象屢見不鮮，但寫手往往也會注意避免，而避免的方式就是縮短"邊"的長度，甚或縮小帶"邊"偏旁的寬度，而其造成的最終結果，也是變半包圍結爲上下結構。而這種避免缺邊的努力，似乎又與楚簡文字另一種構形特點有關。傳統殷商西周文字之左右結構者，楚簡每每爲避缺邊變爲上下結構。僅以"水"部"海""滅""淺"諸字爲例，西周或春秋金文左右結構，而楚簡文字可變爲上下結構。

楚簡文字缺邊現象芻議

小臣 諫簋	民之父母 7　同上 12　清華二第二十章 112	
子範編鐘三	唐虞之道 28　清華二(二)7　同上(二十三)132	
越王勾踐劍	信陽長台關一號楚墓竹簡第二組遣策 22	
金　　文	楚　簡	

　　漢字系統高度複雜,牽一髮而動全身。關於書寫條件對文字構形的影響,以往人們多關注甲骨文等非毛筆書寫的契刻範鑄文字,其實墨蹟文字亦莫能外,這也是本文想要表達的一種意思。當然對於楚簡文字"缺邊"現象,本文所論只是初步的,不當和局限之處在所難免,權充引玉之磚,敬祈方家教正。

上古文字填實構形成分的表敬意義

——以"王"字的分析爲中心

　　裘錫圭曰:"商代晚期和西周前期金文的字形,象形程度仍然比較高,彎彎曲曲的線條很多,筆道有粗有細,並且還包含不少根本不能算作筆道的呈方、圓等形的團塊,書寫起來很費事。"[1]裘先生所説的"書寫起來很費事",自然是指這種"團塊"不能一筆寫成,只能反復塗抹填實。對於文字書寫而言,填實這種低效率的方式無疑是一種異己分子,一般認爲它與文字的圖畫淵源有關,"早期的漢字,與繪畫有一定的關係,保留了較濃厚的圖繪的特點……有很多肥筆,填實多"。[2]這種關係的認定當然是有道理的,但似乎還不能解釋所有的"填實"之出現緣由。我們認爲,早期漢字中"填實"成分的存在,與敬意的表達也有一定關係。以下分别討論相關時段的不同文字類型中的此種情況。

---

〔1〕 裘錫圭:《文字學概要》(修訂版),商務印書館,2013年,52頁。
〔2〕 黄德寬:《古文字學》,上海古籍出版社,2015年,63頁。

上古文字填實構形成分的表敬意義

一、甲骨文的填實表敬

"王"是早期漢字中最爲常見的文字之一,其造字意圖雖歧釋紛繁,但吳其昌"王之本義爲斧"[1]之説已爲多數學者信從。而對於其斧鉞鋒刃的描摹,殷商金文皆施以團塊式筆觸加以填實:

王 王 王

而同爲殷商文字的甲骨文,則多以線條勾勒其斧鉞鋒刃:

王 王 王 王 王 王

這無疑是因爲"在堅硬的甲骨上刻字,非常費時費力。刻字的人爲了提高效率,不得不改變毛筆字的筆法,主要是改原形爲方形,改填實爲勾廓,改粗筆爲細筆"。[2] 然而,甲骨文中也有少量類似于殷商金文之填實斧鉞鋒刃的"王"。黄天樹在論述"師組肥筆類"的"字形特點"時,在"王"下列舉王或王兩個代表字形[3]。後一個下部呈團塊狀者即填實類"王"字。張世超在解説師組卜辭 NS1 類"字形特徵"時作了類似的列舉,同時明確使用"填實"的描述:"'王'前期填實作王,後期虚廓作王,但末一横兩端亦不逸出。"[4]張氏所謂"前期填實"者,亦即填實類"王"字。需要説明的是,本文所謂填實型"王"字,並不限於黄、張二氏給出的若干條件範圍,如"師組肥筆類"或"師組 NS1 類"、"師組 NS1 類"前期、"末一横兩端亦不逸出"等。也就是説,只要"王"字構形之斧鉞狀部分是填實的,無論屬於哪一類組,哪一分期,哪種構形特徵,一概視爲甲骨文填實類"王"字。

---

[1] 吴其昌《金文名象疏證》云:"王字之本義爲斧。斧,武器,用以征服天下,故引申之,凡征服天下者稱'王'。"臺北藝文印書館,1936年。
[2] 裘錫圭:《文字學概要》(修訂版),商務印書館,2013年,47頁。
[3] 黄天樹:《殷墟王卜辭的分類與斷代》,科學出版社,2007年,12頁。
[4] 張世超:《殷墟甲骨字跡研究——師組卜辭篇》,東北師範大學出版社,2002年,129—130頁。

除此以外，有明顯填實意圖，而實際上填實"未遂"者，亦視爲填實類"王"字。關於這一點，需要作一點說明。

這片甲骨上有三條帶"王"字刻辭：

1. 丁未卜，王，令㱿田。
2. 戊申卜，王，令庚追方。
3. 戊申卜，王祼兄戌。

合集 20462

三辭爲隔日（"丁未"和"戊申"）之王卜，整片字體風格統一，當出於同一刻手。而"王"分別作：

不難發現，三個"王"中前兩個契刻填實成功，後一個雖然有明顯的填實努力，但卻尚有些許不到位：字形中部契刻之刀鋒稍有未及。可以推知，這個"王"，按照刻手本意，也應是要完全填實的，只是由於甲骨契刻的艱難而導致"填實未遂"。甲骨文是手寫文字，對於手寫文字而言，同一個書寫者用自己習慣的同一種寫法，在同一時間段內寫同一個字，只要寫出的字形不止一個，字形之間就難免會有些許差異，這種差異，可以稱之爲"手寫差異"。很顯然，對於古文字研究而言，這種存在"手寫差異"的不同字形，都是應該認同的。而以上這種具有完全填實意圖，且已基本達到填實效果的"填實未遂者"，相對填實成功者，只能算是一種"手寫差異"，因此也應該認定爲填實構形。

當然，是不是"手寫差異"，是一種主觀判斷，要防止主觀判斷可能產生的誤差，最好的方法是確定明確而具體的判斷標準。對"填實"與否而

言,這種標準應該是相互聯繫的兩點:一是具有明顯完全填實意圖,二是呈現基本填實的現實字跡。試舉例說明如下:

合集補編 6595

此片有三條帶"王"字刻辭:

1. 乙卯卜,王衒……
2. 乙卯卜,王亡宫。
3. 乙卯卜,钟王。

以上三辭爲同時之卜,三個"王"字依次爲:

第一個"王",完全填實無疑。第二個"王",也呈現填實的意圖,左邊與左下部粗闊的刻痕將這種意圖顯露無疑。但是,這種意圖,並沒有轉化爲完全填實的決心,偏右下部的虛廓同樣毫無疑問地説明了這一點。第三個"王",則明顯是第二個"王"的弱化版。雖然也有表明填實意圖的刻跡,但這種刻跡也更透露了刻手對實現這種意圖敷衍了事的心態。由這一版刻辭,我們不難窺見刻手在填實"王"字時的一種自然心態:按照初衷,或者説應遵從的書寫原則,"王"是應該填實的,但是,龜甲之上的填實營構著實辛苦,或又迫於佔卜程式中的時間效率要求,於是在同一契刻過程的多個"王"字營構中,在保證一個填實不打折扣的前提下,另外幾個的填實就意思一下了。對於這種雖有一定填實意圖但明顯不具備完全填實所必須的契刻操作努力者,我們不視爲填實"王"字。

當然,是否真正屬於"填實",不能只孤立地觀察"王"字,還需要通觀整版刻辭來做出綜合判斷。填實之"王"多見於師組肥筆類,此類的刻辭特點就是"筆道多呈肥筆","有如墨書"[1]。師組肥筆類的刻辭之所以呈現這種特點,是不是有契刻工具手段方面的原因,三千多年後的今日已難以稽考,但"肥筆"一定是比較容易"填實"的。因此,有些孤立來看很像"填實"的"王",聯繫正版刻辭來觀察便會發現,其貌似"填實"的視覺效果,其實只是兩條本來只是想要"虛廓"的肥碩筆道過於接近造成的,而刻手原本未必有"填實"的意圖。如《甲骨文合集》20279 片,兩個"王"字

20279 片　　　　　　**20308 片**

[1] 黄天樹:《殷墟王卜辭的分類與斷代》,科學出版社,2007 年,12 頁。

上古文字填實構形成分的表敬意義

孤立來看很像"填實未遂"者，但同版諸字與"王"不相上下的刻痕肥碩程度，則或可告訴我們"填實"只是一種假像。而《甲骨文合集》20308 片則完全是另外一種情形：孤立看，"王"的填實程度不會高於 20279 片之"王"，但對比同版其他諸字相差懸殊的纖細刻痕，"王"的"填實"的刻跡一目了然。當然，我們在對"填實"類"王"字的認定中，不會承認前一種虛假的"填實"，但不能不承認後一種呈現完全"填實"努力的"填實"身份。

根據上述界定，我們首先以各家認定的師組卜辭爲材料範圍[1]，進行了逐字目驗調查，所得填實類"王"字 42 例如下[2]：

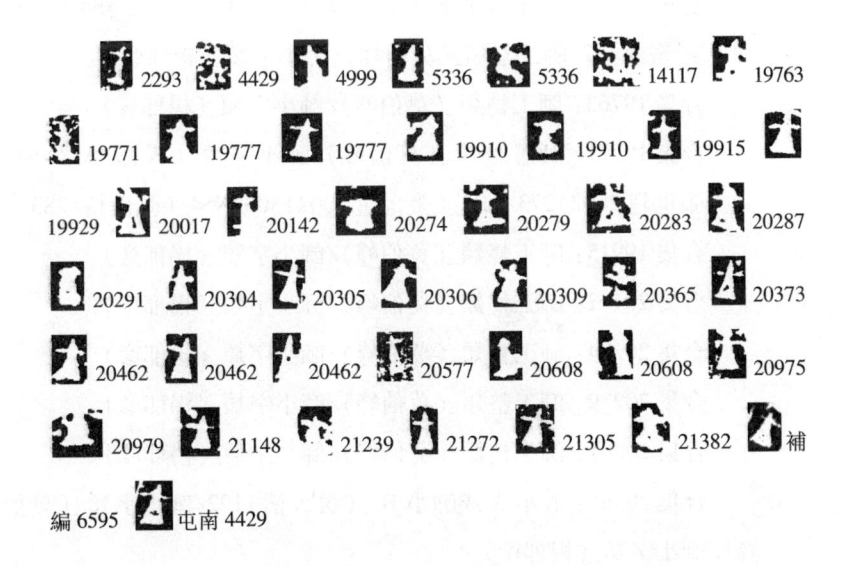

2293　4429　4999　5336　5336　14717　19763
19771　19777　19777　19910　19910　19915
19929　20017　20142　20274　20279　20283　20287
20291　20304　20305　20306　20309　20365　20373
20462　20462　20462　20577　20608　20608　20975
20979　21148　21239　21272　21305　21382　補

編 6595　屯南 4429

以上調查結果，可以修訂既往關於填實"王"字在師組卜辭中歸類的認識。如上所述，各家論及填實"王"字，一般將其歸爲"師組肥筆類"或

---

[1] 師組認定主要參照黃天樹《殷墟王卜辭的分類與斷代》，李學勤、彭裕商《殷墟甲骨分期研究》，張世超《殷墟甲骨字跡研究——師組卜辭篇》，楊鬱彥《甲骨文合集分組分類總表》，莫伯峰《殷墟甲骨卜辭字體分類研究》中的具體列舉。

[2] 呈現方式爲：字形圖片、出處（即字形所出著錄片號，凡著錄名省略者爲《甲骨文合集》）。

333

同實異名的"師肥類"、"NS1"。而以上列舉的填實"王"字,顯然並不局限於此。以下爲前文所列填實"王"字涉及材料的各家分類中不限於"師肥類"者[1]:

合集 2293：師小 A 或師小 B_(黃天樹)26/師工整類_(莫伯峰)/師小字類_(楊郁彦)

合集 4429：師小字類_(莫伯峰)/師賓間 A_(楊郁彦)

合集 4999：師工整類_(莫伯峰)/師小字類_(楊郁彦)

合集 5336：賓出大類_(莫伯峰)/師小字類_(楊郁彦)

合集 14117：師小 A 或師小 B _(黃天樹)143/NS3 或 NS4_(李學勤 1、彭裕商)87/師工整類_(莫伯峰)/師小字類_(楊郁彦)

合集 19763：師工整類_(莫伯峰)/師小字類_(楊郁彦)

合集 19771：師工整類_(莫伯峰)/師小字類_(楊郁彦)/NS4_父_(張世超 2002)273/NS4_(張世超 2002)306/NS4_(張世超)283

合集 19915：師工整類_(莫伯峰)/師小字類_(楊郁彦)

合集 20142：師工整類_(莫伯峰)/師小字類_(楊郁彦)

合集 20274：師工整類_(莫伯峰)/師小字類_(楊郁彦)

合集 20279：師工整類_(莫伯峰)/師小字類_(楊郁彦)

合集 20291：師工整類_(莫伯峰)/師小字類_(楊郁彦)

合集 20365：師小 A 或師小 B _(黃天樹)122/師小字類_(莫伯峰)/師小字類_(楊郁彦)

合集 20608：師工整類_(莫伯峰)/師小字類_(楊郁彦)

---

[1] 呈現方式爲：首列著錄名及片號,其後列舉各家分類意見,各家分類之間以"/"相隔。分類意見的具體表達爲：首列分類名稱,其後擴注分類者論著以及分類標注所在頁碼(用表格形式呈現分類意見者略去頁碼)。爲節省篇幅,分類者論著僅列作者名,作者名對應的論著如下：黃天樹：《殷墟王卜辭的分類與斷代》(科學出版社,2007 年)；張世超：《殷墟甲骨字跡研究——師組卜辭篇》(東北師範大學出版社,2002 年)；莫伯峰：《殷墟甲骨卜辭字體分類研究》(首都師範大學 2011 年博士學位論文)；李學勤、彭裕商：《殷墟甲骨分期研究》(上海古籍出版社,1996 年)；楊鬱彦《甲骨文合集分組分類總表》(臺北：藝文圖書館,2005 年)。

上古文字填實構形成分的表敬意義

合集 21239：師小字類_（莫伯峰）/師小字類_（楊郁彥）
合集 21382：師小字類_（莫伯峰）/師小字類_（楊郁彥）
屯南 4429：師小字類_（莫伯峰）/師賓間 A_（楊郁彥）

縱觀以上各家分類的整理，一個明白無誤的事實是，無論哪家都沒有把這些填實之"王"僅歸爲"師肥"，如黃天樹將 2293、14117、20365 片歸爲"師小 A 或師小 B"；張世超將 19771 片歸爲"NS4"；莫伯峰則將 2293、4999、14117、19763、19771、19915、20142、20274、20279、20291、20608 歸爲"師工整類"，將 4229、21239、21382 片歸爲"師小字類"；楊郁彥將屯南 4429 片歸爲"師賓間 A_"類，將 2293、4999、5336、14117、19763、19771、19915、20142、20274、20279、20291、20365、20608、21239、21382 歸爲"師小字類"。

與之相聯繫的另一個問題是，填實類"王"字末一橫兩端是否逸出。前文言及，張世超明確指出填實類"王"字末一橫兩端是"亦不逸出"的。而這個所謂"亦"其實是說它跟同類（太）中虛廓的那個"王"下部一橫兩端不出頭是一樣的。黃天樹雖然沒有明確作過這樣的表述，但他所劃定的"師組肥筆類"刻辭中的所有"王"字，不管填實還是虛廓，末一橫均是兩端不逸出的。據此我們可以認爲在這一點上，黃氏與張氏的意見並無二致。然而，在前文的整理結果中卻頗有末一橫兩端逸出者，如：

    合集 19910_2_5   合集 19915_1_5   合集 20279_4_5

不難發現，末一橫兩端不逸出的認識，也是與填實類"王"的類屬局限於"師肥類"的判斷相聯繫的。

進一步擴展調查範圍，又可發現，填實類"王"字的出現並不限於師組。首先是"無名黃間"類卜辭"王"多填實，以下爲《屯南》該類之填實"王"：

22631|1-4　　2489|1-5　　2489|2-5　　4363|1-4　　4474|1-5　　4476|5-5　　4476|3-5　　4476|4-4

　　需要説明的是,相對師組填實之"王","無名黄間"類卜辭"王"之填實面積較小。對於此類填實"王"字,或解釋爲描摹鋒刃部的"兩斜筆跨度非常小,近於合爲一筆"〔1〕,此説不可盡信。甲骨文"王"字構形,林澐有精到的分析:"即戌字上半部豎置之形。"〔2〕因此如果"王"之描摹鋒刃部的"兩斜筆跨度非常小,近於合爲一筆","戌"亦當如是。然而,屯南"無名黄間"類之"戌"絶非如此:

21721|5-2　　23061|2-2　　26401|2-2

　　對比之下,"無名黄間"類的"王"字的填實無可否定。林澐曰:"王王兩類寫法,底畫或曲或直,正是早期王字對斧鉞鋒刃部的兩種不同表現法的簡化。"〔3〕"無名黄間"類的"王",顯然正是通過填實之曲畫,來表現鋒刃部的那種寫法。可見,是不是"填實",並不能以填實筆觸(刻痕)的面積大小來判斷,只要是必須通過來回塗抹或刻畫來形成塊面效果者,都應視爲"填實"。以上"王"字的填實程度,其實與殷商金文中相當一部分"王"字相當接近:

集成05・02648|8　　集成05・02709|24　　集成05・02709|8　　集成16・09890|3　　集成10・05412|3　　集成10・05412|28　　集成

---

〔1〕 莫伯峰:《殷墟甲骨卜辭字體分類研究》,首都師範大學2011年博士學位論文,323頁。

〔2〕 林澐:《説王》,《林澐學術文集》,中國大百科全書出版社,1998年,1頁。

〔3〕 同上。

上古文字填實構形成分的表敬意義

13・0830912 ![圖] 集成10・0539511

可見這種較小面積的填實,只是特定斧鉞形狀的一種寫實方式所決定的,並不否定其填實的性質。而其他各無名組小類也同樣有此種填實方式的"王"露臉。仍以屯南爲材料範圍,屬於"無一"者有:

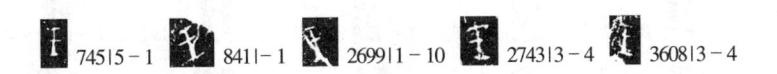

![圖]74515-1 ![圖]8411-1 ![圖]269911-10 ![圖]274313-4 ![圖]360813-4

屬於"無二"者如:

![圖]6591-7 ![圖]210711-6

屬於"無三"者如:

![圖]25611-3

按上述標準,黄組卜辭無疑是"王"字填實之大戶。限於篇幅,僅列出見於《合集》之 99 例:

![圖]35345_2_5 ![圖]35345_4_15 ![圖]35347_2_6 ![圖]35347_4_6 ![圖]35362_2_10 ![圖]35368_2_8 ![圖]35373_2_6 ![圖]35383_2_6 ![圖]35435_1_19 ![圖]35477_1_8 ![圖]35482_1_6 ![圖]35582_3_3 ![圖]35588_1_8 ![圖]35589_4_21 ![圖]35589_5_3 ![圖]35589_5_11 ![圖]36419_1_3 ![圖]36419_1_17 ![圖]35657_2_8 ![圖]35665_1_6 ![圖]35693_1_8 ![圖]35698_2_3 ![圖]35698_3_5 ![圖]

35744_1_13　35748_2_3　35756_2_3　35756_6_3　35756_7_5　35766_1_10　35790_1_6　35810_1_8　35862_1_6　35872_1_6　35884_1_8　35885_3_3　35891_2_8　36123_2_13　36171_1_14　36203_2_16　36249_1_8　36261_1_6　36347_1_27　36390_1_1　36442_2_9　36443_1_19　36482_1_3　36482_1_50　36483_1_3　36484_1_14　36484_2_8　36484_3_8　36484_3_17　36484_4_23　36485_1_3　36485_1_17　36486_1_5　36487_1_8　36489_1_5　36492_1_9　36497_1_15　36497_2_3　36497_2_11　36497_3_11　36497_4_3　36499_2_3　36499_2_11　36501_1_5　36501_3_11　36501_4_13　36502_1_5　36504_1_3　36509_1_41　36526_1_3　36529_1_3　36530_1_3　36534_1_3　36539_1_3　36550_3_9　36556_2_3　36556_3_3　36590_2_9　36607_2_9　36609_1_8　36620_2_3　36652_2_6　36709_1_10　36733_1_6　36734_1_25　36745_1_8　36748_1_9　36748_2_13　36751_1_14　36751_2_9　36751_3_11　36751_4_8　36751_5_9　36752_1_11　36752_2_11　36761_1_10

當然,在目前被認定爲黄組卜辭"王"字中,被填實者還是少數,這或許也是填實"王"字形之黄組代表字身份往往未被認定的原因。情況類似者還有周原甲骨。該類已公佈材料中,"王"字 20 餘見,虛廓、填實並存。

上古文字填實構形成分的表敬意義

因周原甲骨以彩色照片形式公佈，相對拓本，"王"字填實與否的影像稍欠清晰，但是它們之間的相互比較則不難分辨此種差異，如：

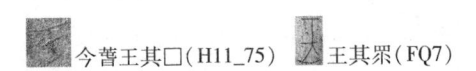

今菁王其囗（H11_75）　王其罘（FQ7）

兩相比較，足可發現兩字鋒刃部刻畫方式的差異，前者有鑿刻填實痕跡，後者則無。《新甲骨文編》（增訂本）將兩者分別黑白處理如下，應當是客觀的：

准此，如下諸"王"亦當填實：

（H11_1）　（H11_134）　（H11_133）

最後一字，稍顯填實未遂之跡，《新甲骨文編》（增訂本）黑白處理如下，總體上還是不錯的：

很顯然，我們的調查，顛覆了以往的填實類"王"字的分類歸屬認識：填實"王"不但見於"師肥類"，也見於師組其他各類，以及師組外多類。學界一般認爲，"師肥類"是"時代最早的一類卜辭，大約是武丁早期之物"，而師組其他各類則時代相對較晚，師組外各類時代更晚。類屬的擴大，則意味著有更多時段的甲骨刻手具有把"王"字填實的意圖。

從以上的討論中，我們可以閱讀到一些值得關注的問題。首先是，爲什麼殷人在堅硬的甲骨上要刻出"填實"的效果？以龜甲獸骨的堅強質地，別說在上面契刻出塊面，就是刻寫出線條，對於不具有合適契刻工具的殷人也絕非一件輕鬆的事。以殷人的物質條件，有可能用來契刻甲骨的無非兩種材料：青銅或硬玉。殷墟也確實出土過銅刀、銅錐和碧玉刻刀。但學界對這種工具是否真的能够順利地契刻甲骨曾有懷疑。郭沫若説："聯想到象牙工藝的工序，因而悟到甲骨在契刻文字或其他削治手續之前，必然是經過酸性溶液的泡製，使之軟化的。"〔1〕此説誇大了殷人的化學技術水準，並不爲學界所采信。有學者通過實驗證明玉刀直接契刻甲骨，只要訓練有素，還是可行的："通過簡單的實驗，認識到用玉料磨成鋒刃也可以刻畫甲骨，不過普通玉料都比較脆，刃鋒極易折斷，很難掌握。"〔2〕然而，刻綫雖然不成問題，但甲骨刻辭中驚現塊面，顯然不可思議，刻辭者爲什麼要如此不憚其煩，以硬玉、青銅類原始契刻刀具在堅硬的甲骨上營構團塊？

其次，爲什麼在四千多個甲骨文文字單位中，基本上只有"王"字被填實？2014年出版的《新甲骨文編》（增訂版）可謂最新的甲骨文字整理成果，經共計，該書正編收字2268字，附録收字1224，合文收字203，在這合計3695個字目下，只有"王"下收録兩個"填實"字形。另外3694個字目之下均無填實字形〔3〕。

由此不難領悟這樣一個事實：甲骨刻辭中的"王"，主要用以指稱殷代時王。用以表達天下之尊的"王"，字形營構中使用不同尋常手段是並不奇怪的。填實成塊面，是漢字淵源的原始圖畫對於事物的描摹手段，在新石器時代彩陶中就有著大量運用，將這種當時人看來就很傳統的，而且"書寫起來很費事"的營構方式來作爲"王"字的特殊待遇，是可以理解的。當然，填實乃文字圖畫淵源的"胎記"，又非常不適合甲骨的契刻，故填實之"王"只在甲骨文中有限的出現，也是很自然的。

二、殷商金文的填實表敬

對於甲骨文和金文這兩種殷商文字材料，裘錫圭先生曾做過這樣的

---

〔1〕 郭沫若：《古代文字之辨證的發展》《奴隸制時代》，人民出版社，1973年，251頁。
〔2〕 趙銓：《甲骨文字契刻初探》，《考古》1982年第1期。
〔3〕 該書"戉"字目下所收個别類似鋒刃部填實字形（合集1916、16562）的形成，可解釋爲"兩斜筆跨度非常小，近於合爲一筆"。

上古文字填實構形成分的表敬意義

分析:"我們可以把甲骨文看作當時的一種比較特殊的俗體字,而金文大體上可以看作當時的正體字。所謂正體就是在比較鄭重場合使用的正規字體,所謂俗體就是日常使用的比較簡便的字體。"[1]金文的正體性質是由其紀念性銘刻文字的性質決定的,"作器"的非同尋常性,使金文的書寫總是一種需要以戰戰兢兢、聖神其事的態度來對待,由此產生的金文字形,無疑應是最符合當時人們理想的文字形態,也是當時最主流的漢字形態。由此可以認定,觀察殷商金文的填實筆觸,應該更容易判斷這種寫法是不是符合當時的文字規範。與此相應,金文的書寫方式又是相對比較容易營構出團塊式或者説填實筆觸的,銘文的製作,是"鑄器前,先用毛筆書寫出字體規整的銘文,作爲製範鑄銘的底本",[2]"銅器銘文是按照墨書原本先刻出銘文模型再翻範鑄造出來的。由於商周時期青銅鑄造技術的精湛,銘文字跡一般都能夠在相當程度上體現出墨書的筆意"。[3] 由此可見,將殷商金文與甲骨文中的"填實"現象聯繫起來觀察,是更容易觸摸到殷商時代漢字書寫的真實的。

因爲書寫條件的不同,簡單地將甲骨文和殷商金文的"王"字孤立地比較是難以説明問題的。因此有必要另尋合理的比較方式。林澐指出,甲骨文"王"字最常見的形體 ⛏ "乃象斧鉞類武器不納柲之形"。[4] 而古文字中象斧鉞之形者另有"戉""戍""戊"諸字。故將這幾字與"王"字比較,很可以説明殷商金文"王"字的書寫是不是被特殊對待了。殷商金文"戉"字罕見,"戍"字未見,只有"戊"較多,以下調查結果按"填實"與否分別給出。至於"填實"與否的判斷標準,則嚴格按照是否具備林澐所説"對斧鉞鋒刃部的兩種不同表現法",即鋒刃平直而填實如 王 和鋒刃彎曲兩端上翹而尖出如 王 來做出判斷,至於"填實"面積大小,筆道寬窄等容

---

〔1〕 裘錫圭:《文字學概要》(修訂版),商務印書館,2013年,48頁。
〔2〕 裘錫圭:《從文字學角度看殷墟甲骨文的複雜性》,《裘錫圭學術文集》,復旦大學出版社,2012年,416頁。
〔3〕 馬承源主編:《中國青銅器》,上海古籍出版社,1988年,383頁。
〔4〕 林澐:《説王》,《林澐學術文集》,中國大百科全書出版社,1998年,1頁。

易成爲"填實"假像者,一般不作考慮。

"戍"字被"填實"43例如下[1]:

04·01862|3|季父戍子。 04·02013|4|黽乍(作)父戍彝。 05·02594|1|戍寅。王嘯(虖)馬酓。易(賜)貝。用乍(作)父丁障(尊)□彝。亞{受}。 06·03189|3|叔父戍。 06·03188|3|耆(舊)父戍。 10·04892|3|琴且(祖)戍。 10·04893|3|俞且(祖)戍。 10·04950|3|黽父戍。 11·05640|3|天父戍。 11·05510|2|且(祖)戍。 11·05794|3|乍(作)且(祖)戍鼒(尊)彝。 11·06115|2|父戍。 11·06134|2|母戍。 11·06208|3|且(祖)戍。 11·05641|3|𠂤父戍。 12·06398|4|告宁父戍。 12·06496|4|子乍(作)父戍彝。犬山刀。 12·07123|3|叔父戍。 12·06834|1|戍木。 12·07122|3|佁父戍。 12·07214|2|未戍且(祖)戍。 12·07121|3|冀父戍。 13·07929|2|父戍。 13·07930|2|父戍。 13·07856|2|且(祖)戍。 14·08520|3|屰父戍。 14·09014|5|戉(啓)宁父戍。 14·08330|3|叔且(祖)戍。 14·08518|3|黽父戍。 14·08525|3|膌父戍。 14·09010|5|亞|向|𠂤父戍。 14·08522|3|𠂤父戍。 14·08527|4|𠂤父戍。

---

[1] 給出方式爲:著録《殷周金文集成》省略著録名,後仿此)及著録號。因其用法有"干支"記日和"廟號"的差異,一併給出銘文文例。

上古文字填實構形成分的表敬意義

[圖] 14・0852913| 钊父戊。 [圖] 14・0884114| 采●且（祖）戊。 [圖] 14・0891814| 矢父戊。 [圖] 14・0891914| 矢父戊。 [圖] 14・0892014| 矢父戊。 [圖] 15・0929113| 乍（作）母戊寶障（尊）彝。 [圖] 15・0935613| 父戊。 [圖] 16・1057013| 乍（作）父戊彝。 亞|昷（正）|冊（冊）。 [圖] 17・11392|15| 兄日丙。 乍（作）且（祖）戊彝。 [圖] 新收07791 4| 【蓋銘】鈇乍（作）父戊障（尊）彝。戈。

線條化或虛廓者64例：

[圖] 03・0050214| 亞牧父戊。 [圖] 03・0125312| 且（祖）戊。 03・0125712| 父戊。 [圖] 03・0125812| 父戊。 [圖] 03・0125912| 父戊。 [圖] 03・0129112| 戊。 [圖] 03・0131612| 子戊。 [圖] 04・0170512| 乍（作）戊彝。 [圖] 04・0170613| 司母戊。 [圖] 04・0176413| 秉冊戊。 [圖] 04・0186314| 亞|徙父戊。 [圖] 04・0186413| 角戊父字。 [圖] 04・0201114| 鍬乍（作）父戊。 [圖] 04・0212414| 兇日戊乍（作）彝。 [圖] 06・0305012| 且（祖）戊。 [圖] 06・0306512| 何戊。 [圖] 06・0318613| 子父戊。 [圖] 06・0318712| 父戊黽。 [圖] 06・0318513| 父戊。 [圖] 08・0414411| 戊辰。弜師易（賜）鉼 戶賣（糞）貝。 [圖] 10・0486411| 戊木。 [圖] 10・0507613| 爵父戊。 [圖] 10・0516114| 爹父戊。 [圖] 10・0527815| 狠元乍（作）父戊障（尊）彝。 [圖] 11・0564213| 山父戊。 [圖] 11・0573913| 爹父戊。 [圖] 11・

06357|3|秉冊戍。11·06177|2|😀戍。12·06397|3|😀父戍。12·07161|2|舌戍😀。12·07214|4|未戍且（祖）戍。12·07238|3|🔲父戍。13·07927|2|父戍。13·07928|2|父戍。13·08029|2|𡨄戍。13·07854|2|且（祖）戍。13·07855|2|且（祖）戍。13·08262|1|戍😀。14·08329|3|戈且（祖）戍。14·08795|3|舸（何）😀戍。14·08521|3|繼父戍。14·08523|3|奴父戍。14·08517|3|裘父戍。14·08526|3|😀父戍。14·08531|3|🔲父戍。14·08532|3|😀父戍。14·08533|3|😀父戍。14·08535|3|😀父戍。14·08923|4|🔲乍（作）父戍。15·09152|1|戍。15·09153|1|戍。15·09213|3|聿父戍。15·09165|2|且（祖）戍。15·09231|4|🔲乍（作）父戍。15·09276|3|竟父戍。15·09357|3|🔲父戍。15·09354|3|黽父戍。16·09878|4|🔲宦父戍告永。16·09879|4|🔲宦父戍告永。16·09957|3|🔲父戍。16·10042|3|父戍。近出 0893|3|竝。母戍。新收 0791|1|戍尸告（正）。父己。無習🔲新收 0781|3|戈父戍

著録于《集成》的 58 個 "王" 字如下：

🔲 03·00741|9 🔲 04·02425|3 🔲 05·02579|6 🔲 05·02594|3
🔲 05·02648|8 🔲 05·02653|1 🔲 05·02694|5 🔲 05·02694|16

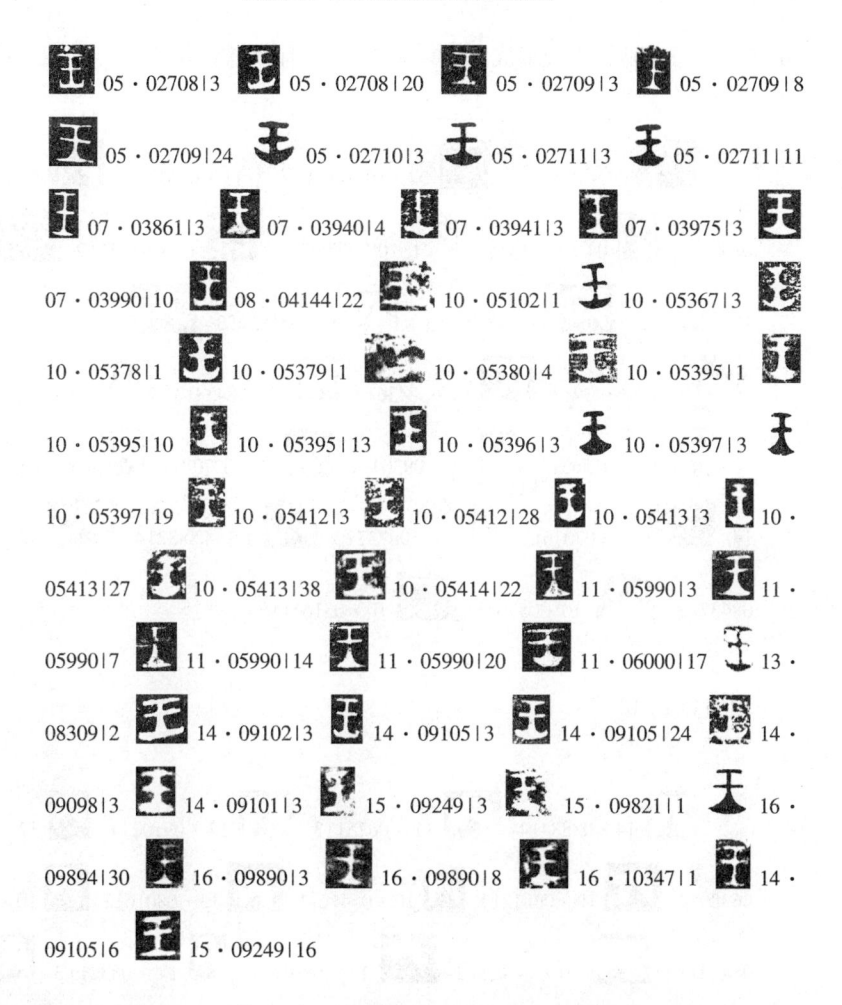

上古文字填實構形成分的表敬意義

王 05·02708|3　王 05·02708|20　王 05·02709|3　王 05·02709|8
王 05·02709|24　王 05·02710|3　王 05·02711|3　王 05·02711|11
王 07·03861|3　王 07·03940|4　王 07·03941|3　王 07·03975|3
07·03990|10　王 08·04144|22　王 10·05102|1　王 10·05367|3
10·05378|1　10·05379|1　10·05380|4　10·05395|1
10·05395|10　10·05395|13　10·05396|3　10·05397|3
10·05397|19　10·05412|3　10·05412|28　10·05413|3　10·05413|27　10·05413|38　10·05414|22　11·05990|3　11·05990|7　11·05990|14　11·05990|20　11·06000|17　13·08309|2　14·09102|3　14·09105|3　14·09105|24　14·09098|3　14·09101|3　15·09249|3　15·09821|1　16·09894|30　16·09890|3　16·09890|8　16·10347|1　14·09105|6　15·09249|16

以上"王"字,雖然斧鉞鋒刃部塊面的面積大小不等,但絕大部分只能歸於"填實"類的。一定要找出例外的話,大概只有最後兩字與甲骨文黃組的線條化"王"近似。

黄德寬新著《古文字學》在討論古文字"變實爲虛"的形體發展規律中列舉了"正""丙"等字爲例來論證"由於工具的限制……大多數早期填實的象形字,都逐步由虛勾代替"[1]。其中"丙"的填實難度與"王"大致

---

〔1〕 黄德寬:《古文字學》,上海古籍出版社,2015年,69頁。

相當,著錄于《殷周金文集成》的 44 個"丙"中有 25 個爲虛廓:

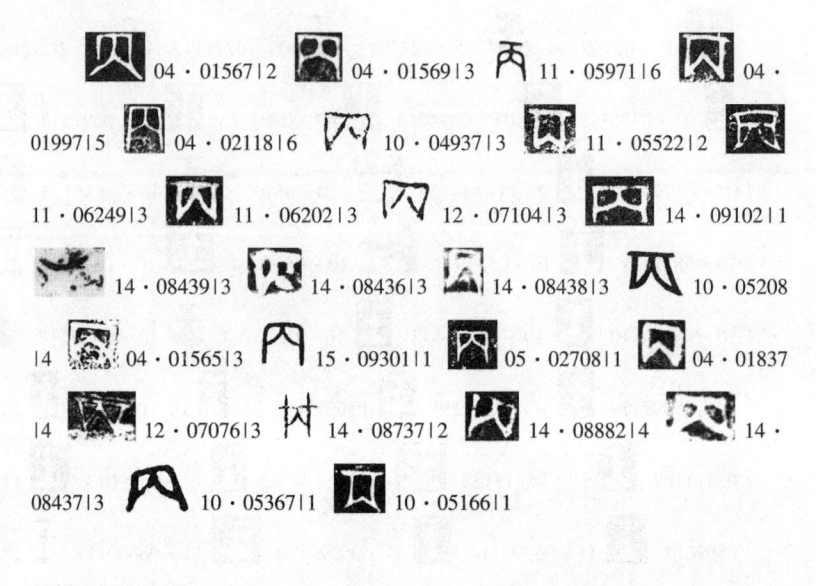

04·01567|2　04·01569|3　11·05971|6　04·0199715　04·02118|6　10·04937|3　11·05522|2　11·06249|3　11·06202|3　12·07104|3　14·09102|1　14·08439|3　14·08436|3　14·08438|3　10·05208|4　04·01565|3　15·09301|1　05·02708|1　04·01837|4　12·07076|3　14·08737|2　14·08882|4　14·08437|3　10·05367|1　10·05166|1

填實則爲 18 字:

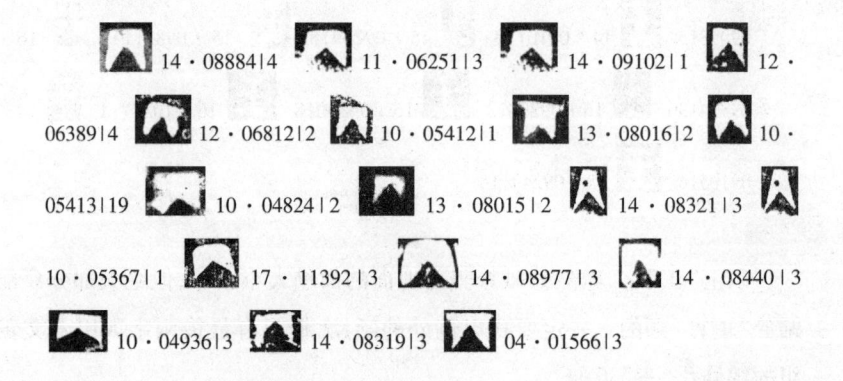

14·08884|4　11·06251|3　14·09102|1　12·06389|4　12·06812|2　10·05412|1　13·08016|2　10·05413|19　10·04824|2　13·08015|2　14·08321|3　10·05367|1　17·11392|3　14·08977|3　14·08440|3　10·04936|3　14·08319|3　04·01566|3

相對於"丙"和"王","正"字(主要是其中的"丁")書寫填實難度要小得多,一般更容易被填實。然而在殷商金文 32 個"正"中有 10 個填實:

02·00408|3　02·00409|3　02·00410|3　03·00538|6

上古文字填實構形成分的表敬意義

05・02709|25　　10・05412|17　　11・05990|16　　17・10689|1
13・07480|1　　16・10570|6

21 個虛廓：

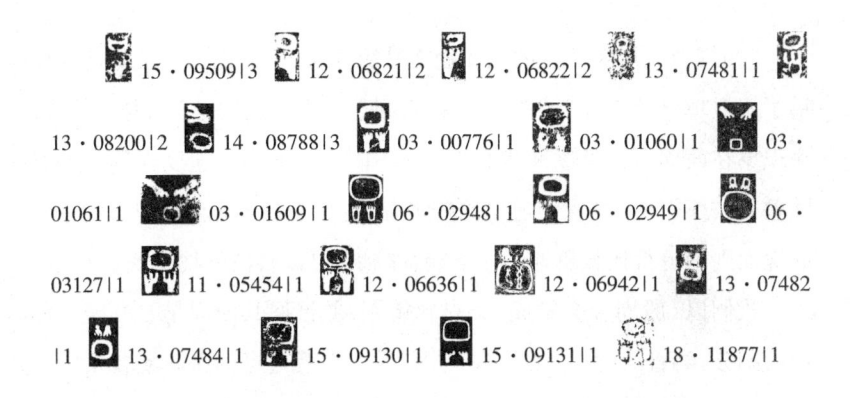

15・09509|3　　12・06821|2　　12・06822|2　　13・07481|1
13・08200|2　　14・08788|3　　03・00776|1　　03・01060|1　　03・0106|1
03・01609|1　　06・02948|1　　06・02949|1　　06・03127|1
11・05454|1　　12・06636|1　　12・06942|1　　13・07482|1
13・07484|1　　15・09130|1　　15・09131|1　　18・11877|1

以上調查數據可以歸納爲下表的數據：

	王	戉	丙	正
總　數	58	129	43	31
填　實	56	56	18	11
虛廓或線化	2	73	25	20
填實率	96.5%	43%	42%	35%

就以上"王""戉""正"字的具體斷代而論，"王"只屬於殷墟第四期，而"戉""丙""正"則有一些分佈於殷墟二、三期[1]。也就是説，以

---

〔1〕殷墟分期參照嚴志斌《商代青銅器銘文研究》（上海古籍出版社，2013年，19頁），比如集成 11・05454、集成 12・06636 被定爲殷墟二期；集成 03・00776、集成 06・02948、集成 06・02949、集成 06・03127、集成 15・09130、集成 15・09131、集成 13・08262、集成 04・01764、集成 12・07214、集成 12・07238、近出 0743 被嚴志斌定爲殷墟二期。集成 04・01706、集成 03・01259、集成 04・01862、集成 04・01864、集成 06・03065、集成 13・07928、集成 14・08521、集成 15・09152、集成 16・09957、近出 0265 被定爲殷墟三期。

時間因素而論,"正"和"丙"有更高的填實率才符合遺存現象在越早的材料裏越容易出現的規律。而這種反常現象,與"王"在甲骨文中多被填實完全相同,這說明在殷人的觀念裏,"王"字的書寫,往往是需要特殊加以填實的。

三、西周、春秋金文的填實表敬

"西周金文形體演變的主要趨勢是線條化、平直化",而這種演變就是爲了改變填實的塊面"書寫起來很費事"這種情況的[1]。也就是説,填實現象在西周金文是逐漸消退的。而不同文字的消退速度與程度則有明顯差異:"王"字的填實消退得比較緩慢,而其他有填實書寫傳統的字形中的塊面則消退得比較迅速。以下調查結果,可以很清晰地説明這一點。

我們以《殷周金文集成》爲材料範圍,並根據其西周早、中、晚三個時期的劃分,調查統計的"王""戊""丙"等字填實書寫的歷時變化情況。爲方便閱讀,調查結果的呈現方式爲:以代表字形歸納銘文原形,代表字形後標注其在調查材料範圍内的出現次數(僅一次者省去數字標注)。爲方便讀者驗證相關數據,文末"附録三"給出各代表字形各次出現的具體出處。

1. "王"

西周早期,填實 131 次:

王 56　王 24　王 20　王 14　王 8　王 5　王 4

線化或虚廓 21 次:

王 10　王 7　王 2　王 1　王 1

---

〔1〕　參見裘錫圭《文字學概要》(增訂版),商務印書館,2012 年,51—52 頁。

上古文字填實構形成分的表敬意義

西周中期,填實 91 次:

王 30　王 18　王 14　王 9　王 9　王 7　王 4

線化 98 次:

王 80　王 17　王 1

西周晚期,填實 47 次:

王 16　王 10　王 8　王 4　王 3　王 3　王 3

線化 186 次:

王 148　王 34　王 2　王 2

2. "戊"字

西周早期,填實 30 次:

戊 13　戊 8　戊 4　戊 3　戊 1　戊 1

線化或虛廓 39 次:

戊 29　戊 3　戊 2　戊 1　戊 1　戊 1　戊 1

西周中期,填實 2 次:

線化 20 次；

㞢 17　屮 1　屮 1　㞢 1

西周晚期,填實無,線化 3 次：

㞢 㞢 屮

3. "丙"字
西周早期,填實 12 次：

⋀ 12

虛廓 16 次：

⋀ 6　⋀ 4　⋀ 4　⋒ 1　⋀ 1

西周中期,填實無,虛廓 4 次：

⋀ 2　⋀ ⋀

西周晚期,填實無,虛廓 3 次：

⋀ 2　⊐

上古文字填實構形成分的表敬意義

以上數據可歸納爲下表：

	王		戊		丙	
	虛 實	填實率	虛 實	填實率	虛 實	填實率
早期	21/131	86%	39/30	43%	16/12	43%
中期	98/91	48%	20/2	9%	4/0	0%
晚期	186/47	20%	3/0	0%	3/0	0%

前文言及，以上被比較的三字，書寫中填實的難易程度類似，也都有著被填實書寫的歷史傳統，然而，在西周時代文字書寫由塊面到線條的發展大潮的衝擊下，"王"字雖然也發生了順應潮流的變化，但變化的速度卻大大低於"戊""丙"兩字，聯繫前文的討論來看，原因無非也是西周有較多的寫字人同樣認爲"王"字的書寫中，使用填實之法是必要的。

西周金文中"王"字書寫的被特殊對待，另有一種新的形式，即合文式專字，如"文王"，西周早期的"何尊""大盂鼎"以及西周晚期"乖伯歸夆簋"作"玟"：

11·06014|39　11·06014|42　05·02837|16　05·02837|27　05·02837|120　05·02837|125　08·04331|47

"武王"，西周早期的"德方鼎""大盂鼎""利簋""宜侯夨簋""何尊"以及西周晚期"乖伯歸夆簋""應公鼎"寫作"珷"，原形爲：

05·02661|9　05·02837|24　08·04131|1　08·04320|10　08·04331|48　11·06014|11　11·06014|49　近出二2921|8

這裏所傳遞的信息是非常明確的，之所以要施以特殊的合文式專字寫法,亦是對"王"字的書寫表達的鄭重其事之意,儘管"文王""武王"具有特殊的地位,但是時王之尊亦不可能被時人所忽略,因而對"王"字繼續施以填實筆觸表明周人也繼承了殷人的一種文字書寫表敬方式。甚至遲至春秋金文,填實之字幾乎已經絕跡,但是"王"字依然還是一個例外。比如:

16·10356│2　　16·10261│6│　　16·10137│7　　近出1229│3

而上海博物館近年徵集的楚大師登編鐘,"王"字全部填實:

四、古文字構形填實表敬的認識價值

　　古文字構形具有圖畫表意的多樣性淵源,一般方式的觀察很容易得到這樣的認識:一些字符的書寫虛括或填實均屬自然,並沒有什麼深意。然而,大範圍的定量調查所獲得的"大數據"則深化了信息挖掘程度,使得有些填實不歸之於"表敬"就很難加以解釋。當然,儘管前文從多個角度證明了古文字構形的填實成分具有表敬意義,但是我們並無意誇大這種表敬意義的存在程度。客觀來講,我們只能證明在"王"等有書寫表敬需要的字符中,有一些"填實"是具有表敬意義的。根據前文給出的材料,這樣來表述"填實表敬"在古文字構形演變中的位置或許是比較符合事實的:在文字發展的早期階段,字形傳承了繪畫的意義表達特點,這是古文字構形之所以多見填實之塊面狀的基本原因,然而,填實之塊面構形既具有象徵傳統的屬性,又在視覺上格外吸引眼球,因此很容易被當時的文字使用人群開發出一些特定的表達功能,表敬意義即是其中之一。雖然填實表敬在古文字中的存在是有限度的,但這一問題的揭示,還是具有多方面的意義。

上古文字填實構形成分的表敬意義

1. 有助於甲骨文字體分類的精細化

對甲骨刻辭而言，填實抑或虛廓，"寫法"的差別之大，可謂無出其右者。然而既往甲骨文字體分類研究，除了師組，其他類組中的此種差異似不被重視。於是一類之内，填實、虛廓者並見，而前者往往遭受視而不見的待遇，以致名爲一類，實則有異。黄天樹所舉無名黄間類卜辭的中的"王"的代表字爲鋒刃部虛廓之 ^[1]，似有可商。"無名黄間類主要出於小屯村南"^[2]，本於此，我們調查了屯南各家一致認定爲無名黄間類者，凡 19 片，其字形歸納如下：

字形	數量	片號
王	7	2172/2489/2617/3564/4363/4474/4476
王	6	2172/2178/2306/2640/2642/4326
王	4	2157/2172/2178/2640
王	3	2172/2306/2640
王	2	2172/2306
王	1	2263
王	1	2157

很顯然，黄先生給出的代表字形即上表呈現的第二高頻字 王，而第一高頻的 王 之所以被忽略，或許是因爲 王 對鋒刃部的描摹也是"兩斜筆跨度非常小，近於合爲一筆"。關於 王、王 區別的客觀性，前文已有討論，這裏不贅。因此，忽略 王 的填實特點，也就是忽略了無名黄間類字體内部的一種重要差異。關於黄類卜辭，黄天樹曰："黄類卜辭的字體比較單純，最易辨識……字形特徵是：王作 王。"^[3] 而無名組一、二、三類的"王"之"典型字"或"區別字"，莫伯峰給出 王 或 王^[4]，同樣忽略填實字形，這顯然

---

〔1〕 黄天樹：《殷墟王卜辭的分類與斷代》，科學出版社，2007 年，266 頁。
〔2〕 黄天樹：《殷墟王卜辭的分類與斷代》，266 頁。
〔3〕 黄天樹：《殷墟王卜辭的分類與斷代》，270 頁。
〔4〕 莫伯峰 293、317、318、322、323、325。

都不利於字體差異的精確分辨。

2. 有助於文字解讀

不少學者認爲,甲骨文中"填實"之字,"王"並不是唯一的,被經常提到的,還有"丁"。黃天樹在論述"師組肥筆類"的"字形特點"時,在"丁"下列舉○或●兩個代表字形[1]。後一個填實類的"丁"字,黃氏並未給出具體出處[2],因此我們難以知曉其數量狀況。而我們以黃氏所認定的"師組肥筆類"刻辭爲材料範圍[3],目驗所有"丁"字,屬於填實的只有合集 20646。張世超在解說師組卜辭 NS1 類"字形特徵"時說:"'丁'多數虛廓作○,少數填實作●【20646(甲 2329)】。"[4]方括號中的"20646"即甲骨文合集片號。爲弄清張氏所説的"少數"究竟少到什麼程度,我們同樣以張氏所認定的"NS1 類"刻辭爲材料範圍[5],目驗所有"丁"字,屬於填實的亦只有合集 20646。莫伯峰在討論"師肥類"的字形時,給出了一個"師肥類字形歧異表",此表的"丁"字之下,也列舉了虛廓的○和填實的●兩個字形,前一個出處標注爲"19872",後一個出處標注爲"20646",當然,這兩個《甲骨文合集》片號,自然也是舉例的。[6] 爲瞭解兩例的數量覆蓋,我們又以他所認定的"師肥類"278 片刻辭爲材料範圍[7],目驗所有"丁"字,屬於填實的亦只有合集 20646。

如果以上查驗不錯,那就意味著,各家所列舉的所謂"填實"型"丁",

―――――――――

〔1〕 黃天樹:《殷墟王卜辭的分類與斷代》,11 頁。

〔2〕 《殷墟王卜辭的分類與斷代》14 頁附有合集 20646 片摹本,所摹"丁"字爲填實狀,但黃氏用此摹本只是爲了説明"署辭"。

〔3〕 逐一統計《殷墟王卜辭的分類與斷代》論述中具體標注爲"師組肥筆類"者,共得此類標注所涉及之甲骨刻辭凡 40 片,這批材料的具體出處詳見附錄一。

〔4〕 張世超:《殷墟甲骨字跡研究――師組卜辭篇》,東北師範大學出版社,2002 年,129―130 頁。

〔5〕 該材料範圍包含《殷墟甲骨字跡研究》明確標注師組"NS1 類"的 228 片刻辭,詳見附錄二。

〔6〕 莫伯峰:《殷墟甲骨卜辭字體分類研究》之"師肥類字形歧異表",首都師範大學 2011 年博士學位論文,45 頁。

〔7〕 該材料由逐一統計莫伯峰《殷墟甲骨卜辭分類研究》之"下編-實踐篇"中"師組肥筆類"的所有甲骨片注明得出。

上古文字填實構形成分的表敬意義

其實都只是《甲骨文合集》20646片的那個"丁"。那麼這個唯一出現的"填實"類"丁",真的是"填實"的嗎?根據"王"字填實以表敬的邏輯來看,這個"丁"乃"丁丑"之"丁",只是用於干支記日,沒有理由要加以填實。

仔細觀察,不難發現,這個"丁"的"填實"狀,很可能是個假象:首先,這個"丁"的真實形態,與黃、張兩位的描摹,有著頗大的差異:前者扁圓,後者渾圓。而扁圓狀的形態,很可能是因爲兩條本來只是想要"虛廓"的肥碩筆道過於接近造成的。事實上,師組卜辭"丁"字多呈橫寬豎扁狀:

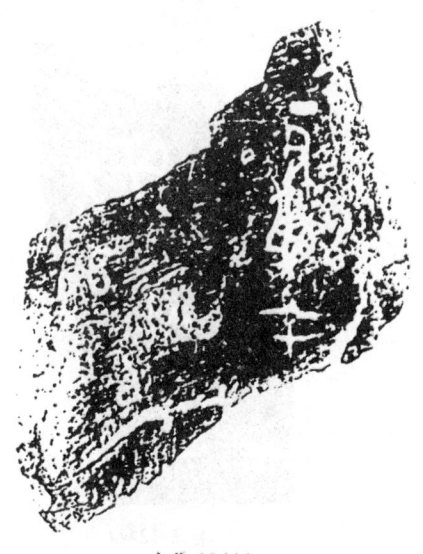

合集 20646

合集 19825	合集 19775	合集 19776

而此種形狀的"丁"上下兩條本來用於"虛廓"的刻痕只能是很接近的,如果刻痕肥碩,就很容易造成"填實"的效果。而合集 20646 的"填實"之"丁"字,當即產生于這種"無心插柳"的偶然。因爲此版刻辭刻痕肥碩,兩條刻痕(如"入十"之"入")寬度疊加,足以趕上所謂"填實"之"丁"的縱向尺寸。

丁	入

再如卜辭有 字,亦作 ,見於以下刻辭:

355

合集 32444   合集補編 10646

辭曰：

癸巳卜，成求㲋。(合集 32444)

于夒求㲋。(合集補編 10646)

以上兩辭末字，各家釋讀多有分歧。胡厚宣隸作壬，釋爲"我王"合文[1]，裘錫圭認爲"可能是'我'字異構"[2]。林澐釋爲"王"字的描摹"橫置之鉞形"的"變異寫法"[3]，季旭昇則認爲"因'王'和'戈'是性質、形制很相近的長柄武器，在古文字裏可通用。所以'我'寫成"㲋"，只能說是文字的異構，並沒有其他的深意"[4]。李香平則認爲"壬"既非"我王"的合書，也不是單純的"我"或"王"的異體，而有可能是殷王自稱"我"

---

[1] 胡厚宣：《說壬》，《古文字研究》第一輯，中華書局，1979 年，72 頁。

[2] 裘錫圭：《裘錫圭學術文集》，復旦大學出版社，2015 年，88 頁。

[3] 林澐：《甲骨文中的商代方國聯盟》，《古文字研究》第六輯，中華書局，1981 年，67—92 頁。

[4] 季旭昇：《談甲骨文中"耳、戌、巳、十"部中的一些待商的字》，第三屆國際古文字研討會論文，香港中文大學，1997 年，201 頁。

上古文字填實構形成分的表敬意義

的專用字,或者是貞人用"我"這一原表集合概念的人稱代詞指稱商王這一單個個體的特定寫法。然而,對於上述判斷,李香平似乎並不自信,其文末曰:"當然, 𢻺 的釋讀,因材料的限制,目前還不能下一個確切的定論,需待新材料的發現作進一步證實。"[1]

其實,在這個疑難問題當中,甲骨文"王"字填實表敬現象的揭示,可以視爲一種新材料的發現。填實之"王"表明殷人對"王"的書寫確實有一定概率的表敬傾向,而不同類組刻手的字形營構表達方式多有各自特點。前文材料列舉表明,"王"字書寫的表敬傾向在師組、無名組、黄組卜辭,往往是通過填實來表達的。而"𢻺"所出現的上舉刻辭,從"成"作 𢼸,"西"作 等字體特徵來看,無疑皆爲歷組卜辭[2]。莫伯峰將其歸爲歷組中的"歷草類"[3],可從。歷組卜辭的字體,刻痕瘦硬挺勁乃其特點,而此種字體,顯然更不易營構填實字跡。我們調查了歷組的"王"等容易被填實的諸字,毫無填實塊面傾向。因此歷組刻手如果試圖以書寫的方式以"表敬",另尋其他表現方式是很自然的;而在"王"形上添加"我"旁,是很符合邏輯的。之所以添加的是"我"旁而不是别的字符,當然與"我"在卜辭中多指稱整個殷族、殷邦的意義有關,强調的乃是我邦之主的意味。

至於"𢻺 "爲什麽不宜看成"我",還有辭例方面的理由。李香平曰:"由辭例來看,將'𢻺'釋爲'我'或'王'都無不可。"[4]但這個兩可的判斷或與其對於"𢻺"所出卜辭的時代"不能斷定,在此存疑"[5]有關。上舉" 𢻺 "所出刻辭,"𢻺"都位於"求"後,此"求"用作"災咎"義,在卜辭中,其後關涉對象雖然"王""我"均見,但在數量上前者大大多於後者。

---

〔1〕 李香平:《"𢻺"字補釋》,《華夏考古》2003年第2期,96頁。
〔2〕 胡厚宣認爲"𢻺"所出刻辭屬於武乙時期(胡厚宣《説𢻺》,《古文字研究》第一輯),這與對第四期卜辭認識的歷史局限有關。
〔3〕 莫伯峰:《殷墟甲骨卜辭字體分類研究》,首都師範大學2011年博士學位論文,278、428頁。
〔4〕 李香平:《"𢻺"字補釋》,95頁。
〔5〕 李香平:《"𢻺"字補釋》,96頁。

而限定於曆組,我們的調查表明,"求"用作"災咎"義,其後關涉對象只有"王"[1],而"我"卻未見。由此可見,就歷組卜辭而言,"求"後的"坙",只有釋爲"王",才更符合卜辭語言習慣。至於曆組卜辭大多數"王"並不從"我"作,情況與師組卜辭大多數"王"並不填實一樣,意味著它們都不是本類卜辭中更通用的書寫方式。

填實表敬的揭示對於文獻釋讀的啟發意義並不限於甲骨文。不妨觀察如下銘文:

乙子(巳),王曰:障(尊)文武帝乙宜。才𧩙(召)大廊(庭),遘(遘)乙,羽(翌)日丙午。𧖾。丁【○】未。𧖾。己酉,王才(在)梌,卯甘(其)易(賜)貝。才(在)三(四)月,佳(唯)王三(四)祀,羽(翌)日。亞𤉲獏父丁【●】。(四祀卯其卣-集成 10・05413)

以上爲殷商銘,其中"丁"字兩見,前一個銘文原形用線條勾廓,後一個原形爲典型團塊。同一文字爲什麼構形別異?這很容易被解釋爲同銘重見字"避複"。然而立足於以填實塊面表敬的角度來看,便可以發現簡單以避複來解釋因由,並不妥當:前一個爲干支之"丁"字,用以記日而已;後者器主先父之廟號用字,具有神聖意味,所以用團塊筆觸,以表達神聖之意。

3. 豐富了早期文字填實構形的普通文字學意義

此前,關於早期文字填實構形的意義,學界已經有一些認識。王元鹿先生曾就漢古文字與納西東巴文之虛實筆、朱書墨書與黑色字素進行了比較研究,認爲黑色字素的使用是納西東巴文字脫胎於圖畫文字、乃至圖畫的一種反映,因爲黑色字素是一種原始圖畫中色彩使用的孑遺。而黑

---

[1] 癸卯,貞旬又求,王亡𡆥。(合集 32970)

色字素的使用於一些具有負面意義的文字,反映了納西族傳統心理中存在著一種褒白貶黑的意識。[1]

另外,填實型筆觸在戰國楚簡文字中的表意功用也曾被學界關注過。

民乃宜貞〔怨〕,虐〔虐〕疾冶〔始〕生,於是虐〔乎〕又〔有〕諈〔暗〕、聾、皮〔跛〕、▲、瘗〔瘿〕、禿、婁〔僂〕冶〔始〕記(起)。(《上海博物館藏戰國楚竹書》二,《容成氏》36-37)

上六:朵余(余〔豫〕)成,又〔有〕愈〔渝〕,亡〔無〕咎。(《上海博物館藏戰國楚竹書》三,《周易》15)

《容成氏》中"▲"字,學者多有歧釋,但對其中半邊塗黑所具有的表意作用各家均無異議。[2]《周易》中朵字,上部亦即前文"▲"字。該字"此字'木'上所從並非是'日',右部有一小部分塗黑,當是有意為之,這很自然地使我們想到上博竹書(二)《容成氏》37簡中'皮'後之字,一半明一半黑,與此字上半所從同,當釋為'冥'字"。[3]

黃德寬先生引用王元鹿先生黑色字素論,認為楚簡《周易》的"朵"和《容成氏》中的"▲"字也是利用黑色字素來別義的。但在作此判斷的同時,黃先生也表露了一點不確定的意思:"楚文字已經高度發達,這種較為原始的構形手段是否會偶爾使用,確實令人疑惑。"[4]其實,聯繫填實構形在甲骨文、金文中具有表意功能來看,楚簡中的類似現象並不突兀。

在文字發展的早期階段,構形中的填實團塊筆觸既傳承了繪畫的意

---

[1] 王元鹿:《納西東巴文字黑色字素論》,《華東師範大學學報》1986年第1期。

[2] 何琳儀疑此字是"幻"之異體,讀為"眩",指神經系統的疾病。(《滬簡(二)選釋》,《學術界》2003年第1期)劉釗則曰:"當為'眇'字的本字,會意,本像'目'一邊明亮一邊暗昧形;'眇'則為後起的形聲字。'眇'本義為'一目小'或'一目失明','一目失明則自然比正常之目要小。"(《《容成氏》釋讀一則(二)》,簡帛研究網,2003年4月6日)。

[3] 徐在國:《上博竹書(三)〈周易〉釋文補正》,簡帛研究網,2004年4月24日。

[4] 黃德寬《楚簡周易'朵'字說》,《中國文字研究》5期,廣西教育出版社,2005年。

義表達特點，又在視覺上格外吸引眼球，因此很容易被當時的文字使用人群開發出一些特定的表達功能。而漢字古文字填實筆觸的表敬意義的揭示，無疑豐富了我們對這種表達功能的認識：即填實塊面筆觸，不僅有納西東巴文字中的貶義表達、戰國楚簡文字中的冥義表達，而且還有敬意表達。這同時也有助於啟發我們進一步去留意早期文字中填實塊面構形其他尚不爲人知的表意功能。

附　錄　一

《殷墟王卜辭的分類與斷代》"師組肥筆類"標注（給出方式爲：著錄片號，論著的類標注頁碼，其中合集省略著錄名）：

19761_16/19777_15/19777_16/19798_15/19804_16/19813_15/19829_16/19829_16/19858_16/19903_16/19907_15/19907_16/19921_18/20015_16/20017_16/20017_16/20091_16/20219_19/20233_16/20233_19/20234_19/20236_19/20236_20/20308_21/20373_16/20440_20/20462_15/20464_19/20646_16/20736_16/20736_16/21120_16/21267_16/21477_21/22274_22/19946 反_34/20576 反_16/20576 反_33/屯南 4429_21/屯南 643_15

附　錄　二

《殷墟甲骨字跡研究》的師組卜辭 NS1 類標注（給出方式爲：著錄片號，《殷墟王卜辭的分類與斷代》的標注頁碼，其中合集省略著錄名）：

19760_157/19760_142/19761_152/19777_134/19777_137/19777_150/19777_151/19796_150/19798_134/19798_150/19804_132/19804_137/19804_151/19813_131/19813_152/19813_131/19829_131/19829_151/19858_150/19871_150/19883_134/19883_143/19883_150/19901_131/

上古文字填實構形成分的表敬意義

19903_143/19903_151/19904_150/19904_144/19904_134/19907_132/
19907_152/19907_134/19907_131/19907_130/19907_137/19908_152/
19910_152/19917_151/19921_150/19921_130/19921_134/19929_134/
19929_157/19929_151/19929_150/19929_137/19930_157/19930_142/
19930_150/19931_150/19931_132/19931_137/19943_151/19943_142/
19944_142/19944_157/19944_150/19945_134/19945_157/19945_142/
19945_151/19946_157/19946_142/19946_151/19946_137/19946_134/
19946_133/19946_129/19947_157/19950_150/19951_175/19961_150/
19961_136/19961_137/19965_132/19974_150/20012_152/20015_134/
20015_137/20015_141/20015_148/20015_150/20017_136/20017_152/
20017_157/20026_157/20042_137/20042_140/20042_150/20045_132/
20045_150/20045_150/20079_133/20079_136/20080_150/20080_157/
20088_136/20088_151/20088_134/20088_132/20088_157/20089_157/
20091_151/20091_157/20092_157/20094_157/20094_150/20138_157/
20139_150/20219_141/20221_141/20233_131/20233_131/20233_140/
20234_140/20234_151/20236_137/20236_151/20236_140/20239_130/
20244_151/20259_150/20278_130/20283_131/20306_150/20346_150/
20351_137/20351_150/20354_132/20354_150/20363_131/20363_157/
20372_132/20373_140/20373_157/20440_131/20440_137/20440_150/
20462_150/20463_152/20463_131/20463_157/20463_137/20464_150/
20483_150/20547_150/20547_157/20547_137/20577_150/20577_137/
20577_134/20577_130/20582_150/20582_132/20582_137/20583_129/
20583_132/20583_134/20587_150/20624_137/20624_/20627_151/20646_
130/20646_141/20646_150/20699_132/20736_131/20736_150/20736_157/
20736_131/20736_141/20975_152/20975_137/20975_137/20975_137/
20975_132/20975_157/20980_132/20980_137/20980_150/20980_134/
20983_151/21031_134/21118_134/21120_137/21120_151/21121_136/
21138_150/21141_137/21141_151/21145_150/21148_137/21148_151/

21204_132/21205_132/21217_150/21249_150/21249_144/21250_144/
21251_151/21251_144/21252_151/21252_144/21252_137/21253_144/
21267_141/21267_148/21305_134/21305_150/21373_151/21405_151/
21405_150/21405_141/21405_137/21405_137/21406_142/21407_142/
21408_150/21408_142/21434_136/21479_151/21489_131/21522_131/屯
南4429_137/屯南4429_150/屯南4429_157/屯南643_131/屯南643_137

附錄三

莫伯峰《殷墟甲骨卜辭字體分類研究》的師肥類卜辭 NS1 類標注：
436/3051/4829/4830/6681/8312/9360/14886/18839/19760/19761/
19762/19777/19778/19785/19796/19798/19804/19805/19807/19808/19811/
19813/19827/19829/19850/19851/19857/19858/19859/19871/19872/19883/
19889/19901/19903/19904/19907/19908/19909/19910/19911/19916/19917/
19918/19929/19930/19931/19943/19944/19945/19947/19950/19951/19961/
19965/20012/20014/20015/20017/20018/20026/20041/20042/20043/20045/
20046/20063/20079/20080/20085/20088/20089/20091/20092/20094/20099/
20110/20113/20120/20122/20126/20129/20134/20135/20136/20137/20138/
20139/20140/20219/20221/20233/20234/20236/20242/20244/20259/20278/
20283/20284/20285/20286/20304/20305/20306/20307/20308/20309/20332/
20345/20346/20351/20355/20359/20362/20363/20369/20372/20373/20374/
20375/20376/20440/20441/20452/20462/20463/20464/20465/20466/20483/
20484/20505/20547/20555/20570/20577/20580/20581/20582/20583/20586/
20587/20590/20600/20601/20602/20610/20615/20621/20624/20625/20626/
20627/20634/20641/20646/20662/20663/20664/20666/20683/20684/20685/
20699/20702/20704/20705/20736/20744/20755/20781/20807/20815/20816/
20846/20849/20850/20851/20855/20856/20860/20877/20881/20884/20892/

上古文字填實構形成分的表敬意義

20975/20978/20979/20980/20981/20982/20983/21031/21047/21107/21108/
21109/21119/21120/21128/21129/21132/21137/21138/21141/21142/21145/
21146/21148/21149/21150/21151/21173/21187/21191/21204/21215/21216/
21217/21218/21219/21220/21227/21228/21234/21237/21249/21250/21251/
21252/21253/21254/21255/21256/21267/21268/21272/21277/21280/21291/
21305/21324/21373/21401/21403/21405/21406/21407/21408/21419/21422/
21426/21427/21428/21432/21434/21441/21442/21443/21444/21449/21453/
21466/21471/21477/21478/21479/21481/21487/21522/21523/21524/22274/
33349/19946/20576

附 錄 四

西周早、中、晚三個分期的劃分，調查統計的"王""戉""丙"等字填實書寫的歷時變化情況：

1. "王"

西周早期，填實 131：

字	數	編號
王	56	02·00416、02·00417、03·00935、04·02147、04·02261、04·02405、04·02506、05·02531、05·02627、05·02628、05·02661、05·02704、05·02725、05·02726、05·02758、05·02759、05·02760、05·02761、05·02837、06·03344、06·03460、06·03732、06·03733、07·03748、07·03822、07·03825、07·03907、07·04112、08·04131、08·04140、08·04201、08·04205、08·04206、08·04239、08·04241、08·04300、10·05383、10·05386、10·05402、10·05415、10·05421、11·05807、11·05979、11·05983、11·05985、11·05992、11·06009、11·06014、11·06016、12·06452、12·06512、15·09454、15·09551、16·09895、16·09901、16·10360
王	24	04·02149、04·02454、04·02455、04·02456、05·02730、05·02740、05·02751、05·02775、05·02785、05·02791、07·04059、07·04060、08·04121、08·04169、08·04320、08·04238、10·05319、10·05397、10·05432、11·05962、11·06002、12·07296、15·09282、16·09888

363

（續　表）

字	數	出處
王	20	05・02723、05・02725、05・02803、07・03747、07・03823、07・03824、07・03942、07・04030、07・04044、08・04169、08・04238、08・04301、08・04239、10・05426、10・05415、10・05426、11・05977、11・05999、11・06003、14・09104
王	14	04・01734、04・01811、04・02030、04・02268、04・02459、05・02741、05・02748、05・02751、06・03731、07・04029、10・05374、10・05409、11・06001、11・06014
王	8	05・02682、05・02775、07・04041、08・04261、10・05252、10・05385、10・05431、15・09303
王	5	03・00944、04・02453、05・02682、05・02704、15・09454
王	4	05・02626、07・04031、08・04133、11・06003

線化或虛廓21：

字	數	出處
王	10	03・00602、05・02726、08・04301、10・05410、10・05431、11・06009、11・06015、15・09287、15・09299、16・10360
王	7	07・03791、08・04132、08・04133、08・04330、10・05407、11・06014、14・09104
王	2	18・11849、18・11850
王	1	12・07275
王	1	18・11848

西周中期，填實91：

字	數	出處
王	30	01・00247、01・00249、01・00250、05・02695、05・02705、05・02733、05・02735、05・02736、05・02742、05・02780、05・02789、05・02824、08・04199、08・04240、08・04288、08・04192、09・04463、09・04626、10・05408、10・05420、10・05423、10・05424、11・05996、11・06011、11・06012、15・09455、15・09714、16・09899、16・09900、16・10166
王	18	03・00754、04・02191、05・02695、05・02792、07・03976、07・04046、07・04102、08・04165、08・04191、08・04200、08・04240、08・04256、08・04270、08・04316、10・05418、10・05433、11・06006、11・06013
王	14	05・02735、05・02754、05・02774、05・02776、05・02809、05・02817、05・02838、07・03951、07・04103、08・04192、08・04207、08・04266、08・04273、11・05988

上古文字填實構形成分的表敬意義

（續　表）

字	數	編號
王	9	01・00250、01・00251、05・02776、08・04194、09・04462、10・05419、10・05424、11・05956、16・10166
王	9	040・04194、08・04266、08・04284、08・04327、10・05403、10・05418、10・05433、16・09897、16・09900
王	7	05・02774、05・02830、07・03950、07・04046、08・04192、10・05420、15・09453
王	4	05・02734、08・04192、15・09453、5.02806

線化98：

字	數	編號
王	80	01・00249、01・00251、01・00252、03・00755、03・00941、05・02747、05・02754、05・02774、05・02776、05・02781、05・02783、05・02784、05・02792、05・02804、05・02807、05・02808、05・02812、05・02820、05・02830、05・02831、05・02832、07・04047、07・04097、08・04170、08・04171、08・04172、08・04173、08・04174、08・04175、08・04176、08・04177、08・04191、08・04193、08・04194、08・04195、08・04208、08・04209、08・04211、08・04214、08・04237、08・04251、08・04252、08・04262、08・04263、08・04265、08・04267、08・04268、08・04270、08・04271、08・04276、08・04283、08・04284、08・04288、08・04289、08・04290、08・04291、08・04302、08・04341、09・04416、09・04417、09・04418、09・04429、10・05398、10・05433、11・06013、12・06516、15・09411、15・09441、15・09442、15・09456、15・09723、15・09724、15・09728、16・09898、16・10119、16・10161、16・10168、16・10169、16・10175、16・10247
王	17	04・02487、05・02755、05・02813、05・02830、05・02838、08・04178、08・04191、08・04207、08・04210、08・04243、08・04250、08・04264、10・05433、15・09726、15・09727、16・10170、16・09897
王	1	09・04463

西周晚期，填實47：

字	數	編號
王	16	01・00082、01・00204、01・00206、01・00260、03・00606、05・02788、06・03389、06・03570、08・04225、08・04226、08・04227、08・04228、08・04304、08・04305、08・04317、1.00143
王	10	05・02836、08・04197、08・04246、08・04258、08・04259、08・04278、08・04280、08・04294、08・04307、2.00358
王	8	01・00205、01・00208、01・00260、05・02777、08・04228、08・04260、08・04277、08・04297

（續　表）

王	4	01・00187、05・02822、08・04303、08・04306
王	3	05・02819、08・04258、15・09646
王	3	01・00040、01・00046、07・04032
王	3	07・03858、08・04259、08・04260

線化 186

| 王 | 148 | 01・00041、01・00060、01・00134、01・00135、01・00136、01・00137、
01・00188、01・00189、01・00190、01・00192、01・00204、01・00206、
01・00207、01・00208、03・00584、03・00585、03・00587、03・00607、
03・00635、03・00645、03・00647、05・02560、05・02600、05・02697、
05・02698、05・02699、05・02700、05・02762、05・02779、05・02787、
05・02796、05・02797、05・02798、05・02799、05・02800、05・02801、
05・02802、05・02810、05・02814、05・02818、05・02821、05・02822、
05・02823、05・02825、05・02827、05・02828、05・02829、05・02833、
05・02835、05・02841、06・03739、07・03820、07・03848、07・03871、
07・03928、07・03929、07・03930、07・03931、07・03932、07・03933、
07・03934、07・03957、07・03983、08・04126、08・04130、08・04160、
08・04161、08・04188、08・04189、08・04216、08・04217、08・04218、
08・04229、08・04230、08・04231、08・04232、08・04233、08・04234、
08・04235、08・04236、08・04244、08・04248、08・04257、08・04275、
08・04277、08・04278、08・04285、08・04287、08・04293、08・04295、
08・04296、08・04297、08・04298、08・04299、08・04303、08・04304、
08・04305、08・04306、08・04307、08・04308、08・04309、08・04310、
08・04312、08・04313、08・04314、08・04318、08・04319、08・04321、
08・04324、08・04325、08・04326、08・04328、08・04329、08・04332、
08・04333、08・04334、08・04335、08・04336、08・04337、08・04338、
08・04339、08・04340、09・04435、09・04438、09・04439、09・04459、
09・04460、09・04461、09・04465、09・04466、09・04467、09・04468、
09・04579、09・04580、09・04628、15・09623、15・09624、15・09630、
15・09731、15・09732、16・10148、16・10172、16・10173、16・10174、
16・10176、16・10240、16・10252、16・10285 |
| 王 | 34 | 01・00105、01・00133、03・00646、05・02805、05・02815、05・02819、
05・02833、05・02836、07・03815、07・03956、07・04033、07・04034、
08・04215、08・04247、08・04249、08・04253、08・04254、08・04274、
08・04279、08・04281、08・04282、08・04286、08・04294、08・04295、
08・04303、08・04324、08・04331、09・04454、09・04455、09・04456、
09・04457、09・04464、15・09438、5・02834 |

上古文字填實構形成分的表敬意義

(續　表)

王	2	08・04217、15・09447
王	2	08・04336、09・04627

2. "戉"字

西周早期，填實 30：

戉	13	04・02503、06・03190、06・03323、06・03684、11・05830、12・06483、13・07931、14・08513、14・08534、14・09012、14・09013、15・09300、16・10569
戉	8	05・02555、06・03056、06・03514、10・05195、11・05800、11・06117、11・06118、14・08528
戉	4	10・05310、12・06369、14・08514、14・08519
戉	3	04・02246、06・03500、06・03501
戉	1	11・05525
戉	1	11・06269

線化或虛廓 39：

戉	29	03・00907、04・02012、04・02320、05・02739、06・03055、06・03513、07・03906、07・04044、07・04060、10・05159、10・05160、10・05277、10・05311、11・05925、11・05985、11・06002、14・08515、14・08516、14・08921、14・08922、14・08924、14・08925、14・09053、15・09303、15・09805、15・09817、16・09895、16・10052、16・10558
戉	3	03・00582、04・01814、15・09355
戉	2	15・09390、15・09391
戉	1	11・05887
戉	1	10・05214
戉	1	03・00689
戉	1	14・09034
戉	1	03・00814

367

西周中期，填實 2：

戍	1	04・01601
戍	1	10・05200

線化 20：

戍	17	05・02735、05・02736、05・02789、07・03976、08・04208、08・04256、08・04266、08・04276、08・04283、08・04284、09・04462、09・04463、10・05398、15・09714、15・09723、15・09724、16・09898
戍	1	07・04101
戍	1	11・05899
戍	1	16・10166

西周晚期，填實無，線化 3：

戍	1	08・04329
戍	1	08・04257
戍	1	08・04328

3. "丙" 字

西周早期，填實 12：

丙	12	04・01568、04・01836、04・02119、10・05356、11・06248、11・06250、11・06252、12・06388、12・06470、12・07103、14・08320、14・08883

虛廓 16：

丙	6	06・03426、06・03427、11・06102、11・06203、11・06253、13・07901
丙	4	11・05998、11・06014、14・08885、14・08886
丙	4	03・00832、04・02260、05・02674、06・03168
丙	1	12・07102
丙	1	11・05599

上古文字填實構形成分的表敬意義

西周中期，填實無，虛廓 4：

字	編號
冃	15・09584
冃	05・02780
冃	03・00948
冃	10・05408

西周晚期，填實無，虛廓 3：

字	編號
冃	15・09614
冃	07・04028
冃	08・04197

楚簡文字"心"字符的寫法
分類與同篇異寫研究

近年來,古文字重見字異寫的現象得到較多關注。這種現象的揭示,針對古文字研究的諸多方面提出了一些值得進一步思考的問題。比如金文研究,"如果我們在銘文分期斷代研究上能注意到銘文中重出字或重出偏旁有避複求變的現象,就會避免一些錯誤"[1]。但説到容易做到難,時至今日,如何應對金文字體研究中所遭遇的重見字異寫難題進而"避免一些錯誤"的可行方略並未形成。楚簡文字避複異寫研究也是如此,一般的現象揭示雖然不少,但深入的探討,特别是將聚焦點放到各個篇目的内部的研究尚未見。有鑒於此,本文擬對迄今已公佈楚簡文字"心"字符作窮盡寫法分類,進而分析楚簡各篇目"心"之寫法類型的使用情況,并討論與之相關的一些問題。

本文所謂"字符",包含整字與構件;而本文之所謂"構件",泛指整字的各層次構形成分,包括獨體與合體,與有些學者把"構件"界定爲獨體字符不同。同時關注一個字符的整字與構件的存在形式,爲的是在對字跡異同進行判斷時可以有更多的依據。

---

[1] 徐寶貴:《商周青銅器銘文避複研究》,《考古學報》2002年第3期,275頁。

楚簡文字"心"字符的寫法分類與同篇異寫研究

本文對字符構形的關注,主要聚焦于"寫法"。"寫法"是人們對手寫文字形態的通用描述語。比如林沄先生在討論甲骨文無名組卜辭的字形特徵時就頻頻使用"寫法完全一樣"、"寫法不同"[1]之類措辭。顧名思義,"寫法"是指書寫個體對個體文字所持有的特定的書寫程式,它應當包括獨體字的運筆順序、軌跡、用筆方式、交接方式等,以及由此構成的字形總體形態特徵。對合體字而言,除了它所包含的獨體字符的上述書寫要素外,還包括字形的結構,即各偏旁構件的空間佈局等。就其字面意義而論,"寫法"似乎可以有廣義和狹義兩種理解:不同的寫字人依樣畫葫蘆地學習摹寫同一種字跡的字跡,可以構成廣義的一種"寫法"類型;特定的寫字人即使摹寫的字跡與他人一樣,且做到足夠忠實認真,也會寫出有別于其他任何人的筆跡,這可以表述爲狹義的"寫法"。因爲後一種"寫法"等同于"筆跡",本文的"寫法"僅指前者。一般來說,"寫法"的異同可以一目了然,而"筆跡"的鑒別則需體察入微,且有賴于特殊訓練。然而,以"寫法"的繫聯爲前提,在同寫法字跡中再去追究筆跡差異有助於化難爲易。而這正是本文所注重的方法。很顯然,"寫法"可以成爲判斷書寫流派,即師承關係的一種標準,而"筆跡"則是判斷寫手的依據。分清兩者的不同作用,有助於有針對性地分別據以討論不同的問題。

字形的分類特徵只能通過比較來凸顯,而絕大部分的文獻用字出現次數太少,沒有覆蓋可供比較的不同語篇(字跡)材料,因此迄今的相關研究,如甲骨文字體研究、楚簡寫手研究,無不選擇少量常見而可供比較的文字單位來作爲具體研究討論的例字。能夠充當這種例字的字符單位應具備的條件主要是如下兩點:一是盡可能大面積地覆蓋材料對象;二是書寫中最容易因類型不同而產生寫法變異。而"心"的選擇,則是根據上述條件,在迄今所見楚簡字符集中綜合比較嚴格篩選的結果。此種以關鍵字爲主的調查方法,屬於"典型調查"法,即在調查對象中選取一部分具有代表性的單位進行全面深入的調查用以瞭解總體的一般情況。它的益

---

[1] 林沄:《無名組卜辭中父丁稱謂的研究》,《古文字研究》13輯,26、27頁。

處不僅是可以化繁爲簡提升可行性，而且可以過濾掉一些無助於本質揭示的干擾性因素。

本文關注同篇異寫，主要爲探究楚簡寫手的異寫習慣。因此，多寫手參與共同書寫的篇目暫不進入我們的視野。比如上博簡《性情論》《周易》有内部字跡差異，[1]郭店簡《緇衣》《五行》《語叢三》中也出現了同篇内字跡的不同甚至同一支簡上存在字跡不同的現象[2]，不在討論範圍内。應用類楚簡文獻，如包山、新蔡、九店、曾侯乙等，乃零散的記錄性文本同類集合成篇者，篇内文字多不出於同一寫手，亦不在討論範圍内。

一、"心"的寫法分類概述

根據前文的限定的材料範圍，剔除原形模糊或殘缺難辨者，"心"字符共出現1 692次，經逐個目驗，按前文言及的寫法分類原則，共分出"寫法"23種。爲盡可能全面反映相關調查結果，從以下三個視角對這些寫法進行概述。

（一）構形源流關係簡析。西周金文"心"最多見的構形爲 ，在心室部位上部兩邊加短弧以示左右心房所在，楚簡之"心"皆以此爲準而發生或大或小的變異。爲揭示其演變關係，并爲後文表述方便，先對其進行字源性編號： 當爲最接近字源者，故可標註爲"心1"，其次以兩短弧狀態（保持弧狀而貫通、左邊保持弧狀右端向上微曲、整體變弧狀爲兩端向上微曲、弧狀變直線）爲序，再次以心室部位底部形態（底部兩曲線上下均相交、左邊線條下端向右下延展致兩曲線相接、上部兩曲線變相交爲相接乃至分離）爲序，爲其他22種寫法構形標註序號。32種構形標序如下：

1. ／2. ／3. ／4. ／5. ／6. ／7. ／8. ／

---

〔1〕馮勝君：《從出土文獻看抄手在先秦文獻傳佈過程中所產生的影響》，"中國簡帛學國際論壇2008"論文，6—8頁。

〔2〕李松儒：《郭店楚墓竹簡字跡研究》，吉林大學2006年碩士學位論文，46、52、56頁。

9. [字形]/10. [字形]/11. [字形]/12. [字形]/13. [字形]/14. [字形]/15. [字形]/16. [字形]/17. [字形]/18. [字形]/19. [字形]/20. [字形]/21. [字形]/22. [字形]/23. [字形]

需要説明的是，以上23個"心"寫法構形具有一定抽象性，比如"[字形]"實際可以代表具有明顯筆跡差異的[字形][字形][字形][字形]等字形。

（二）是常見度説明。相對字源性標序來説，各寫法的常見度排序有著很重要的實際意義。兹呈現如下：

11：622/2：361/4：217/14：184/15：51/21：46/12：42/10：39/19：30/7：21/19：21/20：16/8：12/16：10/13：5/3：4/17：4/1：3/22：2/9：1

各寫法之間以"/"分隔，各寫法及字源性編號之引號後給出的是該寫法在材料範圍內的出現頻率，這個數據很直觀地爲楚簡"心"字符寫法的主流程度排了個位序。最主流寫法群無疑可以出現頻率200以上的11、2、4。而最不具主流性的另類群無疑是頻率爲1的9。這兩端以外者的常用度，亦可由其出現頻率數做精確的注腳，不煩一一。

（三）各篇目的寫法數量概況。按前文給出的限定理由，共有115篇文獻進入調查範圍。調查表明，"逸詩—多薪""君人者何必安哉""鶹鷅""算表"未見"心"字符，而在其餘111篇文獻中，有56篇"心"字發生異寫，詳下[1]：

10、11、16、21、22：凡物流形（甲本）/2、4、11、15、19：性自命出/2、4、11、14、19：三德/1、2、4、21：語叢二/11、14、18、21：紂衣/1、2、4、11：語叢一/2、11、14：老子乙/10、19、22：武王踐阼/11、14、18：吳

---

[1] 給出方式爲：先列該篇所用"心"的寫法編號（各編號之間以"、"分隔），後列篇名。各篇之間，以"/"分隔。

命/2、4、11；清華二/12、16、19；從政/14、11、21；鮑叔牙與隰朋之諫-競建内之/2、11、12；厚父/2、11、18；孔子詩論/2、4、14；容成氏/2、14、19；舉治王天下·文王訪之於尚父舉治/4、9、14；季庚子問於孔子/2、3、7；命訓/2、4、11；管仲/4、7、8；忠信之道/4、18、21；亙先/2、4、11、；用曰/4、11、14；尊德義、六德/11、12；鄭子家喪（乙本）、莊王既成-申公臣靈王/11、13；窮達以時、魯穆公問子思/4、14：昭王毀室—昭王與龔之脾、内豊、成王爲城濮之行（甲本）/4、11；老子甲/2、11、17；祭公、周公之琴舞/11、22；相邦之道/2、12；子犯子餘、湯在啻門/18、19；邦人不稱/2、11；楚帛書、子羔、天子建州（甲本）、命、志書乃言、舉治王天下·禹王天下、舉治王天下·堯王天下、尹至、耆夜、芮良夫毖、赤鵠之集湯之屋、殷高宗問於三壽、子産/2、11、；成之聞之/11、14；鄭子家喪（甲本）、靈王遂申、别卦/3、12；祝辭

未見"心"字符異寫則爲 55 篇。這樣的數據表明，雖然同一寫手同時書寫，但同一字符發生異寫在楚簡中已成爲相對大概率事件。

二、"心"的篇内異寫分析

由於需要以定量數據説明問題，以下篇内字形的列舉以窮盡爲原則。

同一篇目的"心"使用多種"寫法"，具體又可分兩種情況。第一改變寫法與字符書寫空間的限制相聯繫。如上博四"柬大王泊旱"：

　　　2-15〔1〕　　2-14　　16-17　　21-6

前兩"心"作寫法 2，而後兩個"心"變化作寫法 11，後者顯然有受到上部偏旁線條兩端下垂的制約的原因。再如"説命"，整字作寫法 2：

――――――

〔1〕 "-"前數字爲簡號，"-"後數字爲簡中字序號，後仿此。

楚簡文字"心"字符的寫法分類與同篇異寫研究

下 10－7

偏旁作寫法 11：

下 2－3　下 4－14　下 4－10　下 7－23　下 8－18

下 9－12

又"尹誥"，整字作寫法 2：

2－11

偏旁作寫法 11：

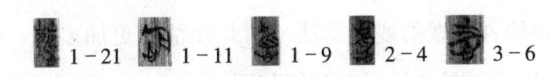

1－21　1－11　1－9　2－4　3－6

"皇門"，"心"用作下部偏旁，皆爲寫法 2：

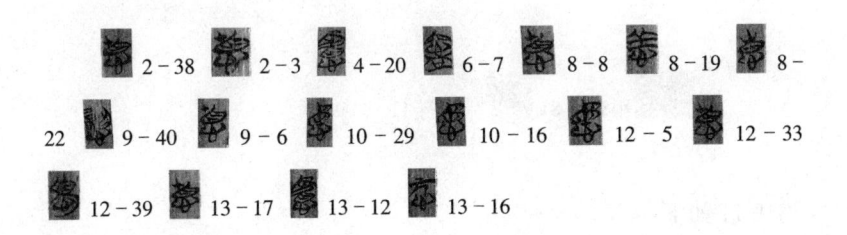

2－38　2－3　4－20　6－7　8－8　8－19　8－22　9－40　9－6　10－29　10－16　12－5　12－33　12－39　13－17　13－12　13－16

而當"心"上下皆有構件時便作寫法 11：

12－14

375

寫法 2 和寫法 11 的差別，在於前者描摹左右心房兩筆雖然已經貫通但兩端保持原有弧度，而後者兩端弧度消失，整個線條變作兩端微微上翹的曲線。由於書寫空間的限制，由前者變作後者似乎是很自然的，但卻並非所有寫手都會行此"自然之事"。清華簡五"湯處於湯丘"的"心"無論是作爲偏旁還是作爲整字，都一律作寫法 2，而如此絕無異寫習慣的寫手達到 4 成以上：

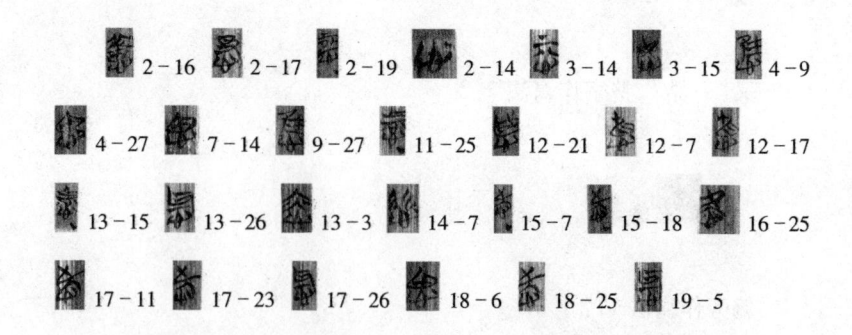

2-16　2-17　2-19　2-14　3-14　3-15　4-9
4-27　7-14　9-27　11-25　12-21　12-7　12-17
13-15　13-26　13-3　14-7　15-7　15-18　16-25
17-11　17-23　17-26　18-6　18-25　19-5

二是並無書寫條件因素的變換寫法。而此類情況更加多見。值得注意的是，有些寫法變化頗具共性。兹列舉如下。

第一，寫法 2 與寫法 11 共見，計 13 篇。

（1）楚帛書。寫法 2 如下：

甲篇行 8　　甲篇行 11

寫法 11 如下：

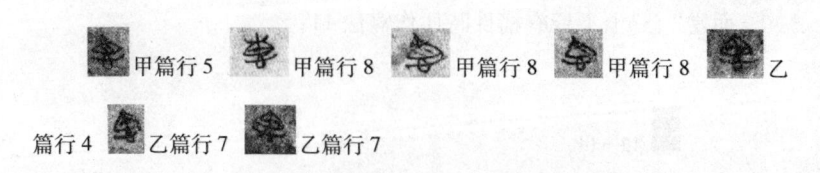

甲篇行 5　　甲篇行 8　　甲篇行 8　　甲篇行 8　　乙篇行 4　　乙篇行 7　　乙篇行 7

楚簡文字"心"字符的寫法分類與同篇異寫研究

（2）"子羔"。寫法 2 如下：

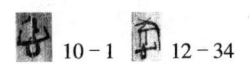

[圖] 10–1　[圖] 12–34

寫法 11 如下：

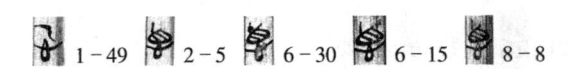

[圖] 1–49　[圖] 2–5　[圖] 6–30　[圖] 6–15　[圖] 8–8

（3）"天子建州（甲本）"。寫法 2 如下：

[圖] 7–22

寫法 11 如下：

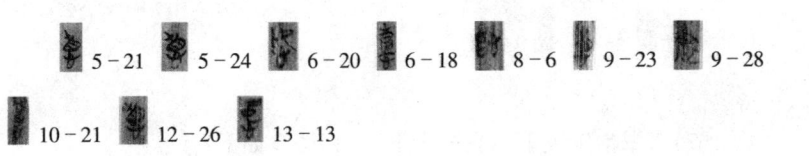

[圖] 5–21　[圖] 5–24　[圖] 6–20　[圖] 6–18　[圖] 8–6　[圖] 9–23　[圖] 9–28
[圖] 10–21　[圖] 12–26　[圖] 13–13

（4）"命"。寫法 2 如下：

[圖] 1–26　[圖] 5–7　[圖] 7–3

寫法 11 如下：

[圖] 5–9　[圖] 7–4

(5)"志書乃言"。寫法 2 如下：

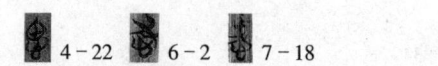

[圖] 4-22　[圖] 6-2　[圖] 7-18

寫法 11 如下：

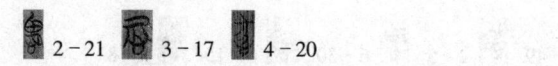

[圖] 2-21　[圖] 3-17　[圖] 4-20

(6)"舉治王天下・禹王天下"。寫法 2 如下：

[圖] 32-29　[圖] 32-17　[圖] 32-12

寫法 11 如下：

[圖] 35-8　[圖] 35-3

(7)"舉治王天下・堯王天下"。寫法 2 如下：

[圖] 25-9

寫法 11 如下：

[圖] 24-7

(8)"尹至"。寫法 2 如下：

楚簡文字"心"字符的寫法分類與同篇異寫研究

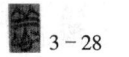

3-28

寫法 11 如下：

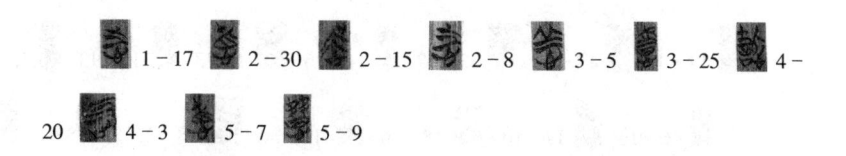

1-17　2-30　2-15　2-8　3-5　3-25　4-20　4-3　5-7　5-9

（9）"耆夜"。寫法 2 如下：

10-25　13-13　14-29

寫法 11 如下：

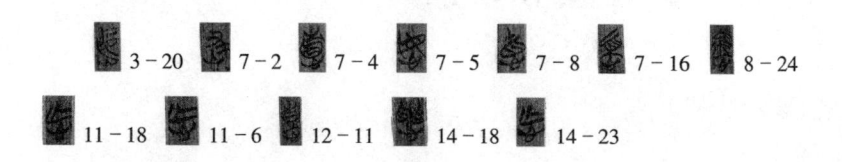

3-20　7-2　7-4　7-5　7-8　7-16　8-24　11-18　11-6　12-11　14-18　14-23

（10）"芮良夫毖"。寫法 2 如下：

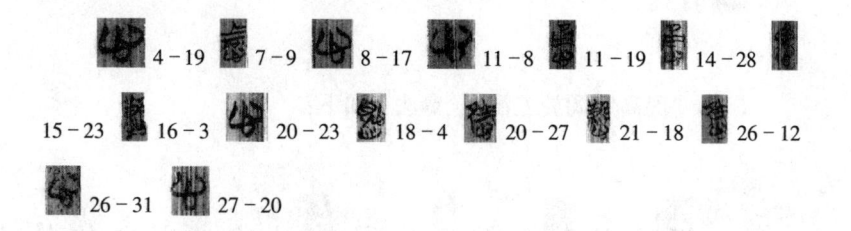

4-19　7-9　8-17　11-8　11-19　14-28　15-23　16-3　20-23　18-4　20-27　21-18　26-12　26-31　27-20

寫法 11 如下：

379

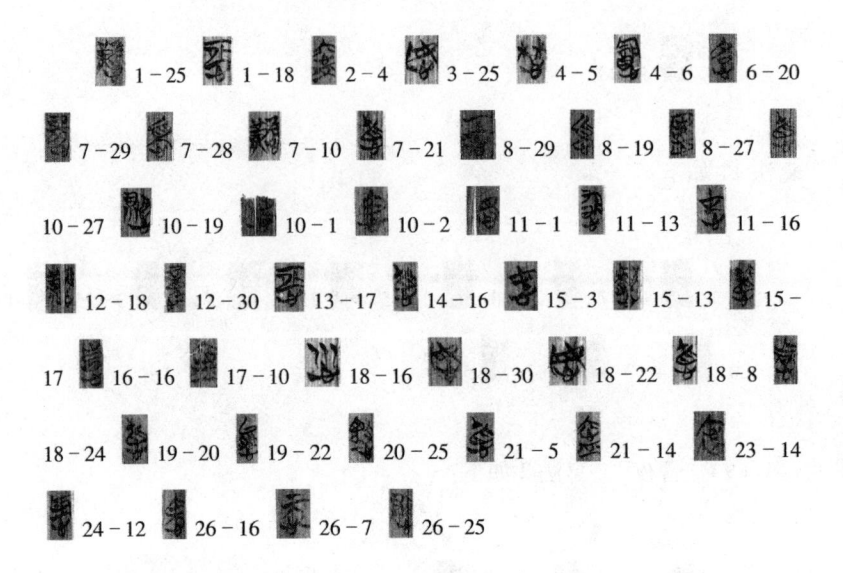

[圖] 1–25　1–18　2–4　3–25　4–5　4–6　6–20
[圖] 7–29　7–28　7–10　7–21　8–29　8–19　8–27
[圖] 10–27　10–19　10–1　10–2　11–1　11–13　11–16
[圖] 12–18　12–30　13–17　14–16　15–3　15–13　15–17
[圖] 16–16　17–10　18–5　18–30　18–22　18–8
[圖] 18–24　19–20　19–22　20–25　21–5　21–14　23–14
[圖] 24–12　26–16　26–7　26–25

(11)"赤鵠之集湯之屋"。寫法 2 如下：

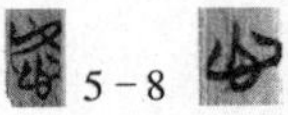

[圖] 5–8　13–13

寫法 11 如下：

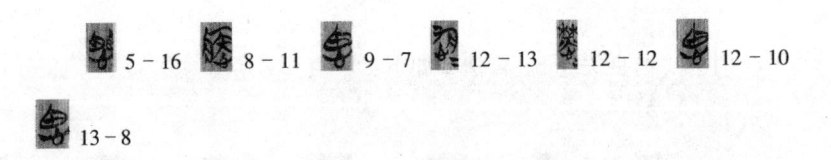

[圖] 5–16　8–11　9–7　12–13　12–12　12–10
[圖] 13–8

(12)"殷高宗問於三壽"。寫法 2 如下：

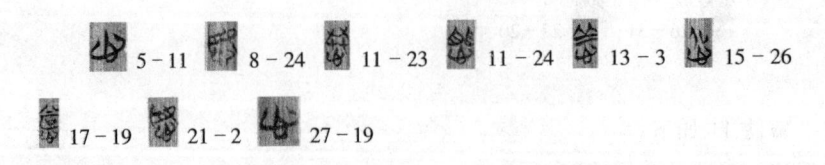

[圖] 5–11　8–24　11–23　11–24　13–3　15–26
[圖] 17–19　21–2　27–19

楚簡文字"心"字符的寫法分類與同篇異寫研究

寫法 11 如下：

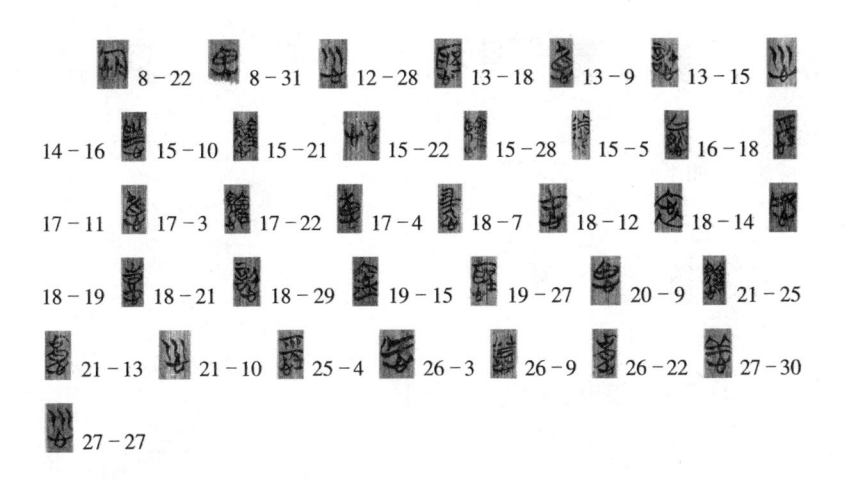

8-22　8-31　12-28　13-18　13-9　13-15
14-16　15-10　15-21　15-22　15-28　15-5　16-18
17-11　17-3　17-22　17-4　18-7　18-12　18-14
18-19　18-21　18-29　19-15　19-27　20-9　21-25
21-13　21-10　25-4　26-3　26-9　26-22　27-30
27-27

（13）"子產"。寫法 2 如下：

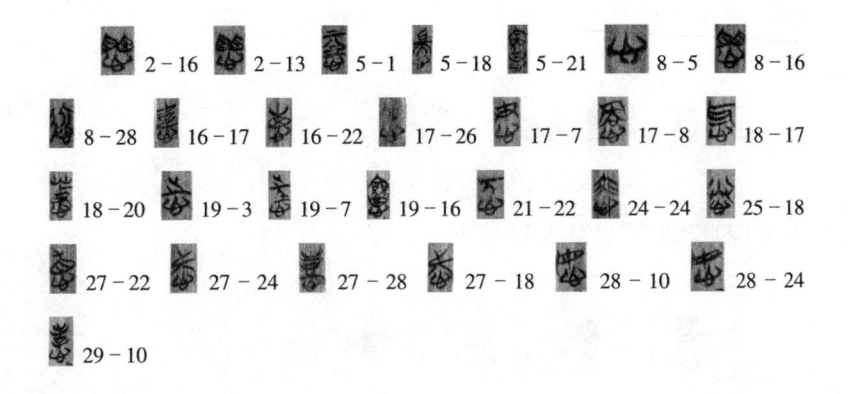

2-16　2-13　5-1　5-18　5-21　8-5　8-16
8-28　16-17　16-22　17-26　17-7　17-8　18-17
18-20　19-3　19-7　19-16　21-22　24-24　25-18
27-22　27-24　27-28　27-18　28-10　28-24
29-10

寫法 11 如下：

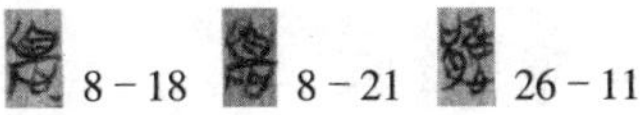

8-18　8-21　26-11

第二，寫法 11 與寫法 14 共見，計 4 篇。

381

(1)"鄭子家喪(甲本)"。寫法 11 如下：

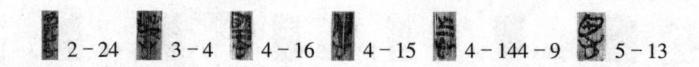

2-24 3-4 4-16 4-15 4-144-9 5-13

寫法 14 如下：

1-362-2 3-13

(2)"靈王遂申"。寫法 11 如下：

4-22 4-11 5-8

寫法 14 如下：

1-8 2-24

(3)"別卦"。寫法 11 如下：

2-8 6-12 6-10 7-10

寫法 14 如下：

4-14 6-6 7-8 7-4 8-10

(4)"紂衣"。寫法 11 如下：

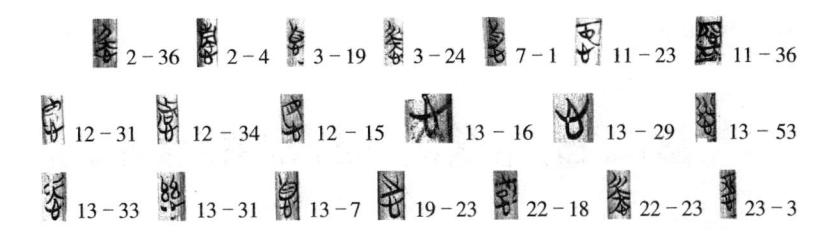

楚簡文字"心"字符的寫法分類與同篇異寫研究

[圖] 2-36 [圖] 2-4 [圖] 3-19 [圖] 3-24 [圖] 7-1 [圖] 11-23 [圖] 11-36
[圖] 12-31 [圖] 12-34 [圖] 12-15 [圖] 13-16 [圖] 13-29 [圖] 13-53
[圖] 13-33 [圖] 13-31 [圖] 13-7 [圖] 19-23 [圖] 22-18 [圖] 22-23 [圖] 23-3

寫法 14 如下：

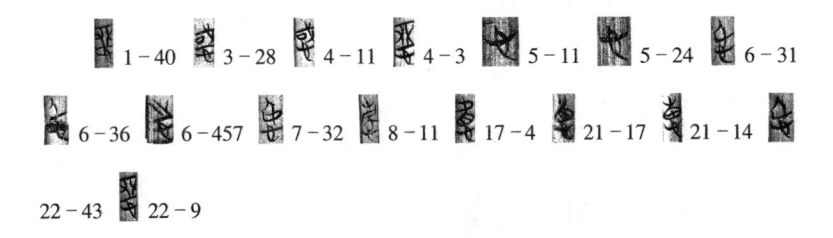

[圖] 1-40 [圖] 3-28 [圖] 4-11 [圖] 4-3 [圖] 5-11 [圖] 5-24 [圖] 6-31
[圖] 6-36 [圖] 6-457 [圖] 7-32 [圖] 8-11 [圖] 17-4 [圖] 21-17 [圖] 21-14
[圖] 22-43 [圖] 22-9

第三，寫法 4 與寫法 14 共見，計 3 篇。

（1）"昭王毀室—昭王與龔之脾"。寫法 4 如下：

[圖] 9-28

寫法 14 如下：

[圖] 10-6

（2）"內豊"。寫法 4 如下：

[圖] 附簡-5 [圖] 附簡-3

寫法 14 如下：

[字形] 1-6　[字形] 4-13　[字形] 5-27　[字形] 6-44　[字形] 6-30　[字形] 6-21

（3）"成王爲城濮之行（甲本）"。寫法 4 如下：

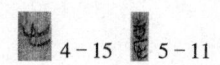

[字形] 4-15　[字形] 5-11

寫法 14 如下：

[字形] 4-11　[字形] 4-25　[字形] 5-17

第四，寫法 4、11、14 共見。計 3 篇。

（1）"尊德義"，寫法 4 如下：

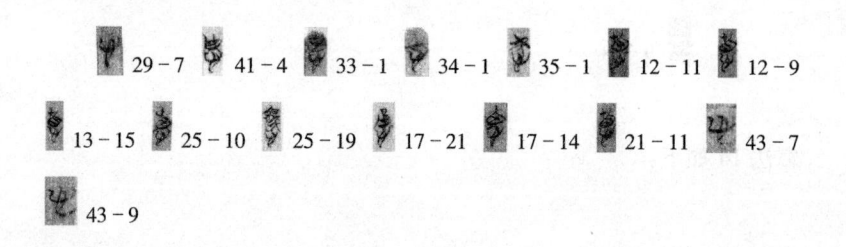

[字形] 29-7　[字形] 41-4　[字形] 33-1　[字形] 34-1　[字形] 35-1　[字形] 12-11　[字形] 12-9
[字形] 13-15　[字形] 25-10　[字形] 25-19　[字形] 17-21　[字形] 17-14　[字形] 21-11　[字形] 43-7
[字形] 43-9

寫法 11 如下：

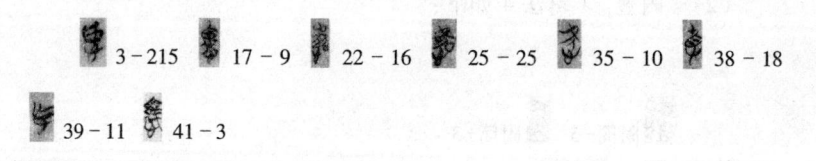

[字形] 3-215　[字形] 17-9　[字形] 22-16　[字形] 25-25　[字形] 35-10　[字形] 38-18
[字形] 39-11　[字形] 41-3

楚簡文字"心"字符的寫法分類與同篇異寫研究

寫法 14 如下：

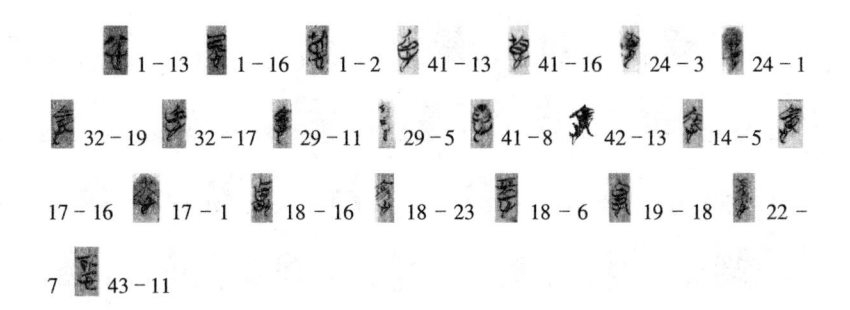

1-13　1-16　1-2　41-13　41-16　24-3　24-1
32-19　32-17　29-11　29-5　41-8　42-13　14-5
17-16　17-1　18-16　18-23　18-6　19-18　22-7
43-11

（2）"六德"。寫法 4 如下：

5-16

寫法 11 如下：

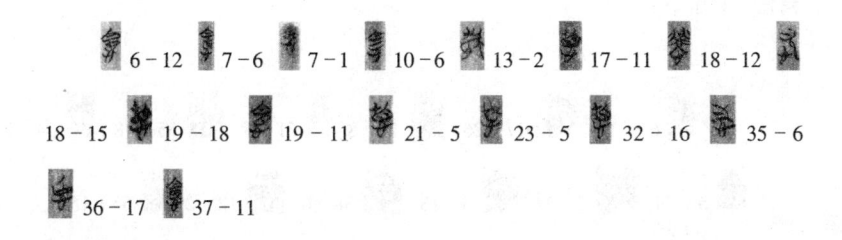

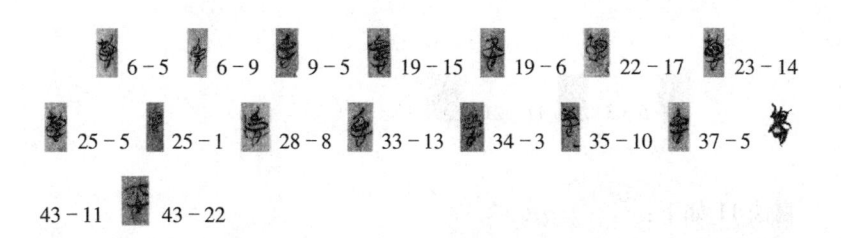

6-12　7-6　7-1　10-6　13-2　17-11　18-12
18-15　19-18　19-11　21-5　23-5　32-16　35-6
36-17　37-11

寫法 14 如下：

6-5　6-9　9-5　19-15　19-6　22-17　23-14
25-5　25-1　28-8　33-13　34-3　35-10　37-5
43-11　43-22

（3）"曹沫之陳"。寫法 4 如下：

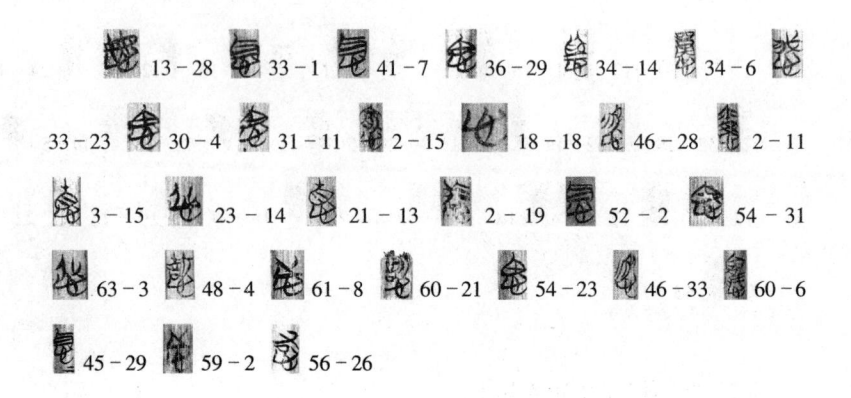

[字形]13－28 [字形]33－1 [字形]41－7 [字形]36－29 [字形]34－14 [字形]34－6
[字形]33－23 [字形]30－4 [字形]31－11 [字形]2－15 [字形]18－18 [字形]46－28 [字形]2－11
[字形]3－15 [字形]23－14 [字形]21－13 [字形]2－19 [字形]52－2 [字形]54－31
[字形]63－3 [字形]48－4 [字形]61－8 [字形]60－21 [字形]54－23 [字形]46－33 [字形]60－6
[字形]45－29 [字形]59－2 [字形]56－26

寫法 11 如下：

[字形]55－10 [字形]61－15 [字形]55－8 [字形]55－14

寫法 14 如下：

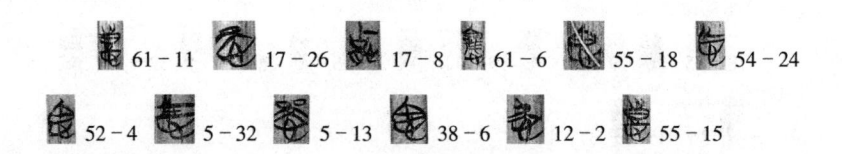

[字形]61－11 [字形]17－26 [字形]17－8 [字形]61－6 [字形]55－18 [字形]54－24
[字形]52－4 [字形]5－32 [字形]5－13 [字形]38－6 [字形]12－2 [字形]55－15

第五，寫法 2、11、17 共見，計 2 篇。
（1）"祭公"。寫法 2 如下：

[字形]5－3 [字形]11－21 [字形]12－3

寫法 11 如下：

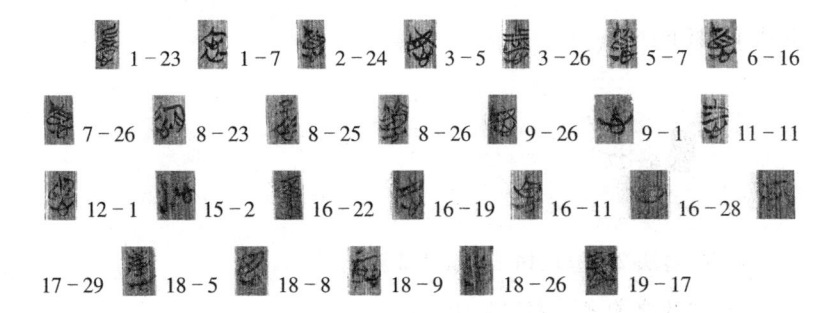

楚簡文字"心"字符的寫法分類與同篇異寫研究

1–23　1–7　2–24　3–5　3–26　5–7　6–16
7–26　8–23　8–25　8–26　9–26　9–1　11–11
12–1　15–2　16–22　16–19　16–11　16–28
17–29　18–5　18–8　18–9　18–26　19–17

寫法 17 如下：

9–9

（2）"周公之琴舞"。寫法 2 如下：

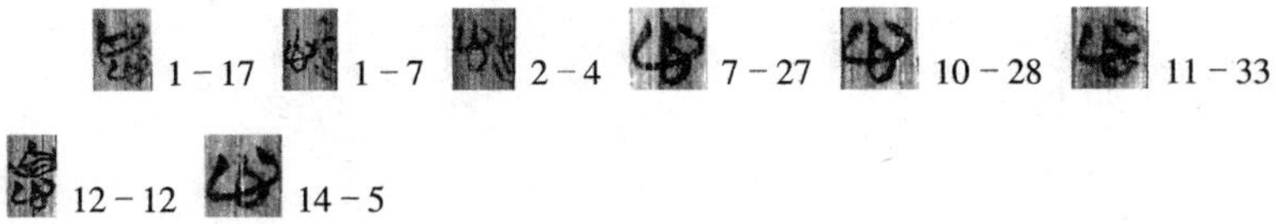

1–17　1–7　2–4　7–27　10–28　11–33
12–12　14–5

寫法 11 如下：

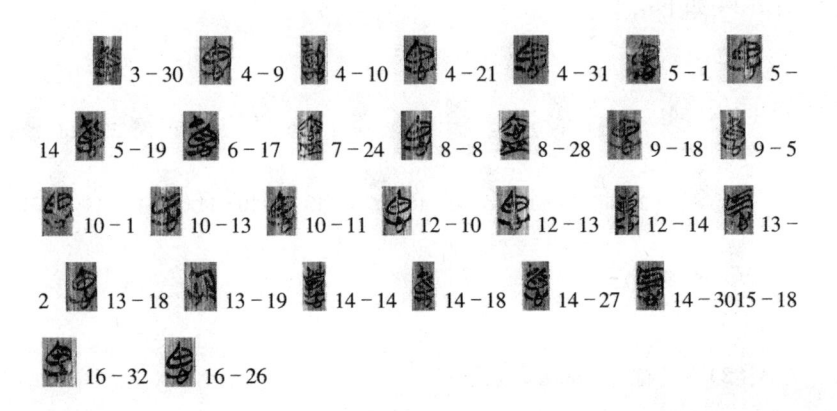

3–30　4–9　4–10　4–21　4–31　5–1　5–14
5–19　6–17　7–24　8–8　8–28　9–18　9–5
10–1　10–13　10–11　12–10　12–13　12–14　13–2
13–18　13–19　14–14　14–18　14–27　14–30　15–18
16–32　16–26

寫法 17 如下：

□ 6-27

第六，寫法 2、4、11、14 并見，共 2 篇。
（1）"成之聞之"，寫法 2 如下：

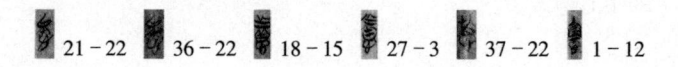

□ 21-22　□ 36-22　□ 18-15　□ 27-3　□ 37-22　□ 1-12

寫法 4 如下：

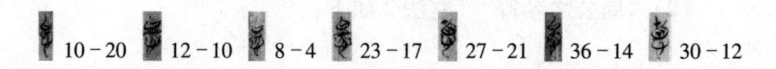

□ 10-20　□ 12-10　□ 8-4　□ 23-17　□ 27-21　□ 36-14　□ 30-12

寫法 11 如下：

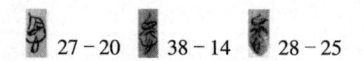

□ 27-20　□ 38-14　□ 28-25

寫法 14 如下：

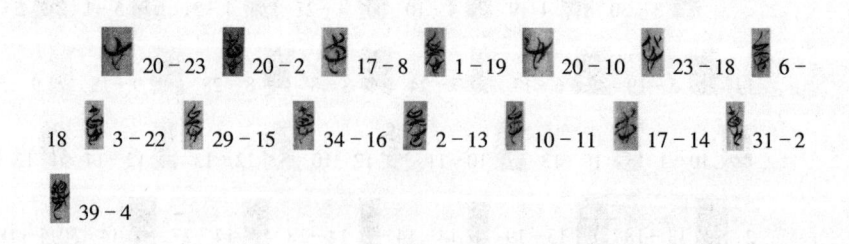

□ 20-23　□ 20-2　□ 17-8　□ 1-19　□ 20-10　□ 23-18　□ 6-18　□ 3-22　□ 29-15　□ 34-16　□ 2-13　□ 10-11　□ 17-14　□ 31-2　□ 39-4

（2）"三德"。寫法 2 如下：

楚簡文字"心"字符的寫法分類與同篇異寫研究

▨ 19-18 ▨ 15-35 ▨ XG4-6

寫法 4 如下：

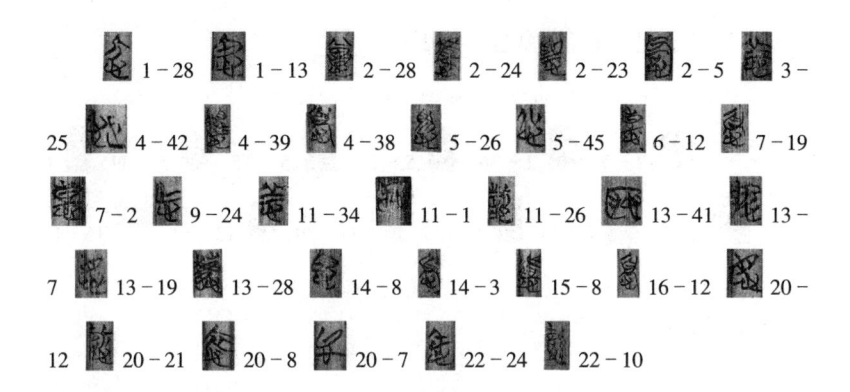

▨ 1-28 ▨ 1-13 ▨ 2-28 ▨ 2-24 ▨ 2-23 ▨ 2-5 ▨ 3-25 ▨ 4-42 ▨ 4-39 ▨ 4-38 ▨ 5-26 ▨ 5-45 ▨ 6-12 ▨ 7-19 ▨ 7-2 ▨ 9-24 ▨ 11-34 ▨ 11-1 ▨ 11-26 ▨ 13-41 ▨ 13-7 ▨ 13-19 ▨ 13-28 ▨ 14-8 ▨ 14-3 ▨ 15-8 ▨ 16-12 ▨ 20-12 ▨ 20-21 ▨ 20-8 ▨ 20-7 ▨ 22-24 ▨ 22-10

寫法 11 如下：

▨ 20-4 ▨ 22-12

寫法 14 如下：

▨ 12-30 ▨ 1-17

第七，寫法 2、12 同見，計 2 篇。

（1）"湯在啻門"。寫法 2 如下：

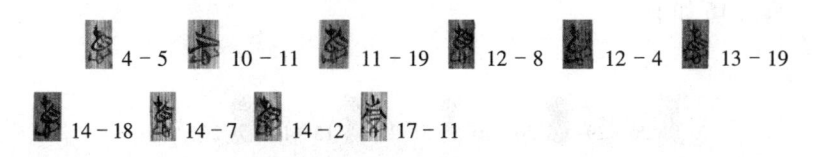

▨ 4-5 ▨ 10-11 ▨ 11-19 ▨ 12-8 ▨ 12-4 ▨ 13-19 ▨ 14-18 ▨ 14-7 ▨ 14-2 ▨ 17-11

寫法 12 如下：

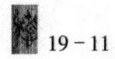

19-11

（2）"子犯子餘"。寫法 2 如下：

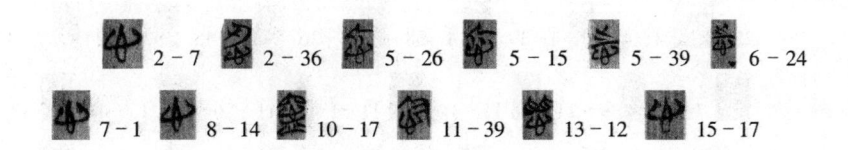

2-7　2-36　5-26　5-15　5-39　6-24
7-1　8-14　10-17　11-39　13-12　15-17

寫法 12 如下：

7-22

當然，另有相當數量的篇目所用異寫的類型組合各有特點。
"凡物流形（甲本）"，寫法 10、11、16、21 並用。寫法 10 如下：

17-13　12-21　19-13

寫法 11 如下：

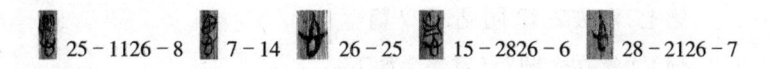

25-11　26-8　7-14　26-25　15-28　26-6　28-21　26-7

寫法 16 如下：

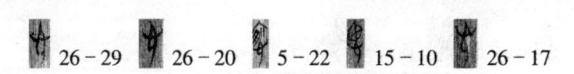

26-29　26-20　5-22　15-10　26-17

楚簡文字"心"字符的寫法分類與同篇異寫研究

寫法 21 如下：

[圖] 25－17

"性自命出"，寫法 2、4、11、14、15 寫法並用。寫法 2 如下：

[圖] 1－6　[圖] 26－4　[圖] 28－5　[圖] 2－2　[圖] 23－22

寫法 4 如下：

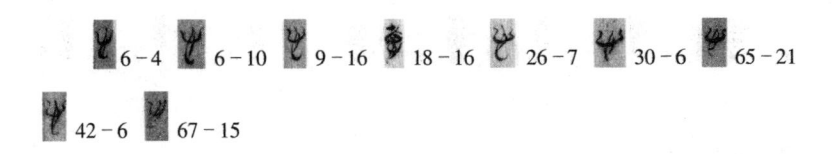

[圖] 6－4　[圖] 6－10　[圖] 9－16　[圖] 18－16　[圖] 26－7　[圖] 30－6　[圖] 65－21
[圖] 42－6　[圖] 67－15

寫法 11 如下：

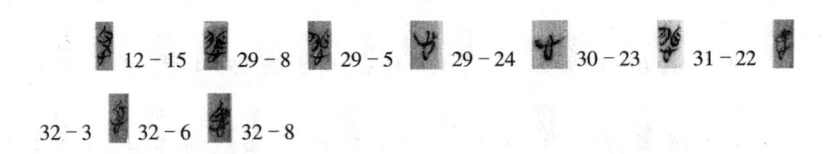

[圖] 12－15　[圖] 29－8　[圖] 29－5　[圖] 29－24　[圖] 30－23　[圖] 31－22
[圖] 32－3　[圖] 32－6　[圖] 32－8

寫法 14 如下：

[圖] 2－3　[圖] 6－12　[圖] 14－16　[圖] 29－14　[圖] 32－11　[圖] 32－14　[圖] 45－7
[圖] 46－11

寫法 15 如下：

38-9　27-9　28-23　34-23　37-13　60-6

"語叢二",寫法1、2、4、21并見。寫法如下1：

3-8

寫法2如下：

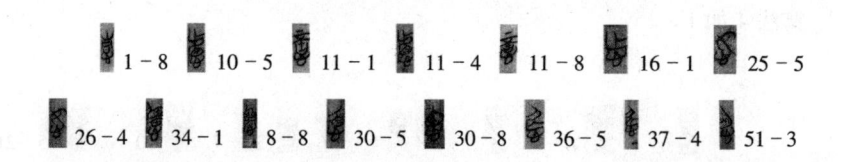

1-8　10-5　11-1　11-4　11-8　16-1　25-5
26-4　34-1　8-8　30-5　30-8　36-5　37-4　51-3

寫法4如下：

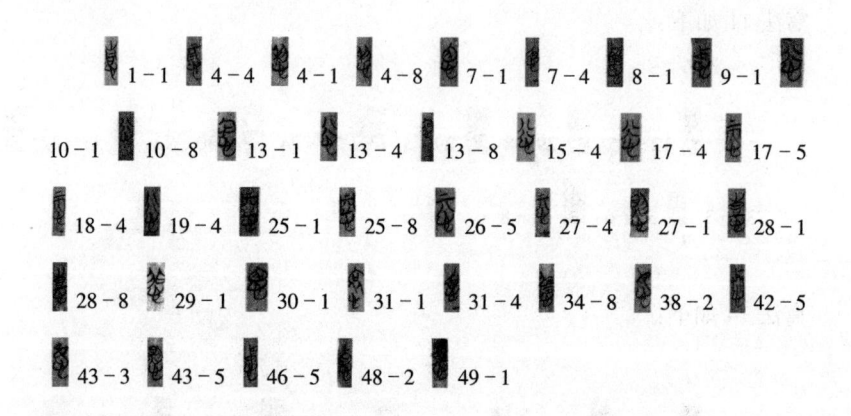

1-1　4-4　4-1　4-8　7-1　7-4　8-1　9-1
10-1　10-8　13-1　13-4　13-8　15-4　17-4　17-5
18-4　19-4　25-1　25-8　26-5　27-4　27-1　28-1
28-8　29-1　30-1　31-1　31-4　34-8　38-2　42-5
43-3　43-5　46-5　48-2　49-1

寫法21如下：

3-5

楚簡文字"心"字符的寫法分類與同篇異寫研究

"語叢一",寫法1、2、4、11并見。寫法1如下:

▮ 31-5

寫法2如下:

▮ 12-8 ▮ 86-4

寫法11如下:

▮ 39-8

寫法14如下:

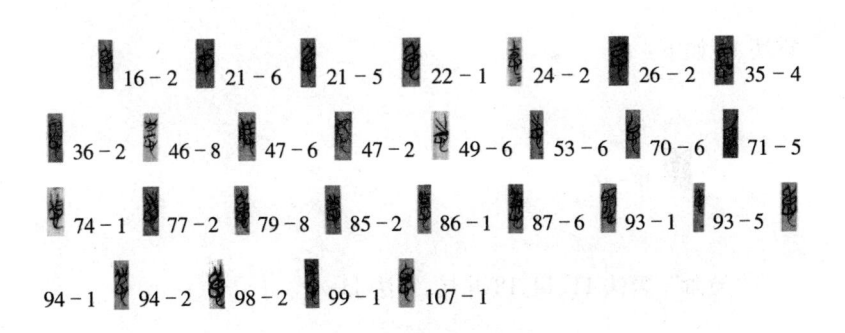

▮ 16-2 ▮ 21-6 ▮ 21-5 ▮ 22-1 ▮ 24-2 ▮ 26-2 ▮ 35-4
▮ 36-2 ▮ 46-8 ▮ 47-6 ▮ 47-2 ▮ 49-6 ▮ 53-6 ▮ 70-6 ▮ 71-5
▮ 74-1 ▮ 77-2 ▮ 79-8 ▮ 85-2 ▮ 86-1 ▮ 87-6 ▮ 93-1 ▮ 93-5
▮ 94-1 ▮ 94-2 ▮ 98-2 ▮ 99-1 ▮ 107-1

"孔子詩論",寫法2、11、18并見。寫法2如下:

▮ 1-14 ▮ 4-15 ▮ 4-38 ▮ 21-36 ▮ 22-33 ▮ 22-7
▮ 26-8

寫法 11 如下：

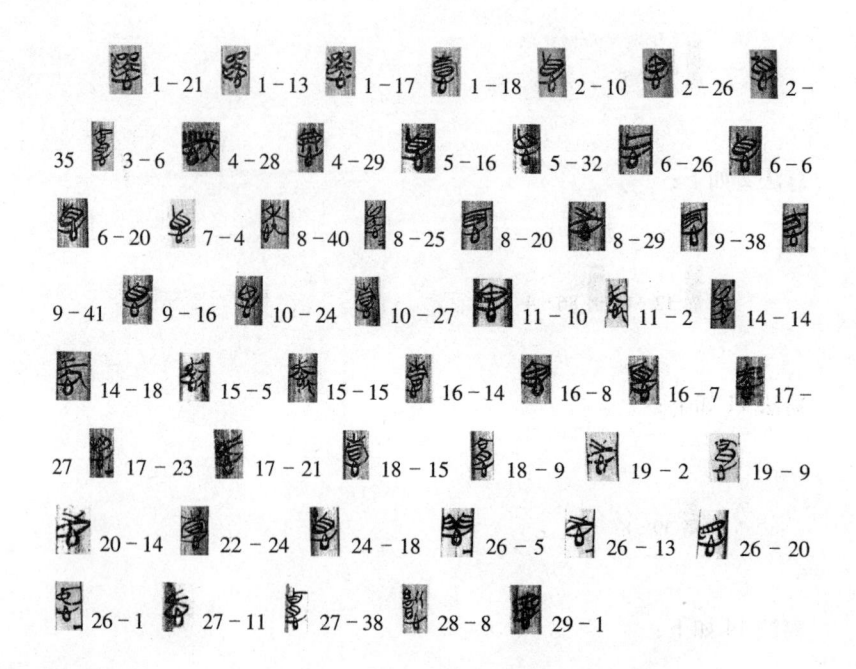

[字形] 1-21 [字形] 1-13 [字形] 1-17 [字形] 1-18 [字形] 2-10 [字形] 2-26 [字形] 2-35 [字形] 3-6 [字形] 4-28 [字形] 4-29 [字形] 5-16 [字形] 5-32 [字形] 6-26 [字形] 6-6 [字形] 6-20 [字形] 7-4 [字形] 8-40 [字形] 8-25 [字形] 8-20 [字形] 8-29 [字形] 9-38 [字形] 9-41 [字形] 9-16 [字形] 10-24 [字形] 10-27 [字形] 11-10 [字形] 11-2 [字形] 14-14 [字形] 14-18 [字形] 15-5 [字形] 15-15 [字形] 16-14 [字形] 16-8 [字形] 16-7 [字形] 17-27 [字形] 17-23 [字形] 17-21 [字形] 18-15 [字形] 18-9 [字形] 19-2 [字形] 19-9 [字形] 20-14 [字形] 22-24 [字形] 24-18 [字形] 26-5 [字形] 26-13 [字形] 26-20 [字形] 26-1 [字形] 27-11 [字形] 27-38 [字形] 28-8 [字形] 29-1

寫法 18 如下：

[字形] 18-16

"吳命"，寫法 11、14、18 并見，寫法 11：

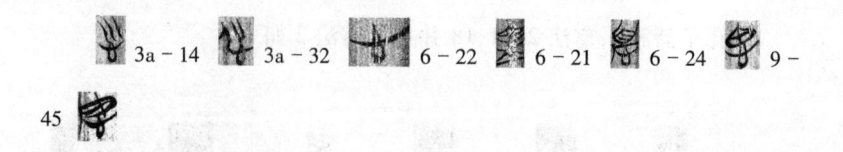

[字形] 3a-14 [字形] 3a-32 [字形] 6-22 [字形] 6-21 [字形] 6-24 [字形] 9-45

寫法 14 如下：

楚簡文字"心"字符的寫法分類與同篇異寫研究

5-26　5-12

寫法 18 如下：

1-10

"武王踐阼"，寫法 10、22 并見。寫法 10 如下：

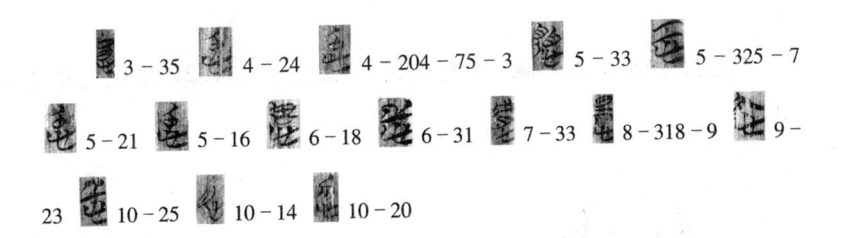

3-35　4-24　4-204-75-3　5-33　5-325-7　5-21　5-16　6-18　6-31　7-33　8-318-9　9-23　10-25　10-14　10-20

寫法 21 如下：

13-30　14-19　14-22　14-14

"從政"，寫法 12、16、19 並存。寫法 12：

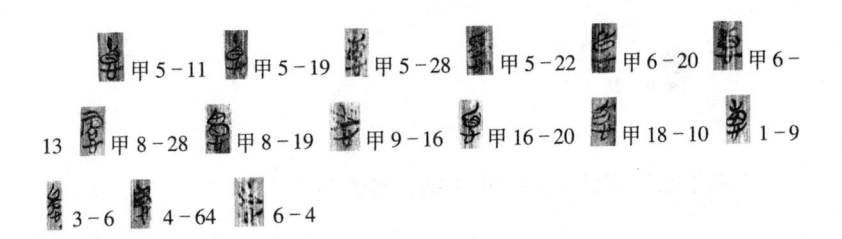

甲5-11　甲5-19　甲5-28　甲5-22　甲6-20　甲6-13　甲8-28　甲8-19　甲9-16　甲16-20　甲18-10　1-9　3-6　4-64　6-4

寫法 16 如下：

[甲16-4] [3-7] [3-13]

寫法 19 如下：

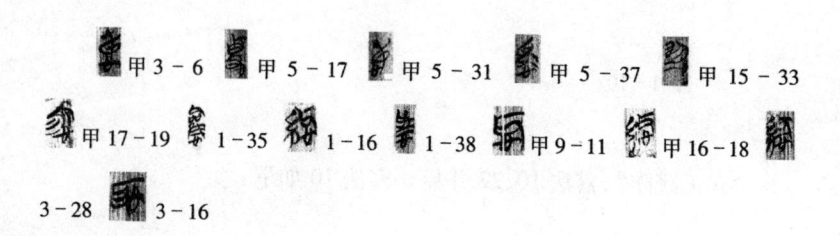

[甲3-6] [甲5-17] [甲5-31] [甲5-37] [甲15-33]
[甲17-19] [1-35] [1-16] [1-38] [甲9-11] [甲16-18]
[3-28] [3-16]

"鮑叔牙與隰朋之諫-競建内之"，寫法 11、14、21 并見。寫法 11 如下：

[5-16] [9-8]

寫法 12 如下：

[3-13]

寫法 14 如下：

[6-26]

"老子乙"，寫法 2、11、14 并見。寫法 2：

[7-8] [5-17]

楚簡文字"心"字符的寫法分類與同篇異寫研究

寫法 11 如下：

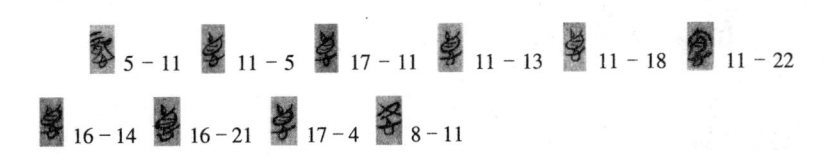

5-11　11-5　17-11　11-13　11-18　11-22

16-14　16-21　17-4　8-11

寫法 14 如下：

4-11　6-16　6-2　5-22

"容成氏"，寫法 2、4、14 并見。寫法 2 如下：

1-38　2-5　6-23　44-20

寫法 4 如下：

1-43　6-33　35-28

寫法 14 如下：

3-20　3-26　12-3　20-21　20-24　25-17

32-21　37-14　39-15　39-16　42-1　49-19　50-3

53-19

"季庚子問於孔子"，寫法 4、9、14 并見。寫法 4 如下：

397

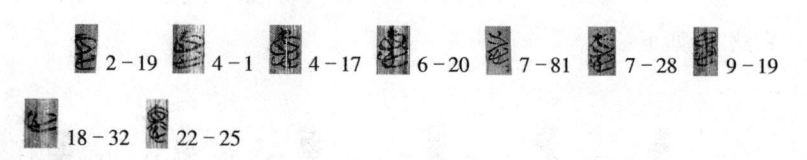

[图] 2–19 [图] 4–1 [图] 4–17 [图] 6–20 [图] 7–81 [图] 7–28 [图] 9–19
[图] 18–32 [图] 22–25

寫法 9 如下：

[图] 4–14

寫法 14 如下：

[图] 2–1 [图] 2–16 [图] 3–20 [图] 6–1 [图] 18–1 [图] 21–1

"命訓"，寫法 2、3、4 并見。寫法 2：

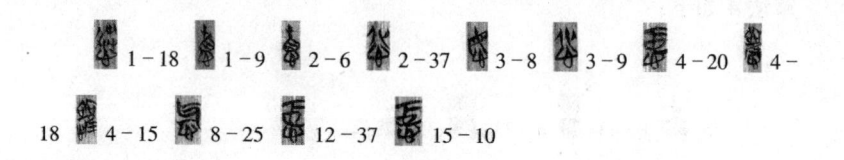

[图] 1–18 [图] 1–9 [图] 2–6 [图] 2–37 [图] 3–8 [图] 3–9 [图] 4–20 [图] 4–18 [图] 4–15 [图] 8–25 [图] 12–37 [图] 15–10

寫法 3 如下：

[图] 10–2 [图] 12–17

寫法 4 如下：

[图] 4–40 [图] 5–3

楚簡文字"心"字符的寫法分類與同篇異寫研究

"管仲",寫法 2、4、11 并見。寫法 2 如下:

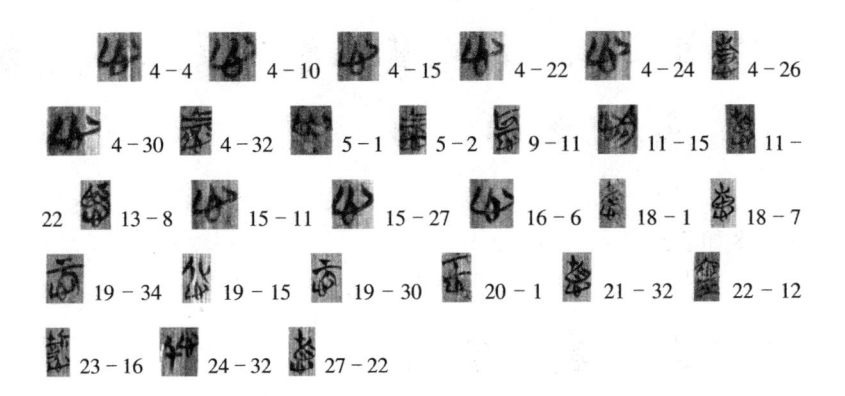

4-4　4-10　4-15　4-22　4-24　4-26
4-30　4-32　5-1　5-2　9-11　11-15　11-22
13-8　15-11　15-27　16-6　18-1　18-7
19-34　19-15　19-30　20-1　21-32　22-12
23-16　24-32　27-22

寫法 4 如下:

3-35

寫法 11 如下:

22-24　22-26

"忠信之道",寫法 2、4、7、8 并見。寫法 2 如下:

8-18

寫法 4 如下:

1-10　8-1

寫法 7 如下：

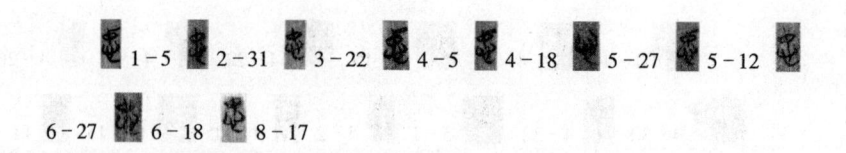

[圖] 1–5　[圖] 2–31　[圖] 3–22　[圖] 4–5　[圖] 4–18　[圖] 5–27　[圖] 5–12
[圖] 6–27　[圖] 6–18　[圖] 8–17

寫法 8 如下：

[圖] 1–29　[圖] 1–17　[圖] 2–14

"窮達以時"，寫法 11、13、20 并見。寫法 11 如下：

[圖] 2–12　[圖] 3–20　[圖] 8–6　[圖] 14–9　[圖] 15–16

寫法 13 如下：

[圖] 9–9　[圖] 10–1　[圖] 15–14

寫法 20 如下：

[圖] 13–8

"用曰"，寫法 2、4、11 并見。寫法 2 如下：

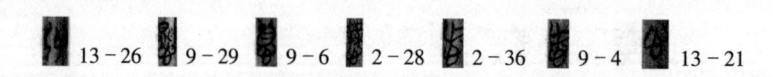

[圖] 13–26　[圖] 9–29　[圖] 9–6　[圖] 2–28　[圖] 2–36　[圖] 9–4　[圖] 13–21

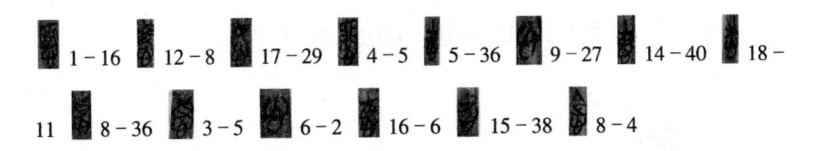

楚簡文字"心"字符的寫法分類與同篇異寫研究

1-16　12-8　17-29　4-5　5-36　9-27　14-40　18-11　8-36　3-5　6-2　16-6　15-38　8-4

寫法4如下：

1-1　14-27　7-44　1-21

寫法11如下：

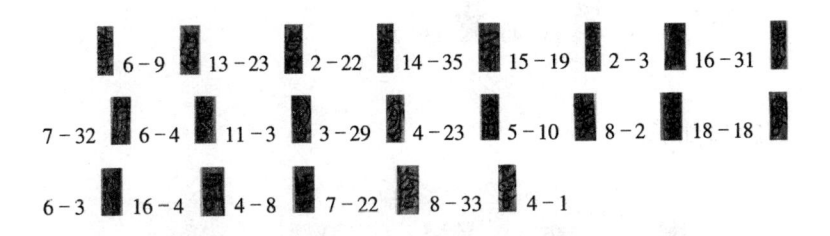

6-9　13-23　2-22　14-35　15-19　2-3　16-31　7-32　6-4　11-3　3-29　4-23　5-10　8-2　18-18　6-3　16-4　4-8　7-22　8-33　4-1

"亙先"，寫法4、18、21并見。寫法4如下：

7-11　13-31

寫法18如下：

10-6　12-35　5-17　3(正)-17

寫法20如下：

5-4　10-7　1-21　3(正)-37

"厚父",寫法2、11、12并見。寫法2如下:

[圖] 8-16

寫法11如下:

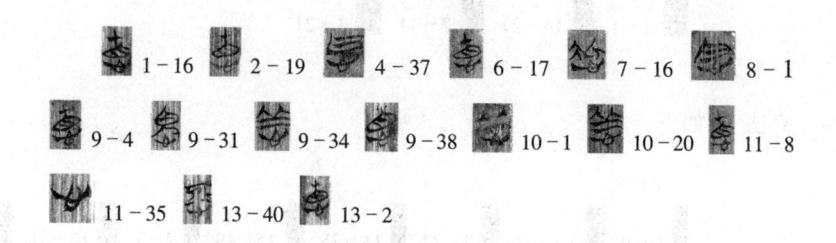

[圖] 1-16 [圖] 2-19 [圖] 4-37 [圖] 6-17 [圖] 7-16 [圖] 8-1
[圖] 9-4 [圖] 9-31 [圖] 9-34 [圖] 9-38 [圖] 10-1 [圖] 10-20 [圖] 11-8
[圖] 11-35 [圖] 13-40 [圖] 13-2

寫法12如下:

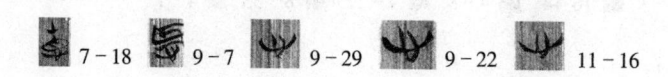

[圖] 7-18 [圖] 9-7 [圖] 9-29 [圖] 9-22 [圖] 11-16

"清華二",寫法2、4、11并見。寫法2如下:

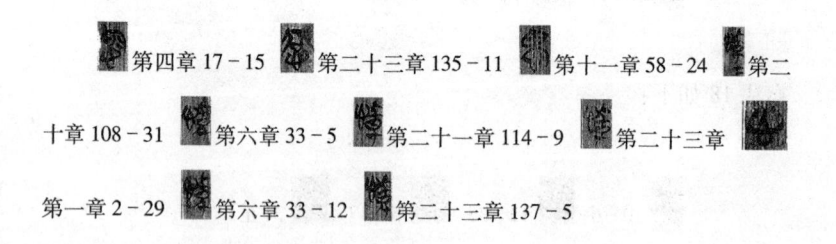

[圖] 第四章17-15 [圖] 第二十三章135-11 [圖] 第十一章58-24 [圖] 第二十章108-31 [圖] 第六章33-5 [圖] 第二十一章114-9 [圖] 第二十三章
[圖] 第一章2-29 [圖] 第六章33-12 [圖] 第二十三章137-5

寫法4如下:

[圖] 第六章39-16 [圖] 第四章20-7 133-7

楚簡文字"心"字符的寫法分類與同篇異寫研究

寫法 11 如下：

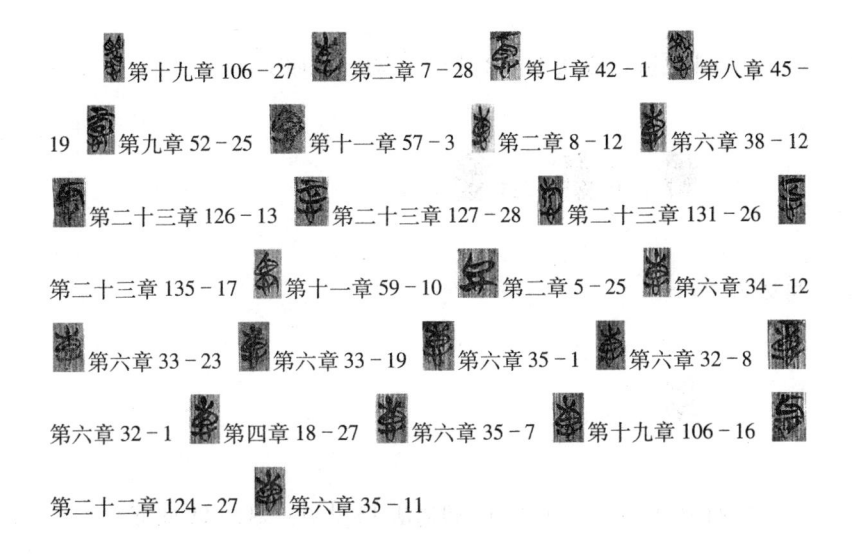

第十九章 106－27　第二章 7－28　第七章 42－1　第八章 45－19　第九章 52－25　第十一章 57－3　第二章 8－12　第六章 38－12　第二十三章 126－13　第二十三章 127－28　第二十三章 131－26　第二十三章 135－17　第十一章 59－10　第二章 5－25　第六章 34－12　第六章 33－23　第六章 33－19　第六章 35－1　第六章 32－8　第六章 32－1　第四章 18－27　第六章 35－7　第十九章 106－16　第二十二章 124－27　第六章 35－11

祝辭，寫法 3、12 并見。寫法 3 如下：

3－18

寫法 12：

1－1

"邦人不稱"，寫法 11、12 并見。寫法 11 如下：

11－1　7－4

寫法 12 如下：

403

[图] 1-23

"相邦之道",寫法 11、22 并見。寫法 11 如下:

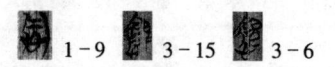

[图] 1-9 [图] 3-15 [图] 3-6

寫法 22 如下:

[图] 1-21

"魯穆公問子思",寫法 11 與寫法 13 共見。寫法 11 如下:

[图] 1-19 [图] 1-14 [图] 2-8 [图] 3-24 [图] 3-11 [图] 3-7 [图] 4-16
[图] 4-5 [图] 8-2

寫法 13 如下:

[图] 1-7 [图] 1-17

"老子甲",寫法 4 與寫法 11 并見。寫法 4 如下:

[图] 9-2 [图] 16-1 [图] 33-2 [图] 35-5

寫法 11 如下:

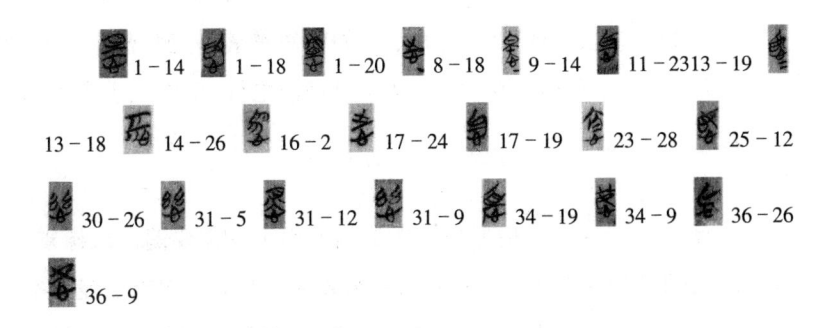

[圖] 1-14　[圖] 1-18　[圖] 1-20　[圖] 8-18　[圖] 9-14　[圖] 11-23　[圖] 13-19
[圖] 13-18　[圖] 14-26　[圖] 16-2　[圖] 17-24　[圖] 17-19　[圖] 23-28　[圖] 25-12
[圖] 30-26　[圖] 31-5　[圖] 31-12　[圖] 31-9　[圖] 34-19　[圖] 34-9　[圖] 36-26
[圖] 36-9

三、楚簡"心"同篇異寫狀況的啟示

上述調查分析結果的揭示，對今後的楚簡文字構形研究如何開展，具有一定的啟發意義，簡說幾點初步認識。

（一）分辨寫手異寫習慣。就楚簡而言，同一寫手在同一書寫過程中對重見字符變化寫法，已成大概率事件，因此，雖然"寫法"仍不失爲構形特徵乃至寫手判斷的重要標準，但簡單地據字符（哪怕是最具有典型意義的關鍵字）的一種形態來判斷寫手或字體類型很可能會走入誤區。而瞭解相關字跡材料的書寫者是否具有異寫習慣，以及有怎樣的異寫習慣則成爲首先需要辨明的問題。前文我們雖然逐篇分析了"心"的寫法類型的存在情況，但僅就"心"而言，也還有諸多内在規律的深層探討未及展開。比如同篇多個寫法之間顯然是有一定搭配組合規律的，比如寫法2與寫法11組合度很高，并見者達25篇：

楚帛書、子羔、天子建州（甲本）、命、志書乃言、舉治王天下·禹王天下、舉治王天下、堯王天下、尹至、耆夜、芮良夫毖、赤鵠之集湯之屋、殷高宗問於三壽、子產、厚父、老子乙、祭公、周公之琴舞、孔子詩論、管仲、清華二、用曰、成之聞之、三德、性自命出、語叢一

寫法4與寫法14亦具有較高組合度，并見11篇：

成之聞之、三德、性自命出、容成氏、尊德義、六德、曹沫之陳、昭王毀室—昭王與龔之脾、內豊、成王爲城濮之行（甲本）、季庚子問於孔子

具體來說，今後楚簡構形研究在這個方面至少需要關注這樣幾點：首先，對楚簡文字字符集中有一定材料覆蓋面并具有一定寫法變化空間的字符群中個體，逐一進行窮盡性寫法分類，以便逐一觀察這些字符在同一寫手書寫的篇目中的寫法類型存在情況；對於多寫法並存的篇目，需要注意發現寫手變換寫法的規律，以及其中主導性寫法與輔助性寫法的分工特點；對於同一字符的各寫法類型，需要關注它們之間被組合並用的概率大小。

當然，在完成字符群的寫法分類整理后，關鍵字遞進調查法就十分重要了，即以第一順位的關鍵字的調查結果爲基礎，再按上述關鍵字篩選原則確定下一級關鍵字，如果下級關鍵字調查的結論與上級關鍵字的調查相一致，則表明這種結論得到驗證而較可靠，反之則表明上級關鍵字的調查的結論的可靠性需要再加審視。投入遞進調查的關鍵字級數越多，上述驗證作用的可靠性越強。

（二）寫法觀察與筆跡鑒別組合配套。楚簡文字是墨跡文字，不像甲骨文金文，因契刻或範鑄而致毛穎顛毫細微的揮運之跡化爲烏有。因此，楚簡文字是筆跡鑒別法適用的文字材料。前文言及，字符寫法是辨別同寫法筆跡差異的一個很好窗口，換一個角度來看，同篇寫手同一字符的不同寫法，也爲辨別具有寫法差異的同一筆跡提供了方便。這樣，就可以爲判斷同一字符並存多種寫法的篇目字跡，是不是出自同一寫手提供一種方法。比如"尊德義"之"心"並存寫法 4、11、14，字例分別爲：

寫法雖然各不相同，但用筆上尚彎曲，字勢自右上至左下的風格則是完全一致的。因此，我們可以放心認定"尊德義"是同一寫手之作。而以此法

楚簡文字"心"字符的寫法分類與同篇異寫研究

來對待是否同一寫手有爭議的材料無疑是更有意義的。如對於《清華七》的《子犯子餘》《晉文公入於晉》(下文簡稱 A)與《趙簡子》《越公其事》(下文簡稱 B)。整理者認爲 A、B 分別是兩位書手所錄[1],而有些研究者則認爲 A、B 均爲一人所寫[2]。以上述方法來鑒別,比較容易獲得合乎實際的認識。以兩種材料共有的"瓜"旁爲例,寫法雖難以區別,筆跡卻容易分別:A 的主筆延長作⌒形:

子犯子餘 10-18   晉文公入於晉 1-40   晉文公入於晉 2-36

而 B(越公其事)的主筆豎直作⟩形:

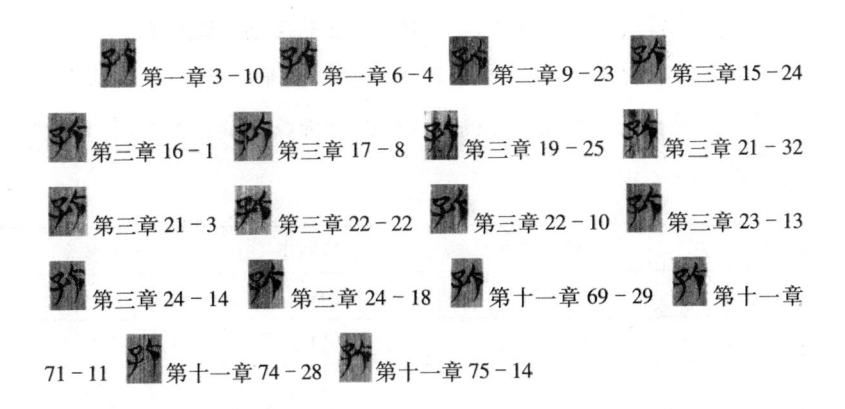

第一章 3-10　第一章 6-4　第二章 9-23　第三章 15-24
第三章 16-1　第三章 17-8　第三章 19-25　第三章 21-32
第三章 21-3　第三章 22-22　第三章 22-10　第三章 23-13
第三章 24-14　第三章 24-18　第十一章 69-29　第十一章 71-11　第十一章 74-28　第十一章 75-14

再以遞進調查法,對比兩者之"女(安)"字。雖然 A、B 的寫法同樣難以分出兩個單位,但 A(子犯子餘)的縱向主筆從粗到細:

1-21　1-41　1-10　2-11　4-5　5-24

---

[1] 李學勤:《清華大學藏戰國竹簡(柒)》,中西書局,2017 年,1 頁。
[2] 網友松鼠:《〈越公其事〉初讀》,簡帛論壇 23 樓,2017 年 4 月 25 日,http://www.bsm.org.cn/bbs/read.php? tid=3456&page=3。

11-36

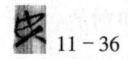

B(越公其事)的縱向主筆中間粗兩頭細：

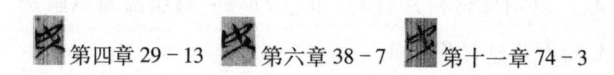

第四章 29-13　　第六章 38-7　　第十一章 74-3

可見 A、B 屬於兩種筆跡，出自兩位寫手。[1]

（三）基於"寫法"調查的大數據研究。字符寫法的窮盡調查和定量分析，可以建成寫法大數據，而利用這種大數據，足以完成一些非大數據環境難以完成的研究。僅舉一例，即基於前文楚簡"心"寫法類型的調查分析，來討論郭店、上博、清華三種著錄寫法狀況的宏觀差異。

本文調查材料主要集中于郭店、上博、清華三種著錄。調查表明，"心"的各種寫法類型在這三種著錄中的分佈及數量有所不同，具體數據見下表：

寫法	郭店頻率	上博頻率	清華頻率
1	17	0	0
2	40	54	278
3	0	0	4
4	131	89	12
5	2	0	0
6	0	34	0
7	8	13	0
8	4	0	8
9	7	1	0

[1] 詳參史楨英：《也説〈清華大學藏戰國竹簡（七）〉寫手問題》，簡帛網，2018 年 6 月 16 日。

(續 表)

寫法	郭店頻率	上博頻率	清華頻率
10	4	37	0
11	143	294	226
12	10	12	23
13	40	0	0
14	57	129	6
15	50	0	1
16	1	10	0
17	0	3	1
18	68	9	1
19	1	27	2
20	0	14	1
21	4	46	0
22	0	2	0
23	0	44	0

需要説明的是，上表的統計範圍包括前文未作分析的已被認定多寫手參與書寫的《五行》《緇衣》《語叢三》《性情論》《周易》諸篇。而有些未在前文各篇寫法分析中出現的寫法類型，正出自這些篇目，如寫法6和寫法23，僅出自"性情論"。

有必要就各著錄寫法數量及其寫法的集中度作一點比較。雖然類型並不完全對應，但郭店與上博"心"字的寫法類型均爲17，可謂基本對等。而清華則只有12，明顯少了很多。

再看集中度。郭店"心"共出現587次，前2高頻寫法(11、4)274次，佔比46.68%；上博"心"共出現818次，前2高頻寫法(11、14)423次，佔比51.7%；清華"心"共出現563次，前2高頻寫法(2、11)504次，佔比89.52%。

所謂寫法集中度，就是盡可能用較少的寫法去寫較多文獻篇目的實現程度，也就是説寫法集中度越高的著録寫手，越是趨向于使用更少量的寫法。而導致這種趨向性的原因無非是兩個：一是寫手個體少，因爲特定的寫手只會使用特定的一個或數量有限的一組寫法；二是寫手之間有著更多師徒相授，或同師一門關係，這是因爲寫法是直接得之于臨摹習字的。

　　由此來看，郭店和上博，雖然集中度已有所不同，但差距只在5%的幅度内，可以視爲基本一致。而清華與它們的距離就大了很多。因此，我們有理由認爲：相對郭店與上博，清華簡的寫手群或者人數更少，或者具有更緊密的師承關係。

引書簡稱

合集:《甲骨文合集》
補編:《甲骨文合集補編》
屯南:《小屯南地甲骨》
花東:《花園莊東地甲骨》
村中南:《殷墟小屯村中村南甲骨》
英藏:《英國所藏甲骨集》
懷特:《懷特氏等所藏甲骨文集》
集成:《殷周金文集成》
近出:《近出金文集錄》
圖像:《商周青銅器銘文暨圖像集成》
新收:《新收殷周青銅器銘文暨器影彙編》

主要參考文獻

工具書類

陳偉主編:《楚地出國戰國簡册(十四種)》,經濟科學出版社 2009 年。
郭沫若主編:《甲骨文合集》,中華書局 1978-1982。
戴家祥:《金文大字典》,學林出版社 1999 年。
島邦男:《殷墟卜辭綜類》,東京汲古書院出版 1967 年。
黃德寬主編:《古文字譜系疏證》,中華書局 2008 年。
黃天樹:《甲骨拼合集》,學苑出版社 2010 年。
李圃主編:《古文字詁林》,上海教育出版社 2004 年。
李守奎:《包山楚簡文字全編》,上海古籍出版社 2012 年。
劉雨、盧岩編著:《近出金文集錄》中華書局 2002 年。
劉志基等總製作:《商周金文數字化處理系統》,廣西金海灣電子音像出版社、廣西教育出版社 2003 年。
劉志基等總製作:《戰國楚文字數字化處理系統》,上海教育出版社 2003 年。
劉志基主編:《中國出土簡帛文獻引得綜錄·郭店楚簡卷》,上海人民出版社 2012 年。
劉志基主編:《中國出土簡帛文獻引得綜錄·包山楚簡卷》,上海人民出版社,2014 年。
容庚:《金文編》,中華書局 1985 年。
陝西省考古研究所:《商周金文資料通鑒》,西安大東國際資料有限公司 2008 年。
松丸道雄 高嶋謙一:《甲骨文字釋綜覽》,東京大學出版會 1994 年。
孫海波:《甲骨文編》,燕京大學哈佛燕京學社石印出版 1934 年。
吳鎮烽編:《商周青銅器銘文暨圖像集成》,上海古籍出版社 2012 年。
香港中文大學中國文化研究所:《漢達古籍資料庫·出土竹簡帛書文獻(第 1 輯)》,香港中文大學出版社 1998 年。
徐中舒主編:《漢語古文字字形表》,四川辭書出版社 1988 年。
徐中舒主編:《甲骨文字典》,四川辭書出版社 1989 年。
姚孝遂、肖丁主編:《殷墟甲骨刻辭類纂》,中華書局 1989 年。

主要參考文獻

于省吾主編：《甲骨文字詁林》，中華書局 1989 年。
張桂光、秦曉華：《商周金文辭類纂》，中華書局 2014 年。
中國社會科學院考古研究所：《殷周金文集成》，中華書局 1986 年。
鍾柏生、陳昭容、黃銘崇、袁國華編：《新收殷周青銅器銘文暨器影彙編》，臺北藝文印書館，1984 年到 1994 年。
周法高：《金文詁林》，香港中文大學 1974 年。

論　　著

陳夢家：《殷墟卜辭綜述》，中華書局 1956 年。
陳偉：《郭店竹書別釋》，湖北教育出版社 2002 年。
陳寅恪：《陳垣序》，《海潮音》1932 年第 1 期。
陳英傑：《略談西周金文形態特徵及其相關問題》，《中國書法》2016 年第 19 期。
董作賓：《甲骨文斷代研究例》，《中央研究院歷史語言研究所集刊外編——慶祝蔡元培先生 65 歲論文集》，中央研究院歷史語言研究所出版 1933 年。
杜勇、沈長雲：《金文斷代方法探微》，人民出版社 2002 年。
郭永秉：《清華簡"系年"抄寫時代之估測——兼從文字形體角度看戰國楚文字區域性特徵形成的複雜過程》，《文史》2016 年第 3 輯。
胡安順：《音韻學通論》，中華書局 2001 年。
黃德寬：《楚簡周易'罕'字說》，《中國文字研究》第 5 期，廣西教育出版社 2005 年。
黃德寬：《古漢字發展論》，中華書局 2014 年。
黃天樹：《殷墟王卜辭的分類與斷代》，科學出版社 2007 年。
黃天樹：甲骨文中所見的一些原生態文字現象，《漢藏語學報》第 4 期，商務印書館 2010 年。
黃天樹：《回憶在北京大學讀書的二三事》，載《我們的學友》，北京大學出版社 2010 年。
李峰：《西周青銅器銘文製作方法釋疑》，《考古》2015 年第 9 期。
李學勤：《甲骨文同辭同字異構例》，《江漢考古》2000 年第 1 期。
李學勤：《評陳夢家殷墟卜辭綜述》，《考古學報》1957 年第 3 期。
林澐：《無名組卜辭中父丁稱謂的研究》，《古文字研究》第 13 輯，中華書局 1986 年。
林澐：《關於前辭有"貞"的無名組卜辭》，《紀念殷墟甲骨文發現 100 周年國際學術研討會論文集》，社會科學文獻出版社 2003 年。
林澐：《小屯南地發掘與殷墟甲骨斷代》，《古文字研究》第 9 輯，中華書局 1984 年。
林澐：《殷墟卜辭字跡研究·序》，載張世超《殷墟卜辭字跡研究》，東北師範大學出版社 2002 年。
劉華夏：《金文字體與銅器斷代》，《考古學報》2010 年第 1 期。
劉釗：《甲骨文研究日趨精密化》，《大連日報》2014 年 10 月 17 日。
劉釗：《古文字構形學》，福建人民出版社 2006 年。
劉志基：《漢字體態論》，廣西教育出版社 1999 年。
劉志基：《楚簡"用字避複"芻議》，《古文字研究》第 29 輯，中華書局 2012 年。
劉志基：《甲骨文同辭同字鏡像式異構研究》，《中國文字研究》第 17 輯。
劉志基：《隸書字形趨扁因由考》，《中國文字研究》第 1 輯，廣西教育出版社 1999 年。
劉志基：《說楚簡帛文字中的"宀"及其相關字》，《中國文字研究》第 5 輯，廣西教育出版社 2004 年。

劉志基:《簡説"古文字三級字符全拼輸入檢索系統"》,《辭書研究》2002 年第 1 期。
劉志基:《偏旁視角的先秦形聲字發展定量研究》,《語言科學》2012 年第 1 期。
羅運環:《甲骨文金文"鄂"字考辨》,《古文字研究》28 輯,中華書局 2010 年。
馬承源主編:《中國青銅器》,上海古籍出版社 1988 年。
彭浩、劉祖信、王傳富:《郭店楚墓竹簡》,文物出版社 1998 年。
崎川隆:《賓組甲骨文字體分類研究》,吉林大學 2009 年博士論文。
裘錫圭:《從文字學角度看殷墟甲骨文的複雜性》,《裘錫圭學術文集》,復旦大學出版社 2012 年。
裘錫圭:《文字學概要》(修訂版),商務印書館 2013 年。
唐蘭:《古文字學導論》,齊魯書社 1981 年。
王寧:《漢字構形學講座》,上海教育出版社 2003 年。
王帥:《西周金文字形書體與銅器斷代研究》,《學術探索》2015 年第 1 期。
王元鹿:《納西東巴文字黑色字素論》,《華東師範大學學報》1986 年第 1 期。
吴振武:戰國文字中一種值得注意的構形方式,《姜亮夫、蔣禮鴻、郭在貽先生紀念文集》,上海教育出版社,2003 年。
徐寶貴:《商周青銅器銘文避複研究》,《考古學報》2002 年第 3 期。
張昌平:《商周青銅器銘文的若干製作方式——以曾國青銅器材料爲基礎》,《文物》2010 年第 8 期。
張德劭:《甲骨文考釋研究》,世界圖書出版公司 2012 年。
張懋鎔:《金文字形書體與二十世紀的西周銅器斷代研究》,《古文字研究》第 26 輯,中華書局 2006 年。
張三夕、毛建軍:《漢語古籍電子文獻知見録》,世界圖書出版公司 2015 年。
張振林:《試論銅器銘文形式上的時代標記》,《古文字研究》第 5 輯,中華書局 1981 年。